JN282081

古墳の成立と葬送祭祀

古屋紀之 著

雄山閣

序

　日本固有の精神性がいつごろから培われてきたかという問題について考えるとき，われわれは日常的に『古事記』や『日本書紀』，あるいは『風土記』などの文献資料群によって語られる神話の世界を思い浮かべることが多い。しかし，歴史学的な視点から見る限り，それらは8世紀という比較的新しい時期に成立した書物であり，さらにその根を掘り起こすためには，文字資料のある「古代」から，断片的な文字資料しかない「原始」へと，より古い時代へ探求の手を伸ばさなければならない。

　文字資料が欠如する時代の歴史については，その時代の人々が遺した物的証拠を資料とする考古学が威力を発揮する。従来，精神世界は「物いわぬモノ」を資料とする考古学にとっては苦手分野であるといわれてきた。たしかにそうではあるが，かと言って考古資料がまったく人々の精神性を語らないかというとそうではない。モノそのものの造形やそれらが置かれた位置関係などが人間の意識を十分示すことはよくあることで，それらが考古学の対象にならないわけがない。

　本書であつかう古墳成立期（3世紀を中心とする時期）は，日本列島における国家成立にかかわるイデオロギーが発生した時期として，政治史のみならず歴史思想史のなかでも重要なファクターを内蔵している。とくに墳墓遺跡における葬送祭祀の考古資料群は，それが意識的に遺されたものであるがゆえに，この時期の祭祀，ひいては精神史をものがたる上で第一級の資料群といえる。本書はこれらの資料を駆使して，古墳成立期の葬送祭祀を復原的に考察するが，その際にはイデオロギーの主流だけにスポットライトをあてるのではなく，この時期の葬送祭祀群を全体として描き出すことにつとめた。それは，先に述べたとおりこの時期のイデオロギー研究の言説が日本歴史および思想史全体におよぼす影響が大きいと判断され，研究者にはより慎重な姿勢が望まれると思われるからである。結果的には，本書ではこれまでよりも古墳成立期の葬送祭祀の多様性を強調することとなったと思う。

　本書が出来上がるまで実に多くの方々のご協力を賜った。関係者の皆様やお世話になった機関には深くお礼申し上げたい。稚拙なる一書ではあるが，この研究成果を公表することにより，こうした方々のご恩に報いることができればと思うと同時に，これからの先史・原始・古代における考古学的祭祀研究の進展にいかばかりでも寄与できればと念じる次第である。

2006年秋

筆　者

目　次

序

序章　墳墓の祭祀的研究の意義
　はじめに
　第1節　古墳研究の目的の変遷と祭祀的古墳研究の意義……………………2
　　(1)　戦前の古墳研究目的の変遷　*2*
　　(2)　戦後における政治史中心の古墳研究とその動向に対しての批判　*3*
　　(3)　古墳の祭祀的研究への提言　*4*
　第2節　古墳の祭祀的研究方法と隣接諸分野との協業の可能性について……………6
　　(1)　古墳における首長権継承儀礼説について　*6*
　　(2)　古代文献研究と古墳研究の接点─『記紀』と「魏志倭人伝」─　*7*
　　(3)　隣接諸分野の成果の援用方法　*8*
　　(4)　考古学による葬送祭祀研究　*9*

第1章　墳墓における土器配置研究の意義
　第1節　古墳出現に関わる研究史………………………………………………11
　第2節　墳墓における土器配置の研究史………………………………………17
　　(1)　弥生墓制の土器配置研究　*17*
　　(2)　前期古墳の土器配置研究　*19*
　　(3)　問題の所在─方法論の整備のために─　*21*

第2章　土器配置研究の方法と墳墓編年
　第1節　「祭祀」と「儀礼」……………………………………………………26
　第2節　土器配置研究の方法……………………………………………………29
　　(1)　「土器配置」とは　*29*
　　(2)　考古学的祭祀研究における分析過程　*29*
　　(3)　土器配置の「型」の抽出　*30*
　第3節　墳墓の編年について……………………………………………………32
　第4節　墓の形態をあらわす用語について……………………………………34

第3章　弥生墳墓の土器配置と葬送祭祀儀礼
　第1節　北部九州の土器配置と葬送祭祀儀礼…………………………………35
　　(1)　埋葬施設への土器副葬　*35*

(2)　「二塚山型土器配置」―いわゆる「祭祀遺構」の土器配置―　*36*

　　(3)　「宮の前型土器配置」―高杯を中心とする供献行為―　*40*

　　(4)　小結―北部九州―　*42*

　第2節　畿内における土器配置と葬送祭祀儀礼……………………………………*43*

　　(1)　「東奈良型土器配置」―廃棄された土器群―　*43*

　　(2)　「瓜生堂型土器配置」，その他―墳丘に配置された土器―　*44*

　　(3)　墓壙内に置かれた土器　*46*

　　(4)　墓壙上の土器　*47*

　　(5)　小結―畿内―　*47*

　第3節　四国北東部の土器配置と葬送祭祀儀礼………………………………………*49*

　　(1)　「桜ノ岡型土器配置」―集石土壙墓の土器配置―　*49*

　　(2)　「萩原型土器配置」―墳丘墓における主体部上土器配置―　*54*

　　(3)　小結―四国北東部―　*56*

　第4節　吉備の土器配置と葬送祭祀儀礼…………………………………………………*57*

　　(1)　「四辻型土器配置」―中期～後期中葉までの主体部上の土器配置―　*57*

　　(2)　「楯築型土器配置」―後期後葉に出現した「典型例」の土器配置―　*62*

　　(3)　後期後葉における楯築型土器配置の「変容形」とその他の土器配置　*71*

　　(4)　備前・備中南部における終末期（庄内式併行期）の土器配置　*74*

　　(5)　「中山型土器配置」―中国山地山間部の墳墓における土器配置―　*79*

　　(6)　小結―吉備―　*81*

　第5節　山陰・三次地域の土器配置と葬送祭祀儀礼……………………………*82*

　　(1)　中期後半から後期初頭の三次・石見の土器配置　*82*

　　(2)　「山陰型土器配置」―山陰地方に特有な主体部上土器配置―　*84*

　　(3)　小結―山陰―　*92*

　第6節　近畿北部の土器配置と葬送祭祀儀礼………………………………………*94*

　　(1)　「近畿北部型土器配置」

　　　　　―後期における「墓壙内破砕土器供献」と主体部上土器配置―　*94*

　　(2)　後期後葉以降の大型台状墓・墳丘墓の土器配置　*100*

　　(3)　小結―近畿北部―　*102*

　第7節　播磨の土器配置と葬送祭祀儀礼………………………………………………*103*

　第8節　北陸の土器配置と葬送祭祀儀礼………………………………………………*106*

　　(1)　後期（猫橋式～法仏式併行期）における北陸の土器配置　*106*

　　(2)　庄内式併行期（月影式～白江式古段階）の様相　*107*

　　(3)　小結―北陸―　*110*

目　次

　　第9節　東日本における墳丘墓の土器配置と葬送祭祀儀礼……………………………… *111*
　　第10節　関東の土器配置と葬送祭祀儀礼………………………………………………… *114*
　　　(1)　方形周溝墓という遺構の特質　*114*
　　　(2)　方形周溝墓の土器配置　*115*
　　　(3)　小結―関東―　*119*

第4章　移行期の儀器・祭器

　　第1節　吉備系特殊器台の変化―宮山墳丘墓と矢藤治山墳丘墓―……………………… *120*
　　第2節　伯耆系特殊土器類………………………………………………………………… *123*
　　第3節　山陰系特殊器台形土器・特殊器台形埴輪………………………………………… *127*
　　第4節　畿内系加飾壺……………………………………………………………………… *134*
　　　(1)　畿内系加飾壺の特徴　*134*
　　　(2)　畿内系加飾壺出土墳墓の検討　*136*

第5章　前期古墳の土器配置

　　第1節　西日本における前期古墳の土器配置……………………………………………… *140*
　　　(1)　各地の弥生墓制の延長にある土器配置　*141*
　　　(2)　定型化した前期古墳の土器配置　*142*
　　第2節　東日本における前期古墳の土器配置……………………………………………… *153*
　　　(1)　「弘法山型土器配置」―東日本における古墳出現期の主体部上土器配置―　*153*
　　　(2)　「北ノ作型土器配置」―廻間Ⅲ式併行期の主体部上土器配置―，その他　*161*
　　　(3)　「国分尼塚型土器配置」―白江式期以降の北陸地方の様相―　*165*
　　　(4)　「釈迦山型土器配置」―前期中相～新相の土器配置―　*169*

第6章　囲繞配列

　　第1節　囲繞配列の初源問題……………………………………………………………… *171*
　　第2節　吉備系特殊器台形埴輪の使用状況……………………………………………… *173*
　　第3節　底部穿孔壺の囲繞配列…………………………………………………………… *182*
　　　(1)　畿内における底部穿孔壺の囲繞配列　*182*
　　　(2)　吉備における底部穿孔壺の囲繞配列　*185*
　　　(3)　四国北東部における底部穿孔壺の囲繞配列　*186*
　　　(4)　九州における底部穿孔壺の囲繞配列　*188*
　　　(5)　東日本の囲繞配列の成立に関する問題　*191*
　　　(6)　東日本における底部穿孔壺の囲繞配列　*193*

v

- 第4節　円筒埴輪の囲繞配列 …………………………………………………… 205
  - (1) 円筒埴輪による囲繞配列の基本構造　*205*
  - (2) 主体部方形囲繞配列と土器配置　*206*
  - (3) 壺形埴輪との関係と地域における円筒埴輪の受容の問題　*208*
  - (4) 円筒埴輪による囲繞配列の意義の変遷　*209*

第7章　考察—墳墓における土器配置の系譜と意義—

- 第1節　弥生時代から古墳時代前期にかけての土器配置の系譜 …………… 211
  - (1) 弥生時代の系譜　*211*
  - (2) 移行期の土器配置の動向　*214*
  - (3) 古墳時代前期前半の様相　*217*
  - (4) 古墳時代前期後半の様相　*219*
  - (5) 結論—古墳出現に関わる土器配置の系譜—　*222*
- 第2節　儀器・祭器の象徴化について—打欠・穿孔行為を中心に— ……… 224
  - (1) 吉備における儀器の穿孔について　*224*
  - (2) 黒宮大塚墳丘墓出土土器の観察と儀礼の復原　*225*
  - (3) 「位相の移行」と土器の打撃穿孔行為について　*230*
  - (4) 儀器の象徴化の進行と葬送祭祀の変化　*231*
- 第3節　古墳の成立と葬送祭祀 ………………………………………………… 234
  - (1) 古墳にみる「共通性」と「独自性」　*234*
  - (2) 定型化した古墳の成立について　*236*
  - (3) 定型化した古墳における土器配置の多様性　*237*
  - (4) 定型化した古墳の物理構造面と儀礼にみる精神・思想面　*238*

註 ……………………………………………………………………………………… 241
参考文献一覧 ………………………………………………………………………… 245
墳墓引用文献一覧 …………………………………………………………………… 254
あとがき ……………………………………………………………………………… 269

挿図・表目次

図1　土器・埴輪配置位置の分類
図2　「祭祀」・「儀礼」の概念整理
図3　佐賀県二塚山遺跡「祭祀遺構」E〜H
図4　佐賀県四本黒木遺跡「祭祀遺構」B
図5　福岡県三雲遺跡寺口地区Ⅱ-17調査区石棺群
図6　福岡県宮の前C地点墳丘墓
図7　大分県下原古墳
図8　大阪府亀井遺跡ST1701「方形周溝墓」
図9　大阪府加美遺跡KM95-14次調査地1・2号「方形周溝墓」
図10　大阪府山賀遺跡1号「方形周溝墓」
図11　徳島県桜ノ岡遺跡「集石土壙」
図12　香川県稲木遺跡C区8号「集石墓」
図13　香川県奥10号墓
図14　徳島県萩原1号墓
図15　岡山県四辻土壙墓群
図16　岡山県みそのお遺跡1区
図17　岡山県宮山方形台状墓
図18　岡山県芋岡山遺跡
図19　岡山県黒宮大塚墳丘墓
図20　黒宮大塚墳丘墓の主体部上土器出土状況
図21　「楯築型土器配置」に使用される儀器の分類
図22　岡山県楯築墳丘墓
図23　楯築墳丘墓第1主体円礫堆断面
図24　岡山県立坂墳丘墓
図25　岡山県伊与部山墳墓群
図26　岡山県みそのお遺跡2区
図27　岡山県女男岩遺跡(1)全体
図28　岡山県女男岩遺跡(2)遺構Cとその周辺
図29　岡山県便木山方形台状墓
図30　岡山県みそのお20号墓第1主体
図31　岡山県みそのお42号墓第1主体
図32　岡山県中山遺跡A調査区
図33　広島県田尻山1号墓
図34　島根県順庵原1号墓
図35　島根県波来浜遺跡B調査区

図36	広島県佐田谷1号墓	
図37	島根県九重土壙墓	
図38	島根県的場土壙墓	
図39	島根県西谷3号墓	
図40	島根県安養寺1号墓	
図41	鳥取県日原6号墓	
図42	広島県矢谷MD1号墓	
図43	「墓壙内破砕土器配置」の一例	
図44	京都府三坂神社墳墓群	
図45	兵庫県上鉢山・東山墳墓群東尾根地区	
図46	京都府大山墳墓群(1)墳頂埋葬	
図47	京都府大山墳墓群(2)周辺埋葬	
図48	京都府大風呂南墳墓群	
図49	京都府赤坂今井墳丘墓	
図50	兵庫県川島遺跡南五反田地区土坑5	
図51	兵庫県半田山1号墓	
図52	兵庫県有年原・田中1号墓	
図53	兵庫県西条52号墓の復原模式図と伴出土器	
図54	福井県王山墳墓群	
図55	福井県小羽山30号墓	
図56	福井県片山鳥越5号墓	
図57	福井県原目山墳墓群	
図58	福井県袖高林1号墓	
図59	三重県高松墳丘墓	
図60	岐阜県加佐美山墳丘墓	
図61	長野県根塚墳丘墓	
図62	新潟県屋舗塚方形台状墓	
図63	「周堤・周溝を有する建物跡」と方形周溝墓の旧地表面と削平模式図	
図64	埼玉県井沼方9号方形周溝墓	
図65	神奈川県王子ノ台5号方形周溝墓	
図66	岡山県宮山墳丘墓	
図67	岡山県矢藤治山墳丘墓	
図68	鳥取県徳楽墳丘墓	
図69	兵庫県丁瓢塚古墳	
図70	兵庫県伊和中山4号墳　表面採集資料	
図71	兵庫県処女塚古墳	
図72	島根県塩津山1号墓	
図73	島根県神原神社古墳	

図 74	島根県大成古墳	
図 75	島根県造山 1 号墳	
図 76	京都府温江丸山古墳・谷垣遺跡	
図 77	「畿内系加飾壺」の形式分類	
図 78	京都府砂原山墳丘墓	
図 79	京都府黒田古墳	
図 80	京都府芝ヶ原古墳	
図 81	京都府寺ノ段墳墓群	
図 82	京都府広峯古墳群	
図 83	奈良県キトラ墳墓群	
図 84	奈良県大王山 9 号地点墳丘墓	
図 85	奈良県野山墳墓群丸尾支群	
図 86	奈良県胎谷墳墓群	
図 87	島根県上野 1 号墳	
図 88	兵庫県西求女塚古墳	
図 89	奈良県東殿塚古墳	
図 90	佐賀県双水柴山 2 号墳	
図 91	京都府平尾城山古墳	
図 92	京都府蛭子山 1 号墳(1)墳丘と埴輪	
図 93	京都府蛭子山 1 号墳(2)後円部平坦面	
図 94	京都府神明山古墳	
図 95	京都府寺戸大塚古墳	
図 96	岡山県金蔵山古墳	
図 97	岐阜県昼飯大塚古墳	
図 98	千葉県高部古墳群	
図 99	千葉県神門 5 号墳	
図 100	千葉県神門 3 号墳	
図 101	千葉県神門 4 号墳	
図 102	長野県弘法山古墳	
図 103	滋賀県小松古墳土坑 A 出土土器	
図 104	愛知県西上免古墳	
図 105	長野県北平 1 号墓	
図 106	神奈川県秋葉山 3 号墳	
図 107	栃木県駒形大塚古墳	
図 108	千葉県北ノ作 1 号墳	
図 109	千葉県能満寺古墳	
図 110	茨城県原 1 号墳	
図 111	長野県瀧の峯 2 号墳	

図 112　埼玉県諏訪山 29 号墳
図 113　栃木県茂原愛宕塚古墳
図 114　兵庫県象鼻山 1 号墳
図 115　石川県小菅波 4 号墳
図 116　石川県国分尼塚 1 号墳
図 117　石川県宿東山 1 号墳
図 118　富山県谷内 16 号墳
図 119　石川県国分岩屋山 4 号墳
図 120　新潟県山谷古墳
図 121　千葉県釈迦山古墳
図 122　茨城県勅使塚古墳
図 123　奈良県ホケノ山古墳
図 124　岡山県都月坂 1 号墳
図 125　岡山県七つ坑 1 号墳
図 126　岡山県浦間茶臼山古墳・網浜茶臼山古墳
図 127　兵庫県権現山 51 号墳
図 128　奈良県箸墓古墳
図 129　奈良県中山大塚古墳
図 130　奈良県弁天塚古墳
図 131　奈良県西殿塚古墳
図 132　京都府元稲荷古墳
図 133　大阪府加美 14 号墓
図 134　京都府椿井大塚山古墳
図 135　奈良県桜井茶臼山古墳
図 136　大阪府安威 1 号墳
図 137　岡山県川東車塚古墳
図 138　香川県鶴尾神社 4 号墳
図 139　香川県野田院古墳
図 140　徳島県宮谷古墳
図 141　徳島県前山 1 号墳
図 142　福岡県津古生掛古墳
図 143　福岡県能満寺 2 号墳
図 144　福岡県三国の鼻 1 号墳
図 145　埼玉県中耕 21 号方形周溝墓
図 146　群馬県荒砥北原 1 号周溝墓
図 147　栃木県松山古墳
図 148　福島県稲荷塚 6 号周溝墓
図 149　群馬県堀ノ内 CK-2 号墓

図 150	福島県男壇 1 号周溝墓	
図 151	群馬県前橋天神山古墳	
図 152	福島県森北 1 号墳	
図 153	群馬県元島名将軍塚古墳	
図 154	三重県深長古墳	
図 155	愛知県青塚古墳	
図 156	囲繞配列を行なう墳墓の墓群構成	
図 157	奈良県メスリ山古墳	
図 158	三重県石山古墳	
図 159	弥生時代の各地の土器配置	
図 160	移行期〜古墳時代前期古相の土器配置	
図 161	古墳時代前期の囲繞配列の地域性	
図 162	弥生時代後期〜古墳時代前期の土器配置の系譜	
図 163	囲繞配列の系譜	
図 164	古墳成立にかかわる土器配置の要素	
図 165	黒宮大塚墳丘墓出土土器の穿孔	
図 166	黒宮大塚墳丘墓出土供膳具の穿孔方法	
図 167	第 1 群前方後円（方）墳と第 2 群前方後円墳	
図 168	大和古墳群における埴輪の使用状況	
表 1	1980 年代以降の主要墳墓調査年表	
表 2	土器編年併行関係表	
表 3	「畿内系加飾壺」出土墳墓要素表	
表 4	東日本の囲繞配列を行なう墳墓一覧（周溝全面調査例）	
表 5	関東・東北の底部穿孔壺のみによる囲繞配列を行なう墳墓	
表 6	関東・東北の円筒埴輪を出土する前期古墳	

凡例

・本書は，2005年12月に明治大学大学院文学研究科に提出した学位請求論文『葬送祭祀儀礼の系譜から見た古墳の成立』(2006年3月学位取得)に加筆・修正を加えたものである。

・本書は，日本列島の弥生時代から古墳時代にかけての墳墓において行なわれた葬送祭祀儀礼を，土器の出土状況を主な資料として考古学的手法により復原しようと試みたものである。

・本書では言説の根拠となる基礎データを明確にする意味で，第3～6章において個々の遺跡の事例分析をなるべく多く，詳細に記述することを心がけた。また，各遺跡の図についてもなるべく多くの図版を提示することにした。

・各挿図・表の出典について，他の文献から原形のまま引用したものは，図の下方に引用文献を示した。3～6章に示した各遺跡の図については，報告書および参考文献より遺構や遺物の図を引用し，筆者がレイアウトし組み直したものである。各遺跡の引用文献は巻末の一覧を参照していただきたい。

・図に掲載した遺物の縮尺は「▲」印を付したものが3/20，「●」が1/20，「■」が3/80，無印が3/40である。これらの縮尺率はレイアウト原図に0.6をかけたものである。版面の都合上このような縮尺率になったことを了とされたい。なお，これ以外の縮尺の場合はそのつど表示した。

・掲載した遺構の縮尺はスケールにて表示した。

・文中において，「器種構成」とは単に土器群を構成する器種の種類の集合を意味する用語であり，「器種組成」は土器群に含まれる器種の種類とともに各器種の個体数の情報をも含めた用語とする。

・各遺跡の所在については，いわゆる「平成の大合併」以後の市町村名に従っている。

古墳の成立と葬送祭祀

序章　墳墓の祭祀的研究の意義

　はじめに

　古墳がつくられはじめたころ，倭人たちが活躍した時代は，多分に祭祀的色彩のつよい文化が発達していた。今を生きる我々にくらべ，はるかに祭祀や信仰が生活に深く根付いていたことだろう。このことは，葬送の場においても例外ではなかったようで，多くの古墳や墳丘墓の発掘現場において，我々が当時のなんらかの祭祀の痕跡を目にすることが珍しくないことからも明らかである。

　本書で述べるのは，弥生時代から古墳時代前期にかけての墳墓における土器を使用した葬送祭祀儀礼の復原と，その糸譜関係についてである。古墳出現期は列島の歴史において，国家形成への動きが胎動する重要な時期であり，また，多くの研究者の関心が寄せられているところでもある。特に定型化した前方後円墳の出現過程を追うことで，弥生時代から古墳時代への政治体制の変化に言及する研究が数多く行なわれているが，それらの研究の大多数は墳丘・埋葬施設・副葬品という墓の物理的構造面の研究を中心としており，本来，祭祀的な性格が濃厚であるはずの墳墓研究において祭祀的側面からの研究が乏しいという危機的な状況が等閑視されている。本書はそのような状況に再考を促し，古墳出現の問題について特に葬送祭祀儀礼に重心を置いて研究を試みようとするものである。そして，その過程で「土器配置」という，およそ聞きなれぬであろう用語を多用することになる。

　「土器配置」とは，発掘調査による純粋な土器の出土状況のデータと，土器を使用した葬送祭祀・儀礼などの理論的に高次に属する概念との間をむすぶ橋渡し的な役割を担わせるために筆者が作り出した概念である。その意図は考古学的な手法によって「祭祀」という抽象概念を研究するための方法論を開拓するところにある。

　これまで，とくに文字資料出現以前の時代の考古学で「祭祀」といえば，通常の生活行動の範疇で説明できないモノ・事象に関して使用される代名詞のような印象があった。もちろんそうではなく，祭祀の概念を正確に把握したうえでの祭祀研究も存在したが，上記の情勢が多勢を占めたため，逆に祭祀研究そのものが正当な評価を下されてこなかったという事情があった。本来，祭祀的な構造物である古墳の研究においてもそのような風潮は濃厚で，広瀬和雄をして「（思想や祭祀など人間の意識などに）関する論文があると，それは実証的でないとか，何か正当に評価しないような傾向がありはしないか。（中略）前方後円墳の祭祀的側面をもう少し真剣にかんがえてもいいのではないか」（広瀬1994）という提言をなさしめているのが現状である。

　そこで本書はまず，本論の前に序論を置き，本研究の意義を明確にすることにした。これま

での古墳研究がどのような目的をもって行なわれてきたのかを学史を振り返ることによって確認することから始め，さらに祭祀的研究がとるべき方法についても触れておくことにする。

第1節　古墳研究の目的の変遷と祭祀的古墳研究の意義

ここでは古墳研究の目的の変遷を戦前・戦後に分けて略述する。その際に，とくに戦前の研究史とその意義については斎藤忠や勅使河原彰の著作を参考にした（斎藤1974，勅使河原1995）。

(1)　戦前の古墳研究目的の変遷

古墳研究の目的とそのプロセスを明確にしている研究は，江戸中期における蒲生君平の『山陵志』（蒲生1808）まで遡る。『山陵志』における研究プロセスは，①伝承によって天皇陵を考定し，②それぞれの古墳の立地・地形を観察し，③それらをもとに古墳の変遷観を導き出す，というものである。これは古墳自体の型式学的検討から編年を組むのではなく，古墳の相対年代観は『記紀』の歴代天皇の即位順序に規定されていたため，研究の目的はあくまでも古代歴代天皇陵の変遷史としての古墳研究であった。

明治時代も中期になると八木奘三郎が古墳の変遷観を示す（八木1896・97）。これは古墳時代を古墳の変遷観から三時期に区分しているが，やはり古代天皇陵の変遷史としての古墳研究であった。また，古墳の相対年代観はやはり『記紀』の記述を根拠としており，このことについては喜田貞吉の著名な批判がある（喜田1903）。

一方で，三宅米吉は『日本史学提要』第1編のなかで儒教的な歴史観や年代記的な歴史叙述を批判し，社会学的な歴史叙述を目指した（三宅1886）。これを受けてか，坪井正五郎の「足利古墳発掘報告」では，古墳を構成する各要素（墳丘・副葬品・被葬者）を資料として，古墳時代社会の構造（生産・分業・階級）を推定するに至っている（坪井1887）。

大正年間に行なわれた西都原古墳群の発掘は，古墳研究における目的と分析資料の関係に大幅な転換を迫るものだった（浜田ほか1915）。喜田の主張以前は，研究目的はあくまでも古墳自身であり，その年代考定の史料として『記紀』が使われていた。しかし，西都原古墳群の発掘は当初から，発掘結果から『記紀』の所伝を裏づけるためという明確な目的を持っており，はじめて古墳を資料として歴史に言及するという方法を実践したものといえる。つまりそれまでの目的と資料の関係が逆転したのである。結局，発掘調査の結果，西都原古墳群の年代がもくろみよりも新しくなり，『記紀』の裏づけ作業は失敗に終わった。このことから考古学者の間にも『記紀』の所伝に対する疑念が生じ，古墳を資料として真の歴史を構築するという構図がようやくできあがる。

しかし，その気運は三宅が志した社会学的な歴史構築の方向へとは向かず，皇国史観に圧迫されながら古墳年代論に終始する。大正年間に喜田貞吉と高橋健自の間で行なわれた竪穴・横穴式石室年代論争にそれがあらわれている（喜田1913，高橋1914，喜田1914・15）。

その後，古墳研究の中心的な動きは京都大学の研究者にみられた。浜田耕作は西都原古墳群の報告の中で古墳年代論の解決策として，中国・朝鮮の資料を参考にすることを述べており，具体的には古鏡を採り挙げた（浜田 1915）。この方向性は富岡謙蔵の古鏡の年代研究（富岡 1920）に引き継がれ，その成果を古墳研究に組織的に展開したのが梅原末治である（梅原 1921・33・43）。こうして遺物・遺構の型式学的研究が盛んに行なわれるようになったが，戦前までの古墳研究は編年研究が目的化してしまったとも言える。

　この潮流に対して森本六爾は，鳥居龍蔵の「人類学的方法により，古墳を研究し，その精神的並びに物質的文化を明らかにすべし」（鳥居 1925）という主張を引用し，当時の古墳研究の潮流に警鐘を鳴らしているが（森本 1934），学界で大きく採り挙げられることはなかった。

(2) 戦後における政治史中心の古墳研究とその動向に対しての批判

　戦後の古墳研究については膨大な量があるが，まずは小林行雄の業績に触れなければならない。小林行雄の同笵鏡論・伝世鏡論を基礎とした古墳出現論は，それまで年代論に終始してきた戦前の研究から大きく飛躍し，ようやく考古資料に立脚して当時の社会構成を復原するという気運を立ち上げた（小林行雄 1955・61）。しかし，銅鏡が地方首長の権威を保証する威信財として政権の中央から配布されたとする「配布論」に対しては，発表当時から西嶋定生（西嶋 1961）や内藤晃（1959・60）らによる説得力のある批判が展開されたことは注意しておくべきであろう。

　小林行雄のあとに，後の研究に大きな影響を及ぼした理論を唱えたのは西嶋定生（西嶋 1961）である。それは西嶋理論の中核をなす「擬制的同祖同族論」である。この理論は近藤義郎によって本格的に古墳研究に組み入れられ，氏の前方後円墳論を支えた（近藤義郎 1983）。西嶋・近藤の主張では，古墳とは当時の政治体制の身分的秩序を表わしたものであるという仮説が前提となっており，そこで展開される古墳研究の目的は，当時の政治体制を古墳の分析を通して再構築することである。これは完全に政治史復原のための古墳研究と言えるだろう。以後の古墳研究のほとんどがこのスタンスをとっていると言えよう。都出比呂志が提唱した「前方後円墳体制論」（都出 1991）は古墳研究に国家論を導入したものであるが，政治史復原のための古墳あるいは古墳時代研究の，ひとつの到達点というべきものである。

　ところが，都出は数年後に自らの政治史研究の方法について，方向性の転換を示唆するような提言を行なっている。それは「祖霊祭式の政治性」（都出 1995）という論考のなかで述べられており，要約すればおよそ以下のようになる。まず，戦後の主要な古墳研究の理論を振り返り，それらが根本的には『記紀』から引用された歴史観に支配されたものと指摘する。そして，政治構造や政治圏について考古学は「独自な結論を導けると考えるべきではない」とし，その解決策として文献史学・人類学などの隣接諸分野との協業を提言している。都出がこのような考えにいたるきっかけとなったのは，氏も文中で述べているとおり田中琢の『倭人争乱』のなかでの提言であろう。重要な提言なので以下に少し長めに引用してみよう。

「前方後円形の斎場を見渡したとき，そこで挙行されるまつりのための祭具や装置には，共通するものと共通しないところとがある。このなかの共通性をつかまえて，同じような祭具や装置を使用するまつりが挙行されたのだから，そのまつりの主人公であった族長のあいだに政治的な結びつき，族長の連合が成立していた状況が反映している，と考える研究者が多い。ときにはそれによって初期の国家や政権を云々する議論もごく普通におこなわれている。だが，似かよったまつりを挙行したからとして，それを連合や国家があった証拠とすることができるのだろうか。」

田中琢『倭人争乱』（1991，210頁参照）より

　この田中の，現在の古墳研究を根底から揺るがすような根本的な問いが，前方後円墳体制論を唱えた都出自身によって受けとめられたことは，古墳研究史上，大きな意味があると評価されなければならない。最近では森下章司が講演の中で筆者と同一箇所を引用し，「特異な意見」としながらも「重要な視点」として紹介している（森下2005a）。筆者が墳墓研究と政治史復原の間に祭祀研究を介在させるべきと主張するのも，この提言と同じ疑問を持ち，全面的でないにしろ共感するところがあるからである。

　なお，このような田中や都出の提言を受けて北條芳隆も古墳研究の現状に対して痛烈な批判を寄せている（北條2000）。すなわち「前方後円墳ありき，そこに政治権力ありき」という考え方に対して疑問をなげかけ，「資料と評価の間をつなぐ橋渡しの理論が明示されることなく研究は進む」と述べている。都出と北條の主張の目的とするところは異なるが，現在の古墳研究における理論なき政治史復原の方向性に警鐘をならしているという点では共通する。1990年代後半以降になり，ようやく古墳研究の方向性は小林行雄の理論的枠組みから脱却をはじめているのかも知れない。

(3) 古墳の祭祀的研究への提言

　このような政治史復原にやや偏ったともいうべき学界の動向に対して，政治的側面よりも，まず古墳の祭祀的側面を研究し墳墓としての実態と意味づけを行なうべきであるとする意見は，実は以前から一部の研究者によって提出されていた。たとえば白石太一郎は，

「古墳が死者を埋葬する墳墓である以上，古墳を歴史の史料として利用する場合，その埋葬様式の諸形態の思想的背景を可能なかぎり追求しておくことは必須の前提作業であろう。古墳の造営が当時の社会において，政治的・社会的に何らかの機能をはたしたであろうことは否定できないが，それはまず墳墓の造営がはたす思想的・宗教的役わりを媒介としてはじめて機能を果すのであって，この点を無視して，古墳を政治史や社会構成史の史料として利用するのは，きわめて危険であるといわねばならない」

白石太一郎「ことどわたし考」（1975）序文より

と述べている。また，和田晴吾も，

「古墳は，政治的記念物である前に，まず何よりも，祖先崇拝に基礎を置く首長の葬送儀礼，ならびにそれに纏わる様々な儀礼が執り行われた宗教的構築物であり，記念物である。したがって，古墳のもつ多様な性格を解明するためにはその場で実修された古墳祭祀と総称される諸儀礼の実態と意味とを追及することが不可欠の作業であり，そのことがまた古墳の政治的理解のための要点とも背景ともなる」

和田晴吾「墓壙と墳丘の出入口―古墳祭祀の復元と発掘調査―」(1997)より

としている。筆者の主張は改めて述べるまでもなく，白石・和田の説くところに言い尽くされていると言ってよい。古墳の考古学的研究は，まず葬送祭祀研究のなかで行なわれるべきものであり，葬送祭祀や宗教に政治がどのようにかかわるかは，また次の問題といえるだろう。

これまで見てきたように古墳研究における目的は常に変化しているといえるが，筆者は現段階においては，当面古墳研究が推し進めるべき方向性は，葬送祭祀研究としての古墳研究だと感じている。そうした意味で本書に示す土器配置の研究は大きな意義をもつものと考えている。

第2節　古墳の祭祀的研究方法と隣接諸分野との協業の可能性について

　本節では古墳の祭祀的研究方法についての指針を探るため，古墳祭祀の根幹とされている首長権継承儀礼説の是非を論じ，古墳成立期の葬送祭祀研究へ古代文献を援用する際の史料的限界について述べる。また隣接諸分野の研究成果の援用方法を検討した上で，考古学による祭祀研究の事例を紹介する。

(1)　古墳における首長権継承儀礼説について

　祭祀の問題は精神・思想的領域の比重が高いため，本来，考古学の方法では扱いにくいテーマである。したがって，都出比呂志が考古学による政治史復原作業に対して「独自な結論を導けると考えるべきではない」（前節参照）と指摘したことは，おそらく祭祀の復原研究にも当てはまることと考えられる。そのせいか，古墳研究において古代文献の成果を援用し，解釈を導き出す方法は早くから行なわれてきたが，その援用方法には多くの問題点が含まれているようだ。

　そのようなものの一つとして「古墳における首長権継承儀礼説」が典型例として挙げられる。この理論は，古墳における祭祀の根幹が亡き先代の首長から次代の首長へと首長権を継承することであるとしたものであり，近藤義郎によって弥生時代後期から古墳時代前期の墳墓における葬送祭祀論に取り入れられ，古墳研究者に大きな影響を与えた（近藤義郎1983ほか）。この説は近年，土生田純之によって近藤自身が表明しているとおり西郷信綱『詩の発生』(1960)に理論的根拠を置いたものであることが強調されている（土生田2002・2003）。この問題は日本原始・古代史における考古資料と文献資料の取り扱いについて象徴的な意味をもっており，そうした意味で文献史学側から近藤説を批判した岡田精司の論文「古墳上の継承儀礼説について」(1999)はたいへん示唆的である。以下に岡田論文に沿って継承儀礼説についてみていきたい。

　まず岡田の論点を要約すれば以下のようになろう。古墳上の継承儀礼説は考古学者の間では近藤義郎，春成秀爾，水野正好らの所論に説かれており，場合によっては定説のように扱われていることもある（近藤・春成1967，水野1971，近藤1983，春成1976）。そして岡田は，近藤や水野の「古墳上継承儀礼説」は西郷信綱『詩の発生』(1960)を媒介として，折口信夫の「大嘗祭の本義」(1930)における「大嘗祭＝即位儀礼説」に端を発しているという。折口のこの説は現在では実証性に乏しいとして否定的な見解が多勢を占めるが，その詩的な文章表現力によってか，非常に影響力の大きな論文である。折口自身は古墳のことについては何も触れていないが，岡田は，近藤が墳丘上の飲食儀礼を共同体的農耕祭祀ととらえて初穂祭のイメージを取り入れ，折口の「大嘗祭＝即位儀礼説」に連結することによって「墳丘上祭祀継承儀礼説」を作

り出したと分析している。さらに岡田は「古墳上継承儀礼説」の是非を検証するために，『記紀』を中心に古代天皇の葬送および即位儀礼の記事を収集し，検討を加えている。その結果，葬送の場において継承儀礼が行なわれたことは一度もないという結論を導き出し，考古学者が継承儀礼説という解釈を導き出すための手続きに対して痛烈な批判を浴びせた。

　以上が岡田の「古墳上継承儀礼説」批判の内容であるが，この議論は考古資料の解釈に文献記事を援用する際のさまざまな問題を浮き彫りにしているといえよう。上記の岡田の主張を端的に表現すれば，古墳や弥生墳丘墓における首長権などの継承儀礼を行なったことは古代文献からは証明できないということであろう。たしかに岡田の分析したとおり，『記紀』には古墳において継承儀礼が行なわれた証拠は見当たらないが，それ以前の問題として，日本において伝存する古代文献の成立年代よりもはるかに遡る時代の墳墓祭祀について，それらの記事の内容から導かれる解釈を直接引用すること自体，差し控えるべきであると思われる。そして逆に，新しい時代の古文献の記事から，はるかに遡る時代の考古学的事象についてその是非を論じることもまた，方法論的には不可能なことであろうと筆者は考える。結論的には古墳における首長権継承儀礼については考古資料・文献資料ともに根拠となるものがなく，その存在の証明も否定もできないということになろう。

(2) 古代文献研究と古墳研究の接点―『記紀』と「魏志倭人伝」―

　それでは考古学者は古代文献の存在しない時代の葬送祭祀については，やはり考古学の方法のみで可能な限り復原しなければならないのだろうか。この問題は考古学側が扱おうとする資料の年代によって異なるものと思われる。8世紀前半に成立した『記紀』や種々の律令などの古代文献が，古墳時代の葬送祭祀を復原するにあたり，いったいいつごろまで遡って参考にしてよいのかということが問題であろう。

　まず，現存する最古の神祇令である養老神祇令（718年施行。701年に施行された大宝令は伝存していない）には天皇崩御に伴う葬送儀礼の規定はない（高塩 1999）。そこで，岡田精司は前掲論文（1999）の中で『記紀』にみえる葬送祭祀を描写した記事を拾い出して検討を加えているが，殯・挽歌・復活の呪術・寿陵などの存在を示す記事があることを指摘している。これら『記紀』にみえる葬送記事に関して早くから考古学者に注目されていたのは，イザナギノミコトの黄泉の国からの逃避行説話である。そこにはヨモツヘグイやコトドワタシといった儀礼的行為が登場するが，小林行雄や白石太一郎はこれらの記事の原形が後期古墳の横穴式石室における土器を使用した儀礼の痕跡に求められることを明らかにした（小林行雄 1949，白石 1975）。このことは考古資料の分析から，古墳時代に実際に行なわれていた葬送儀礼が『記紀』に説話の形で反映されていることを立証したものであり，考古学が古代文献の考証に有効であることを示した貴重な研究例であると言える。

　しかし，即位に関する記事と同様に葬送儀礼に関しても，『記紀』にかろうじて断片的な情報として残されているのは古墳時代後期（およそ6世紀代）までであり，それ以前の葬送祭祀につ

いては発掘資料から得られる以上の情報を『記紀』に求めるのは困難といわざるを得ない。唯一，葬送儀礼の内容について具体的な記述があるのは『記紀』のなかにみえるアメノワカヒコの葬儀の様子であろう（次田1977，宇治谷1988）。それによると①喪屋をつくること，②食物を運ぶ係，ほうきを持つ係，御饌（そなえもの）の係，米をつく係，泣く係（泣き女）など多くの役割を分担して行なうこと（『記紀』ではこれらを種々の鳥が分担する），③一定期間，歌舞して死者を弔うこと（『記紀』では八日八夜），などがわかる。

　この記事をみて思い起こされるのは「魏志倭人伝」にみる倭人の葬儀に関わる習俗に関する記事である。その部分を引用してみよう。

　原文
　「其死，有棺無槨，封土作冢。始死停喪十日余日，當時不食肉，喪主哭泣，他人就歌舞飲酒。已葬，擧家詣水中澡浴，以如練沐。」
　訳文
　「死ぬと，棺に収められるが槨はなく，土をつんで冢を作る。人が死ぬとすぐ十日余りのもがりをし，その間は肉を食べず，喪主は哭泣し，ほかの者はそのそばで歌舞し酒を飲む。埋葬が終わると，家じゅうの者が水中に入って身体を洗うが，その様子は中国で行う練沐とよく似ている。」

　　　　　　　　　　　　　　　　　　　　　　　　　小南一郎訳（今鷹・小南1993）

『三国志　魏書』巻三十東夷伝倭人条，いわゆる「魏志倭人伝」（佐原2003）に伝えられる倭人の習俗はおよそ3世紀半ばごろまでの情報と考えられるため，これらは弥生時代の末ごろにおける倭人の葬送儀礼の様子と考えてよいだろう。かなり時代のかけ離れた二つの文献ではあるが，埋葬前の一定期間「喪」を設けることと，死者を弔うのに歌舞し，その場に飲食物が用意されたことが共通しているため，およそ弥生時代末から古墳時代にかけての葬儀の様子をある程度表わしていると考えてもよいだろう。

　結論を述べれば，5世紀以前の葬送祭祀儀礼を復原するために多少なりとも参考になるのは上記の二件の文献記事のみといえる。たった二件の記事を無批判に信用して当時の葬送儀礼の様子を描き出すことは，方法論的には到底正しいとは言えず，基本的には考古学的データを積み重ねていくことが常道ではある。しかし，二件の文献記事は物的証拠として残らない情報を備えており，その重要性をまったく否定することはできない。要はその援用方法について正しい手続きを経るかどうかが重要なのである。次にこうした隣接諸分野の研究成果の援用方法について見ていくことにしよう。

(3) 隣接諸分野の成果の援用方法

　考古学的データから得られる情報は祭祀の物質的な側面を物語るのみで，さらにその祭祀・儀礼の意味づけや歴史的意義を考察する段階では，隣接諸分野の研究成果を援用する必要にせ

まられる場合がある。この問題に対して土生田純之は次のような提言をしている（土生田1997）。

①後世の史料などを参考にするときは，歴史的な方向性を見定めること。時代の順序を追ってあとづける作業を怠ってはならない。
②人類学の成果については解釈するための「証拠」として用いずに，あくまでも「ヒント」に留めること。
③葬送の場面に働く経済的な視点も視野に入れること。具体的には贈与交換システムに基づいた再分配経済論について配慮する必要がある。

(筆者要約)

土生田のこうした提言から学ぶべきことは多い。それぞれの学問分野は役割が異なり，その関係を理解しておかなければ，その成果の援用方法も誤りやすい。特に②の提言に関して，人類学の資料は現存する未開民族の生活や過去に調査された民族誌であるが，これらを日本列島における原始・古代の葬送祭祀研究に援用しようと思えば，それは過去に失われたデータに対して解釈の選択肢の幅を広げるための一般理論を用意する学問であり，あくまでも事実関係は日本列島の文献なり考古資料によらなければならない。人類学について土生田はP・メトカーフ，R・ハンティントン著『死の儀礼』(1996)などの著作を挙げ，未開民族の葬送儀礼の観察から解釈の幅を広げるためのヒントが得られることを指摘している。

また，日本における民俗学の調査データや古文献などの資料をより遡った時代の研究に援用しようと思えば，ただ解釈を当てはめるのではなく，土生田が①で提言したとおり，それらの資料の特徴が過去の資料の変化の延長上にあるものとして妥当かどうかを見極める必要があるだろう。ただ，そのような方法が取れなくても，上述の人類学の成果の援用のように，解釈の枠を広げるヒントとしてならば，国内の民俗資料・文献資料を使用することも可能であろう。筆者は竹岡俊樹の著作『日本民族の感性世界—考古学から文化分析学へ—』(1996)において展開されている古文献や民俗資料を駆使した文化分析学の方法は，本稿に述べるような弥生時代から古墳時代にかけての葬送祭祀研究においても有効であると考える。竹岡が強調する「位相の転換」という視点は葬送祭祀に限らず，さまざまな祭祀における儀礼を理解するうえで非常に有効であり，意味づけが難しい考古資料の解釈に選択肢の幅と一定の基準を与えるものと考える。

(4) 考古学による葬送祭祀研究

これまで祭祀研究における考古学と隣接諸分野との関係について述べてきたが，もちろん考古学独自の方法を鍛え上げることが何よりも重要な課題である。それは考古学側における祭祀研究の方法が整っていなければ，結局は解釈のすべてを隣接諸分野の研究成果に委ねることになりかねないからだ。これまで考古学的祭祀研究が正当な評価を得てこなかったのは，その方

法論が未整備であったことにも原因があると思われる。本研究の副次的な目的として，考古学による祭祀復原のための方法論を提示することも挙げられる。この筆者の方法論の詳細については次章からの本論に譲るとして，ここでは考古学独自の方法による葬送祭祀研究にはどのようなものがあるのかを見ていきたい。

　まず和田晴吾の業績を挙げなければならないだろう。和田は古墳祭祀の総体を次のような手順として概念化した。すなわち「墓域の選定」→「整地」→「墳丘の築造・内部施設の構築・埋葬」→「外部施設の整備（葺石・埴輪など）」の四段階があり，各段階における儀礼の存在を指摘している（和田晴吾 1989）。また，被葬者の死がどの段階で発生するかによって，竪穴系埋葬施設の墓壙と盛土の関係が異なることも検討している。和田の作業は古墳における葬送祭祀の具体的な手順を復原する上で指針となるべきものであろう。このうち納棺の問題に関しては和田自身が古墳時代の全時期を通して検討を加えており（和田晴吾 1995），前期古墳の副葬品の配置に関しては今尾文昭が儀礼の諸段階を考慮しながら検討している（今尾 1984）。また，埋葬終了後に行なわれる土器を使用する儀礼については弥生時代後期から古墳時代前期までを筆者が検討し（古屋 1998・2002ｂほか），横穴式石室墳のそれについては土生田純之が検討している（土生田 1998）。埴輪配列の問題については膨大な研究の蓄積があり，ここでいちいち触れることはしないが，古墳の葬送儀礼の諸段階の中でどのように捉えられるのかという視点から，埴輪配列の意義を捉えなおす必要があるだろう。

　これらの研究を見ていくと，考古学的なデータから当時の葬送儀礼の内容を復原することは，その行為的側面に関してはある程度は可能であることがわかる。考古学だから祭祀研究は不可能であるという先入観は捨て，積極的に考古学独自の方法を開拓していくべきであろう。

　以上，考古学的手法による祭祀研究の方法と課題について述べてきた。都出比呂志が提唱した文献史学・人類学などの隣接諸分野との協業は，困難な作業ではあるが不可能なことではない。結論を導くためのものではなく，解釈の選択肢の幅を広げるヒントという位置づけに限定して，使用することについては何ら問題はないと思われる。また，和田や今尾，土生田らの業績や本書に示す筆者の研究のように，考古学独自の方法によっても，ある程度は祭祀の内容を復原することは可能である。今後，考古学による祭祀研究にとって，この方面の考古学独自の理論的枠組みを構築する努力をすることと，隣接諸分野との協業も模索していくこと，という二つの方向性が大きな指針となるだろう。

第1章　墳墓における土器配置研究の意義

　弥生時代～古墳時代の墳墓から土器・埴輪類が出土するとき，その出土の仕方に特定の場所・配置方法をうかがい知ることができる場合がある。例えば，列をなして墳丘や埋葬施設を取り囲むように出土したり，埋葬施設上や埋葬施設内などにその場所を意識して置かれていたりするのである。これらの土器類の出土状況をパターンごとに土器配置類型を設定して整理していくと，いくつかの類型に相当数の類例があり，一定の志向性を読み取ることができる。そして，葬送の場における土器配置に見られる志向性が共通するということから，祭祀に伴う儀礼行為が同一のものであったということが推定できる。

　文字史料が欠如した時代における祭祀の精神的・思想的内容を明らかにすることは非常な困難がつきまとう。しかし，祭祀の中でも行為的側面を表現した儀礼については，それを施行した結果のこされる物的痕跡を上記のプロセスを経て考古学的に分析することで，その系譜や性格を追及することは可能であろう。このような観点から弥生時代～古墳時代前期にかけての墳墓における葬送祭祀儀礼の系譜を体系的に把握し，当時の社会変化の様子を墓制に表われる宗教的な側面から描き出そうとすることが，本書の目的である。

第1節　古墳出現に関わる研究史

　本書では古墳の成立について，弥生墳墓からの変化をより質的に捉えるために土器配置研究を導入することを目的としているが，その意義を明らかにするために，これまでの古墳成立に関わる研究の大まかな流れについて触れておきたい。なお，今日的な意味で古墳の出現についての研究がはじまったのは戦後からと言えよう。戦前の研究については岩崎卓也の整理（岩崎1988a）を参照していただくことにしてここでは触れないこととする。また，以下に研究史をまとめるにあたり，個々の研究の他，坂本和俊による研究史の整理（坂本1990）を参考にした。

　小林行雄の業績　古墳成立の問題について，はじめて本格的にその歴史的意義を論じたのは小林行雄であろう。小林は古墳から出土する銅鏡の分析から，古墳の発生の要因は各地域首長（小林は「貴族」という用語を使用）の権威の革新の結果と見た（小林行雄1955）。その外的要因として大和政権による地域首長の地位の外的承認を挙げ，その内的要因として首長権の世襲制の発生を挙げている。前者の論拠として三角縁神獣鏡の分析から導かれた「同笵鏡論」が，後者の論拠として漢鏡の伝世に注目した「伝世鏡論」が述べられている（小林行雄1961）。

　また，小林行雄は前期古墳の相対年代的細分を試み，のちの前期古墳編年研究の基礎をつくった。「前期古墳の副葬品にあらわれた文化の二相」（小林行雄1956）という論文がそれである。

その中で三角縁神獣鏡をはじめとする銅鏡の副葬状況に，中国製のもののみで占められる古墳と，中国製のものに倣製鏡がともなう古墳の二者の存在を指摘し，さらに後者の倣製鏡をともなう古墳のみに碧玉製腕飾類が伴うことを明らかにした。小林自身はこの副葬品の二相が編年的な前後関係であるとすることに慎重な態度を示したが，現在に至るまでの前期古墳編年の基礎となっている。

　小林がのこした前期古墳研究の業績の中でもう一つ重要なものとして，埋葬施設構造の研究が挙げられる。この研究の骨子は，竪穴式石室をその平面形態からA～Cの3種（A：短小形，B：長大形，C：幅広形）に分類したこと，粘土床の構造分析から粘土槨を竪穴式石室の省略形ととらえ年代的に新しく位置づけたこと，などである。B類とされた長大形の石室については，のちに弥生墳丘墓と前期古墳との質的な違いを表わす要素のひとつとして注目されるようになる。

　「発生期古墳」の概念　さて，小林の一連の業績により，前期古墳の具体像が明らかにされてくると，古墳出現の問題はその歴史的意義を追及する方向性のほか，編年学的に最古の古墳をつきとめようとする潮流が盛んになった。後者の動きは弥生時代に編年される高塚墓の発見により，古墳の定義の問題が急速に浮上したためである。

　弥生時代の区画墓（墳丘墓・周溝墓・台状墓を含む）の発見・認識は1964年の東京都八王子市宇津木向原遺跡に端を発している（大場1964）。浅い溝を方形にめぐらせたこの墓制は大場磐雄によって「方形周溝墓」と命名されるとともに，古墳の発生について弥生時代にそのルーツをたどる糸口を与えた（大場1965）。方形周溝墓はその後，大規模開発にともなう緊急調査がさかんになるにつれ，全国的にその類例が知られるようになる（大塚・井上1969）。一方，山陰地方では1968年の島根県邑南町順庵原1号墓（門脇1971）の発掘調査により四隅突出型墳丘墓がはじめて学界に認識され，その後も同種の墳墓の発見があいついだことにより，弥生時代の高塚墳の存在がにわかに注目された。とくに1970年から調査が開始された島根県安来市仲仙寺墳墓群は同じ荒島墳墓群中に大成古墳，造山1号墳，造山3号墳などの古墳時代前期の大型方墳が存在することから，四隅突出型墳丘墓が発生期古墳との関わりで論じられるようになった。実際に当初の研究では，これらの墳墓を「在地型古墳」として，畿内型古墳とは別系統の発生期古墳として認識していた例もある（近藤正1971）。

　このように当時の「発生期古墳」の概念は，いまだ土器編年が整備されていない学界において，現在では弥生時代後期や庄内式併行期に編年されるべき「墳丘墓」に対して，定型化した古墳の前段階の高塚墳という認識の下に使用された概念であり，現在，一般的には「弥生墳丘墓」と呼称されている墳墓を「古墳」と呼称する立場があったことを示している。森浩一は広義の意味で古墳という名称を使用する研究者の代表格で，高い墳丘をもつ墓をすべて古墳と呼んでおり，「弥生時代の古墳」という表現も辞さない（森1986）。その一方で間壁忠彦・間壁葭子は狭義の意味で「古墳」と呼ぶことに理解を示しつつも，狭義の古墳の要素が弥生時代後期に築造された「黒宮大塚古墳」にすでに見られるとして，「早期古墳」の呼称および概念を提唱した（間壁忠彦・間壁葭子1977）。先の「発生期古墳」の語もこれに近い意味で使用されたもの

と思われる。このように，当時，古墳という用語については現在のようにほぼ限定的な使用状況ではなく，研究者それぞれによってさまざまな用語法があったことが窺い知れる。そして，弥生時代の高塚の発見によって，どこからを「古墳」および「古墳時代」とするか，ひいては古墳時代と弥生時代をいかに峻別するかが大きな問題となってきた。

近藤義郎の業績 このような状況下で，墳墓を明確な相対編年のもとに弥生時代のものと古墳時代のものに峻別し，その内容の分析から両者が質的にも区別されることを説き，弥生時代のものを「弥生墳丘墓」として年代的にも質的にも「古墳時代の古墳」と分けて考えたのが近藤義郎である。

近藤はまず，1958年の都月坂1号墳における文様の施された埴輪片の採集を皮切りに，1961年の伊与部山遺跡，1963年の宮山遺跡などの資料を加えつつ，円筒埴輪の起源が弥生時代の特殊器台形土器に求められることを確信し，1967年に春成秀爾との共著「埴輪の起源」（近藤・春成1967）において，立坂型→向木見型→宮山型→都月型という四型式の変遷を明らかにした。また，立坂型が上東式土器併行，向木見型が上東末〜酒津式併行，宮山型も酒津式併行，都月型が布留式併行というように，各形式の土器編年との対応関係を示した。これにより各遺跡の時間的位置づけがはっきりするようになった。

次に弥生時代の墳丘を有する墓制については，すでに「古墳発生をめぐる諸問題」（近藤義郎1966）においてその存在を指摘しているが，「古墳以前の墳丘墓」（近藤義郎1977a）においては弥生墓制の中で主に盛土によって外部と画されているものについて「弥生墳丘墓」の語を使用するようになった。近藤がこの論文の中で弥生墳丘墓の事例として挙げているのは，岡山市楯築墳丘墓（双方中円形），島根県安来市仲仙寺9・10号墓（四隅突出型），兵庫県加古川市西条52号墳（前方後円形），岡山県総社市宮山墳丘墓（前方後円形）などであり，その特徴として，墳丘を有すること，突出部を有するものがあること，墳端に列石を有するものがあること，さまざまな器種を含む供献土器群が出土すること，などを挙げ，古墳との共通性と差異性について論じている。この段階でほぼ現在と同様な「弥生墳丘墓」像が確定した。

その後，「前方後円墳の成立」（近藤義郎1977b）を経て，『前方後円墳の時代』（近藤義郎1983）が出版される。ここでは弥生墳丘墓の諸特徴が述べられた後に，それらとの差異性に注目しつつ「成立期前方後円墳の三つの特質」として次の三点をあげている。すなわち，①鏡の多量副葬指向，②長大な割竹形木棺，③墳丘の前方後円形という定型化とその巨大性，という三点であるが，これらのことは弥生墳丘墓との比較を通してはじめて明確にされ得た特質である。

また，『前方後円墳の時代』においては両者の違いについて，祭祀的な側面からの言及があったことが大きく評価できる。古墳における葬送祭祀の本質を「祖霊祭祀」と規定し，それが弥生墳丘墓に遡って行なわれていたことを述べている。そして，列島の広い範囲の首長が「共通の祖霊の世界」をもった段階が，古墳時代であるとする。すなわち，近藤の考える「古墳」とは，擬制的同祖同族関係によって結ばれた各地の部族が，列島の広範囲で共通の祖霊祭祀にもとづく葬送を行なった結果つくられたもの，ということができよう。

近藤の「祖霊祭祀論」は弥生墳丘墓と古墳の違いを祭祀的側面から説明したものとして学史上高い評価を与えられるものであろう。しかし一方で，序章で述べたとおり，資料から結論に至るまでの過程が観念的な論拠によって結ばれており，具体的な資料操作に拠っているわけではないという問題があり，考古学的な祭祀研究の発展にはつながらなかった。

　都出比呂志の業績　近藤のこれらの業績を受けて，都出比呂志はいくつかの研究を付け足し，これを発展的に継承した（都出 1979・81・82・89）。都出の古墳出現期研究の前半段階の研究項目は，その後いくつかの論考で補強はされているものの，すでに 1979 年の「前方後円墳出現期の社会」にその多くが出揃っていると言ってよい。古墳発生に関わる都出の業績の中で特に注目すべき項目は三点ある。一つめは畿内における前期古墳のほとんどが北頭位を採ることを明らかにしたこと。二つめは小林行雄の業績を基礎に，竪穴式石室および粘土槨などの埋葬施設の形態的検討，埴輪の型式・様式的検討，種々の副葬品の組み合わせの検討，などから前期古墳を 4 期に編年したこと。三つめは当時，庄内式の設定など徐々に進められていた畿内の土器編年と先に挙げた前期古墳の時期区分の対応関係を示したことである。資料的に限定されていた中で，前期古墳の古い部分の併行関係はほぼ妥当な結果が導き出されており，これにより前期古墳の年代が土器編年と対応させて論じられるようになった。

　なお，のちに都出が，前方後円墳の出現の問題を国家形成過程の議論の中で論じ，古墳の出現を部族連合の結果とみなし初期国家段階として位置づけたことは著名な業績であるが，本書目的の範疇の外であるので，ここでは詳しくは触れる必要はないだろう（都出 1991）。

　土器編年の進展　話が多少前後するが，近藤や都出がそれぞれの論を展開した 1960 年代後半から 1990 年代は各地において大規模開発にともなう緊急調査が行なわれた結果，多量の発掘データや考古資料が蓄積され，各地で土器編年を構築する作業が飛躍的に進展した。ここでその学史を詳細に論ずる余裕はないが，本書における研究にとっては重要な土台となるために，その意義についてとくに以下の四つの点に言及しておきたい。

　一つめは基本的な事柄だが，各地で弥生土器と土師器の境界が問題となり，そのことを引き金にして精緻な編年が組まれるようになった。

　二つめは各地の土器様式の内容が明らかになるにつれ，外来土器の研究を通じて広域な土器編年の併行関係が追及されるようになった。そして，同じく外来系土器の研究から当時の活発な地域間交流が明らかになり，墳墓研究以外の視点から古墳出現前後の地域動態に迫る視点が開けてきた。

　三つめは広域な土器編年網の整備により，墳墓の年代を土器編年の中で位置づけられるようになってきた。このことと関連して，それまで決して研究者の意識が高くなかった墳墓出土土器への関心が相対的に高まった。

　その結果として，四つめに墳墓の年代を決定するために土器の出土状況についての関心が高まり，報告書にその詳細が記載されるようになった。実はこのことが本書のような土器の配置状況を検討する研究の前提的環境を用意することとなった。

これらは発掘作業を担当した多くの埋蔵文化財関係者と土器編年構築に従事した研究者の苦労の成果である。また，各地で盛んに開かれたシンポジウムも地域間の情報交換の場として有益なものがあった。本来ならばその成果を逐一挙げるべきだが，膨大な量であるためここでは割愛させていただくこととする。

纒向型前方後円墳の提唱 最古式の巨大前方後円墳である箸墓古墳を擁する奈良県纒向遺跡では，1970年代から纒向古墳群の調査が継続的に行なわれた。そして纒向石塚を中心とする狭小な前方部をもつ前方後円墳の一群が，箸墓古墳に先行あるいは併行して築造されたことが，周溝出土土器などから確実視されるようになった。これをうけて寺沢薫は後円部径と前方部長の比が2:1を示す一群の前方後円形墳を纒向型前方後円墳と命名し，箸墓古墳のように定型化した前方後円墳に先がけて全国的に広がったという見解を示した（寺沢1988 a・b）。ここにおいて，古墳の出現をめぐって今ひとつの段階設定の可能性が示唆されたといってよい。すなわち布留式併行期段階における箸墓以降の定型化した前方後円墳をもって古墳の出現とするのか，あるいは庄内式併行期の定型化以前の「前方後円墳」をみとめて古墳の出現とするか，の二者である。この問題について，たしかに西日本においては定型化した前方後円墳の出現の方がより明確な画期として捉えられるが，東日本においては庄内式併行期における神門古墳群のような墳丘をともなう前方後円形墳丘墓の出現の方が前代の墓制との差異性が明瞭であり，ここから古墳とする意見も根強い（田中新史1984）。

前方後方形墳墓 前方後方墳については大塚初重による集成以来，東日本に多く分布し，さらに前方後円墳にさきがけて築造されているらしいことから，東日本の古墳出現についての一つの大きなテーマとなっていた（大塚1956・1962）。その中で多くの学説が前方後方墳を前方後円墳の亜式として捉えてきたが，1970年代以降，東日本各地で前方後方形の周溝墓の発見があいついだため，一辺の中心に陸橋を持つ方形周溝墓から前方後方形周溝墓を介して前方後方墳へいたる変化を型式学的に説明することも可能となった（田中新史1984）。

これをうけて主に伊勢湾地方をフィールドとした赤塚次郎は古式の前方後方形墳墓が濃尾平野に存在するとし，前方後方墳の淵源を東海西部地方に求めた（赤塚1988・89・92・96）。この意見は古墳の発生が畿内地方において一元的になされたと考えられていた当時には衝撃的な発言だった。とくに東日本では東海西部地域の土器が多く出土することもあって，赤塚の論調に大きな影響を受けたが，一方で「東国における過去10年間の（古墳発生に関する：筆者補注）議論は，「畿内」を「東海」に置き換えただけではなかったのか」（大村1995）という，冷静な受けとめかたも存在した。こうした動向をふまえた上で，前方後方墳の起源をやはり畿内に求める意見も存在することに注意を払う必要があるだろう（小沢2000）。

北條芳隆の業績 このような前方後方墳の研究動向に影響されてか，四国北東部において古墳時代前期におけるかの地の独自性を追求する研究が盛んとなり，北條芳隆によって「讃岐型前方後円墳」が提唱されることとなる（北條1999）。また，北條は箸墓類型以後の畿内型前方後円墳を「第2群前方後円（方）墳」（「真正前方後円（方）墳」）とし，それに対して讃岐型前方後

円墳や東日本に多い小型の前方後方墳，あるいは纒向型前方後円墳など，布留式以前から各地域で展開しているものを「第1群前方後円（方）墳」として，系列上区別した（北條1992・2000）。このことは，それまで前方後円墳か前方後方墳かといった基本的な墳形によって墳墓を分ける考え方に対して，墳形のみならず墳墓の様々な要素，あるいは墳形の細部のちがいに注目した，より質的な系列区分が行なわれたという点で大きな成果と評価できる。この北條の作業によって，前方後円形あるいは前方後方形の墳墓は箸墓古墳の成立に先立って列島の広範囲において多元的に出現したことが明確にされたと言えよう。

前期古墳の多様性　さて，これまで当該期の墳墓の各要素について数多くの研究がなされてきた。そのなかでやはり注目されてきたのは墳丘・副葬品・埋葬施設・埴輪の4要素であろう。これらの研究の初期段階では墳丘の平面形態が墳墓の性質の評価に大きく作用していたが，しだいに墳丘の詳細な築造企画や構築方法，あるいは石室石材の産地同定など，微細な研究により墳墓のより質的な違いが浮かび上がってきた。

しかし，副葬品や墳丘築造規格にかかわる研究は，葬儀時および生前の首長間における贈与・交換の体系から政治状況を復原するという小林行雄以来の方向性を

表1　1980年代以降の主要墳墓調査年表

調査年	墳墓名
1975～83年	神門古墳群（千葉県）
1976～89年	楯築墳丘墓（岡山県）
1980～81年	萩原1号墓（徳島県）
1982年	鶴尾神社4号墳（香川県）
1983～93年	西谷3号墓（島根県）
1985～86年	津古生掛古墳（福岡県）
1985年	廻間SZ01（愛知県）
1986年	芝ヶ原古墳（京都府）
1989年	権現山51号墳（兵庫県）
1989～92年	雪野山古墳（滋賀県）
1990～92年	矢藤治山墳丘墓（岡山県）
1990年	園部黒田古墳（京都府）
1991～93年	小羽山墳墓群（福井県）
1993～94年	中山大塚古墳（奈良県）
1993～95年	西求女塚古墳（兵庫県）
1993～94年	高部古墳群（千葉県）
1994～95年	箸墓古墳7次（奈良県）
1995～2000年	ホケノ山古墳（奈良県）
1995年	西上免古墳（愛知県）
1996～98年	象鼻山古墳（岐阜県）
1997年	安満宮山古墳（大阪府）
1997年	東殿塚古墳（奈良県）
1997～99年	黒塚古墳（奈良県）
1997年	秋葉山3号墳（神奈川県）
1998～99年	大風呂南墳墓群（京都府）
1998～2000年	赤坂今井墳丘墓（京都府）

つらぬいているし，また，墳丘構造や埋葬施設および埴輪の生産に関わる研究は，広義には墳墓祭祀の研究に含まれるけれども，どちらかといえばそれは古墳の物理的構築技術にかかわる問題であるため，狭義には祭祀研究とは言いがたい。振り返ると，現在までの古墳出現期における墳墓研究の大半はこの二者に含まれるものであり，実は墳墓における葬送祭祀を正面から取り扱った研究は非常に少ないというのが現状である。

　表1は1980年代以降の主要な古墳出現前後の墳墓の調査年を示したものだが，ここ25年ほどのこれらの墳墓の調査結果によって，当該期の様相が急速に鮮明になってきたと同時に，墳墓がきわめて多様性に富んでいるという実態が明らかになってきた。このような状況の下，当該期の墳墓の系統整理を行なうためには，物質的な側面も重要だが，それらの墳墓がどのような精神的・思想的背景の下で築造されたのかを調べることこそが重要なのではないだろうか。これが古墳出現に関する研究史を振り返ることによって得られた，墳墓における葬送祭祀儀礼の研究の意義といえるだろう。

第2節　墳墓における土器配置の研究史

　次に，弥生時代から古墳時代にかけての墳墓における土器配置の研究にどのようなものがあるのかを述べていきたい。その際に，後段の事例分析にあたる第3～6章において詳細に触れている箇所については，ここでは概述にとどめておく。

(1)　弥生墓制の土器配置研究

　北部九州　弥生墓制における土器配置研究は北部九州において比較的古くから研究の積み重ねがあった。それは，鏡山猛（1952），高倉洋彰（1973），石橋新次（1982），小田富士雄（1982），川上洋一（1995），中村大介（2006）らの研究であるが，縄文時代からつづく個々の埋葬施設への土器副葬行為が弥生時代前期にピークをむかえ，中期以降は「祭祀遺構」とよばれる土坑に土器が廃棄された遺構が，集団墓の墓域の外縁もしくは中に複数個営まれることを明らかにしている。これらの祭祀遺構の位置づけについては，石橋新次が，葬送に伴う祭祀に使用した土器群を一括廃棄したという基本的な性格づけをしている。

　畿内　畿内における「方形周溝墓」出土土器についての祭祀的な研究は，田代克己（1985），辻本宗久（1987），田中清美（1988），大庭重信（1992・2001），深澤芳樹（1996a・b）らのものがある。これら一連の研究における問題提起となったのは田代の研究であろう。田代（1985）は方形周溝墓から出土する土器に対して，状況の検討なしに「供献土器」という呼称を用いる研究姿勢を批判し，周溝中からほとんど接合できない土器片が多量に出土するような状況について，祭祀に使用した土器を「穢れ」除去のために破壊して廃棄したものという認識を示した。そして，祭祀の具体像については，調理器や供膳具の存在から「魏志倭人伝」にみられる「歌舞飲酒」などの葬送記事との関連性を示唆した。これをうけて，辻本（1987）は「方形周溝墓」出土土器の中には田代の指摘する廃棄された土器と，意図的に設置したような供献土器の両者があるとした。これら畿内における初期の方形周溝墓研究の言説は，のちの墳墓の祭祀的研究に大きな影響を与えた。

　四国北東部　当地域については，中期からみられる土器の破砕と火の使用を伴う儀礼の存在が明らかにされ，それらの墳墓から古墳時代の積石塚への発展過程が議論されている。「集石土壙墓」の祭祀については，石川直章（1990・91）や栗林誠治（2003）の研究に詳しいが，その詳細は第3章第3節に譲る。なお，終末期から古墳時代前期にかけての首長墓における土器配置については大久保徹也が画期のあり方に重点を置いて論述している（大久保2000）。

　吉備　吉備における墳墓出土土器から祭祀・儀礼にせまる研究については近藤義郎の一連の業績がある。近藤は吉備の弥生墳丘墓における葬送祭祀儀礼の画期を特殊器台や特殊壺の出現に求め，主に楯築墳丘墓の発掘調査成果からその内容を復原している。それはすでに『前方後円墳の時代』の「祖霊祭祀」（近藤義郎1983，167～174頁）という一文において発表されている

が，より具体的に提示されたのは楯築墳丘墓の発掘調査報告書『楯築弥生墳丘墓の研究』の「埋葬祭祀」という項目（近藤義郎1992a，154～157頁）においてであろう。その中で，特殊土器類や多量の高杯を使用した共飲共食儀礼を挙行した後に，それらの使用の終わった儀器に穿孔を施し，使用できないようにして，主体部上や墳丘の各所に「片付け」た，という儀礼の流れを復原した。また，「弥生墳丘墓における埋葬儀礼」（近藤義郎1992b）では特殊土器類が前代の器台や壺との型式的な連続性の上ではなく，「突然変異的」に出現し，楯築墳丘墓の儀礼において始めて使用されたことを説く。さらに土器にみられる穿孔のあり方から土器の象徴化と儀礼のあり方について論じている（近藤義郎2001b・02a・02b・03）が，このことについては本書第7章第2節において詳しく述べる。これら一連の近藤の考察は，弥生時代後期の墳丘墓から前期古墳への祭祀儀礼の変化を考える上で，象徴化の本質に触れた重要な言説であるといえる。

山陰 山陰においては早くから墳墓の主体部上において土器が出土することが注意されてはいたが，土器編年のための資料として考察が進められ，なかなか祭祀的な側面の研究は深められなかった。とくに的場土壙墓の主体部上から出土した土器群は，意図的に配置された状態が確認され，その器種構成とともに墓壙上における土器の供献行為の具体的な姿が把握されたにもかかわらず，儀礼の実態考究までは至らなかった。しかし，1983年以降継続的に発掘調査された西谷3号墓の2基の中心主体からおびただしい土器が出土するに及び，渡辺貞幸によって首長埋葬にかかわる儀礼行為の痕跡として大きくとりあげられることになる（渡辺1993・95）。西谷3号墓では土器のほかに，朱の精製に使用された円礫が土器の下層中央から発見されたことや，墓壙埋め戻し後に墓壙上に一時的に建てられた建築物の巨大な柱穴が検出されたことによって，首長墓における墓壙上の葬送儀礼の実態がみえてきたことが大きな成果である。さらに多量の山陰系土器とともに，吉備や丹後および北陸南西部からの搬入土器が一定量含まれていることから，当時の地域間における首長層の交流関係が把握されたことも重要であろう。

近畿北部 近畿北部の但馬・丹後・北丹波などの地域においては，大規模開発により丘陵上の台状墓群が数多く調査されるようになったため，1990年代以降にいわゆる「墓壙内破砕土器供献」の存在が在地の研究者の注意にのぼるようになったという。そして「墓壙内破砕土器供献」の様相について肥後弘幸が1994年の論考でまとめた結果，学界においても知られるようになった（肥後1994a・b）。その内容の詳細は第3章第6節に譲るが，他地域とは著しく様相が異なる独自の土器配置が明らかになった。

北陸 北陸地方における墳墓の土器配置については，早くから福井県鯖江市王山墳墓群や福井市原目山墳墓群などで，出土土器が注意にのぼっていた。しかし，北陸の弥生墓制の研究史上大きな画期となったのは福井市小羽山墳墓群の調査であろう。大型の四隅突出型墳丘墓である26号墓や30号墓などの墓壙上から40個体を越える土器群が検出され，さらに朱の精製に使用された石杵が存在するなど，西日本の墳丘墓文化との関係性が明らかにされつつある（古川1995・97・2003）。また，新潟県では長岡市屋舗塚1号墓の発掘により，墓壙内破砕土器供献が確認され，北陸北東部における弥生台状墓の土器配置の一端が始めて明らかにされたことも，

第 1 章　墳墓における土器配置研究の意義

関東　一方，方形周溝墓が多く営まれた東日本では，関東において出土土器の祭祀的な研究の蓄積がある。先駆的な業績として伊藤敏行による方形周溝墓の総括的な研究の一部として，出土土器の出土状況に関しての考察があり（伊藤 1986・88），また，山岸良二による穿孔土器の分析がある（山岸 1989）。近年では藤波啓容・中村真里（1996）や立花実（1996・2000 a・b），福田聖（1996・2004）らによる分析があるが，大半は盛土が失われているために，分析対象がほぼ周溝中出土土器に限られてしまうという研究上の制約があり，祭祀復原研究の大きな壁となっている。その詳細は第 3 章第 10 節において述べる。

小結　以上が，弥生墓制における土器配置研究の大すじであるが，各地域において各研究の系統が個別的に進行しており，各地域間における資料および研究の比較作業や方法論のつき合せなどが行なわれてこなかったといえる。こうした状況の中で，筆者は西日本の様相と北陸の弥生時代後期から古墳時代前期にかけての様相を整理したが（古屋 2002 b・04 a），弥生時代前半期の様相や，東海地方における方形周溝墓の様相など，いまだ未整理の部分を多く残している。今後の課題としたい。

(2)　前期古墳の土器配置研究

西日本　前期古墳の土器配置についてその研究史を振り返ってみると，西日本のそれについては埴輪配置の研究（三木 1958，春成 1977，稲村 1984，坂 1988・2000，橋本 1992，高橋 1996・99，廣瀬 2002 など）が盛んに行なわれているのに対して土器配置の研究は非常に少ない。わずかに主体部内から出土する土器について，田上雅則（1993）や大庭重信（1996）の研究がある。とくに大庭は埋葬施設に配置される土器を貯蔵具（壺・甕）と供膳具（高杯・小型丸底土器・小型器台）とに分け，前者は足元側の棺小口付近にほぼ限定されて置かれるのに対し，後者は棺内・棺外・棺上と，置かれる位置が様々であることを明らかにした。また，前者は埋葬儀礼に使用された朱を入れて副葬した「朱壺」であることを指摘している。本書では埋葬施設内に副葬品として納められた土器については分析に加えていないので，大庭の研究を参照してもらいたい。

また，前期後半段階の食物形土製品を伴う土器配置について中條英樹の考察（中條 2003）があるが，それ以前の弥生墳丘墓から受け継がれた土器を使用した祭祀については，ほとんど研究がないのが原状である。西日本の古墳研究がこれらの分野に目を向けてこなかったのは，良好な資料の蓄積が 80 年代後半以降のことであったことにも起因するのだろう。前期古墳における土器の出土状況についての研究は，むしろ埴輪や副葬品に乏しい東日本において蓄積されてきたのである。筆者の土器配置研究は，東日本における一連の研究の流れの中に出発点を置いているため，以下にその研究史をやや詳細に述べておくこととする。

東日本　東日本においてこのテーマにいち早く取り組んだのは小林三郎と岩崎卓也である。

小林三郎は古墳から出土する土器を「古墳墳丘における葬礼によって埋置される土器群」と「副葬品として遺骸とともに埋葬されたもの」とに二大別している（小林三郎 1972）。さらに前

者の土器群を①「主体部上に埋置された土器群」と②「儀器化された壺形土器」によって代表される二者に細別し，①は高杯，坩，器台などを中心とする土器群で，方形・円形周溝墓出土土器と共通し，②の壺形土器はおおよそ儀器化されたものが墳頂周縁もしくは墳丘の段，裾などに配列されたものと推察した。また，日常用具としての土器が葬送儀礼に参加する中で，あるものが儀器化するという流れの中に古墳成立の問題が隠されている，という重要な指摘をしている。

岩崎卓也も古墳における「土器祭祀」が古墳出現の問題と密接に関わるものという観点から分析を行なった（岩崎1973）。その分類は，Ⅰ埋葬施設内に副葬されるもの（a通有の大きさ，bミニチュア），Ⅱ埋葬施設外に置かれたもの（a墳頂・埋葬施設上，b墳頂近くの特別施設，cそれ以外の墳域）である。この中で岩崎が分析したものはⅠa・Ⅰb・Ⅱaのみで，他は省略されている。Ⅱaとして分類された主体部上の土器群を「神人共食」の具とし弥生時代からの系譜につらなるものと捉えており，この中で高杯を含む例は「共食→供献」の流れを示すものとしている。Ⅰに分類した埋葬施設内の土器については弥生時代からの系譜とは捉えずに，小型坩が多いことから「倭政権による儀礼整備に基づく一姿相」と捉えている。なお，壺形土器の配列に関しては埴輪的なものとしてほとんど触れられていない。

この小林と岩崎の論考は大変近い時期に世に出たもので，お互いに関連性はないと考えられるが，その分類方法は類似している部分が多い。この1970年代初頭の二論考において，すでに主体部上土器群，壺形土器による墳丘囲繞配列，埋葬施設内に納められた土器，の基本的な三分類がすでに抽出されており，のちの土器配置研究の基礎ができあがっていたといえる。

なお，1970年代の関連する論考として小室勉の「墳丘外表土師器群の一考察」（小室1972）が挙げられる。小室は関東地方の古墳において主体部上から土器が出土した事例を集成し，茨城県諏訪間遺跡の土器の出土状況がこれらと共通することを確認した。その上で，主体部上から出土する土器片が接合しないことから，別の場所において破砕されたものを古墳に持ち運んで，埋葬終了後に墓壙上に散布した，と考えた。このような主体部上への破片散布については大塚初重がすでに能満寺古墳の発掘調査の結果から推定しているが（大塚1949），小室はさらに一歩進んで，それらの土器が殯において使用されたもので，殯終了後に破砕されたと推察している。しかし，実際に殯に関連する遺構を検出したわけではなく，推察の域を出ないが，墓域以外の場所における葬送儀礼の全体像をも視野に入れた重要な指摘といえる。

1980年代以降では，まず塩谷修の研究が注目される。「古墳出土土師器に関する一試論」（塩谷1983）は具体的な資料分析から関東地方の前期古墳の動態を探り，この分野の基本的な方法を示したものとして高い評価を与えることができる。塩谷の分類は以下のとおりである。

　A類　埋葬施設上に埋置されたもの
　　A1　壺形土器，器台形土器，高坏形土器のセット関係を充足するもの
　　A2　セット関係を充足しないもの

B類　くびれ部，前方部先端を中心とした埋葬施設以外の特定の場所に置かれたもの
　C類　墳頂部周縁あるいは墳丘周縁に配置・配列されたもの

　A1からA2への変化は儀礼化の進展とし，全体的にA類からC類に向かって仮器化の進行と地域差の解消が見られるので，A1→A2→B→Cという変遷を想定した。また群馬県域ではA類が全く見られずC類が多いことから，他の地域とは違った古墳の出現の仕方を示唆している。

　また「関東地方における古墳出現の背景」（塩谷1990）では，先にA類とした主体部上で行なわれる「土器祭祀」の系譜を山陽，山陰に求め，関東への波及については東海西部地方が媒介になったとする。

　塩谷のほかに東日本における墳墓の土器配置をテーマとした研究は駒見佳容子（1985）や山本靖（1993）のものがある。駒見はそれまでの研究を総括し，穿孔土器の意義に触れ，弥生時代中期の方形周溝墓から古墳時代中期の「埴輪祭祀」に至るまでの葬送祭祀の流れを追った。その結果，「埴輪祭祀」の受容を大きな画期とみとめ，中期に始まる他の要素も併せて，その段階を畿内政権の確立と見ている。

　なお，前期古墳およびその前段階の墳墓の祭祀を扱った論文として注目すべきは小嶋芳孝の「埴輪以前の古墳祭祀」（1983）であろう。小嶋は埴輪が普及する以前の「古墳祭祀」の内容を把握するために各地の墳墓から出土する「供献土器」の内容を検討した。対象とした地域は，北陸の資料を中心に北部九州，山陽，山陰，近畿，東海，関東と非常に広く，他に類を見ない業績となっている。また，土器編年および各地域間の併行関係が今ほど正確に把握されていなかった当時において，庄内式併行期以前をI期，布留式併行期以降をII期とし，その比較によって分析を進めている。たった二時期区分であるが，現在の目から見ても正確な時期決定を下していることも評価できよう。ただし，小嶋の研究は祭祀研究を行なう際に必要な理論的前提がなく，「古墳祭祀」という用語が指す内容が説明されていない。具体的に指摘すると，分析対象が出土土器自身とその器種構成にとどまっており，土器の出土状態の検討や配置状況の復原的考察という方法上の手続きがない。それゆえ，「埴輪」や「供献土器」が「古墳祭祀」においてどのように使用され，どのような意義を持つのかということがらが見えてこないのである。

　これら80年代から90年代の研究は，土器や埴輪といった器物そのものを，祭祀という抽象概念と直結している，というのがその言説に接したときの率直な印象である。理論的手続きが欠けた，漠然とした概念規定の仕方に問題があるといえるだろう。

(3) 問題の所在―方法論の整備のために―

　これまで述べてきた研究史を振り返ると，およそ次のような問題が指摘できる。

　ひとつは，用語の定義・位置づけの不徹底である。これは特に東日本における研究に著しい問題であろう。各研究者は「古墳祭祀」・「土器祭祀」・「土器祭式」・「埴輪祭祀」などの用語を

何ら説明もなしに使用するが、それらの語が表わす行為が具体的に当時の人々のどのような行動を意味しているのかを考えたとき、これらが非常に不適切な用語法であるといわざるを得ない。筆者は考古学的な手法によって祭祀研究を試みる場合には、発掘調査あるいは遺物の整理によって得られたいわゆる考古資料的データを表現する用語と、そこから復原されるより上位の研究段階に属する用語を、しっかり区別し、その関係性を説明した上で使用すべきだと考えている。実際には前者については考古学上の用語を使用し、後者については祭祀研究ということなので宗教学あるいは宗教社会学など、祭祀に関連する諸分野によって定義された用語法にのっとって使用すべきであろう。そのように考えると、我々が墳墓の発掘調査において発見する土器とは、本来、飲食儀礼であったり、食物供献儀礼であったり、様々な儀礼に使用された容器であることが第一義なので、そのような儀礼を行なった祭祀を「土器祭祀」と呼称するのは明らかに不適切であろう。また、「埴輪祭祀」や「埴輪祭式」という用語もよく見かけるものだが、その用語法について深く考察した例を知らない。筆者もその用語法の個々のケースにおける是非は未だ検討していないが、前期古墳において一定度、円筒埴輪が普及した段階における円筒埴輪配列を指して「埴輪祭祀」と呼ぶことに抵抗を感じる。それは後段でも述べるとおり、その段階の囲繞配列自体から祭祀的な性質が退色し、古墳の外部施設のうちの一つとして整備されるようになったと考えるため、墳頂や造り出しの家形埴輪を中心とする祭祀的性格が濃厚な形象埴輪群と同列には捉えられないと考えるからである。少なくとも「祭祀」という観念的な用語と、「埴輪」という器物を表わす考古学的な用語との関係性を説明したうえで使用すべきものと思う。

　次に配置の系譜に関する問題である。塩谷は1983年の論考の方法の骨子として、次のように述べている。

> 「古墳出土土師器の年代観は、本来土師器を伴う葬送祭祀形態の変遷の中で捉えられるべき問題であり、個々の土器型式それ自体を問題にする以前に、土師器群の出土状況、あるいは器種組成と言った何らかの形で葬送祭祀の実態を示すと思われるものからその変遷を辿っていかなければならないものと思われる。」

　この塩谷の方法は土器編年が現在ほど整備されておらず、土器自身による年代決定が困難だった段階においては妥当なものであるが、当時から飛躍的に編年網が整備された今日では、むしろ個々の資料の年代的位置づけは土器編年にしたがって行ない、時間空間の中に各資料を配列し、各祭祀の動向を追うべきであろう。さらに土器編年が整備されていない時期の研究であるがために、塩谷は先に述べたA1・A2・B・Cという配置類型を一系統の祭祀と捉えていたが、このことも土器編年上で個々の資料を配列していけば、それぞれが併行関係をもって多元的に行なわれていたことがわかるのである。この実態は後段、第5章および第6章で述べることになる。

第1章　墳墓における土器配置研究の意義

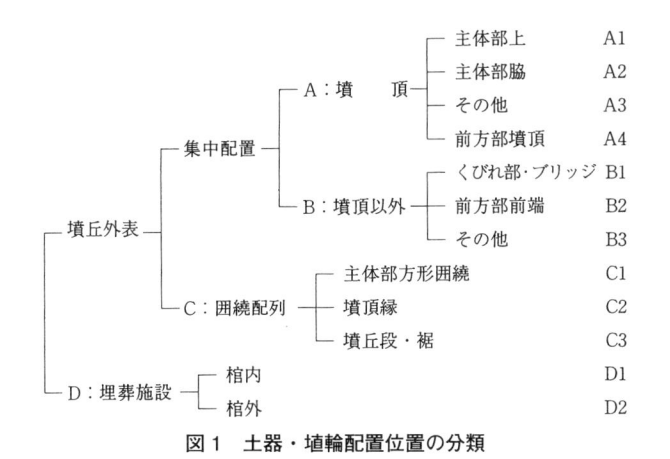

```
                                ┌─ 主体部上      A1
                      ┌─ A：墳　頂 ─┼─ 主体部脇      A2
                      │            ├─ その他        A3
            ┌─ 集中配置┤            └─ 前方部墳頂    A4
            │         │            ┌─ くびれ部・ブリッジ B1
            │         └─ B：墳頂以外┼─ 前方部前端    B2
─ 墳丘外表 ──┤                     └─ その他        B3
            │                      ┌─ 主体部方形囲繞 C1
            └─ C：囲繞配列 ────────┼─ 墳頂縁        C2
                                   └─ 墳丘段・裾    C3
  ─ D：埋葬施設 ─┬─ 棺内              D1
                └─ 棺外              D2
```

図1　土器・埴輪配置位置の分類

　以上の研究史上の問題点を踏まえて，筆者は1998年の論考「墳墓における土器配置の系譜と意義」（古屋1998）において，東日本の前期古墳における土器を使用した祭祀の系譜を分析する上で，用語の定義と方法論を提示した。以下に要約すると，まず「祭祀」・「儀礼」については，「まつる」行為と精神的・思想的側面も含めた総体として「祭祀」を定義し，「まつる」行為のうち一定の形式をもったものを「儀式」として定義した。つまり「儀式」は「祭祀」の行為的側面の形式化されたものを表わすとしたのである。そして，われわれが扱う考古資料は「儀式」のうち物的証拠として残される何らかの痕跡であると説明した。そして，考古学的に把握できる土器の出土状況については，これを「祭祀」や「儀礼」など祭祀的な用語で呼称することを避け，「土器配置」という用語で統一して呼ぶことにし，各土器配置の特徴を分析することによって，それらがどのような儀礼を行なった祭祀の痕跡なのかということを考察した。

　しかし，この論考においては方法論上の欠陥があった。それは先学が示してきた土器の出土状況の分類を整理し提示したが（図1），これらの分類があくまでも土器が出土した状況の分類にしかすぎないにもかかわらず，それぞれを「土器配置類型」とよび，あたかもその分類ひとつひとつが一種の儀礼であるかのような位置づけをしたことである。このことについては次に西日本の弥生墳丘墓の土器配置を分析した際に，渡辺貞幸の論考「弥生墳丘墓における墓上の祭儀」（渡辺1993）中の次のような言説に接して考え方を改めた。

　「（墓壙上の）土器群の出土状況からすると，土器はきちんと並べられたわけではなく，かなり無造作に集積されたようである。私たちが発掘によって検出したのは，墓上の祭祀そのものの姿ではなく，祭儀後の後片付けされた状態なのである。」

　さらに，筆者が分類したのは土器が配置される位置のみであって，本来ならば儀礼の特徴を表現するためにはもっと多くの要素について検討する必要があることに気づいた。そして，「土器配置」という概念は配置位置にとどまらず，もっと多くの特徴によって規定されるべきだと

23

考え，その概念の枠を広げることにした。そして2002年に発表した「古墳出現前後の葬送祭祀」(古屋2002b)では分析方法の骨子として次のように述べた。まず，「具体的な現象としての土器の出土状況はとりあえず「配置」という概念でうけとめ，そこから想定できる「供献」・「埋納」・「廃棄」などの解釈はひとまず排除」すること。次に，個々の土器配置を特徴づける検討要素として，①配置位置，②器種構成，③使用土器系譜，④出土時の状態，⑤墳墓の階層性との関係，の5項目をあげ，これらを検討してから類型化するという手続きを踏むこと。そして最後に「類型化された資料群が時間的・空間的にどのような分布を示すかを調べ，一定の共通した志向性を認識できるものについて，その背後に特定の「祭祀」を認定する」として，「考古学的祭祀」ともいうべき概念の把握方法を提示した。

以上が，筆者がこれまでの研究で考えてきた，墳墓における土器あるいは埴輪を使用した祭祀・儀礼の分析方法である。本書では基本的にこの方法を踏襲するが，若干の修正などがあるために第2章において改めて正式に提示することにした(註1)。

本書ではこのような方法を用いて，弥生時代から古墳時代前期にかけての「土器配置」の系譜関係を調べることとする。その際には「土器」・「埴輪」の区別や，「周溝墓」・「台状墓」・「墳丘墓」・「古墳」などの各種の墓制を表わす名称など，あるいは「西日本」・「東日本」などの地域的な差，さらに「弥生時代」・「古墳時代」という時代区分にも捉われることなく，それらの語句がもたらす先入観を廃して，同一の視点，同一の分析方法によって体系的に分析することを心がけた。このことが，本研究の意義であり，また特色ともなるだろう。

なお，これまで筆者が発表してきた論考などについて以下に列挙し，その内容を略示した。本書はこれらの成果を総合して新たに書き下ろし，補完を行なったものである。

①「墳墓における土器配置の系譜と意義―東日本における古墳時代の開始」『駿台史学』第104号，駿台史学会，1998.9
　※東日本の畿内系二重口縁壺の型式学的編年・東日本の古墳時代前期の墳墓の土器配置分析
②「墳墓における土器配置から古墳時代の開始に迫る」『弥生の『ムラ』から古墳の『クニ』へ』大学合同考古学シンポジウム実行委員会編，2002.2
　※西日本の弥生時代～東日本の古墳時代前期の土器配置の概観
③「古墳出現前後の葬送祭祀―土器・埴輪配置から把握される葬送祭祀の系譜整理―」『日本考古学』第14号，日本考古学協会，2002.11
　※西日本の弥生時代後期～古墳時代前期の土器配置の分析
④「北陸における古墳出現前後の墳墓の変遷―東西墳墓の土器配置系譜整理の一環として―」『駿台史学』第120号，駿台史学会，2004.2
　※北陸地方の弥生時代後期～古墳時代前期の土器配置の分析・東日本の出現期古墳の土器配置の系譜
⑤「底部穿孔壺による囲繞配列の展開と特質―関東・東北の古墳時代前期の墳墓を中心に―」『土曜考古』第28号，土曜考古学研究会，2004.5

※関東・東北地方における古墳時代前期の底部穿孔壺による囲繞配列の分析
⑥「土器・埴輪配置から見た東日本の古墳の出現」『東日本における古墳の出現』東北・関東前方後円墳研究会編，六一書房，2005.5
　　※東日本の前期古墳における土器配置の系譜，特にその起源について
⑦「弥生墳墓の土器配置にみる祭祀」『季刊考古学（特集・弥生墓制の地域的展開）』第92号，雄山閣，2005.7
　　※土器配置研究の方法の再提示・弥生墓制の土器配置概観

第2章　土器配置研究の方法と墳墓編年

第1節　「祭祀」と「儀礼」

　第1章第2節において研究史の問題点を整理し，そのなかでこれまでの研究がとくに「祭祀」や「儀礼」といった用語の定義や説明をしていないことが大きな問題であると指摘した。したがって，考古学的祭祀研究をはじめるにあたり，「祭祀」・「祭式」・「儀礼」・「儀式」などの用語の整理がまず必要であろう。

　これらの用語のうち重要なのは「祭」と「儀」の二語の意味であろう。このふたつの語を『大漢和辞典』（諸橋1990-2000）で引いてみると，それぞれ多くの意味があるが，祭祀研究において使用するにふさわしい意味として次のようなものがある。「祭」は「まつる」あるいは「まつり」であり，まつる対象として神や先祖などが挙げられている。一方，「儀」は「のり」，「のっとる」，「かたどる」などであり，きまった作法や形式的な動作と言えそうである。したがって，両者は次元が異なる語句であり，「祭」の中の決まった動作や作法を指して「儀」という用語を使用するのが正しいあり方であろう。

　次に「祭祀」と「祭式」について考えてみよう。同じく『大漢和辞典』では「祭祀」について「神や祖先のまつり。」と説明しているから，ほぼ「まつり」と同義で使用してよいだろう。ところが「祭式」については「まつりの儀式」と説明しているのでこちらは「祭」と同義で使用するわけにはいかず，「祭における儀式」の略語とも言えそうだ。よって本研究では，混同しないように「祭式」という用語は使用しない。

　それでは「儀礼」と「儀式」はどのような違いがあるのだろうか。『大漢和辞典』では「儀式」を①「のっとる」・「のり」・「おきて」，②「礼儀

```
┌「儀礼」ritual        宗教的
└「儀式」ceremonial   世俗的・社会的
```
1．「儀礼」と「儀式」の関係性　パターン①

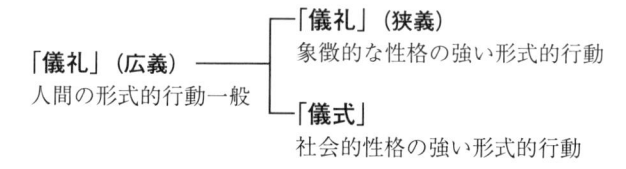

```
                    ┌「儀礼」（狭義）
「儀礼」（広義）────┤    象徴的な性格の強い形式的行動
人間の形式的行動一般 └「儀式」
                        社会的性格の強い形式的行動
```
2．「儀礼」と「儀式」の関係性　パターン②

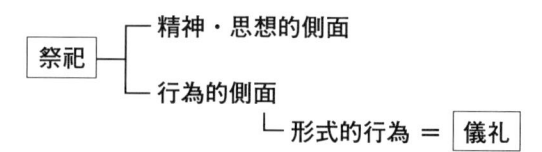

```
       ┌ 精神・思想的側面
祭祀 ──┤
       └ 行為的側面
            └ 形式的行為 ＝ 儀礼
```
3．「祭祀」と「儀礼」の関係性

図2　「祭祀」・「儀礼」の概念整理

のしかた」・「作法」，③「式典」，と説明している。一方，「儀礼」は「儀式」と同義であると説明している。ということは，両者は同義語として使用してよいかということが問題になろう。この点について少し異なる方面から考察する必要がある。それは「儀礼」や「儀式」という用語は「祭祀」とことなり，どちらかといえば漢字研究や神道学ではなく，文化人類学や社会学において定義づけがされてきた用語であるので，そちらの方の言説を参考にしてみよう。

まず青木保は『社会学事典』の「儀礼」の項目で「儀礼」と「儀式」の関係について次のように整理している（青木 1994）。すなわち，二つの語の関係性には二つのパターンがある。ひとつは両者を異なる意味で使用する方法で，その場合の「儀礼　ritual」は宗教的，「儀式 ceremonial」は世俗的・社会的という区別で使用するというものである（図2−1）。もう一つのパターンとしては，「人間の形式的行動一般」を指す広義の用語としての「儀礼」があり，その中に「象徴的な性格の強い形式的行動」を指す狭義の「儀礼」と，「社会的性格の強い形式的行動」を指す「儀式」，という二つの用語が含まれるとする考え方である（図2−2）。そして，青木は後者のパターンの方が適当であるとしている。

青木が説明している広義の「儀礼」という用語には，例えば，あいさつのような，日常生活における形式的行動も含まれており，我々が普段使用する「儀礼」という用語よりもはるかに広い意味を内包している。ところが，学術用語としてはこちらの方が一般的であり，たとえば，

「儀礼といえば従来宗教儀礼と同義とされたが，あいさつに代表される儀式的行動や直接宗教とは関係のない世俗的な行事も含まれ，文化のなかの形式化された行動の広い範囲に及ぶ」
梶原景昭「儀礼」『文化人類学事典』（梶原 1994）より

「儀礼とは，ある特定の状況のもとで，その状況に固有な秩序だった様式をもつ人間の行動のこと」
真野俊和「儀礼と行事」『日本宗教事典』（真野 1994）より

などのように広い意味で説明されることの方が多い。しかし，本研究においては広い意味で「儀礼」という用語を使用すると大変な混乱が予想されるので，本書では青木の言う狭義の「象徴的な性格の強い形式的行動」という意味で「儀礼」という用語を使用する。なお，その意味で「儀式」という言葉は宗教的な「儀礼」よりも社会的な意味合いが強いという説明がされているので，こちらは使用しないことにする。本書の目的とするところは本来，宗教的意味合いの強いと思われる葬送祭祀の研究であるため，「儀礼」という一語で充分用が足りると思われる。

最後に「祭祀」と「儀礼」という二語の関係性についてであるが，これについては上記の考察を踏まえて次のように定義したい。すなわち，「祭祀」はまつりの精神的・思想的側面と行為的側面を包括した全体を指す用語であり，「儀礼」はまつりのうち形式的な行動をともなう行為である，と（図2−3）（註2）。

この二語について筆者と同様な関係性を表わしていると思われるのが，岡田荘司の「まつり」

の語を説明した次の一文である。

　「「まつり」の語源は，神の威に人が従うこと，奉仕することであり，服従するという「まつらふ」の動詞から来ていると解釈されている。すなわち，可視的な祭りの儀礼をとおして，神は霊威を増進し，人は神威を享受する」

岡田荘司「第5部まつり」序文『神道事典』（岡田1999）より

　本書における分析内容は「祭祀」のなかでも「葬送」に関わるものなので，「葬送祭祀」の研究に属すると言える(註3)。そして，「葬送祭祀」の中に含まれる儀礼として，整地や墳丘構築，遺骸埋葬など様々なものが挙げられるが，その中でも土器を使用した儀礼が分析対象となる。墳墓で見つかる土器の出土状況が，「飲食儀礼」(註4)や「供献儀礼」など，どのような性格の儀礼の痕跡なのかが，本書の考察するところとなる。

第2節　土器配置研究の方法

(1) 「土器配置」とは

　墳墓出土土器から葬送祭祀を復原する際に注意しなければならないことは，土器の出土状態そのものが「儀礼」や「祭祀」といった概念を表現しているわけではないということである。発掘調査によって得られる土器の出土状況に関する情報には，自然現象や後世の人による二次的な移動や破壊が伴うために，まずそれらを考慮したうえで墳墓の葬送儀礼終了時の最終的な土器の位置・状態を復原する必要がある。筆者は葬送儀礼を営んだ人々が遺した土器のあり様を「土器配置」と呼んでいる。断っておかなければならないことはここで使用する『配置』という用語には本来的な意味の「配置」のほか，「埋納」・「埋置」・「供献」・「遺棄」・「廃棄」・「投棄」など，土器を遺した人々の意思・志向性を含んだ様々な用語の総称として使用するということである。このような措置をとる理由としては，分析以前の段階においては当時の人々の意思・志向性を含む用語を排除する必要があり，これらすべての用語を一度客観的な総称によって統一しておきたかったためである。よってここで使用する「土器配置」という用語は上記の意味で使用する学術用語として定義するものとする。

(2) 考古学的祭祀研究における分析過程

　一般的に考古学によって祭祀を研究する場合，発掘現場で得られる考古学的データから祭祀の「型」を抽出するまでの作業過程を示せば，およそ以下のA・B・Cの三段階に分けられるだろう。

A. 遺物とその出土状況および遺構の分析

　A-1：出土遺物・遺構の空間的位置と層位の検討。遺構と遺物の位置関係。遺物が原位置を保っているのか，二次的な移動を被っているのか，など。墳墓遺跡における二次的な移動の具体例として，木棺の腐朽にともなう陥没や，墳頂縁に置かれたものが墳丘斜面や周溝に転落する場合などが挙げられる。さらに様々な自然現象や後世の人為的な削平・攪乱なども含まれる。それらを考慮したうえで，祭祀終了時の遺物の原位置を復原する。

　A-2：遺物の出土時の状態の検討。例えば土器で言えば，破片は広範囲から出土するのかまとまっているのか，あるいはほぼ完形で出土したのかなど。また，破片が接合するかどうか，破片の状態はどうか（磨耗・割れ具合）など。

　A-3：遺物に残る使用痕跡の検討。打欠・穿孔の有無や火の使用，赤色顔料の使用などの検討。

B. 儀礼行為の復原

　B-1：A-1〜3の検討から遺物の「配置・廃棄」についてどのような状況が復原できるか。

　　　状況の分析　　＝検出状況×遺物そのものの状況

　　　　↓
　　推定される行為＝①遺物に対する行為（穿孔・打欠・破壊・破砕）
　　　　　　　　　　②配置される時の行為（埋置・配置・配列・放置・廃棄・投棄・散布など）
　　　　↓
　　推定される意識＝副葬品・供献物・聖域化・封じ込め・かたづけ・放置など

　B-2：A-3より，儀礼時の行為の復原
　　　考古資料から考える場合には，遺物に残る使用痕跡（破壊・穿孔・煤・朱など）を観察することや，道具立て（土器の器種組成・各種の土製品など）から，ある程度儀礼の内容を類推することが可能である。また，民族資料や文献記事を援用する方法もある。しかし，その場合には序章第2節で述べたような援用方法を遵守する必要がある。

　B-3：儀器・祭器の製作時に付与された要素の検討
　　　土器で言えば，壺や高杯など本来「容器・うつわ」として機能する土器に対する焼成前穿孔や，文様のあり方，つくりの精粗など，製作段階ですでに付与された要素の中に祭祀・儀礼に対する意識・意図を読み取る。祭祀用に製作された土器とそうでないもののちがいなど。

C．祭祀の「型」の抽出
　A・Bの各段階で確認された様々な要素の総体として，祭祀の「型」を抽出する。また，その祭祀的機能・性格を考察する。なお，こうして把握された祭祀は考古学的方法により復原された祭祀であるため，一般的に使用する「祭祀」と区別する意味で，「考古学的祭祀」と呼ぶべきものであろう。

(3)　土器配置の「型」の抽出
　本書では墳墓における葬送祭祀の儀礼の具体像を追及するために，墳墓から出土する土器あるいは埴輪の配置状況を分析するのであるが，考古学的な方法によっているために，必ずしも祭祀の内容や性格が明らかになるとは限らない。ただし，それぞれの祭祀の内容がわからなくても，上記のプロセスを経ることによって考古学的データから同じような型の儀礼の痕跡を抽出し，その分布や変遷を調べ，系譜関係を追うことができるだろう。少なくともそこまでできれば，弥生墓制の中からどのような儀礼的系譜関係をもって古墳が出現してくるかという問題に言及することができると思われる。
　「儀礼の型」を抽出するためには，考古学的に把握されるそれぞれの墳墓における「土器配置」の内容を比較検討しなければならない。そのために，①配置位置，②器種構成，③使用土器の系譜，④出土時の状態あるいは土器自身に残る使用痕跡，⑤墓の階層性との関係，の5要素に着目し，分析を進めることとする。これらの5要素について，上記のプロセスにもとづいて分析を進めていくと，同じような特徴を共有する土器配置がかなりの数の墳墓において見ら

れることに気づく。そのとき，それらの土器配置を遺した人々の間には共通の志向性があったということが言え，決まった儀器や行為をともなう儀礼の存在を考古学的に立証することができる。また，その背後には共通した精神あるいは信仰にもとづく祭祀の存在を想定することができるだろう。

　以上が，土器配置研究と葬送祭祀および儀礼を復原するプロセスであるが，ここまで手続きを踏んだとしても，儀礼や祭祀については完全に復原できるわけではない。それは儀礼で言えば人の身振り・動作あるいは音曲や効果音などは遺らないし，また，祭祀の基となる信仰の内容やその性質などという問題に対して言及することは考古学的な方法では困難といわざるを得ない。祭祀や儀礼について考古学の研究対象となりうるのは，使用された道具と人の動作を推定できるような道具の出土状況，儀礼を行なった場・建造物の跡，あるいは儀礼の場面を表現した絵画などに限られるのである。

　筆者は2002年の論考で共通の特徴をもつ土器配置のまとまりを「〇〇型葬送祭祀」と呼称した（古屋2002b）が，上記のように考えると，やはり考古学的事象に対して「祭祀」と呼ぶことに抵抗を感じるし，また，葬送祭祀自体は墳墓のあらゆる要素を検討したうえで，規定するべき問題であろう。したがって，本書では「〇〇型土器配置」というように，あくまでも考古学的現象面のレヴェルにおいての呼称にとどめることとする。ただし，その背後には上述したように，共通の儀礼を想定しているということを明記しておきたい。

第3節　墳墓の編年について

　本書における墳墓の編年は，土器編年に従うことを基本とし，土器資料に乏しい古墳については副葬品の組み合わせや埴輪の形態などを参考にする。各地の土器編年と前期古墳の編年の対応は表2に従うものとする。前段にも述べたとおり，弥生時代後期から庄内式併行期の土器群については1970〜90年代を中心に多くの資料・研究が積み重ねられてきており，各地域間の併行関係はおおよそのところでは共通理解が得られるようになっているといえよう。いまここで土器編年の詳細を論じることは本書の目的ではないので割愛し，参考とした文献の提示のみに留めたい。地域間の併行関係については久住猛雄（1999），藤田憲司（1979），大久保徹也（1990），野々口陽子（野島・野々口2000），北島大輔（2000）らの研究を参考にした。しかし，筆者が2002年に示した併行関係表（古屋2002b）では鍵となる山陰・畿内・北陸南西部・東海西部の併行関係に誤った認識をもったまま提示していたため，2004年の論考（古屋2004b）では新たに堀大介（2002・2003）の論考を参考にして，地域間の併行関係を修正した。表2はそうして修正されたものに従っている。

　古墳時代前期の墳墓の編年は2002年の論考とおなじく，土器・埴輪・副葬品などを総合的に検討して，古相・中相・新相の3段階に区分した。古相は寺沢薫編年（寺沢1986）の布留0式〜布留1式前半併行期で都月型特殊器台形埴輪と最古式の円筒埴輪の時期を含む。腕輪形石製品出現以前。古い一群に箸墓・中山大塚・権現山51号・西殿塚・浦間茶臼山・西求女塚・元稲荷など，新しい一群に東殿塚・黒塚・椿井大塚山・豊前石塚山・前橋天神山などの諸古墳がある。中相は腕輪形石製品が出現してから，川西宏幸編年（川西1978）の第Ⅱ期の円筒埴輪が出現するまで。古い一群に桜井茶臼山・雪野山・寺戸大塚など，新しい一群にメスリ山・新山・平尾城山・蛭子山1号などの諸古墳がある。新相は川西宏幸の第Ⅱ期円筒埴輪出現以降で壺形土器・埴輪が長胴化する時期である（古屋1998）。

第2章 土器配置研究の方法と墳墓編年

表2 土器編年併行関係表

時期	北部九州		山陰			吉備			讃岐	近畿北部	畿内		前期古墳		東海西部	北陸南西部		東日本墳墓
	常松 (1993)	久住 (1999)	花谷 (1987)	赤澤 (1992)	中川 (1996)	柳瀬 (1977)	高橋 (1986・88)		大久保 (1990)	野々口 (1999・2000)	関川 (1976)	寺沢 (1986)	古屋 (2002)	和田 (1987)	赤塚 (1990・2002)	田嶋 (1986)	堀 (2002)	古屋 (1998)
弥生時代後期前葉	西新Ⅰ式		(波来浜)	草田1	Ⅰ期	鬼川市Ⅰ	Ⅶ-a			後期Ⅰ		Ⅴ様式			八王子小宮	漆町1群	猫橋	
弥生時代後期中葉			九重		Ⅱ期		Ⅶ-b			後期Ⅱ								
				草田2	Ⅲ期	鬼川市Ⅱ	Ⅶ-c		下川津Ⅰ	後期Ⅲ					山中Ⅰ	漆町2群	法仏	
弥生時代後期後葉			的場	草田3	Ⅳ期	鬼川市Ⅲ	Ⅶ-d Ⅷ-a		下川津Ⅱ	後期Ⅳ		Ⅵ様式			山中Ⅱ	(＋)		
庄内前半		ⅠA	鍵尾	草田4	Ⅴ期	才の町Ⅰ	Ⅷ-b Ⅷ-c		下川津Ⅲ	庄内Ⅰ	纒向1	庄内0				漆町3群		1期
						才の町Ⅱ	Ⅷ-d Ⅸ-a				纒向2	庄内1			廻間Ⅰ		月影	
庄内後半	西新Ⅱ式	ⅠB	大木 権現山	草田5	Ⅵ期中	下田所	Ⅸ-b Ⅸ-c		下川津Ⅳ		纒向3古	庄内2	古相			漆町4群		
古墳時代前期前半		ⅡA		草田6	Ⅵ期新	(＋)	Ⅹ-a		下川津Ⅴ	庄内Ⅱ	纒向3新	庄内3		1期	廻間Ⅱ	漆町5群	白江	2期
		ⅡB	小谷			亀川上層	Ⅹ-b Ⅹ-c			布留Ⅰ	纒向4	布留0	中相	2期	廻間Ⅲ	漆町6群	古府クビレ	3期
		ⅡC		草田7			Ⅹ-d			布留Ⅱ		布留1				漆町7群		4期
古墳時代前期後半							Ⅹ-e				纒向5	布留2	新相	3期	松河戸Ⅰ	漆町8群 漆町9群	高畠	5期
												布留3		4期		漆町10群 漆町11群		6期 7期

第4節　墓の形態をあらわす用語について

　本書では墳墓の形態についていかなる用語を使用するかということは二義的なことであるが，文中で使用する用語がどのような種類の墓制を指しているかということは明らかにしておかなければならないことであろう。このことについては長い研究史があるが，本書の直接的な目的から外れるために，研究史の詳細は省略し，本書における用語法の提示のみに留めたい。

　まず墓制のあらゆる形態の総称として「墳墓」という用語を使用する。この語は小島麗逸によれば，

　　「墳墓の墳は人が埋葬されている場所で，土盛がされ高くなっているところをさす。墓は土盛をしない平らなところをいう。（中略）周代の官制を記した「周礼」に，天子の墳は三仞，諸侯はその半分，大夫は高さ八尺，士は四尺。庶民は「墳」としないこと，つまり「墓」であった」

小島麗逸「序　墳墓学の問題」（小島1994）より

ということなので，墳丘のあるものとないものも含んだ総称としてふさわしいと言えよう。次に墳丘や溝によって周囲から区画された墳墓の総称として「区画墓」の名称を用い，その区画方法によって別称を設ける。すなわち，主に盛土によって区画されているものを「墳丘墓」，主に地山の削り出し整形によって区画されているものを「台状墓」，そして主に溝によって区画されているものを「周溝墓」と呼ぶことにする。この三者の間には厳密な区分がなく，たとえば大阪府瓜生堂遺跡例のようにある程度盛土による墳丘をもった方形周溝墓は「墳丘墓」と「周溝墓」の両方の概念に属する。したがって，その場合は総称としての「区画墓」を用いることになる。また，墳丘が削平されて周溝によってのみ認識されるものの，他の類似例などから墳丘がかつてあったことが想定される墳墓がある。しかし，本書では想定によってこれらを「墳丘墓」と呼称することは避け，「区画墓」の名称を用いる。ただし，東日本のいわゆる「方形周溝墓」については墳丘が遺存してない例が大多数であるし，低い墳丘があったとしても周溝による区画が第一義的であったと考えられるため，「周溝墓」の名称をそのまま用いることにする。

　「古墳」という用語は上記の区画墓とは別次元の用語であると考えている。墓制の形態名称としては「古墳」は「墳丘墓」の一種であるが，古墳時代特有の葬送祭祀の理念下で築造されたものという条件つきで「古墳」の名称を用いたい。

第3章　弥生墳墓の土器配置と葬送祭祀儀礼

　第3～6章にかけて各時代・地域の墳墓における土器配置の実態を確認してゆく。その際になるべく各墳墓の他の要素についてもあわせて略述するようにした。それは土器配置研究が最終的に墳墓の他の要素の研究と組み合わされてこそ，はじめて墳墓の葬送祭祀全体の様相を明らかにし得るものだと考えているためである。そのような理由で記述が多少煩瑣になることをお断りしておきたい。なお，各墳墓の報告書などの参考文献は，巻末に都府県ごとに提示した。

第1節　北部九州の土器配置と葬送祭祀儀礼

　北部九州の弥生時代墳墓における土器配置は大きく分けて三つの様相がある。一つめは前期に時期的中心をおく埋葬施設への土器の副葬行為，二つめは中期から盛行する墓域内に設けられた土坑に，儀礼に使用されたと考えられる土器群を廃棄する方法，三つめは特定の埋葬施設・墓域に対して高杯を中心とする土器群による供献を行なうものである。これらの土器配置について鏡山猛（1952），高倉洋彰（1973），石橋新次（1982），小田富士雄（1982），川上洋一（1995），中村大介（2006）らによる一連の研究が古くから積み重ねられているため，ここではそれらを参考にしつつ，北部九州の様相を述べてみたい。

(1)　埋葬施設への土器副葬

　埋葬施設への土器の副葬行為は高倉（1973）によればその原型は縄文時代中期にまでさかのぼり，長崎県雲仙市筏遺跡の最古の甕棺墓（縄文時代中期中葉）に浅鉢が副葬された例を挙げている。

　縄文時代晩期末から弥生時代前期初頭になると埋葬施設に壺形土器を置く例が増加する。佐賀県唐津市五反出遺跡3号支石墓・6号土壙墓，長崎県南島原市原山遺跡D地区支石墓群のうちの17基，熊本県菊池郡大津町水の山遺跡1号配石墓などに例がある。これらの墓に置かれた土器は夜臼式に属するものである。弥生時代前期にはこれらが普遍的な現象としてあらわれ，福岡県志摩町新町遺跡11号墓（支石墓），福岡県春日市伯玄社遺跡の12基（土壙墓など），福岡県大野城市寺尾遺跡の5基の土壙墓，などが挙げられる。

　器種には小型壺・甕・浅鉢などがあるが小型壺1個体の場合が最も普遍的である。土器が置かれるのは墓壙底が多いが，支石墓の場合は墓壙が埋め戻されたあとに上石の下か，その周辺に置かれる。このような例は中期にいたっても若干の例があるが，弥生時代前期に時間的なピークがあり，前後の時期に小型壺以外の器種がみられる。これらの土器について高倉（1973）は

「副葬された土器」と解釈している。また,「正立して置かれる例の多いことや大半が完形であることなどから,土器それ自体に意味があるのではなく,内容物が本来の副葬物であり土器はその保護物としての性格をもっている」と述べているが,まさに正鵠を得たものであろう。川上（1995）はこれら小型壺1個体を副葬する風習が支石墓にともなうものとして韓半島から渡来したものと捉えている。また,中村大介は山の寺・夜臼式期には,これらの小壺が墓壙上に供献されているのに対して,前期に入ると宗像地方・福岡平野を中心とする地域では墓壙内に副葬されるようになることを明らかにしている（中村2006）。

(2)「二塚山型土器配置」―いわゆる「祭祀遺構」の土器配置―

さて,中期になると土器の副葬はしだいに行なわれなくなり,かわって研究史上「祭祀遺構」と呼ばれてきた,墓域中あるいは墓域縁に設けられた土坑から土器群が出土するようになる。このような土器配置の典型として前述の研究者たちに採り挙げられてきたのが,佐賀県上峰町・吉野ヶ里町にまたがる二塚山遺跡である。

二塚山遺跡（図3）は弥生時代前期末～後期中葉にかけての墓域全体が発掘され,甕棺墓159基・土壙墓89基・箱式石棺墓6基が検出された。いわゆる「祭祀遺構」は墓域の外縁に8基（A～G）存在し,墓域を囲うように間隔をあけて分布している。およそ5×3.5mほどの不整楕円形あるいは4.5mほどの不整円形をなし,深さは確認面から40～60cmほどにおさまるものが多く,深いものでも80cm程度であるから,おしなべて浅い皿状の土坑といえよう。底面は平らでなく,場所によって深さに偏りがあり,なかにはいくつもの小土坑のようなくぼみが見られることがある。これらのことから整然とした形を志向したものではなく,場当たり的な掘削という印象が強い。出土遺物は土器が多いが多量の礫が伴うものもあり,他遺跡では金属器や石器が伴う例もある。出土した土器数は遺構によって1個体から42個体と開きがあるが,この最小・最多の遺構2基を除けばあとの6基の土器出土個体数は5～9個体のなかにおさまっている。さて,これらの土器の出土状況は完形品が置かれたのではなく,土器片が無造作に土坑中に廃棄された様相を呈している。土坑底から出土する場合もあるが,覆土中に浮いて出土する場合もあり,複数回の投棄が考えられるケースもある。器種は壺・甕・高杯・鉢・器台が見られ,集落遺跡出土土器の器種構成と変わるところはない。二塚山遺跡の8基の「祭祀遺構」は出土土器の年代によると中期末ごろから形成され始めたようだ。

さて,このような「祭祀遺構」は北部九州の広範囲で確認されている。佐賀県では神埼市四本黒木遺跡,鳥栖市フケ遺跡,神埼市利田柳遺跡,みやき町宝満谷遺跡などで,福岡県では久留米市安国寺遺跡,小郡市牟田々遺跡,福岡市宝台B地区遺跡,北九州市馬場山遺跡などで,大分県では宇佐市野口遺跡などで同様な「祭祀遺構」が見つかっている。これらの例をみると中期中葉から中期後葉にかけてのものが最も多いが,前期に遡るものも知られている。四本黒木遺跡（佐賀県神埼市）（図4）では「祭祀遺構B」の底面から前期の小型壺が8個体出土している。これらは完形で出土していることから前代の埋葬施設に小型壺を副葬する儀礼との過渡的

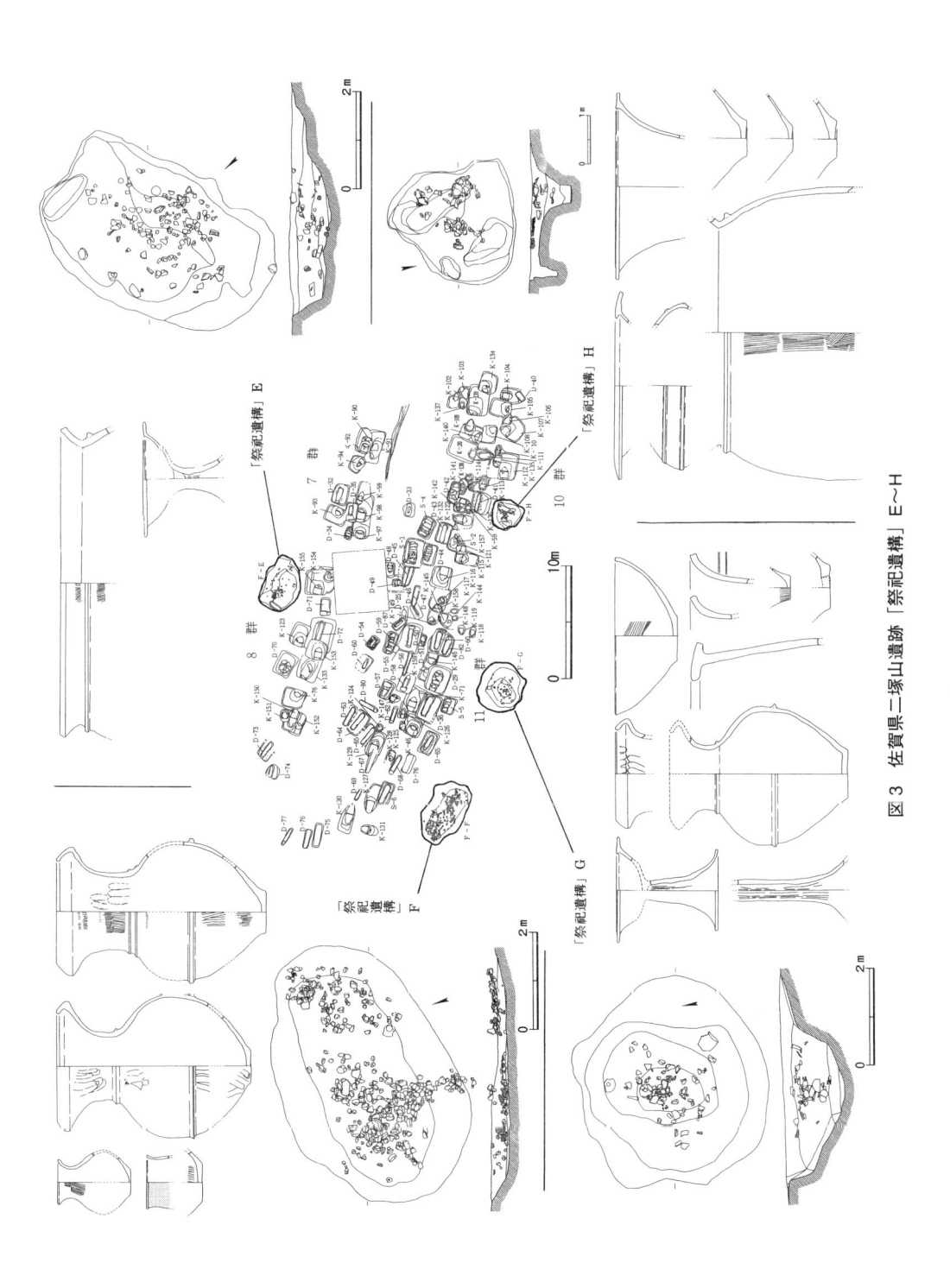

第3章 弥生墳墓の土器配置と葬送祭祀儀礼

図3 佐賀県二塚山遺跡「祭祀遺構」E〜H

な様相を示しているといえよう。一方，後期の例は非常に少ない。ただし馬場山遺跡のように後期に途絶えたあとに終末期にまた出現するものもある。また，先述した二塚山遺跡のように「祭祀遺構」が墓域の外縁にあるものと，そうではなく墓域内の数箇所に見られる場合と両方がある。

このような「祭祀遺構」の性格について最も妥当な解釈を導き出したのは石橋新次であろう。石橋は「祭祀遺構」と出土土器について「祭祀行為終了後の土器の廃棄過程を示すものと理解される。しかし，祭祀行為はこの廃棄過程をもって完結するものと理解される。土器に対する意図的破砕や穿孔，祭祀遺構にみる炭化物や焼土の状態がその証左であろう」と述べている（石橋1982）。筆者なりの言葉にすれば，葬送祭祀の儀礼に使用された儀器を儀礼終了後に土坑を掘って廃棄したものと思われる。また，土器に対する破壊行為や火の使用がみられることは，これらの儀器に対して穢れを払う行為と考えられ，使用終了後に穢れを払い，即座に廃棄するという流れが想定できる。これらの中にあわせ口甕棺の組み合わせを調整するために打ち欠いた甕棺の口縁部片が含まれることがあり，葬送祭祀にかかわるいっさいの不要なものを最終段階で廃棄したのだろう。そのなかに有機物もあったと見え，火はそれらを焼くために使用されたと考えられる。

さらに石橋は「祭祀遺構」には1回性のものと数回性のものとがあるという。その違いについて1回性のものは土坑の規模も小さく，出土土器もせいぜい10個体に満たない数量で構成されるが，数回性のものは規模も大きく土器も40個体近くが出土するという。先に見た二塚山遺跡の8基の「祭祀遺構」における土器の出土数の差はこのことに起因するのであろう。さて，この「祭祀遺構」と埋葬施設との対応関係についてだが，どう見積もっても「祭祀遺構」にみられる儀器・祭器の廃棄の回数よりも圧倒的に埋葬施設の数の方が多い。墓域の中に「祭祀遺

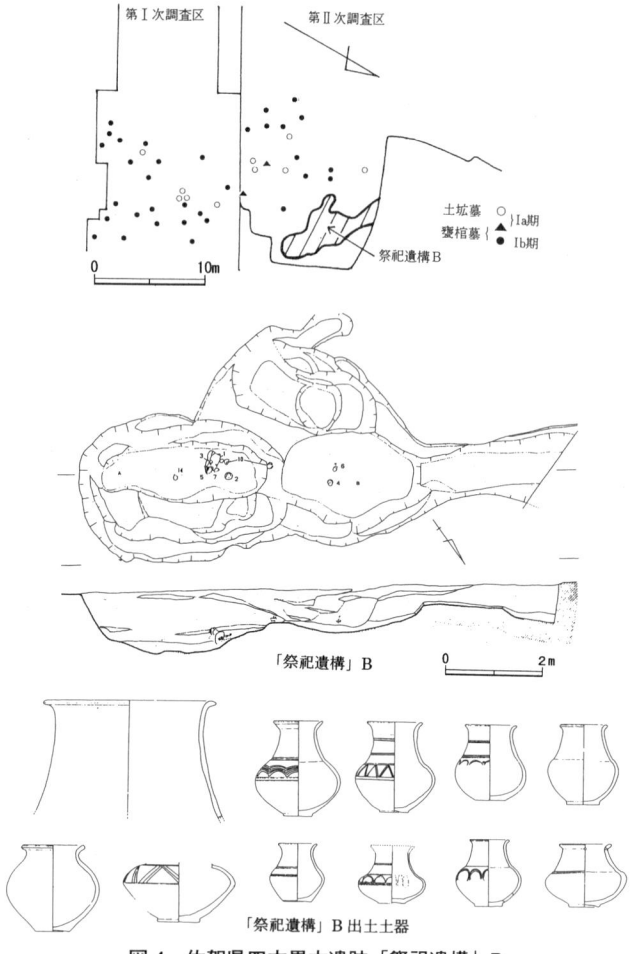

図4　佐賀県四本黒木遺跡「祭祀遺構」B

構」が設けられる場合，対応する埋葬施設のグループが特定できる場合があり，石橋はそれらの例の分析から「祭祀遺構1基に対し最大6～10基，1回の祭祀行為につき2～4基」という目算をたてているが，このような数の対応ははたして妥当であろうか。おそらく実際には埋葬に際して儀礼行為が行なわれなかったか，あるいは儀礼が行なわれても土坑を設けた儀器の廃棄行為を行なわなかった埋葬があったと考えた方が無難ではないだろうか。このように考えた場合には，あるていど限られた人物の埋葬についてこのような儀器の廃棄が行なわれたと考えざるを得ない。また，もうひとつの解釈としては埋葬ごとに儀礼が行なわれるのではなく，ある決まった時期にあるまとまったグループの墓に対して行なわれる墓前祭のようなものを想定するならば，このような「祭祀遺構」と埋葬遺構の数の関係をうまく説明できるのではないだろうか。いずれにせよ，対応する埋葬施設を明らかにできない位置で廃棄行為が行なわれていることは，その廃棄自体までを儀礼の過程として捉える限り，その儀礼を行なう祭祀の対象は個人というよりある特定の集団と考えてよいだろう。その道具立ての規模から考えても家族とその祖先を単位とした祭祀ではないだろうかと思うが，これ以上は推論の域を出ない。

儀器の廃棄前に行なわれた儀礼の内容については，出土した土器に一定量甕が含まれることから調理を含んだ行為が想定できるが，それが飲食儀礼なのか一時的な食物供献儀礼なのかは考古資料からは判断が下しにくいところである。

また，これらの土坑の名称についてであるが本書では学史的に通有な「祭祀遺構」をカッコ付けで使用してきたが，その土坑において儀礼が行なわれたわけではなく，これまでの説明どおり儀器を「廃棄」するための土坑であることが明らかなため，**「儀器廃棄土坑」**と呼ぶのがふさわしいと考える。

さて，北部九州では中期後葉以降しだいに階級分化が進んだことが副葬品にみられる優劣や，区画や墳丘を持つ墓域が出現することからも明らかになっている。これら特定集団の墓域では対応する埋葬施設が特定できる形で土器配置が行なわれている。

中期後半の例では**三雲遺跡南小路地区**（福岡県前原市）で2基の厚葬甕棺墓の付近に土器が多量に出土した溝が確認されている。溝は部分的な調査にとどまっているが，2基の甕棺墓が副葬品の豊富なことから早良地域の王墓・王妃墓と考えられており，周辺の溝は2基の周囲を巡る周溝になる可能性が高いと考えられている。この溝中から多量の土器が出土したため，これらは甕棺墓の埋葬祭祀に関して行なわれた儀礼に使用されたものが廃棄されたものであろう。

吉野ヶ里遺跡丘陵地区Ⅴ区ST001墳丘墓（佐賀県神埼市・吉野ヶ里町）においても墳丘墓周辺の土坑・溝から土器群が出土し，川上洋一はこれらの土器群が「墳丘墓に特定した葬送儀礼に伴う道具であった土器群の廃棄」として捉えている（川上1995）。

後期後半の例では**三雲遺跡寺口地区Ⅱ-17調査区石棺群**（福岡県前原市）（図5）が挙げられる。4基の石棺と1基の甕棺にともなうと考えられるL字状の区画溝中に土坑を伴う2ヵ所の土器集中区がみとめられた。区画内の埋葬施設のうち中心主体と考えられるものは南北に直列する他より規模の大きい2基の石棺墓とみられており，2ヵ所の土器集中区はそれぞれこの2

基の埋葬施設のちょうど西側にあたる場所に位置する。それぞれの埋葬に伴い儀礼が行なわれ，使用後に廃棄された儀器であろう。なお，これらの土器群には焼成後穿孔がみられ（図中の矢印の位置），後段で述べる吉備の後期後葉における供膳具への穿孔行為との類似性が指摘できる。

以上のような，北部九州において弥生時代中期から後期にかけて盛行した，埋葬施設からはなれた「儀器廃棄土坑」を伴う土器配置を，二塚山遺跡の例に代表させて**「二塚山型土器配置」**とする。

(3)「宮の前型土器配置」―高杯を中心とする供献行為―

終末期（庄内式併行期）になると福岡県の宮の前C地点墳丘墓や公門原石棺などでこれまでと様相の違う土器配置が見られるようになる。

図5 福岡県三雲遺跡寺口地区Ⅱ-17調査区石棺群

宮の前C地点墳丘墓（福岡市）（図6）は丘陵頂部の自然地形を利用した不整円形の墳丘墓である。墳丘規模は南北14.7×東西11.85 mを測り，墳頂に6×7 mの長円形の平坦部がある。墳頂中央に大型の石棺墓（1号石棺）があり，これが中心埋葬施設である。墳頂平坦面南端には火を焚いた痕跡が検出されている。墳丘北側から西南側にかけての裾に周溝があり，南側の周溝が途切れた部分の外側には3基の石棺墓が周辺埋葬施設として営まれている。

土器は3ヵ所に分かれて出土している。一つめは「土器溜り」とよばれるもので，墳丘西側の溝中土坑に多くの土器片が集積していた。すべて破片の状態なので全体の個体数も不明である。壺・甕・鉢・高杯・器台などが含まれ，器種構成は集落出土土器と変わらない。おそらく前代からつづく，儀礼終了後に儀器を破砕し廃棄する土器配置と捉えられよう。位置から墳頂の1号石棺に伴う儀礼に使用されたものと考えられる。壺の底部に煤が付着したものがあり，煮沸をともなう儀礼であった可能性がある。墳頂の焚火の痕跡と関連するものだろうか。

二つめは「高杯群A」と呼ばれるもので，南西裾部よりさらに外側に4m離れた平坦面上に

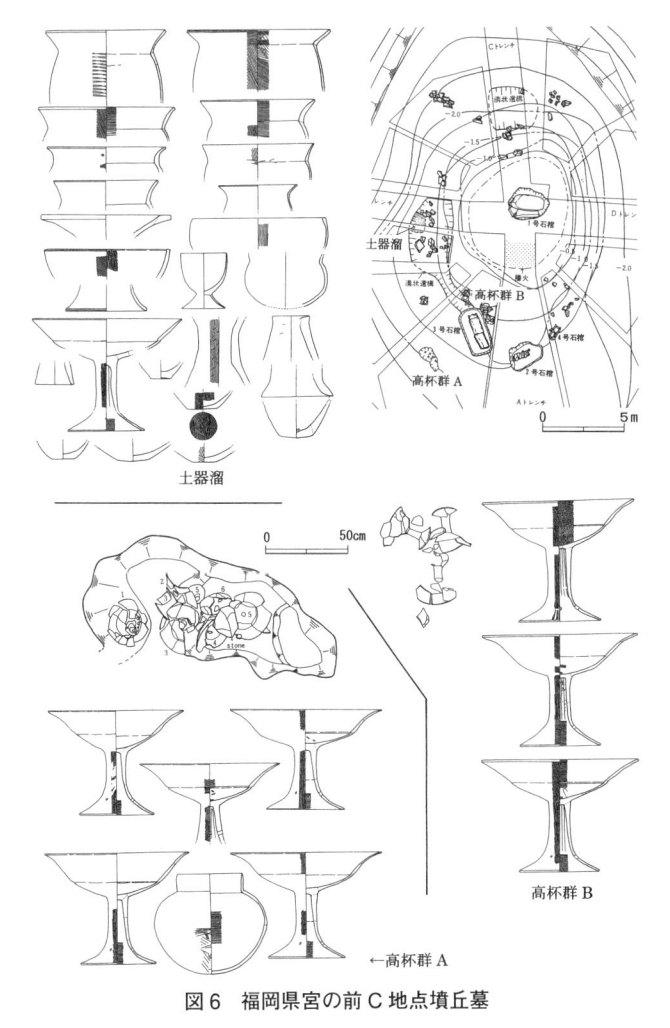

第3章　弥生墳墓の土器配置と葬送祭祀儀礼

1.6×0.6mの不整形土坑が検出され，その中から高杯5個体・坩1個体が出土した。三つめは「高杯群B」とよばれ，南南西裾部に溝中に高杯3個体・壺1個体が集中して置かれていた。

当墳丘墓における三つの土器配置は推定される性格から二つに区分できるものと思われる。土器溜りについては前述したように調理を含む儀礼行為が終了したのちに廃棄された土器群であるが，「高杯群A・B」については調理器を含まないことや，土器が完形品であることから廃棄されたものではなく置かれたものである可能性が強い。したがって，これらは土器の内容物か土器自身を「供献」したものと考えられる。その対象は位置から言って墳丘墓全体に対するものか，あるいは高杯群Bは1号石棺に，高杯群Aは3号石棺に伴うものとするか，二通りの解釈

図6　福岡県宮の前C地点墳丘墓

が可能であろう。

公門原遺跡（福岡県田川郡川崎町）では一つの墓壙を共有する二つの石棺墓（1・2号石棺）の間に高杯8個体が置かれていた。これも土器自身の供献なのか内容物の供献なのかはわからないが，他の器種はいっさいなく，供献行為ととらえられる。

これら終末期の事例をみると，多くの器種から構成される土器群を廃棄する方法から高杯を中心とする土器群による供献行為へと儀礼の内容が変化していることがわかる。また，この供献儀礼に使用されるのは，西新町式に特有な，口縁部が外反し脚部が「ハ」の字に開く長脚高杯が特徴的に使用されている。宮の前，公門原の2例は高い階層の人物の墓と考えられるが，それほど高くない階層の人々の埋葬に際してもこれらの供献行為が行なわれ始めたことが，福岡市野方塚原遺跡などで確認できる。また，高杯自体を供献したことがわかる例がある。大分県宇佐市野口遺跡107号土壙墓では棺の両側短辺脇に脚部を折り取った高杯の杯部をそれぞれ3・2個体ずつ伏せて置き並べていた。儀礼に使用したのちに置いた可能性もあるが，伏せて置

かれていることからも土器自身を置くことに主眼があったと考えられる。

以上のような，終末期に行なわれた高杯を主体とする土器配置を「**宮の前型土器配置**」とする。

(4) 小　結—北部九州—

さて，以上見てきたとおり，北部九州の弥生時代の土器配置は，①個人墓への小型壺の副葬→②集団に対する儀礼行為と儀器の廃棄（二塚山型）→③特定墓域・特定個人墓への高杯を中心とする土器群による供献行為（宮の前型），という3つの様相が漸移的に変化していることがわかる。それぞれの盛行する時期は①が前期，②が中期中葉～後葉，③が終末期（庄内式併行期）となっている。これらの流れは北部九州社会における共同体の発達と特定首長層の出現過程と密接な関係性をもっていると考えられる。つまり中期には共同体を代表する人物としての首長層が出現してくる時期だが，②の儀礼行為は集団を対象としたものであるため，そうした共同体の紐帯を高める効力があったと考えられる。一方で終末期における「宮の前型」のそれは，共同体の成員からは隔絶した，共同体の支配者としての首長層が台頭してきた時期である。宮の前C地点墳丘墓や福岡県前原市平原区画墓のように階層的にきわめて限定された人物の墓が出現してくる時期であり，供献行為の出現は集団内における階層分化の急激な進展を物語る。祭祀によって共同体の仕組みが発展し，発展した先の階級分化によって祭祀の内容に変容をきたすという図式が描けよう。

このような動きは北部九州独自のものではないが，祭祀の方法については特徴ある墓制と同様に北部九州独自のものである。しかし，終末期（庄内式併行期）は北部九州弥生社会の到達点であると同時に，次代への変化がすでに引き起こされている時期でもある。

大分県東国東市**下原古墳**（図7）は前方後円形の古墳である。全長およそ23m前後，後円部径15mの規模を測り，大きく開く短い前方部を持つ。葺石・周溝があり後円部中央には箱形木棺をおさめる礫槨が存在する。主体部覆土中に畿内系加飾壺・高杯など，周溝中から壺・手焙形土器・支脚形ミニチュア土器などが出土した。主体部覆土中の土器は木棺の腐朽によって落ち込んだ可能性が高く，もともと埋葬施設上に置かれたものかもしれない。時期は庄内式後半と考えられるが，このような墳墓は九州から関東まで分布しているため，明らかに外来の墓制だと言える。

この後，北部九州では布留式併行期には前期古墳が築かれる一方，在

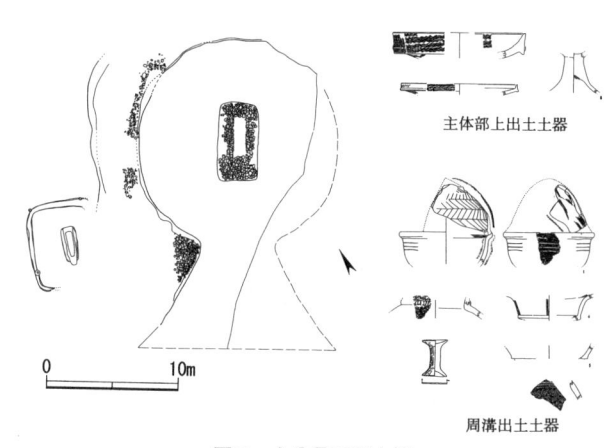

図7　大分県下原古墳

地弥生墳墓の埋葬施設を採用した方形周溝墓・方形墳丘墓なども築造されるが，弥生時代の土器配置が採用されることはなかった。北部九州の弥生時代の葬送祭祀儀礼は古墳の出現とともに放棄されたと結論づけられるだろう。

第2節　畿内における土器配置と葬送祭祀儀礼

　弥生時代の畿内は墓制が比較的明らかになっている地域とそうでない地域がある。とくに古墳時代における政治的中枢がおかれたと考えられている大和においてさえ，弥生時代の墓制の動向はきわめて不鮮明である。土器配置が判明する事例がある程度そろう地域はさらに少なく，現在のところ河内のみといえる。ここでは河内・摂津地域の方形区画墓のうち土器配置の明らかなものを抽出してその変遷を概観したい。なお，河内・摂津の方形区画墓における土器を使用した祭祀儀礼についてはすでに田代克己（1985），辻本宗久（1987），田中清美（1988），大庭重信（1992・2001）らのすぐれた研究の蓄積がある。これらを参考にしつつ論を進めたい。

　畿内における方形区画墓は前期後半ごろにはすでに出現し，その後，弥生時代を通して主要な墓制として存続し続ける。埋葬施設は箱形木棺や土器棺がほとんどである。畿内では中期のうちは埋葬施設が墳頂に数多く営まれ，かつ墳形が長方形をなすことが通例で，関東地方の方形周溝墓が正方形で中心に1基の墓壙をもつことを原則とする点で大きく異なるといえよう。それはともかく畿内墓制の土器配置は，これら方形区画墓の墳丘各所から出土する土器を分析することでその様相が判明する。

　先学の分析を参考にすれば河内における方形区画墓の土器配置は大きく分けて二つに分けられる。すなわち辻本が指摘した，儀礼に使用された後に周溝などに投棄された土器群と，墳丘の各所に意図的に配置された土器群の二者である（辻本1987）。前者については田代によってそれまでの「供献土器」という呼称が否定され，飲食儀礼に使用された後に廃棄されたものであると主張されたものである（田代1985）。後者については墳丘のコーナーなどに胴部下半を埋めて立て置かれた壺や，埋葬施設上に置かれた供膳具などが土器配置として明確なものだが他にも墳丘の各所に配置され，時には破砕される土器などがある。これらのことから畿内の方形区画墓における土器配置が複雑な系統をもっていることがわかるが，時間的な推移に注意しながらなるべく系統立てて述べてみよう。

(1)　「東奈良型土器配置」―廃棄された土器群―

　辻本宗久は区画墓から出土する土器に墳丘各所に配置された土器とは別に，「多量の土器がバラバラの破片となり，周溝内などに一面にわたって堆積している」土器群を認識し，それらが儀礼に使用された後に破砕され，廃棄されたものと推定した（辻本1987）。このような状況を示す例として辻本は，大阪府池田市宮之前遺跡第8号「方形周溝墓」，茨木市東奈良遺跡F-4-N地区第1号「方形周溝墓」，東大阪市瓜生堂遺跡（近自）11・21・22「方形周溝墓」，瓜生堂遺

跡A地区土壙群，などの資料を挙げている。また，同様に廃棄された土器群の例として大庭（1992）が大阪市城山遺跡19号「方形周溝墓」を挙げている。城山遺跡の例は破砕ではなく，焼成後の穿孔がみられる土器が多い（註5）。

辻本（1987）はこれらの土器群の器種構成が壺約40%・甕約30%（東奈良遺跡F-4-N地区第1号・瓜生堂遺跡（近自）11号）となり，配置された土器群にくらべ，壺が少なく甕が多いという違いを指摘し，また集落出土土器の器種構成とも異なることから単に集落で使用し終えた土器群を墓域に廃棄した可能性を否定している。また，これらの土器群が墓域の特定の墳墓にしかみとめられないことや，多量の灰，炭化米をともなうこともある（瓜生堂遺跡（近自）11号）ことから，これらの土器群は「特定有力世帯内部の家長層」の葬送祭祀にともなう「共食」・「供膳」などの儀礼に使用されたものだと推察した。そして，墳丘各所に配置された土器群とこれら廃棄された土器群は「各々異なった意識下のもとに執行された儀礼行為の所産として，厳しく峻別されねばならない」としている。これらは異なる土器配置として捉えるべきなのだろう。

さて，このように儀礼終了後に使用した儀器を廃棄することは河内では中期前葉からみとめられ，その後ずっと継続する。これらを東奈良遺跡F-4-N地区第1号「方形周溝墓」の様相を代表させて，**「東奈良型土器配置」**とする。おそらく北部九州の「祭祀遺構」へ土器を廃棄した儀礼と同じく，共同体の紐帯を強める意図・効果があったものと思われる。また，大阪府八尾市久宝寺南遺跡3号墓は突出部をもつ区画墓であるが，周溝下層から古墳時代初頭に比定できる甕34個体，壺6個体，小型丸底土器13個体，高杯4個体，鉢7個体，器台4個体という多量の土器が出土している。このような儀礼が古墳時代前期まで継続すると考えられる。

(2) 「瓜生堂型土器配置」，その他—墳丘に配置された土器—

墳丘の各所から土器が出土する場合，それらがその場所を意識して置かれた物なのか，二次的な移動を被っているのか，ある

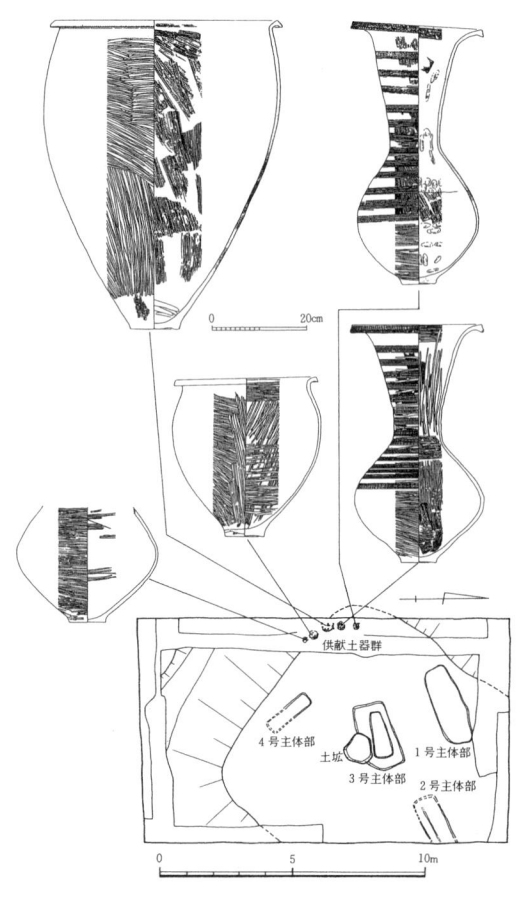

※田中清美（1988）より転載
図8　大阪府亀井遺跡ST1701「方形周溝墓」

第3章 弥生墳墓の土器配置と葬送祭祀儀礼

いは無意識的に廃棄されたものなのかを見極めることは，土器を使用した祭祀儀礼を復原する上で欠かせないことである。

確実にその場所を意識して置かれていると判断できるのは，地面を掘りくぼめ，胴部下半を埋めて立て置かれている土器である。とくに，区画墓の墳丘コーナーを意識して配置されている例が複数存在する。

亀井遺跡 ST 1701「方形周溝墓」（大阪府八尾市）（図8）では広口長頸壺2個体，頸部が欠失した壺1個体，甕2個体の計5個体の土器が墳丘裾のコーナーに一列に，胴下半部を埋め，立て並べられていた。この土器群のうち大型の甕の中からイノシシの下顎骨が出土しており，また，穿孔などもみられないことから，大庭はもともと内容物を入れて供献するための容器だったと考えている（大庭1992）。

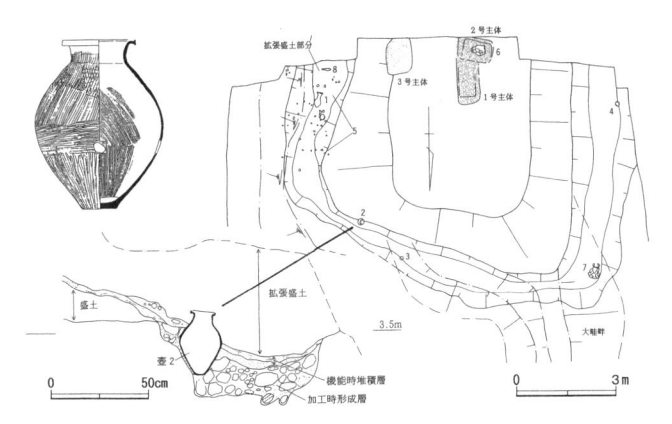

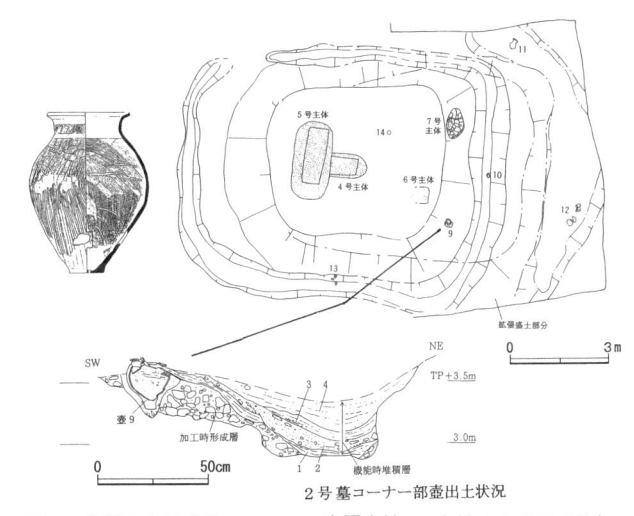

図9 大阪府加美遺跡 KM95-14次調査地1・2号「方形周溝墓」

瓜生堂2・9・14号「方形周溝墓」，大阪市加美 KM 95-14次調査地1・2号墓，大阪市長原遺跡 SX 801などで土器を埋め据えた例が確認されている。コーナーに立てるという点では亀井遺跡 ST 1701と変わりはないが，こちらの例は口縁部の打欠や胴中位〜下半への穿孔行為がみとめられ，内容物の供献ではなく土器を立て置くことに意味があったと考えられる。**瓜生堂遺跡2号墓**では墳頂に多数の埋葬施設があり，それらの埋葬儀礼に伴い配置された土器が墳丘各所から出土しているが，コーナーに立て置かれた壺は他の土器よりも型式的に古いことが田中清美によって指摘されている（田中清美1988）。また，**加美 KM 95-14次調査地**は大庭自身によって調査され土器の出土状況について祭祀の復原を前提とした詳細なデータを得られている例であるが，**1・2号墓**（図9）においてコーナー部で検出された立て置かれた壺は両方とも墳丘拡張の際の盛土下から出土し，拡張前の墳丘に伴うことがわかっている。これらのことから墳丘コーナーに立て置かれる壺は墳丘の完成か，第1回目の埋葬に伴う何らかの呪的な儀礼の

45

一環として据え置かれた可能性が高い。このうち瓜生堂2・14号墓，加美KM95-14次1・2号墓の4例はいずれも北東コーナーあるいはその付近に壺を据え置いており，北東という方角を意識していた可能性がある。そのように考えるならば穿孔した仮器としての壺を一定の方角に置くことは辟邪の呪的効力を期待された壺だったのではないだろうか。古墳時代になって本格化する囲繞配列と弥生時代に見られるこうしたコーナー部配置がどのような系譜関係をもっているのかは現在のところ明らかではないが，墓域を呪的に防御するという思想上の系譜関係はあった可能性が強いと思われる。北東という方角はともかく，コーナー部に穿孔壺を立て据え置く土器配置を「**瓜生堂型土器配置**」として認定しておきたい。

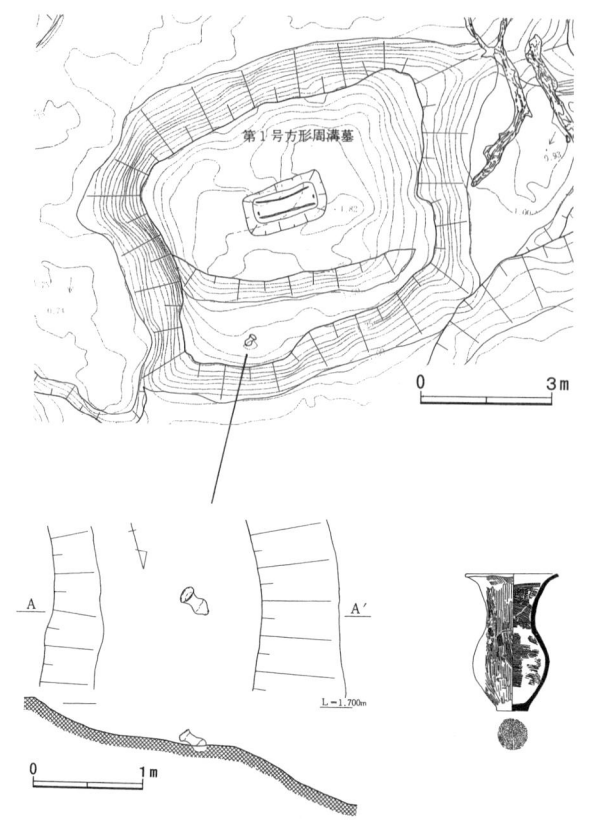

図10　大阪府山賀遺跡1号「方形周溝墓」

　それではこうした供献土器あるいは据え置く土器のルーツはどこから来るものなのであろうか。今のところ古く状況がよい例として，弥生時代中期初頭の八尾市**山賀遺跡第1号「方形周溝墓」**（図10）が挙げられる。7.6×7.2mの方形の区画墓で高さ1.14mの方台部が良好に遺存している。墳丘北西部分が墳頂平坦面よりも一段低い祭場的な平坦面になっており，その中央に口縁部を打ち欠いた広口壺が1個体胴下半を穴に埋め置かれていた。田中清美はこれを土器棺とせずに，供献された土器と判断している（田中清美1988）。口縁部が打ちかかれていることから象徴的に仮器化されたものと思われ，やはり呪的な効果をねらったものだろうか。いずれにせよ中期中葉から後半に盛行するコーナー部に壺を立て置く土器配置の原型と考えられる。畿内ではこのように中期初頭というかなり早い段階から，象徴化された土器を配置する儀礼が行なわれていたということが指摘できよう。

(3) 墓壙内に置かれた土器

　墓壙内に土器が置かれた例では次のようなものがある。東大阪市鬼虎川遺跡12調査では墓壙底に接した状態で，外面に煤が付着した完形の直口壺が1点出土している。大阪市城山遺跡17号「方形周溝墓」4号主体部で木棺直下から完形の広口壺1点が出土した。また，中期前葉の

例で八尾市**恩智遺跡木棺墓**では木棺の下から壺5個体，甕1個体，鉢1個体，木製鋤1点が出土した。壺5個体のうち2個体の胴部下半，鉢の底部に焼成後の穿孔がみとめられ，穿孔土器を含む壺3個体の外面に煤が付着していた。

大庭重信は，これらの土器は木棺の下層から出土すること，煤や穿孔がみとめられることなどから，副葬品ではなく儀礼に使用された土器が埋葬に先立って墓壙内に納められたと解釈している（大庭1992）。

(4) 墓壙上の土器

大庭重信によると墓壙上あるいはその周辺に置かれる土器は畿内では二系統みられるという（大庭1992）。ひとつは中期にみられるもので瓜生堂遺跡2号区画墓，加美遺跡Y1号区画墓でみとめられている。**瓜生堂遺跡2号「方形周溝墓」**では3号木棺の墓壙埋土中に高杯1個体，5号木棺付近の盛土中から小型椀形土器，6号木棺付近の平坦面上から台付無頸壺が出土し，**加美遺跡Y1号「方形周溝墓」**では2号木棺の墓壙埋土中から高杯，3号木棺の墓壙埋土中から甕，5号木棺の墓壙上から水差し，9号木棺の墓壙上から甕，21号木棺の墓壙上から高杯，23号木棺の墓壙上から水差し・高杯がそれぞれ出土した。これらのほとんどに打欠・穿孔がみとめられることから，儀礼に使用した後に打欠・穿孔を行ない仮器化し，埋葬終了後に墓壙上付近に供献したものと考えられる。

一方，終末期（庄内式併行期）になると比較的高く大きい墳丘を持ち，突出部（あるいは前方部）を有する墳丘墓が出現し，その墓壙上あるいは墓壙内（棺上？）から土器が出土する例がある。畿内およびその周辺では京都府園部町園部黒田古墳，加茂町砂原山墳丘墓，城陽市芝ヶ原古墳，奈良県榛原町大王山9号地点墳丘墓，桜井市ホケノ山古墳などであり，いずれも穿孔のある畿内系加飾壺が使用されていることが注意される。これらの墳丘墓は副葬品のない中期段階のものとは葬送祭祀の系譜から言えばまったく別系統で，副葬品をおさめる儀礼と関係を持って出現する土器配置であり，大庭はそのような観点から終末期にあらわれる加飾壺を使用する土器配置の系譜は畿内独自のものではなく，吉備を中心とした中国地方にその系譜が求められるとした（大庭1992）。このような加飾壺の土器配置については第4章第4節で詳述したい。

(5) 小 結—畿内—

以上，畿内の弥生土器の土器配置を概観してきたが，弥生時代中期以降，様々な系譜の土器配置が交錯した状態で行なわれていることが判明した。その中で重要な二系統は儀礼に使用された調理器・供膳具を多量に廃棄する土器配置（東奈良型）と，穿孔土器を墳丘のコーナーなどに立て置く土器配置（瓜生堂型）であろう。前者の東奈良型土器配置のような儀器の廃棄行為は北部九州や吉備でも行なわれ，その中の限定された土器だけが墓壙上など特別な場所に供献・埋置されるようになるらしい。その意味においては墓壙上出土の供膳具は同じ儀礼の最終段階で廃棄場所をたがえただけなのかもしれないが，このことは畿内では類例に乏しく詳述できな

い。吉備地域の事例の方がより説明しやすいと思われる。

　後者の瓜生堂型土器配置は先述したとおり，もともと破壊・廃棄していた土器のごく一部をある時から破壊ではなく穿孔によって象徴的に仮器化し，呪的な器物として辟邪のために墳丘コーナーなどへ据え置くようになったとおもわれる。古墳時代の囲繞配列の思想上の萌芽がすでにみられると考えていいだろう。

　このように畿内においては，古墳時代にみられる主体部上集中配置の土器群と囲繞配列された土器群の代表的な二系統の土器配置の萌芽的な段階が読み取れるものの，後期段階の資料が少なく，弥生時代の系譜が古墳時代のそれにスムーズに移行するのか否かが不鮮明である。現段階ではその移行過程はむしろ吉備においてよくたどることができる。

第3節　四国北東部の土器配置と葬送祭祀儀礼

　四国北東部の弥生時代の墓制には土壙墓・方形区画墓・土器棺墓などと併行して，中期から「集石土壙墓」と呼ばれる墓制が成立し，この地域を特色づけている。「集石土壙墓」の詳細は後述するが，この墓制では破砕した多量の土器と礫で土壙を覆う行為が行なわれており，ひとつの土器配置として抽出できよう。また，後期から終末期にかけて積石塚を含む墳丘墓が発達してくるが，これらの主体部上において供膳具が出土する例がある。したがって，四国北東部の弥生墓制においては現在のところ大きく分けて二つの土器配置が抽出できる。以下にその様相をまとめてみたい。

　なお，当地域の墓制の研究は近年とくに盛んに行なわれている。その中でも葬送祭祀の儀礼については石川直章（1990・91），菅原康夫（2000），大久保徹也（2000・02），近藤玲（2002），栗林誠治（2003）らの研究があるため，それらを参考にしつつ論を進める。

(1) 「桜ノ岡型土器配置」―集石土壙墓の土器配置―

　「集石墓」や「集石土壙」などと呼ばれる遺構は，実は墓制としての認定があいまいな状況であるというのが現状である。そのような中で，弥生時代中期に比定される事例が確認された徳島県桜ノ岡遺跡は，遺構の状況がもっとも詳細に明らかにされている例であろう。はじめに，「集石土壙墓」の遺構の実態を把握するために当遺跡の状況をやや詳しく述べておきたい。

　桜ノ岡遺跡（徳島県阿波市）（図11）の発掘調査報告書において報告されている「集石遺構」10基のうち墓として認定されたのは8基である。しかし，認定された遺構においても「土壙」の大きさ・形態，あるいは礫・土器のあり方は様々である。そのうち，「集石土壙墓」という枠にふさわしいものはSK1008・SK1014・SK1016・SK1039の4基であろう。その他は土壙の形が小さかったり溝状を呈していたりしており，典型的な様相を呈していないため，ここでは触れないこととする。

　さて，4基の遺構の「土壙」はいずれも隅丸長方形ないし長楕円形を呈しており，規模は最大で4.0×3.0m，最小で2.2×0.75mで，深さは25～20cmと非常に浅いものである。いずれも「土壙」底面ないし覆土中に焼土・炭化物がみられ，火の使用の痕跡がみとめられる。土器の出土状況から判断すると，もともと完形のままで置かれる場合と破砕したものを置く場合があるが，遺構によって様相が異なる。しかし，総じて「土壙」底面か覆土中に土器が置かれ，その上を10～15cmの砂岩角円礫によって覆うというのが基本的な構造で，土器や礫は「土壙」検出面より10cmほど盛り上がっている程度で，小墳丘を呈すというほどではない(註6)。また，土器のほかに石斧・石包丁・スクレイパー・砥石などの石器各種が出土している。

　土器のあり方にいくつかのパターンがあるようである。SK1008は「土壙」中から壺5個体，甕4個体，鉢1個体，高杯1個体が出土しているが，これらは4群に分けられ，土器は完形の

※土器出土状況図は任意縮尺

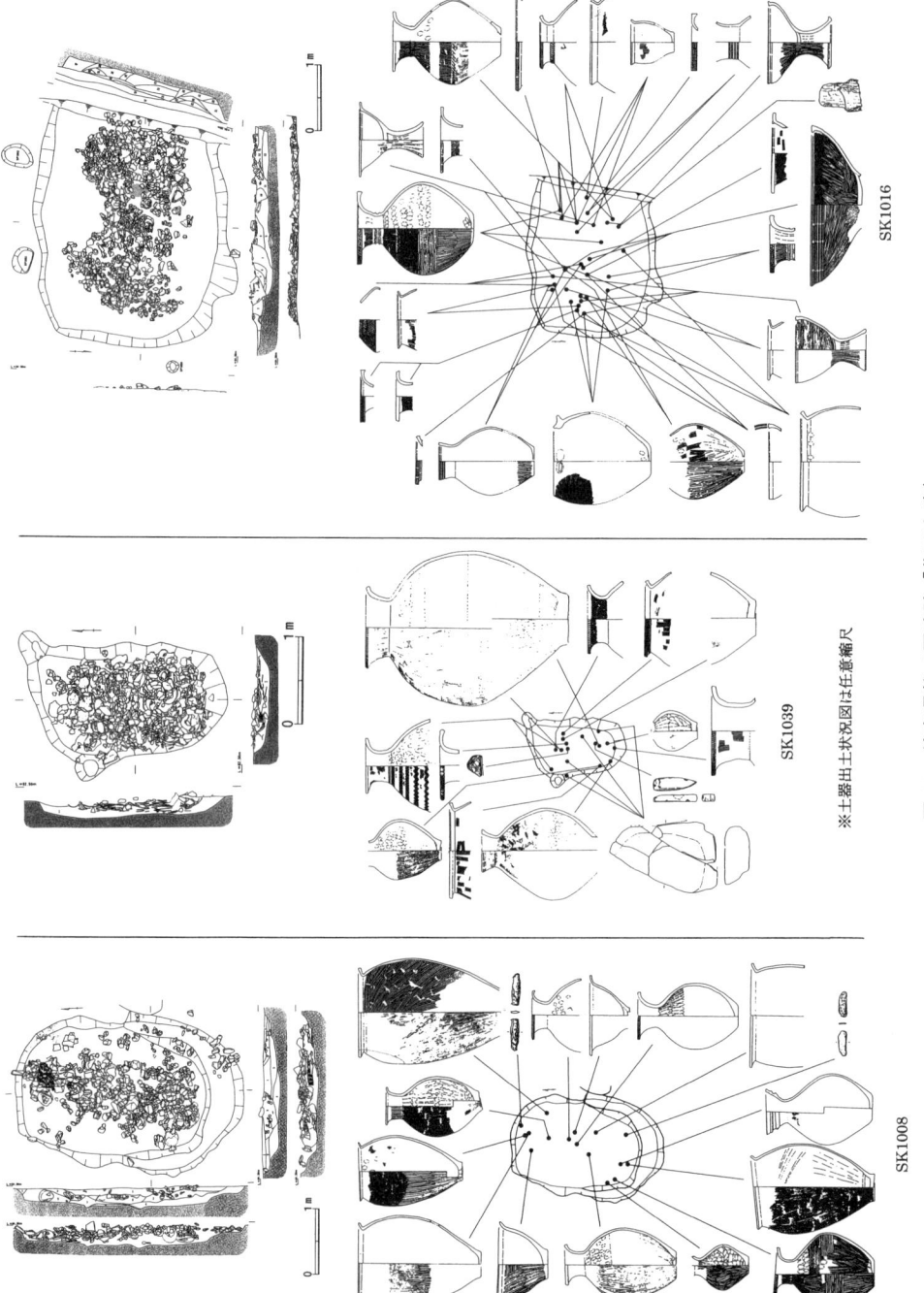

図11 徳島県桜ノ岡遺跡［集石土壙］

50

まま横倒しに安置されていた。また，出土状況から壺や甕はあわせ口状に，高杯や鉢は蓋に使用されていたと考えられ，これらが土器棺であると想定されている。土層観察から，「土壙」内において数度の再掘削の跡がみとめられたという。

SK1014では「土壙」が部分的な検出にとどまったもかかわらず，壺20個体以上，甕9個体以上が出土している。多くは破損しているものの報文中ではこれらがもともと完形で置かれていたと推察している。壺の内の1個体は中央付近から出土した超大型品でこれが中心主体の土器棺として捉えられる。その他の土器が棺なのかどうかについては記述がない。SK1039でもこれとほぼ同様な状況で，大型壺1個体を中心に10個体前後の壺が置かれていた。

SK1016ではやや様相が異なり，壺・甕・高杯・鉢などが数個ずつあるが，破砕された状態で砂岩角円礫と折り重なるようにして出土しており，土器棺墓ではないと考えられている。完形近くに復原できるのは5個体のみで，他の多くの個体は全体の2分の1から10分の1程度の破片の集合体であるという。なお，土器棺墓ではないことと関連して，前述の三つの遺構よりも土器の年代が1段階新しいことは注目される。

報告書ではこのような状況から次のような儀礼過程の様子を復原している。土器棺墓であるSK1008では，①土壙の掘削→②土壙内で火を使用→③いったん土壙を埋め戻す→④土壙内に小土壙を再掘削→⑤土器棺を安置する→⑥礫で覆う，という過程が復原されている。しかし，SK1014では底面に焼土がないが，土器や礫が被熱しており，これらを含む層に焼土・炭化物が含まれることから，「土壙」外で火を使用し，被熱したものを「土壙」内に入れたことがわかる。また，土器棺墓ではないSK1016では，①「土壙」掘削→②火の使用→③「土壙」の埋め戻し→④土器片と礫で覆う，という過程が復原されている。「土壙」底に焼土・炭化物がみとめられることから，「土壙」内の火の使用が考えられ，土器は完形に復原できるものと一部の破片しかそろわないものがあるため，その場で割ったものと他から破片の状況で運ばれた物の両方が想定されている。ただし，この遺構は削平により部分的な調査にとどまっているため，本来ならば未調査部分に埋蔵されていた遺物も考慮に入れるべきであろう。しかし，調査部分の出土状況から土器が破砕されたことは確かなことと受け止められる。このような儀礼の過程からこれらはほぼ同一系統の葬送祭祀儀礼として捉えられるが，はじめ土器棺墓として出発したものが，しだいに土器棺を伴わず，破砕土器片と礫で土壙を覆う墓制に変容したと考えられる。

以上が桜ノ岡遺跡にみる「集石土壙墓」の様相である。栗林誠治は他に中期に比定できる例として，徳島県椎ヶ丸〜芝生遺跡SK1003（覆石，土壙墓），香川県前田遺跡SK1004・SK1060（覆石，土壙墓），徳島県北原遺跡東区集石土壙墓1〜3（覆石・集石，土壙墓・土器棺墓），香川県庵の谷ST01（覆石・土壙墓）などを挙げている（栗林2003）。この限りでは中期には栗林分類の「集石」は少なく「覆石」がほとんどであることがわかる。また，栗林は後期以降では徳島県土成前田遺跡土坑3（覆石・土壙墓），徳島県北原〜大法寺SK1006（覆石・土壙墓），徳島県足代東原遺跡集石墓群（集石・土壙墓），香川県稲木遺跡C区ST11〜14・16〜19（集石・土壙墓）などを挙げている。

稲木遺跡Ｃ区（香川県善通寺市）では報告書において第1～9号墓（ST 11～19）の9基を「集石土壙墓」として報告しているが，その内容は様々なものが含まれている。基本的な構造としては，下部に浅い土坑があり，上部に礫と土器片による「墳丘」が構築されるというものであるが，下部構造の土坑の形態は4.6×1.2 mと非常に細長いもの（2号）から，3.5×2.5 mの不整円形と呼べるようなもの（1号）とまちまちであり，9基のうち3基においては土坑が検出されず（4・5・9号），1基についてはそれらしき土層の堆積はあるものの人為的な土坑であるかどうかの判断はつかないという。また，土器の出土量にも多寡があるようだ。

　このように報文を参考にする限り，墓の可能性の低いものが含まれている反面，一方で墓の可能性が高いものも存在する。**稲木Ｃ区8号集石墓**（図12）は自然石や花崗岩角礫とシルト質の土壌によって平面形17.5×7.5 m，高さ0.47 mの長楕円形の「墳丘」を構築しているが，下部から2基の主体部と考えられる土壙が検出されている。1号主体部は平面4.5×1.66 m，深さ42 cm，2号主体部は平面1.93×0.78 m，深さ10 cmで，両方とも長方形を呈しており，浅いことを除けば通有の墓壙として認識できる形態を有している。墳丘のほぼ中央部を鞍部として頂部が2ヵ所に存在し，主体部はそれぞれの下から検出されているので，もともと連接して築かれた2基の集石墓と考えられる。墳丘中や上面からは膨大な弥生土器が出土したが，これらの出土状況の詳細は報告書中に記載がない。また，これらの土器とは別に主体部埋土に伴う土器がある。1号主体部では二次的な被熱を受けた高杯1個体と鉢1個体が墓壙埋土中から出土しており，墳丘中の土器とは異なる土器配置として認識できよう。これら主体部に伴う土器のありかたからも当遺構が墳墓である可能性が高いと考えられる。

　このように稲木遺跡で検出された「集石遺構」は墓としての認定が困難なものもあるようだが，確実に集石墓として認定できるものも含まれていると思われる。そして，それらからわかることは，後期に入り，8号墓のように規模が10 m前後の「墳丘」と呼ぶべきものを備えるものが出現してきたということである。中期の桜ノ岡遺跡SK 1016の様相を量的に拡大したものが後期の稲木遺跡Ｃ区8号墓に相当すると考えられよう。墳丘に含まれる土器の量も墳丘規模の大型化に伴って増加したと考えられる。

　これら「集石土壙墓」の「覆石」・「集石」あるいは「墳丘」に含まれる土器片群を土器配置の一類型として捉えることが可能だと思われるが，それではこれらの土器はいったいどのような性格の儀礼に伴って，どのような意識の下に礫群に混ぜ込まれたのであろうか。

　稲木Ｃ区8号墓の土器は報告書では142点が図示されている。そのうち壺が42点，甕・甑が44点，鉢が9点，高杯が30点，大型器台が1点，他に小型鉢やミニチュア土器が少々ある。これら図示された土器における器種構成の比率が実際の器種構成を示すわけではないと思うが，おおよそ弥生時代後期の土器群の器種構成としてはバランスのよいものといえる。したがって，これらの土器を使って葬送祭祀に伴う飲食儀礼が行なわれた可能性もあるが，普段の集落での生活に使用していて破棄された土器群を墓に持ち込んだ可能性もあるということであろう。それぞれの器種の中で形式が統一されていないことも，これらの土器が儀礼のためにセットで製

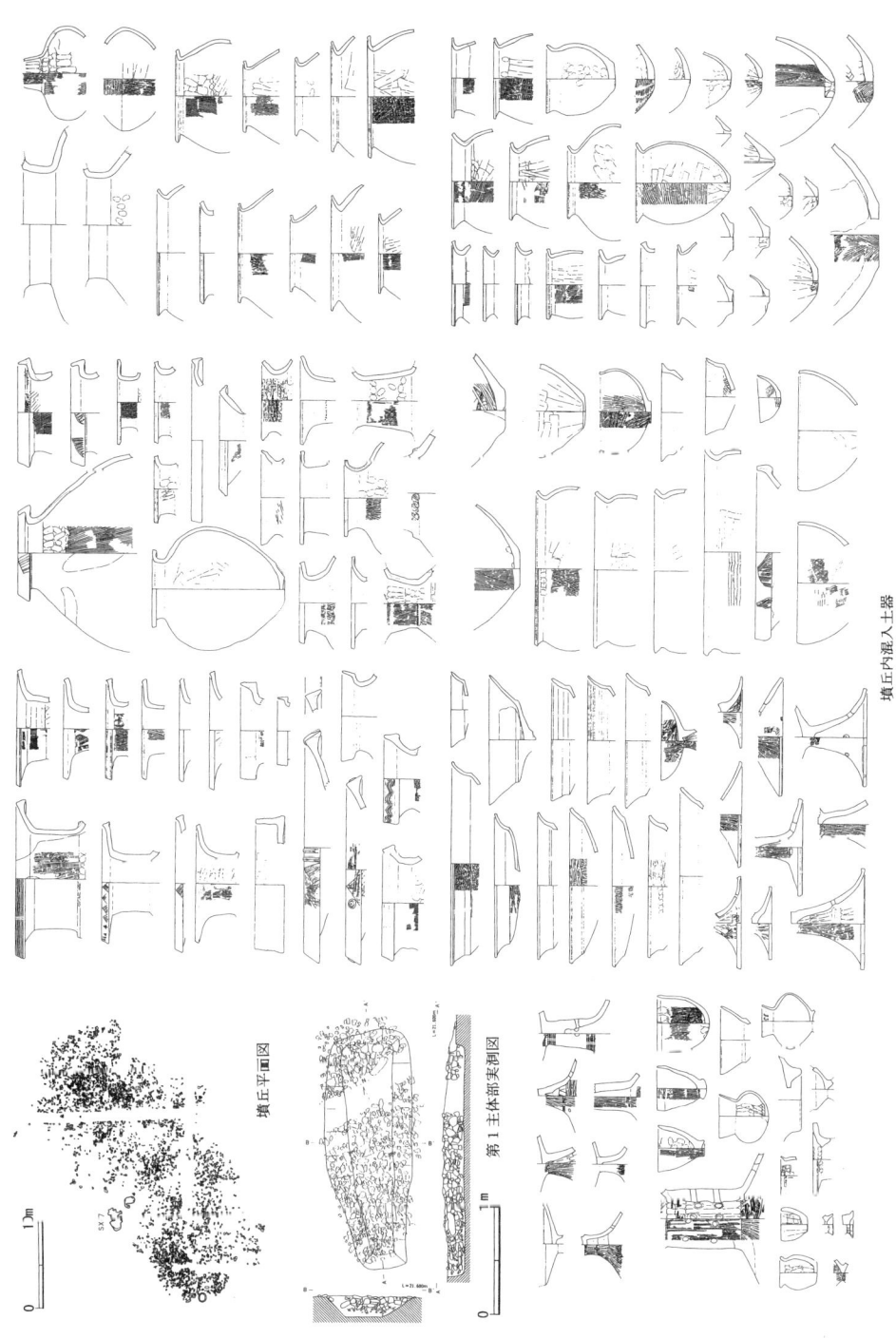

第 3 章　弥生墳墓の土器配置と葬送祭祀儀礼

図 12　香川県稲木遺跡 C 区 8 号［集石墓］

作された土器でないことを示唆している。また，墓へ「配置」する意識についてであるが，多量の土器片が封土内から見つかるということは，単なる廃棄ではなくやはり意図的なものとして捉える必要があろう。土器片を意図的に墳丘封土に混ぜ込むというやり方は他の地域・時期にはみられない特異なものである。これらは明らかに土や石とともに墳丘の構築材として扱われているが，本来，構築材として適さない土器をわざわざ使用することにはそれなりに思想的な背景が存在したのだろう。以上のことから，このような土器配置を**「桜ノ岡型土器配置」**として認定しておきたい。

(2)「萩原型土器配置」─墳丘墓における主体部上土器配置─

　後期から終末期にかけて四国北東部でも墳丘墓が発達してくる。これらの墳墓については大久保徹也が様相を一覧表にまとめている（大久保2000）。これらの中には積石塚とそうでないものがあり，また円形の墳丘墓・周溝墓のなかには突出部を敷設するものも出現している。ここでは主体部上土器配置がみられる代表的な2例について述べる。

　奥10号墓（香川県さぬき市）（図13）は，墳丘は積石塚ではなく盛土あるいは地山整形によって構築される，不整長方形の小規模な墳丘墓である。墳裾の一部において列石が検出されている。墳頂に竪穴式石槨があり，主体部上に土器と鉄器が置かれていた。少なくとも吉備系装飾壺2個体，吉備系中型装飾器台1個体，「下川津B類土器」（大久保1990，蔵本1999）の細頸壺1個体，在地系高杯2個体，不明鉄器1点がある。吉備系装飾壺は細頸長頸壺と口縁端部を上下に拡張する有段口縁壺の口縁部を結合させたような形態で，胴部下半に打欠による穿孔がある。墳丘構造・埋葬施設・主体部上の土器配置の様相から考えて，吉備の影響の下に構築された墳丘墓であろう。

　一方，**萩原1号墓**（徳島県鳴門市）（図14）は径18mの円丘部に，8.5mの細長い突出部がとりつく前方後円形の積石塚である。墳丘は砂岩角礫・円礫を用い，墳丘の高さは円丘部で80cm遺存していた。主体部は竪穴式石槨内に箱形木棺をおさめるものである（註7）。副葬品に画文帯神獣鏡1面，管玉4個，鉄器片がある。主体部上に白色円礫堆があり，土器片がまじって出土した。土器はすべていわゆる「下川津B類土器」の特徴をそなえており，器種は細頸壺，小型台付坩，直口壺，小型広口壺などが数個体ずつ存在したようだが，本来何個体あったのかは，破片のため定かでない。円礫堆中に混ぜ込まれていたため，意図的に破砕されたと考えられている。なお，当墳墓では主体部外周周辺で大型壺を中心とする土器片集中区が2ヵ所認められているが，このことについては囲繞配列と関連させて第6章第1節において述べる。

　このような後期〜終末期における四国北東

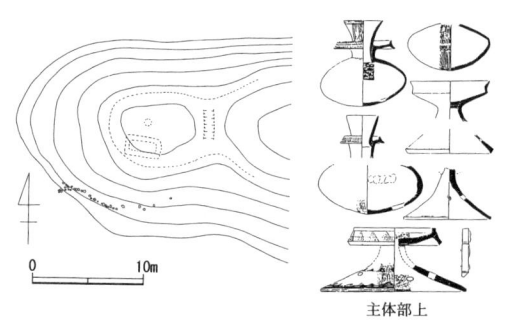

図13　香川県奥10号墓

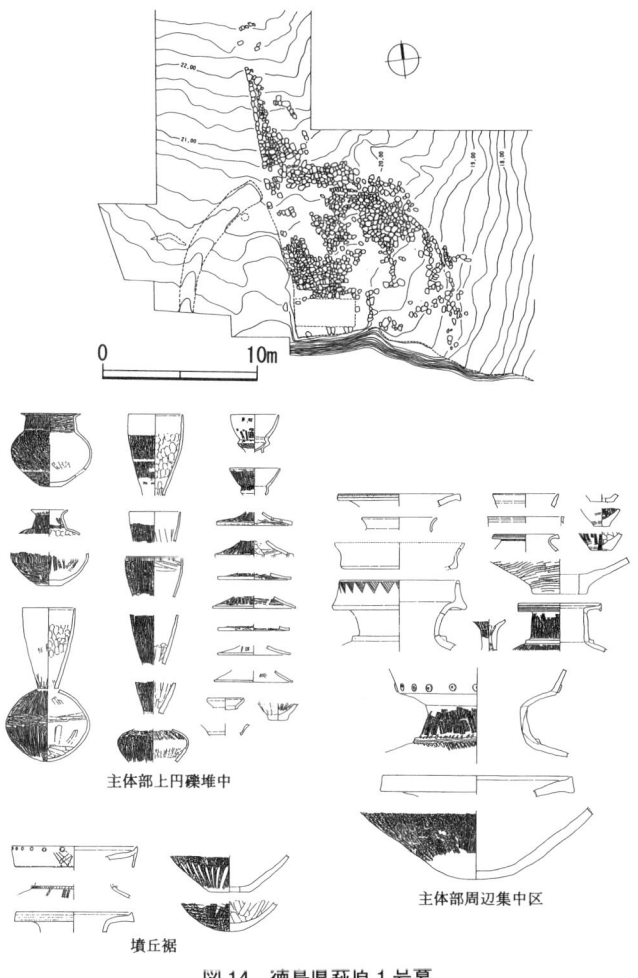

第3章 弥生墳墓の土器配置と葬送祭祀儀礼

図14 徳島県萩原1号墓

部の主体部上の土器配置の系譜はどこから来るのであろうか。奥10号の例を見れば吉備における土器配置が四国北東部に伝播した実例があることが明らかであるが、置かれる土器の個体数は吉備の諸例と比較すると著しく少なくなっていることは注目する必要があるだろう。また、萩原1号墓では円礫堆中に土器片がまざっていることから、前代の集石土壙墓における土器配置のあり方とも似た状況であるとも言えるが、主体部上の土器は小型器種の供膳具に限られており、壺や甕を多用した集石土壙墓の土器配置の器種構成とは明らかに異なる。また、吉備においては楯築墳丘墓において主体部上の円礫堆中に同じように砕片化した土器片が混ざっていたので、荻原1号墓の状況をことさら集石土壙墓との関連で位置づけなくともよいように思える。ただし、使用されている土器は高松平野から搬入されたと考えられる下川津B類土器によって占められるので、吉備からの直接的な影響ではなく、吉備の影響をうけつつ四国北東部の首長層によって新たに創出された葬送祭祀儀礼であったと考えられる。

高松平野では萩原1号墓より古く、主体部上に下川津B類土器を置く土器配置は見つかっていないが、布留式最古層に併行すると考えられる香川県高松市**鶴尾神社4号墳**（図138）において同様の土器配置が行なわれている。当墳墓については第6章第3節で詳述するが、積石塚であり、主体部の竪穴式石室の埋土および主体部の周辺の墳頂から土器が砕片となって出土した。石室内埋土中の土器と墳頂の土器は接合するものがあるため、本来墳頂に置かれたものが棺の腐朽に伴って一部が石室内に落ち込んだものだろう。量的にはやはり多くなく、器種は単口縁壺・二重口縁のほか、頸部にヘラ書きによる三角文・櫛歯文・綾杉文をほどこす大型壺とともに、下川津B類土器に属す細頸直口壺が数個体出土している。報告書で図示されているのは壺

類だけであるが，本来他の器種があったのかどうかは不明である。報告書に図示されている器種が本来の器種構成を示すのであれば，高杯や器台などが欠落していることになり，一般的な供膳具のセットを具備していないことになる。しかしながら，時期的には主体部上の土器群が実用品から仮器へと変化し儀礼が形骸化した時期に相当するので，萩原1号墓との器種構成の違いはことさら強調する必要はないように思う。ともに下川津B類土器を使用していることからも，別物とするよりは一系統の土器配置の中での緩慢な変化として捉えた方がよいだろう。このような，四国北東部の墳丘墓における主体部上の土器配置を「**萩原型土器配置**」とする。

(3) 小　結—四国北東部—

以上述べてきたように，四国北東部の弥生墳墓では中期からの集石土壙墓における破砕土器の墳丘への混和（桜ノ岡型）と，後期・終末期の墳丘墓における主体部上への土器配置（萩原型）という二種が抽出できた。「桜ノ岡型」は墓制として未だ不明な点が多いものの，他地域で認められる共同体的な葬送祭祀儀礼の痕跡である可能性もあろう。詳細は今後の類例の増加を待つより他はない。萩原型土器配置についても狭い意味で捉えれば類例は下川津B類土器を使用していることが条件となり，類例は今のところ奥10号墓と萩原1号墓，鶴尾神社4号墳の3基しかない。しかし，後二者は主体部の内容が把握されている当該期の数少ない例にもかかわらず，墓の構造と土器配置に共通性の高さが伺われる。土器配置に関して言えば，ともに葬送儀礼用に特別な土器を選択し，小型器種や壺を破砕し主体部周辺に配置しているのである。儀礼として決まった形があったとみえ，他にも未発見の類例がある可能性が高いと考えられることから，類例は少ないものの，あえて当地域の初期の首長墓の葬送祭祀儀礼を特色づけるものとして位置づけておきたい。その内容は主体部上に供膳具を置くことから被葬者個人を対象としているのであろう。はじめは実際に飲食儀礼が行なわれたのかもしれない。儀礼終了後に土器を破砕し，主体部上に配置したその意識は破砕したとはいえ供献に近いものであったと考えられる。また，この四国北東部における主体部上の土器配置の成立に関して，奥10号墓などの事例を参考にする限り，吉備の影響が少なからずあったと推察できる。

第4節　吉備の土器配置と葬送祭祀儀礼

　吉備における弥生墳墓の土器配置は複雑な様相を呈している。それは特に後期後葉以降，儀礼挙行後に使用した土器を配置する位置・方法が遺跡によってまちまちであり，器種構成によって推定される儀礼の分類と，配置位置による分類とが必ずしも相関しないからであろう。このことは何よりも墳丘墓の平面形態などの様相がかなりバラエティをみせることからも推測できるように，葬送祭祀における儀礼の方法についてもかなりの種類がみられる。ただし，それらをすべて異なる分類として分けることは，この地域の葬送祭祀儀礼の実態を表現するためには適切な方法ではない。それは一見，多くの種類に見える土器配置は，ある典型例がそれぞれ複数の志向性のもとに変化形態を生み出していると見られるのである。このような複雑な様相をわかりやすく表現するためには，大枠で区分した後に系統的に整理するのが好ましい方法だと考える。したがってこの冒頭部分では，吉備の弥生墳墓の土器配置が大きく二つに分かれることを示すに留めた方がよいだろう。すなわちそれは，確実なところでは中期からつづく土壙墓の墓壙上に少数の土器を置く土器配置（四辻型）と，後期後葉に確立する，特殊器台を含む多器種・多量の土器群から構成される儀器を使用した儀礼が想定できる一群の土器配置（楯築型）である。

(1)　「四辻型土器配置」 ―中期〜後期中葉までの主体部上の土器配置―

　前期段階においては主体部上の土器配置の有無は定かではない。岡山市百間川沢田遺跡では前期の土器が出土する土坑がいくつか知られているが，その中で土器が伴う土壙墓として可能性が高いものはP52である。櫛描直線文が施された完形の壺と蓋が墓壙底面から出土したが，おそらく内容物を副葬したものであろう。土壙は細長く，土器は端から出土したため，枕元か足元に置かれたものと思われる。前期段階に墓壙内に土器を置く例は北部九州の状況と似ているが，類例が多くないため，ここでは土器配置として類型化しない。

　土器が墓壙底から浮いて出土する事例は岡山市南方遺跡において中期前葉からみられる。埋葬直後に完形品の壺などが置かれ，調査者は副葬品・供献土器として位置づけている。南方遺跡の例は土器が墓壙底から浮いて出土するとは言え，出土位置はかなり底に近い。おそらく棺上か遺体の上に置いたのではないだろうか。いずれにせよ，通常「墓壙上」と呼ぶ場合は棺の腐朽に伴って墓壙埋土中から出土するとは言え，もともと置かれた位置が墓壙を完全に埋め戻した地表面であると推察されるもののことを指すので，厳密な意味での墓壙上ではないのだろう。土器の置かれる位置が次第に上がっていく過渡期の現象として捉えられようか。

　中期後葉になると**四辻土壙墓群**（岡山県赤磐市）（図15）において確実に墓壙上から土器が出土するようになる。当土壙墓群は中期後葉〜後期初頭と庄内式併行期の時期に営まれた総数70基以上の土壙墓群であるが，土器を伴う土壙墓は中期後葉がもっとも多く，そのほとんどが墓

図15 岡山県四辻土壙墓群

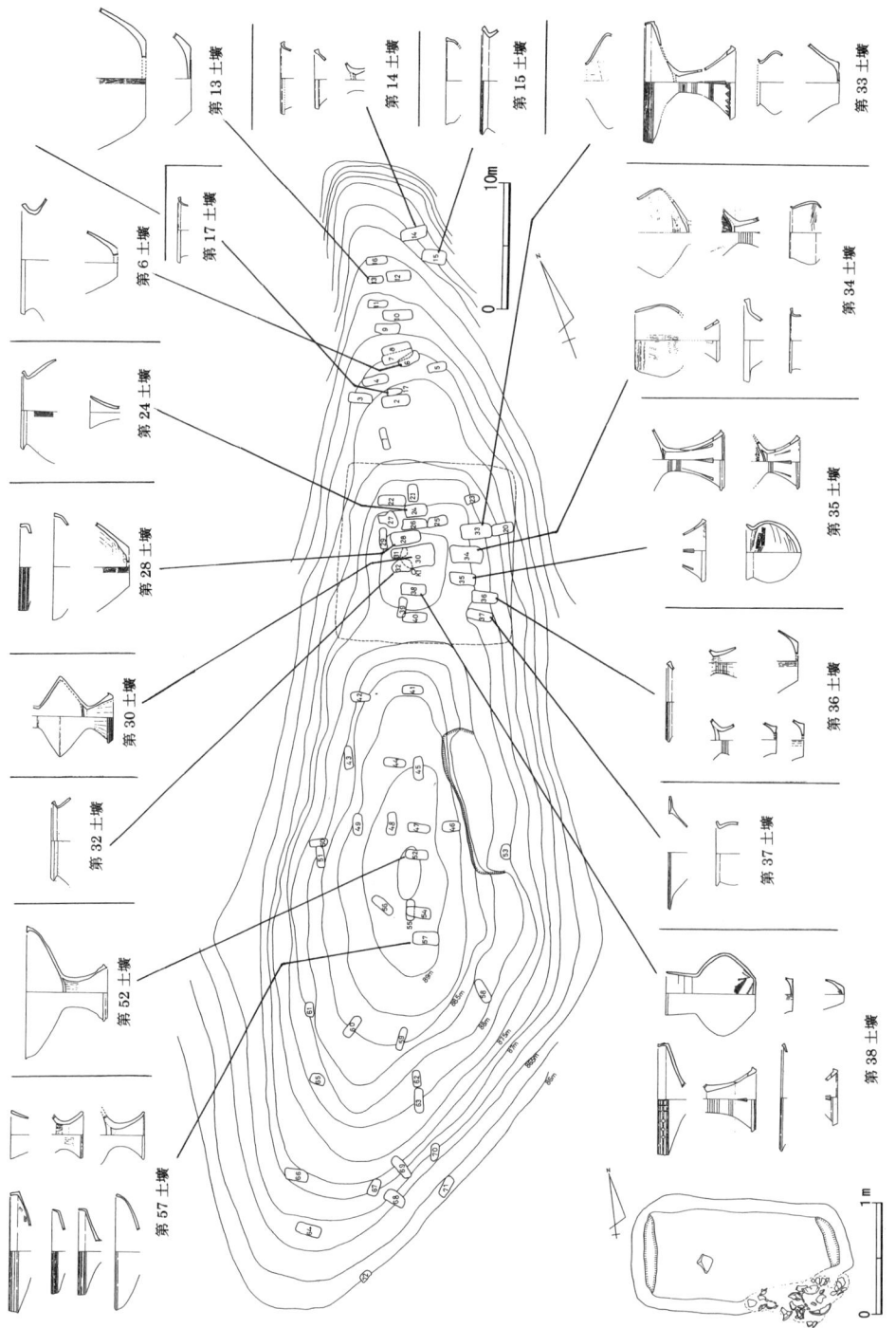

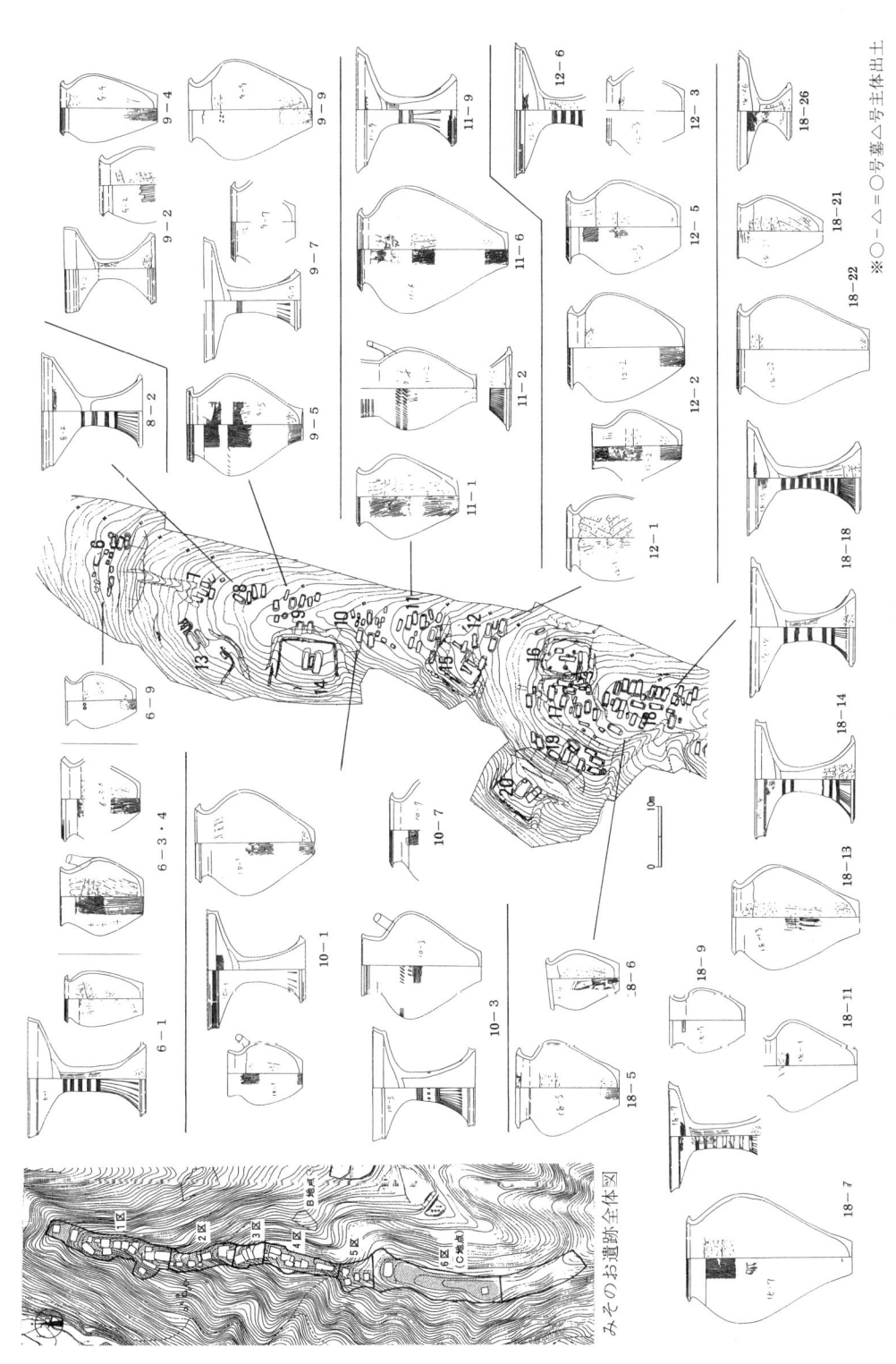

第3章 弥生墳墓の土器配置と葬送祭祀儀礼

図16 岡山県みそのお遺跡1区

※○-△=○号墓△号主体出土

域の中央北寄りに営まれた方形台状墓上の埋葬施設(第28・30・33〜38土壙)である。一つの土壙墓から出土する土器は1〜6個体程度で,完形品はわずかである。器種は高杯が多く,ついで甕・台付壺・坩などがある。出土位置を詳しく見ると墓壙の肩部に寄っているものが多いようで,個体数が少ないことから,おそらく内容物を供えた供献土器であろう。完形品が少ないのは墓壙の肩に置かれたために棺の腐朽に伴う沈下の影響を受けにくく,長い期間地表に露出していたためと思われる。

　後期前葉になると類例が増える傾向にある。

　みそのお遺跡(岡山市)では一つの尾根上に40基以上の台状墓が後期前葉から古墳時代前期に至るまで累々と営まれており,同一の集団の長期間にわたる造墓活動を知る上でその資料的価値は測り知れないものがある。後期前葉の墳墓は尾根先端近くの1区(図16)に築造された6〜12・18号墓の7基である。それぞれの台状墓上の数基の土壙上から土器が出土している。土器の個体数は多くなくほとんどは1〜3個体程度の出土である。高杯・甕がほとんどで,ついで把手付壺などが多い。これらは完形品が多く,やはり内容物の供献に使用されたと考えられる。

　宮山方形台状墓(岡山県赤磐市)(図17)は18.5×13.5mのこの時期では大型の長方形墳丘墓である。墳頂平坦面は広く7基の土壙が営まれているが,いずれも偏った位置にあり中心主体と呼べるものはない。唯一,第5土壙のみ墓壙上から土器群が出土した。器種組成は高杯9個体,甕10個体,台付坩1個体の計20個体である。報告書に示された図面をみる限り完形品はないが,これらが故意に破砕されたものなのか,それとも完形品が置かれた後,棺の腐朽に伴う陥没の過程で破片化したのかは定かではない。また,高杯・甕の組み合わせは上述してきた類例と共通するが,土器量が圧倒的に多く,飲食儀礼が行なわれた可能性もあるだろう。

　芋岡山遺跡(岡山県小田郡矢掛町)(図18)は尾根の高まりに営まれた,後期前葉から後葉にかけての土壙墓群である。総数29基を数えるが,遺構の配置状況から北群(1・10〜19号,後期前葉〜後葉),中央群(2〜9号,後期後葉),南群(20〜29号,後期後葉)に分けられている。ま

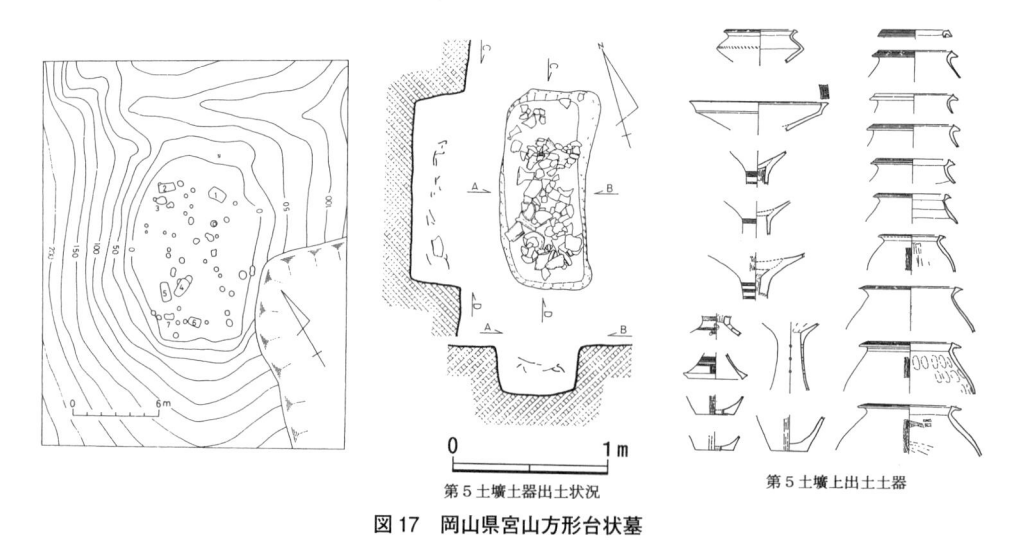

第5土壙土器出土状況　　　第5土壙上出土土器

図17　岡山県宮山方形台状墓

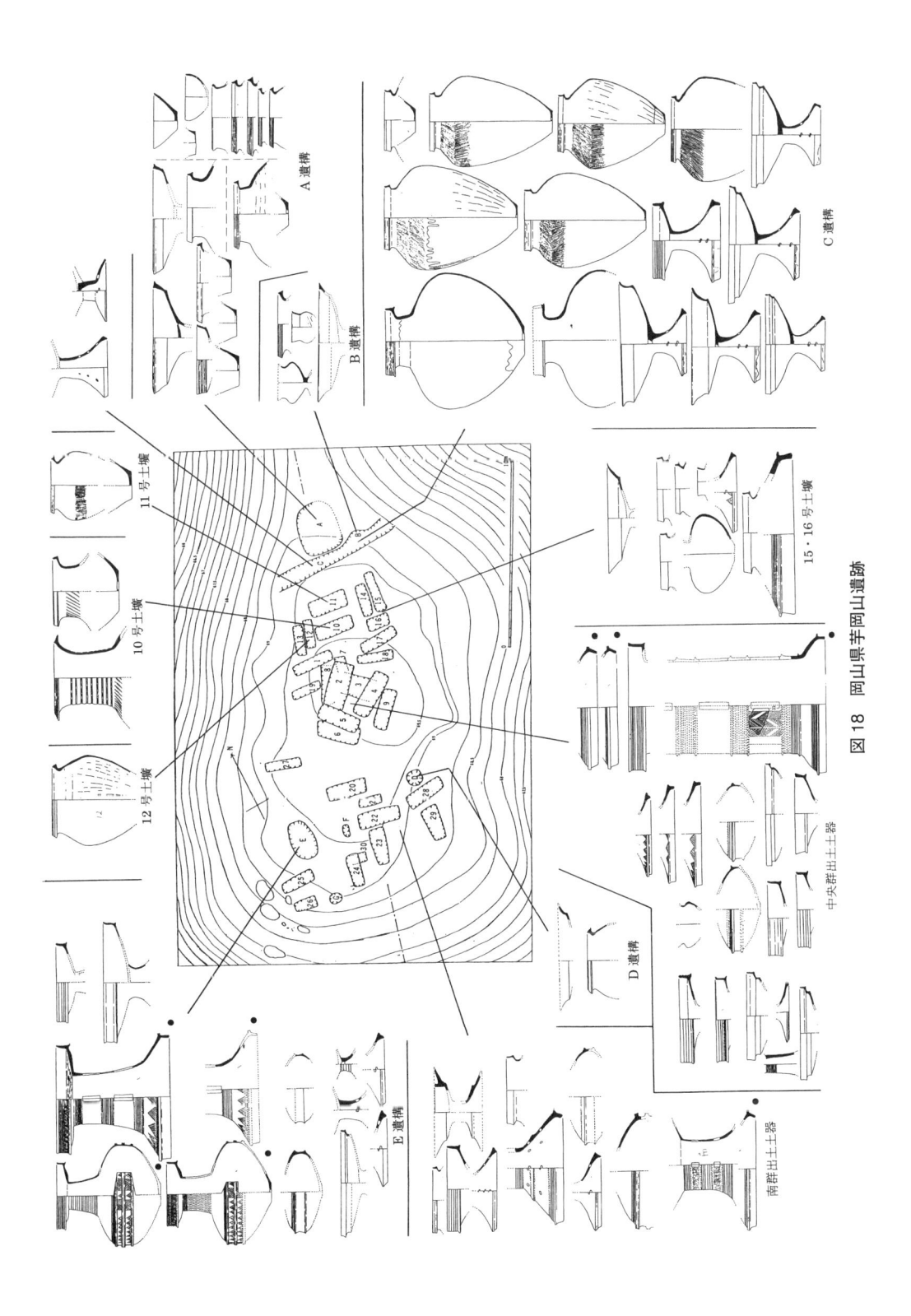

第３章　弥生墳墓の土器配置と葬送祭祀儀礼

図18　岡山県芋岡山遺跡

た，南群中に土坑D・E・Fがあり，北群のさらに北には墓域の内外を画していると考えられる溝状遺構Cとそれにかかって掘られた土坑Bがあり，さらに遺構Cの北にほとんど接するように大型の隅丸方形の大型土坑Aが存在する。このうち，後期前葉から中葉の土器が出土している遺構としては10号土壙（壺2個体），11号土壙（甕1個体），12号土壙（甕1個体），A遺構（高杯片2点，甕片10数点，鉢2個体など），B遺構（高杯片1点，甕片1点，台付坩片2点など）である。10〜12号土壙の土器はどのように出土したかの記述がないが，これまでの類例からおそらく墓壙上出土と考えられる。A遺構については覆土中に土器片が上層から下層にわたって出土したことから，土器片の複数回の廃棄が想定できよう。B遺構についても土器片が廃棄されたものと思われる。後期後葉の状況は後述するが，前葉〜中葉の土器配置は総じて個体数が少なく，他の事例と同様に高杯・甕が主体をなすものと思われる。

　以上，見てきたように，吉備における後期中葉までの墳墓における土器配置は非常に小規模なものがほとんどである。器種も高杯・甕を主体に少量の壺・鉢などが伴う程度である。これらを使用した儀礼とは，食物の供献か小規模な飲食儀礼が想定できるが，次代の後期後葉段階の様相とは大きく異なるといえよう。このような土器配置を，四辻土壙墓群の様相を代表させて「**四辻型土器配置**」としておく。

(2)「楯築型土器配置」—後期後葉に出現した「典型例」の土器配置—

　後期後葉になると倉敷市楯築墳丘墓に代表される大型の墳丘墓が出現し，そのことと歩調をあわせるかのごとく特殊壺・特殊器台の組み合わせが葬送祭祀儀礼の儀器に含まれるようになる。近藤義郎は特殊器台の出現はまさに楯築墳丘墓の葬送祭祀儀礼を契機にして誕生したと述べているが（近藤義郎1998，160頁参照），現在の資料状況を総合すると楯築墳丘墓の特殊性は際立っており，妥当な解釈と思われる。そのことはともかく，楯築墳丘墓をはじめとする備中のいくつかの墳丘墓において特殊器台を含む極めて多量の土器群からなる儀器がみつかり，大規模な葬送儀礼の存在が推定できる。まずはそれらの遺跡における土器配置をやや詳細に確認しておこう。

　黒宮大塚墳丘墓（岡山県倉敷市）（図19・20）は備中西部に位置する。報告書では「前方後方形」ととらえているが，現在では2基の隣接する方形墳丘墓ととらえられている。本書で述べる「黒宮大塚墳丘墓」とは報文において「後方部」とされた大型の長方形を呈する墳丘を指すものとする。規模は33×28m，高さ5mを測る。墳頂中央には「黒宮様」と呼ばれる大塚八幡神社が鎮座しているが，その社殿の裏，方形の墳頂平坦面の北西部に位置する場所に竪穴式石槨が1基発見され，副葬品として硬玉製勾玉1点・碧玉製管玉1点が出土している。土器は3ヵ所に分かれて出土した。ひとつは墳頂の竪穴式石槨の上面で，木棺の腐朽に伴う陥没坑内の黒色土中に高杯を中心とするおびただしい土器が含まれていた。あとは墳丘西斜面の長楕円形土坑内（A地点）および墳丘北西部裾付近（B地点）においても土器が出土している。

　主体部上の土器群は遺存率がよく，多くの土器が完形に復原されている。報告書の図に示さ

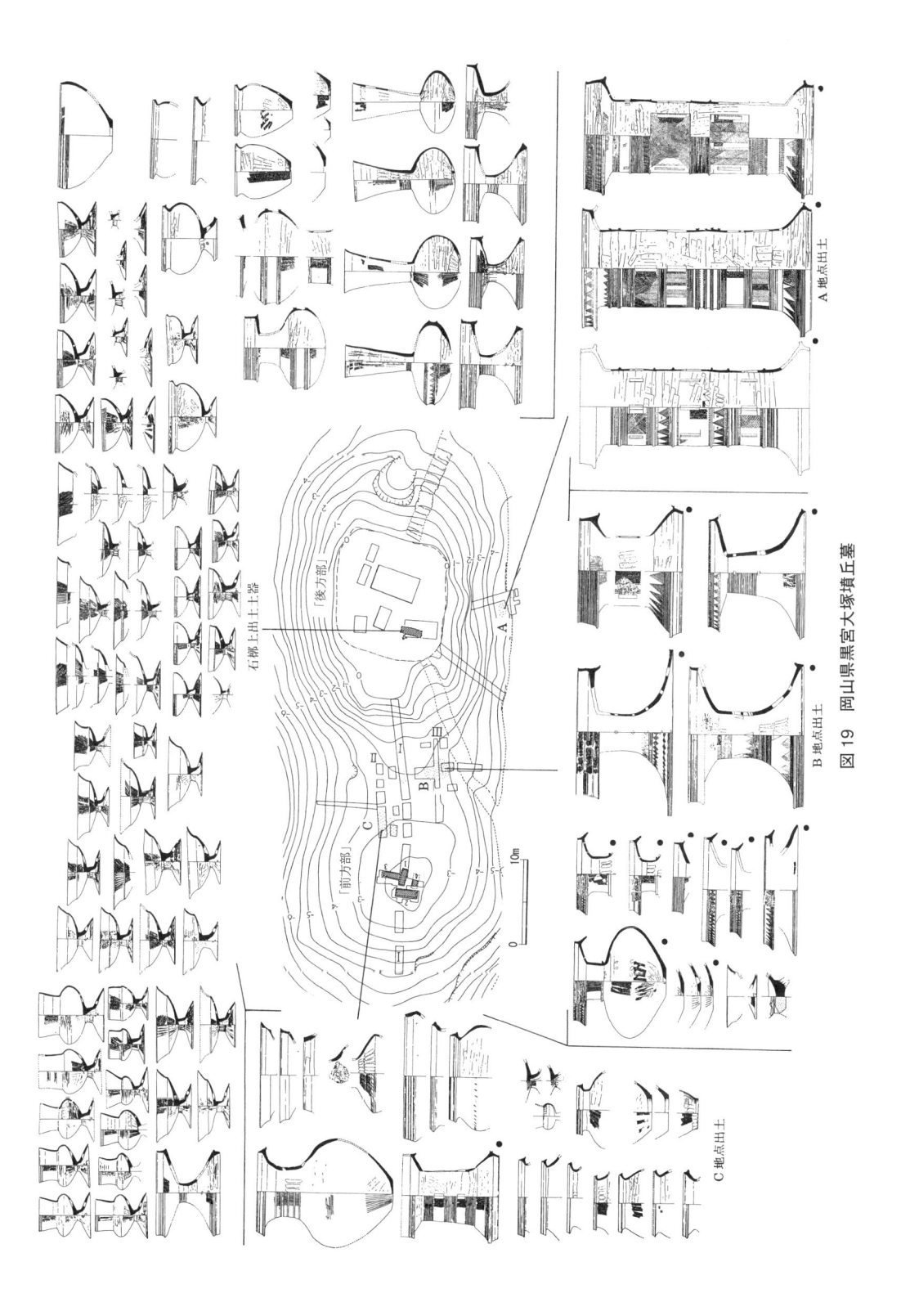

第3章 弥生墳墓の土器配置と葬送祭祀儀礼

図19 岡山県黒宮大塚墳丘墓

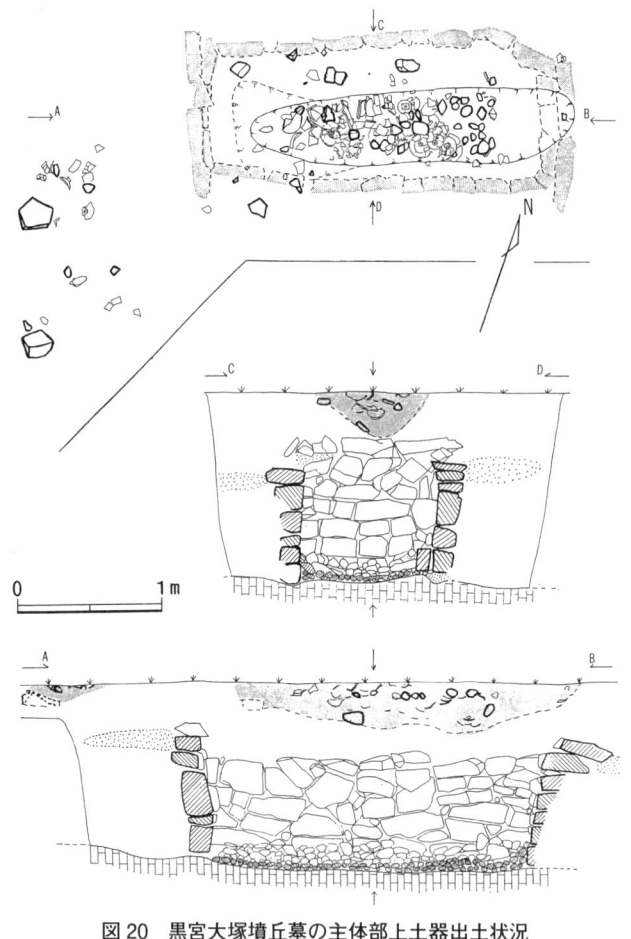

図20 黒宮大塚墳丘墓の主体部上土器出土状況

れた限りにおいての器種構成は，特殊壺2個体，大型装飾器台片1点，細長頸壺4個体，中型器台5個体，外反口縁高杯33個体，内弯口縁高杯14個体，脚付直口坩11個体，台付鉢3個体，大型鉢1個体，甕2個体である。そのほか器種が断定できない破片があることや，発掘前にすでに土器群の一部が地表に出ていたため元々上位に位置していてすでに失われた個体も存在すると思われることから，それぞれの器種の個体数は若干多かったと考えられる。しかしながら，遺存していた数量が多量なことから，おおかた本来の儀器の構成を表わしていると思われ，その意味において非常に重要な資料である。これらはその機能からおおまかに3類に分けられる（図21）。**1類土器**は壺と器台の組合わせ，**2類土器**は個人食器と考えられる高杯類・脚付直口坩，**3類土器**は鉢類および甕で，用途としては調理器としての機能が考えられる。器台以外の器種には焼成後の穿孔がみられ，特に細頸壺には底部中央の焼成前穿孔のすぐ脇に焼成後穿孔を施していることは注目される。このことは第7章第2節で改めて触れる。

また，A地点からは特殊器台3個体，B地点からは特殊壺（通常の特殊壺とは異なる加飾壺が主体）5個体（焼成後穿孔），特殊器台1個体，大型装飾器台4個体，高杯1個体が出土している。興味深いことはA・B両地点における器種構成は先の分類のうちほぼ1類土器で占められ，主体部上→B地点→A地点の順で器種が大型になるという点である。このことからそれぞれの地点で出土した土器群が機能的には重複するものではなく，もともと一つの儀礼の中で使用されたものが，土器の大きさによって別々の位置に配置されたと考えられるのである。このことが，分析上，配置位置による分類に先駆けて器種構成の検討を行なわなければならない理由であり，黒宮大塚墳丘墓出土土器群によってこのことが如実に示されていると言えよう。以下，文中の1～3類土器の区分は，この黒宮大塚墳丘墓出土土器の区分を踏襲するものとする。

さて，このような1・2・3類の器種構成を示す土器群を具備する墓は多く存在するが，それ

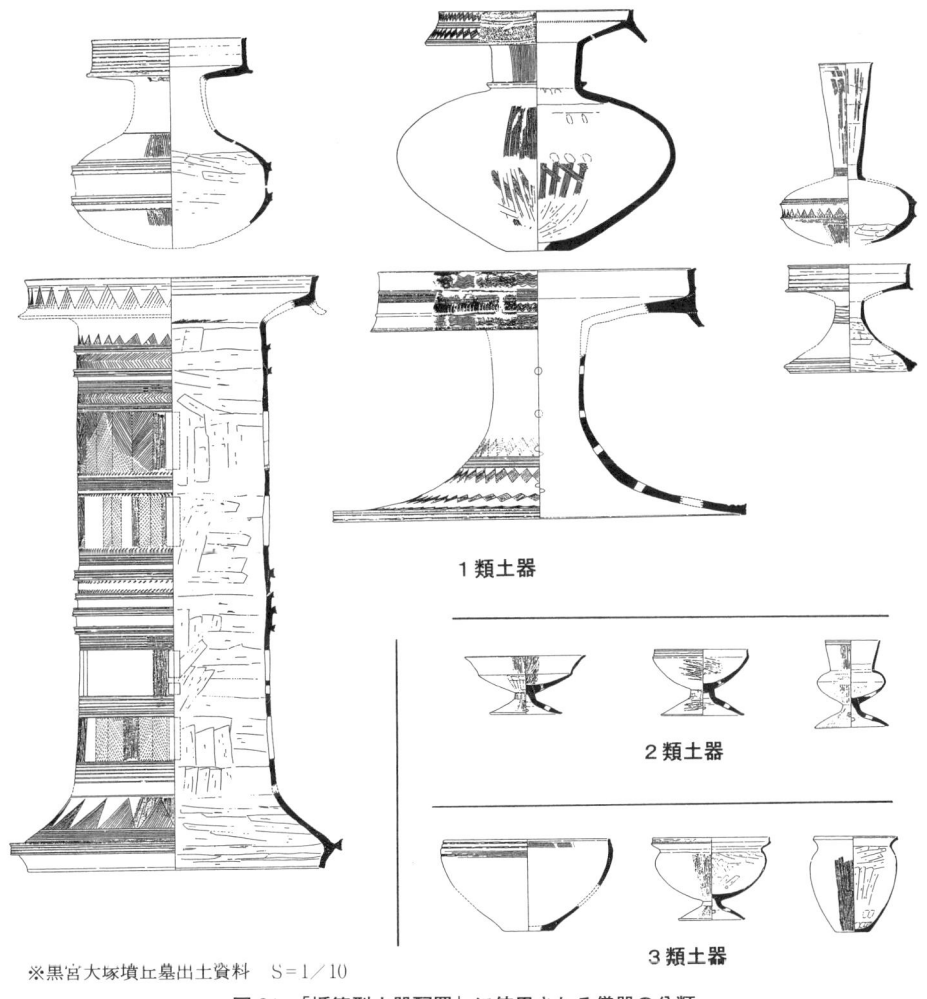

第3章　弥生墳墓の土器配置と葬送祭祀儀礼

※黒宮大塚墳丘墓出土資料　S=1/10
図21　「楯築型土器配置」に使用される儀器の分類

　1類土器
　2類土器
　3類土器

ぞれの類間における量的な比率や，使用土器の系統がいわゆる上東式土器に限られ特殊器台・特殊壺を含む，などの条件を兼ね備える事例は極端に少なく，現在のところ楯築墳丘墓，立坂墳丘墓，雲山鳥打1号墓に上述した黒宮大塚墳丘墓を加えた4ヵ所に限られるであろう。

　楯築墳丘墓（倉敷市）（図22・23）は直径約40mのやや不整形の円丘に北東と南西の2ヵ所に突出部をもつ双方中円形の墳丘墓である。二つの突出部はすでに破壊されているが，推定復原長は約80mであり，円丘の高さは約5mと，弥生墳丘墓の中では最大規模を誇る。墳頂には9.0×6.25mという巨大な墓壙を持つ中心主体である第1主体と，墳頂南東部で発見された第2主体とがある。第1主体は木棺木槨構造で，副葬品は碧玉製管玉やガラス製小玉などを中心とした多量の玉類と鉄剣一振りが出土した。また，総重量32kg以上の多量の朱が棺底に厚く敷かれていた。第2主体は木棺構造で墓壙内からサヌカイト片が4点出土している。また，墳丘斜面には墳頂に近いほうから第1・第2列石がめぐり，墳頂平坦面には巨大な立石が数個みら

図 22　岡山県楯築墳丘墓

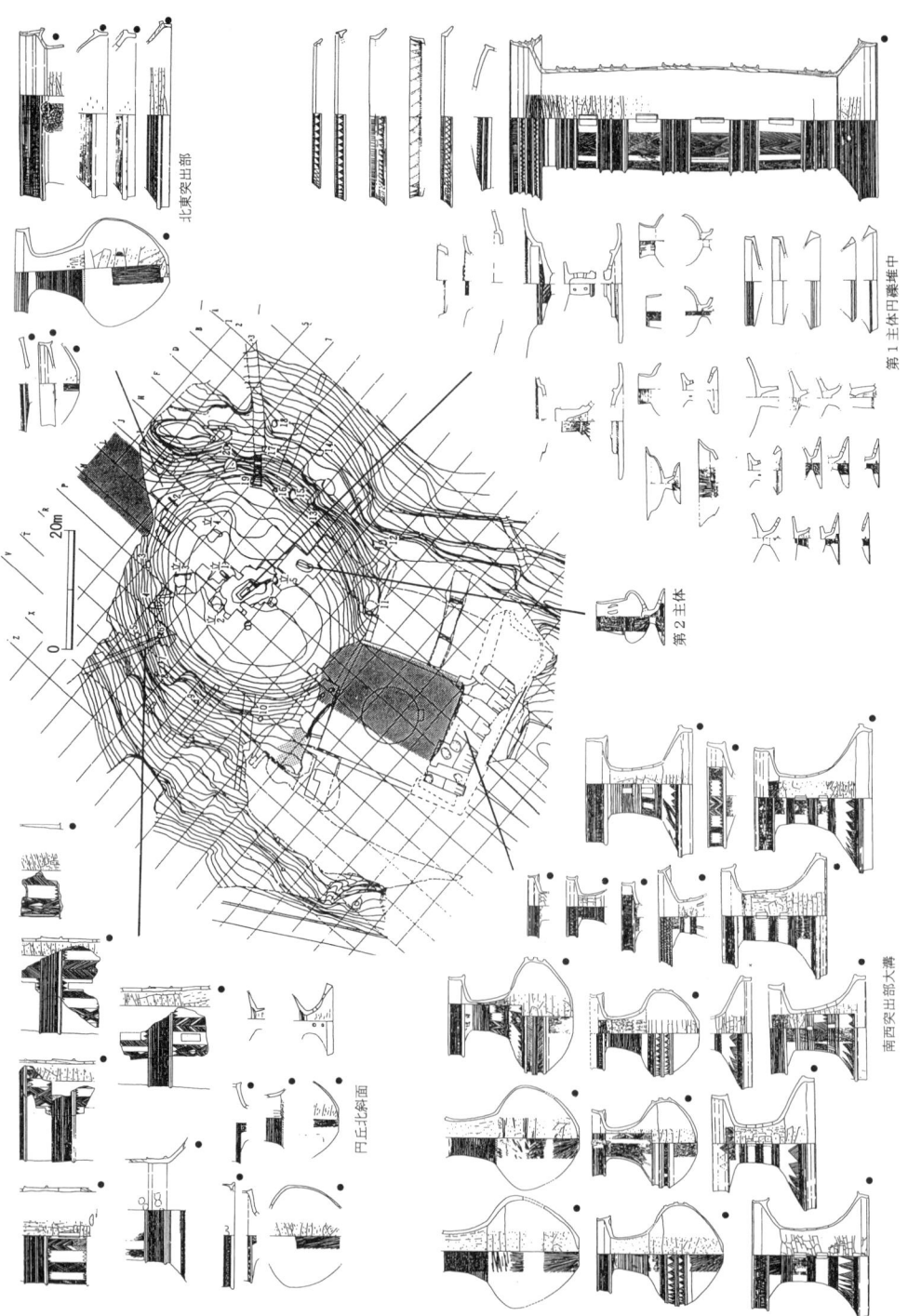

第3章　弥生墳墓の土器配置と葬送祭祀儀礼

れる。列石は土器の出土状況から築造当時のものと判断されたが，立石については確証がないという。

土器が集中して出土したのは，①第1主体上円礫堆，②第2主体墓壙埋土内，③円丘部斜面，④北東突出部第2列石外方，⑤南西突出部大溝，の5ヵ所である。

①の第1主体上円礫堆とは木棺・木槨の腐朽に伴う墓壙上層の陥没坑に落ち込んだ円礫の層である。深さは最深部で1mを測るため，陥没以前の状態はおそらく地表面上にうず高く積まれていたと推定されている。この円礫堆中から土器片，土製品各種，鉄器，弧帯石片，種子，朱，炭，灰などが混ぜ込まれた状態で出土したため，儀礼に使用した道具などを一括廃棄したと考えられている。土器は1類が特殊器台2個体，特殊壺1個体と少ないが，2類は高杯・脚付直口坩の両者あわせて95個体以上と多量である。また，大型の装飾高杯片が数個体分出土しているが，これは装飾的な大型器種として1類に含めるべきものかもしれない。3類に相当する鉢・甕などはごく少数の破片が出土している程度であるが，存在することは確かなようだ。土製品には勾玉形・管玉形・人形・家形がある。それぞれの遺物の出土層位には傾向があり，弧帯石は円礫堆最下部に，1類土器の特殊器台・特殊壺は最上層に偏って出土し，装飾高杯・2類土器・土製品は上下まんべんなく出土しているという。また，これら円礫堆中の遺物は細片となっていることから破砕され，礫中に混ぜ置かれたと考えられている。円礫堆の最上部に置かれたと考えられる特殊器台・長頸壺は全形を復原できるほど接合する個体があるが，完形で置かれたのか破砕されたのかは判断できないという。

②の第2主体の墓壙内埋土中から装飾高杯2～3個体と脚付直口坩の破片が出土しているが，

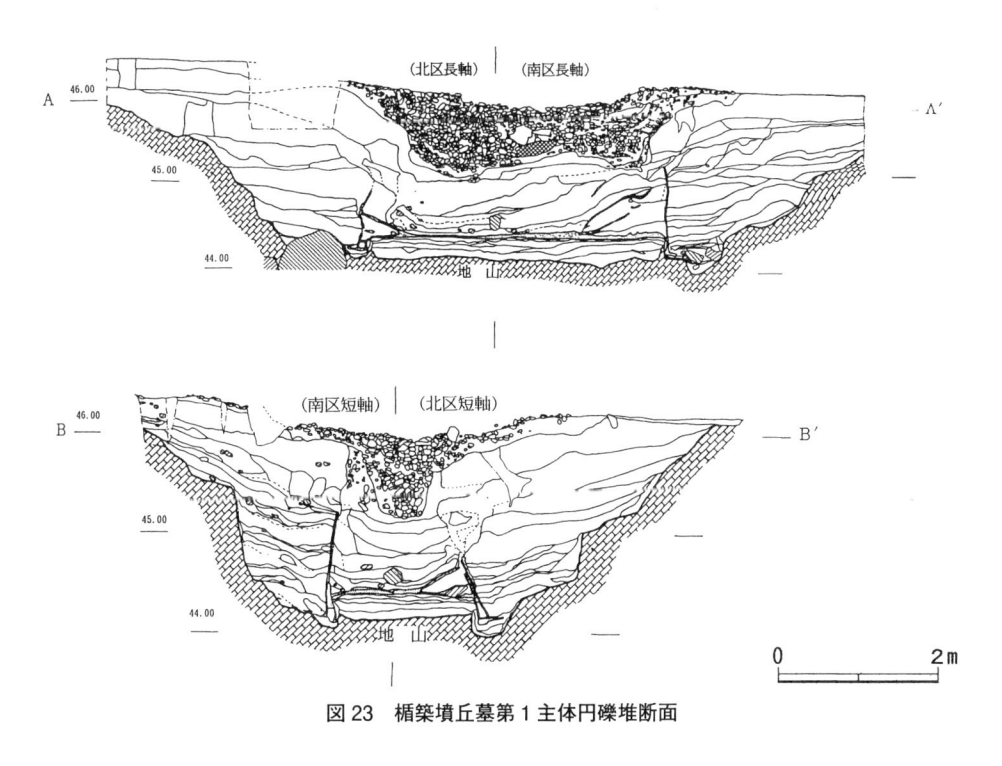

図23　楯築墳丘墓第1主体円礫堆断面

後者については報文中に正確な器種・数については記載がない。ただしこれらは第2主体に伴うものとされており，第1主体に伴う祭祀の儀器が混ぜ込まれたものではないと判断されている。第2主体のための儀礼が行なわれたと解釈してよいだろう。ただし，第2主体上に新たに敷かれた円礫堆中の特殊器台小片については第2主体に属するものかどうかは不明であるという。

　③円丘部斜面から土器片が出土することは，円丘部の北斜面・南斜面で行なわれたトレンチ調査で明らかにされている。特殊器台，特殊壺，高杯片などが知られており，平坦面近くでは少なく，第1列石付近およびその下方斜面に多く見られるという。これらの土器に対しては第1主体にかかわる祭祀に使用されたものが，第1列石付近にかたづけられたと解釈されている。つまりもともとは第1主体上の円礫堆中から発見された土器群とセットで使用されたと考えられ，円礫堆中に混ぜ込まなかった個体を周辺に廃棄したと考えられる。しかし，置かれた場所が第1列石付近という場所を意識しているならば「廃棄」という表現は適切ではなく，文字通り置かれた可能性もあるだろう。報告書に図示されたものから判断すると，高杯などの破片はむしろ少なく，円礫堆に少なかった特殊器台・特殊壺が量的に優位を占めるようで，円礫堆中に混ぜられた土器と周辺に置かれた土器の器種組成が対称を成すことは注目できる。

　④の北東突出部の東側，円丘部に程近いくびれ部付近の第2列石外方に接する平坦面において，完形の長頸壺が出土し，さらに平坦面外方の斜面から特殊器台・特殊壺の破片が出土した。これらはもともと長頸壺と同じ第2列石外方の平坦面に置かれていたと判断されている。そして，報告書ではこの場で祭祀が行なわれたとは考えにくく，北東突出部における埋葬に伴う儀礼に使用されたものがこの場に片付けられたと判断している。存否が確認できない北東突出部の埋葬に伴う儀礼に使用されたかどうかは定かでないにしても，くびれ部付近という場所を意識して置かれた可能性は高いと考えられる。

　⑤の南西突出部の大溝では特殊壺・長頸壺と大型装飾器台のセットが10セット近く出土した。出土状況から墳丘上方からの転落ではなく裾列石付近に置かれていたと判断できる。また完形に復原できるものが多数あり，出土状況からも，完形のまま置かれていたと考えられる。近藤義郎はこれらが儀式に使用された後にこの場に片付けられたものとしているが（近藤1992a），特殊器台を含まず，壺と大型器台の組み合わせのみが出土していることから，あるいは意識的に配置したものと捉えてもよいと思われる。

　以上，見てきたとおり楯築墳丘墓では2類土器の大多数は第1主体上円礫堆中にあり，そこに少数しか存在しなかった1類土器の特殊壺・長頸壺・特殊器台・大型装飾器台などがむしろ周辺に置かれている状況が明らかになった。同じような状況が黒宮大塚墳丘墓でも見られるため，これは無造作に片づけを行なったのではなく，その場所を意識して各器種が計画的に配置された可能性も考慮に入れるべきであろう。本書ではこのような特殊壺・長頸壺・特殊器台・大型装飾器台などの1類土器が主体部上でなく周辺に多く配置される傾向を，1類土器の「外方配置」と呼ぶことにする。

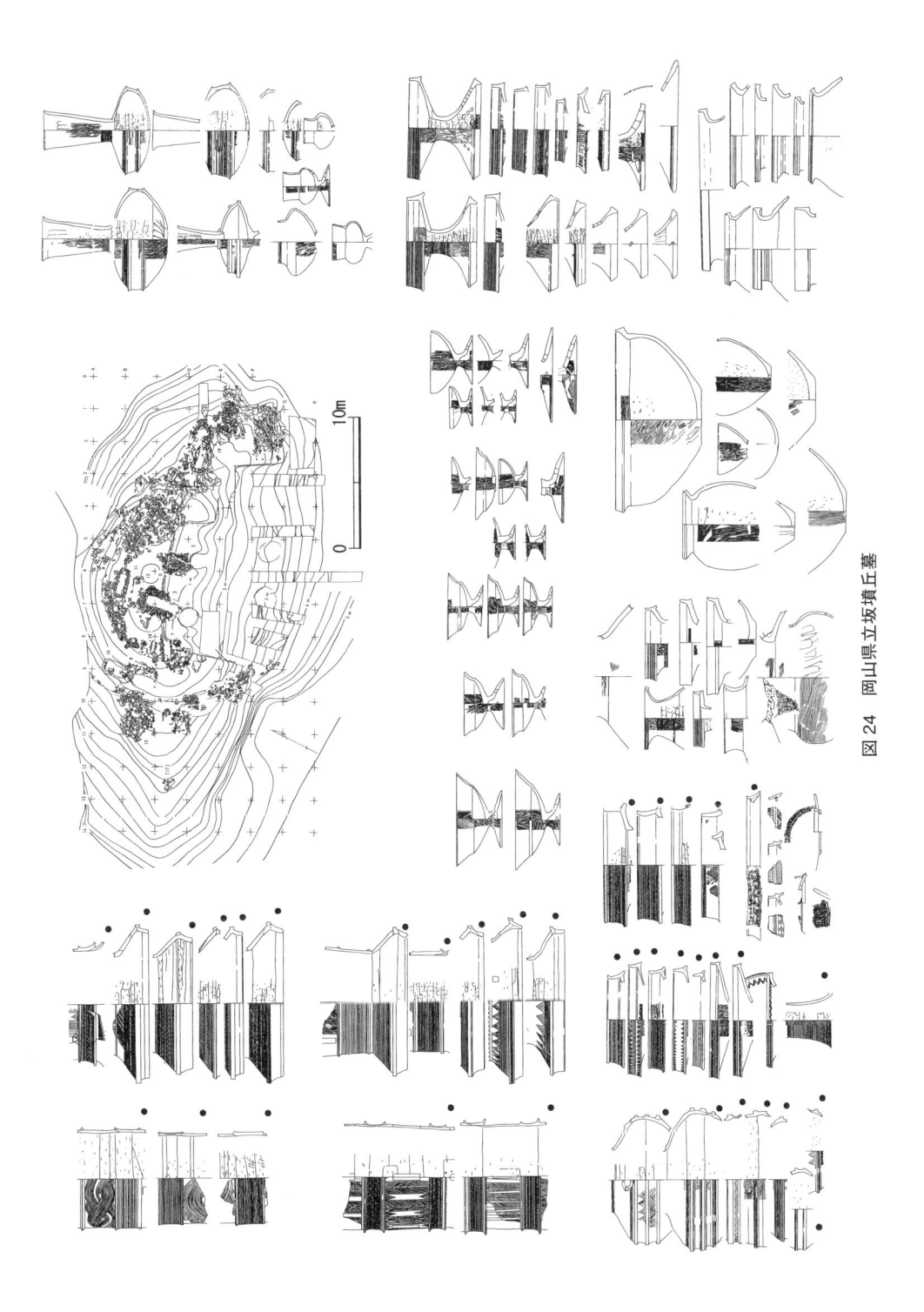

第 3 章　弥生墳墓の土器配置と葬送祭祀儀礼

図 24　岡山県立坂墳丘墓

立坂墳丘墓（岡山県総社市）（図24）は，東西17mを測る不整楕円形の墳丘を持ち，高さは約2m，墳端を示す列石が墳丘をめぐる。墳頂平坦面に中心主体である第3主体（配石木棺木槨）と並列する第2主体（配石木棺木槨）があり，平坦面から斜面にかけて6基（配石木棺4・土壙1・箱形石棺1），墳丘外に2基の箱形石棺がある。

　立坂墳丘墓の土器配置は報告書で見る限り，墳丘の各所において広範に出土した状況がうかがえる。報告書に土器出土状況の明確な記述がなく，墳頂の第2・3・11・13主体の主体上から土器片が出土したことがわかる他は，個々の遺物の記述箇所に出土グリッドが記載してあるのみである。しかしこれらの情報を整理すると，墳丘斜面および周辺ではある程度土器片がまとまって出土する場所が見受けられる。すなわち，①墳丘部北東斜面（4C・5B・5C・6B・6Cグリッド），②墳頂平坦面南側〜墳丘部南側斜面（5E・6E・7E・8Eグリッド），③墳丘部南西斜面〜裾（10E・10Fグリッド），④墳丘西側裾部〜墳丘外方斜面（10B・10C・11B・11Cグリッド）の4ヵ所である。①では特殊器台・特殊壺・大型装飾器台・装飾高杯・高杯・鉢・甕が，②では特殊壺・脚付細頸壺・中型器台・高杯が，③では特殊器台・脚付細頸壺・中型器台・高杯・甕が，④では特殊器台・特殊壺・高杯・甕がそれぞれ出土している。ある程度の器種の偏りはあるが，それぞれの間で1・2・3類土器の区別が際立っているわけではない。ところが墳頂平坦面中央部（7C・8Cグリッド）からの土器の出土は希薄で，唯一高杯の7Cグリッドからの出土が報告されているだけである。ここでも1類土器の外方配置の傾向は読み取れると考えられる。調査者の近藤義郎によれば，立坂墳丘墓の発掘調査で得た土器の器種組成は特殊壺7個体，特殊器台9個体，脚付細頸壺3〜4個体，大型装飾器台3個体程度，中型器台7個体ないし9個体以上，高杯16個体以上，装飾高杯4〜6個体，壺9個体以上，鉢2個体，甕12個体以上となる（報告書78頁表3参照）。黒宮大塚・楯築墳丘墓に比べると2類土器の出土量が少なく，より小規模な儀礼であったと考えられるが，使用された器種構成はよく似ている。また，立坂墳丘墓においては明確に置かれた状況を示す土器はなく，その配置における意識は不明である。出土状況からは大部分の土器が墳頂平坦面外縁や裾部に遺棄され，それらが下方の斜面に転落し壊れたものと思われる。あるいは廃棄にあたり破砕行為も行なわれたかもしれないが，推測の域を出ない。

　雲山鳥打墳墓群（岡山市）は3基の弥生墳丘墓からなる。墳墓群全体の詳細はここでは述べないが，土器の出土量は1号墓が2・3号墓の出土量をはるかに凌駕しているため，1号墓についてやや詳細に述べよう。**1号墓**は20×15mほどの長方形墳で，地山整形および盛土によって墳丘を構築している。墳頂には円礫が敷かれており，その下部から第1〜3号の3基の主体部が検出された。このうち第1・3号主体は木槨構造が想定されており，とくに第1主体は木槨の裏込めとして礫を用いている。なお，副葬品は第1・2主体から若干の玉類が出土したのみである。それぞれの主体部上と墳丘斜面・テラス・周溝中などから多量の土器が出土しているが，どの土器がどこからどのように出土したのかという記載が報文中にみられないため，土器配置の詳細を明確にすることはできない。しかし，当墳丘墓から出土した土器群の全体の器種構成

第3章　弥生墳墓の土器配置と葬送祭祀儀礼

とおよその個体数は判明している。すなわち，特殊壺15個体，特殊器台14個体，小型特殊器台（＝大型装飾器台？）16個体，長頸壺7個体，脚付直口壺（＝脚付細頸壺？）14個体，器台（？）6個体，高杯91個体，脚付直口坩15個体，装飾高杯15個体，鉢10個体，台付鉢2個体，甕19個体のほか家形土器2個体，鳥形土器6個体が出土している。全体として1・2類土器の出土量が楯築墳丘墓に匹敵するが，さらに3類土器が少し多めであることが注目できよう。墳頂の3基の主体が営まれるごとに儀礼が行なわれたとすれば，1回の儀器の量が楯築・黒宮大塚出土土器の量を凌駕することがなく，妥当な数といえようか。

以上述べてきたように，器種組成に若干の差は見られるものの，総じて楯築・黒宮大塚・立坂・雲山鳥打1号の4墳丘墓における土器群のセットが吉備の弥生後期に成立した，ある葬送祭祀儀礼の道具立てをよく表現しているものと考えられる。もう一度まとめると，これらの儀器群は1類土器とした壺と器台のセットからなる象徴的な大型・中型土器群，2類の高杯・脚付直口坩などからなる多量の個人食器と考えられる小型土器群，3類の大型品を含む各種鉢類と甕など調理あるいは共用の盛り付け器に使用されたと考えられる数個体からなる土器群，の三種の土器群の複合体であり，飲食儀礼に使用されたと想定される。また，儀礼使用後に主体部上あるいは墳丘各所に設置あるいは廃棄されたが，特殊器台・特殊壺など1類土器の中でも大型品は主体部周辺ではなく墳丘の各所に配置される個体の方が多い傾向が伺われる。雲山鳥打1号墓の土器配置の詳細が明らかでないもののこれら4遺跡の土器群および土器配置が吉備の弥生後期後葉におけるもっとも整った儀礼の痕跡を留めるものとして**「楯築型土器配置」**として認定する。これら4つの墳丘墓が規模・埋葬施設構造の内容から見ても当時の最上位の階層に属す首長墓であることからも，もっとも整備された葬送祭祀儀礼として考えてよいだろう。

そしてこれら4墳丘墓の土器配置を弥生後期後葉に新たに出現した楯築型土器配置の「典型例」としてみた場合，同時期あるいは一つ時代の降った庄内式併行期の他の墳墓における儀礼の痕跡がどのように位置づけられるかが明らかになるだろう。以下にその様相を述べていく。

(3) 後期後葉における楯築型土器配置の「変容形」とその他の土器配置

　後期後葉段階の備中南部において特殊器台を使用した儀礼を行なっている代表的な墳墓として，上記の4遺跡のほかに芋岡山墳墓群，伊与部山墳墓群が挙げられる。

芋岡山遺跡（図18）の全体構成はすでに述べたが，後期後葉段階の土器が量的に最も多い。この時期の土器配置を順に挙げれば，①中央土壙群（2～9号）から出土した土器群，②北土壙群のうち15・16号に伴う土器，③南土壙群（20～30号）に伴う土器群，④E遺構から出土した土器群，⑤C遺構（溝）中の土器列である。

　報告書によると①・②・③は出土した土器が墓壙それぞれに伴うかどうかを判別できる例はほとんどないということなので，少なくとも墓壙内ではなく，墓壙上面および墓壙外に広がって検出されたのだろう。ここではグループに対して置かれた土器群として一括して捉える。①中央群では突帯が胴部をめぐる中型壺（口縁部の形態が不明，おそらく細頸壺），特殊器台，中型

器台，高杯などの破片が出土している。②北土壙群15・16号土壙上では，特殊器台・壺・中型器台・高杯・甕などの破片が出土している。③の南群では同じく突帯のある中型壺，大型装飾器台，中型器台，甕片などが出土している。

④のE遺構は南土壙墓群の西部に位置する地山のくぼみで2×1mほどの不整楕円形を呈している。このくぼみに堆積した有機土層中から特殊壺，大型装飾器台，中型壺，中型器台，高杯などの破片がまとまって出土した。報告書によれば土器群は置かれた状況ではないということなので，くぼみ中に破片の状態で廃棄されたものだろう。

①～④の土器配置の各器種の土器量は図18を参照していただきたいが，これまで「典型例」としてみてきた遺跡にくらべ，2類土器の量が圧倒的に少なく，1類土器が主体を占めることがわかる。いずれにせよ大規模な儀礼は想定できない。

⑤のC遺構と呼ばれる墓域の入り口に掘られた溝中に1列に並べられた状態で出土した土器群は，上記の墓域内から出土した土器群とは異なる様相を示している。器種組成は壺2個体，甕6個体，中型器台1個体，高杯5個体の計14個体からなり，ほとんどが完形のまま出土している。溝がある程度埋まった段階で溝中に完形のまま置き並べられ，甕のうち2個体は中型器台と高杯の1つの上に置かれていたという。壺・甕の底部には例外なく焼成後の穿孔があるため，儀礼に使用された後に墓域の内外の境界となる溝中に置き並べられたものであろう。これらの土器が時期的には上記の①～③の中央群あるいは南群の土壙墓群の葬祭に関連するものであるとすれば，儀礼に使用された土器群のうち1類土器全部と2類土器の一部を墓域内に遺棄し，2・3類土器のほとんどを墓域縁の溝中に置いたということになろう。それともそれぞれは別の機会に行なわれた性格の異なる祭祀だった可能性もあるが，いずれにせよ各器種が配置される場所は先に楯築型土器配置の「典型例」としたものと大きく異なることが明らかであろう。このような「典型例」と比較した場合にいずれかの要素が異なるか，あるいは欠落する事例を楯築型土器配置の**「変容形」**という概念で捉えておきたい。

伊与部山墳墓群（岡山県総社市）（図25）は尾根の頂部に営まれた一群の墳墓群である。もっとも高いところに並列する2基の石槨がいとなまれ，その東と南を石列によって区画している。また，それぞれの区画石列の外方にも数基の埋葬施設が検出されている。土器はそれぞれの埋葬施設に伴う形ではなく，石列付近や斜面から破片の状態で出土している。区画墓周辺では後期前葉～後葉にかけての土器が出土しているが，量的なピークは後期中葉・後葉にあるようだ。土器が比較的多く良好な状態で出土しているのは区画墓の南側を区画している石列を伴う溝状遺構である。この遺構は平面形が鍵の手状になっていることが特徴だが，溝の覆土中から後期中葉・後葉の土器群がまとまって出土した。土器は溝底からかなり浮いた状態で出土したことから，溝掘削後，かなりの期間祭祀が継続したことがわかる。これら溝中から出土した土器群の器種構成は長頸壺，大型器台，中型器台，高杯が多く後期中葉と後葉では器種構成にあまり変化がない。注目されるのはこの区画墓一帯では特殊壺・特殊器台・大型装飾器台など1類土器の装飾性の強い一群が全く出土していないことである。それではそれらはどこから出土して

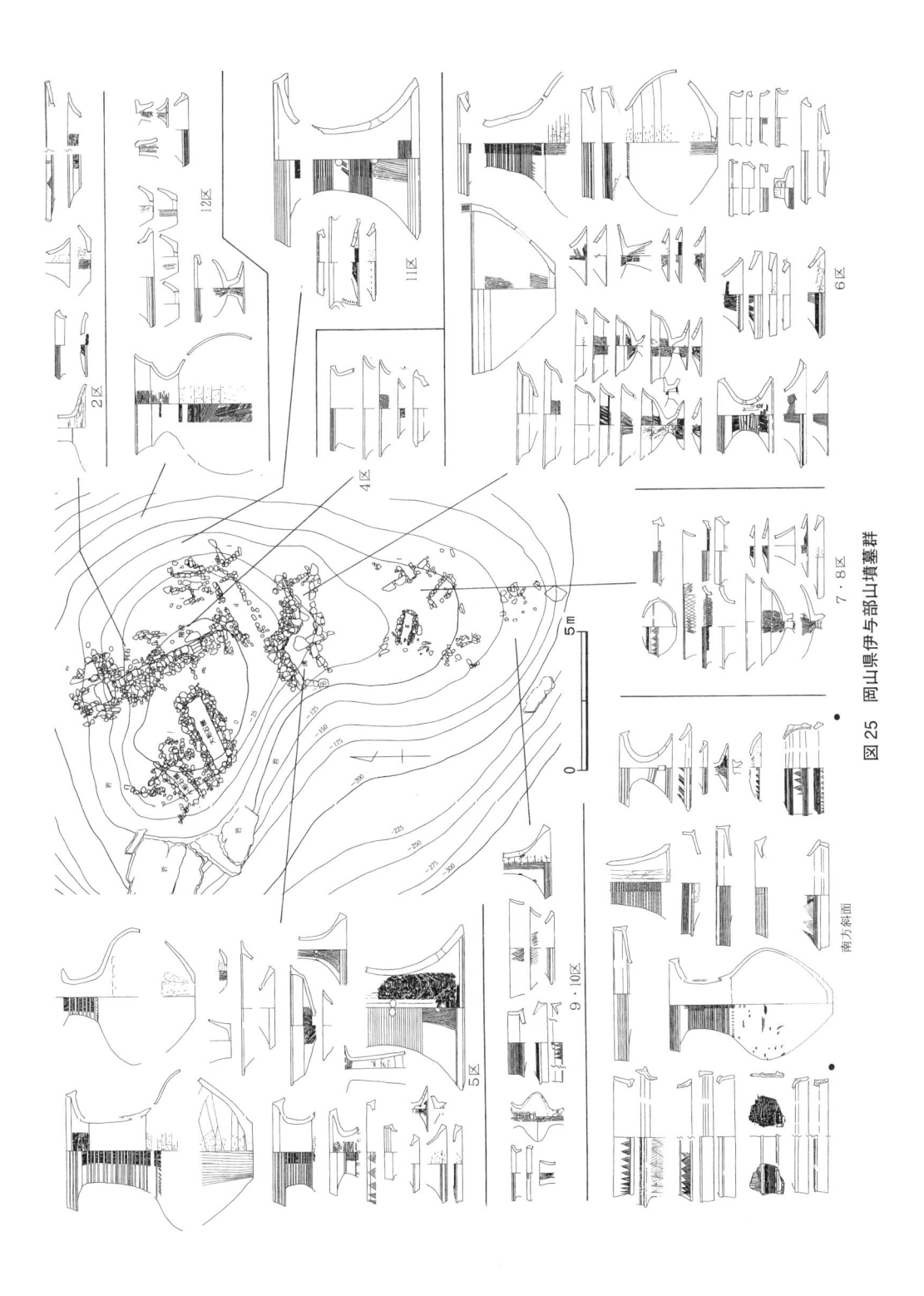

第3章 弥生墳墓の土器配置と葬送祭祀儀礼

図25 岡山県伊与部山墳墓群

いるかといえば，墳墓群の最南端の斜面地からなのだが，ここから出土した特殊器台の型式は向木見型であり後期末葉から庄内式併行期に比定できる資料である。したがって，伊与部山墳墓群の後期後葉段階の祭祀には特殊器台・特殊壺・大型装飾器台は欠けていることになる。このことは当墳墓群において後期中葉から継続する形式で儀礼が行なわれたことを示すのであろう。したがって，当墳墓群も「典型例」ではないが，楯築型の変容形ではなく，楯築型出現以前の四辻型の系譜を引くものと思われる。

なお，この時期に例外的な土器配置を行なっている

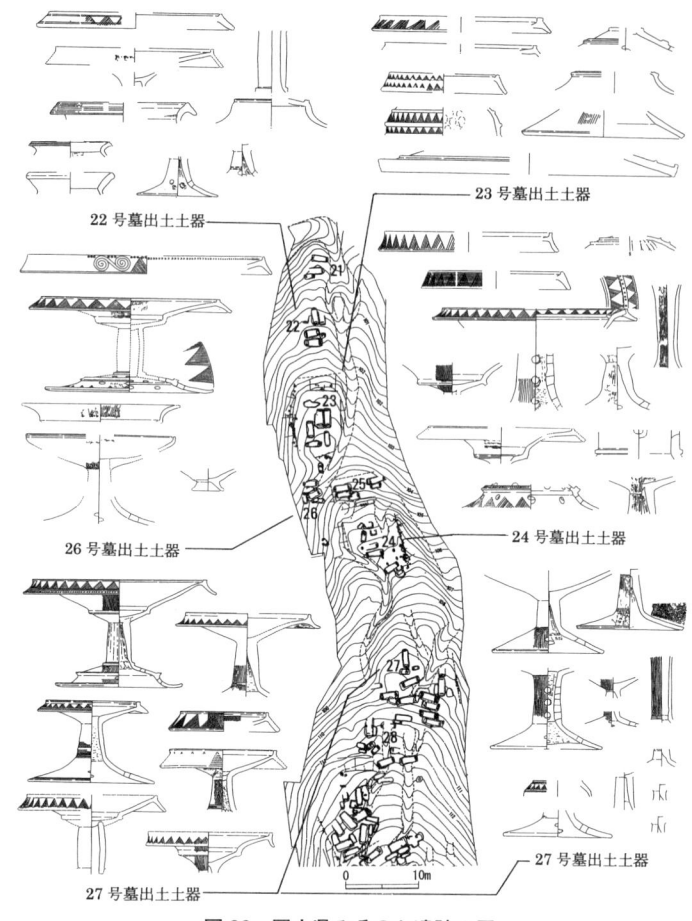

図 26 岡山県みそのお遺跡 2 区

例として前述した**みそのお遺跡**が挙げられる。当遺跡の **2 区墳墓群**（図 26）のうち 22～24・26・27 号墓がそれで，墓域の各所から装飾高杯および装飾高杯に似た形状の装飾器台が出土している。出土状況から配置状況を復原することは困難だが，他の器種が非常に少ない中で，この 2 器種が主体的に使用されている墳墓遺跡はほかに例を知らない。播磨地域との系譜関係を考慮する必要もあろうか。

(4) 備前・備中南部における終末期（庄内式併行期）の土器配置

当該期は土器型式では才の町Ⅰ・Ⅱ式，下田所式，特殊器台の型式では向木見式・宮山式の段階とする。

この段階で後期後葉の楯築型土器配置の典型例の儀礼を確実にひく土器配置は未発見であるが，可能性の高いものとしては倉敷市**鯉喰神社墳丘墓**が挙げられる。当遺跡は楯築遺跡の北西わずか 450 m に位置する，長方形墳丘墓である。平面規模は 40×32 m，高さは 4 m を測る大型墳丘墓であり，近藤義郎によって突出部が存在した可能性が示唆されている（近藤義郎 2002 b，

第 3 章　弥生墳墓の土器配置と葬送祭祀儀礼

56・78 頁参照)。墳頂に鯉喰神社の社殿がのっているが，1916 年の拝殿改築の際に，南北軸の竪穴式石槨がみとめられ，勾玉 1 点が出土している。墳丘その他は今日に至るまで未発掘で詳細は知れないが，土器については表面採集されたものの中に向木見型特殊器台・特殊壺・高杯・台付直口坩・甕などが含まれており，さらに弧帯石の残片が発見されている（平野・岸本 2000)。時期比定はこの向木見型特殊器台片が決め手となり，備中中枢における終末期の首長墓と目されているが，表面採集土器の器種構成は先に楯築型の「典型例」とした土器群の器種構成を踏襲しているものと思われる。しかしながら，未発掘であることから断定は避けなければならないだろう。あくまでも可能性として紹介しておくに留める。

一方，同じ終末期の墳墓がやはり楯築墳丘墓の南南西わずか 250 m の地点に存在する。**女男岩遺跡**（倉敷市）（図 27・28）という。遺跡付近は耕作などで地形の改変著しいが，遺跡中央部の径 20 m ほどの高所の中心で大型土壙墓が検出されたため，この土壙を中心主体とする中規模の墳丘墓と考えられる。この中心主体は巨大な墓壙を持つ配石木棺構造であるが，棺内から青年〜成年男性人骨 1 体と鉄剣 2 本が出土したのみで，この埋葬に伴う土器類は見られなかった。しかし，この墳丘墓の周囲をめぐる溝および土坑からおびただしい量の土器が出土している。各遺構の詳細は省略するが，特に墳丘北側の溝状遺構（遺構 C）内からは数百点におよぶ土器が出土した。その状況については図 28 を参照してもらいたいが，器種としては特殊壺，大型壺，小型壺，短頸壺，高杯，脚付直口坩，大型鉢，小型鉢，浅鉢，甕などがみられる。注目されるのは 1 類土器が異常に少なく，特殊器台と大型装飾器台が皆無で，特殊壺・中型器台が全形がうかがえるものがわずか 1 個体存在

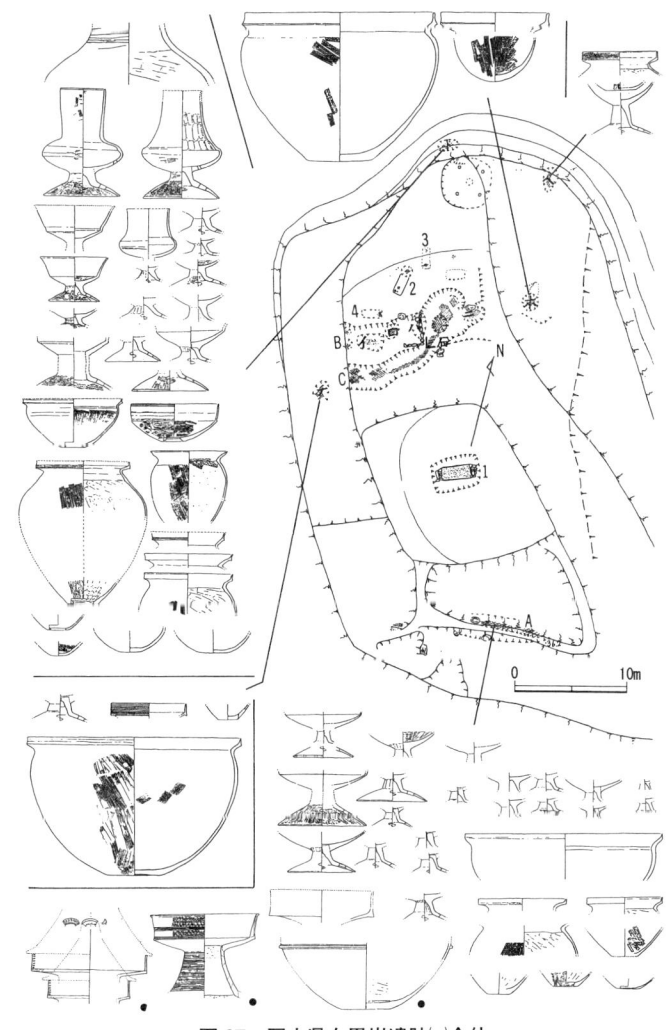

図 27　岡山県女男岩遺跡(1)全体

図 28　岡山県女男岩遺跡(2)遺構 C とその周辺

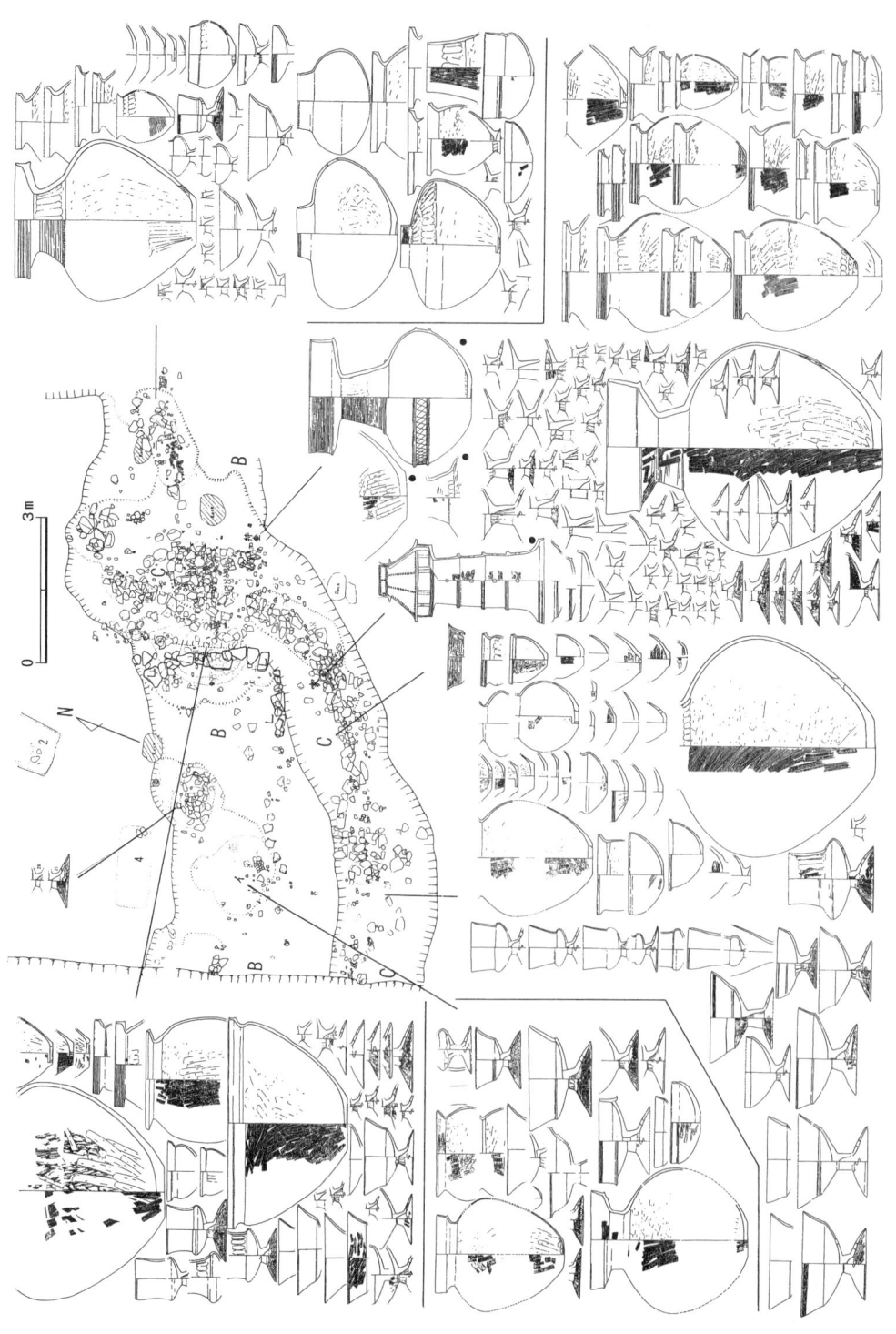

するのみである。際立って多いのが2類土器で特に高杯は膨大な量が出土している。3類土器は甕・鉢ともに多く出土しているが，鉢は大型のものが減り，小型の浅鉢が一定量出土している。短頸壺などは装飾がなく3類に含めるべきであろうか。また，器台の上に家形の土器を載せた「家形土器」が出土している。

女男岩遺跡には墳丘墓の溝をへだてた北側にいくつかの埋葬施設が知られ，さらに土器群には多少の時期幅がみとめられることから，上記の土器群は数回にわたる儀礼に使用されたものがそのつど廃棄されたものと考えられる。したがって，土器の全個体数からもともとの儀器のセットを復原することは難しいが，少なくとも上記した全体的な器種構成の比率と大きく変わることはないと思われる。そして，調理器が存在し，個人食器を多用することから，飲食儀礼が挙行されたことは間違いないであろう。ところが特殊器台・特殊壺・大型装飾器台などの1類土器がほとんど出土しないことから，女男岩遺跡の土器配置は楯築型土器配置の「典型例」ではなく飲食儀礼に重点を置いた「変容形」であることがわかる。なぜ特殊器台に代表される象徴的な土器群を省略したのかは不明であるが，中心主体部の墓壙規模や飲食儀礼の規模から考えても被葬者の地位が高いと判断され，被葬者のステータスを理由に省略されたとも思われない。考えられることは被葬者の年齢が若いということと，副葬品に通常含まれるべき玉類がいっさい出土せず，かわりに鉄剣が2本副葬されていることから想定される，被葬者の職掌的な性格に起因する何らかの「制限」であろう。女男岩遺跡は特殊器台が出土しなかったゆえに，特殊器台の性格を考える上で重要な資料を提供しているといえる。

もう1ヵ所，特殊器台が出土していない例として，**便木山方形台状墓**（岡山県赤磐市）（図29）が挙げられる。この台状墓は平面6.8×7m，高さ0.3mを測り，ほぼ正方形の低い方台部をもつ。緊急調査にもかかわら

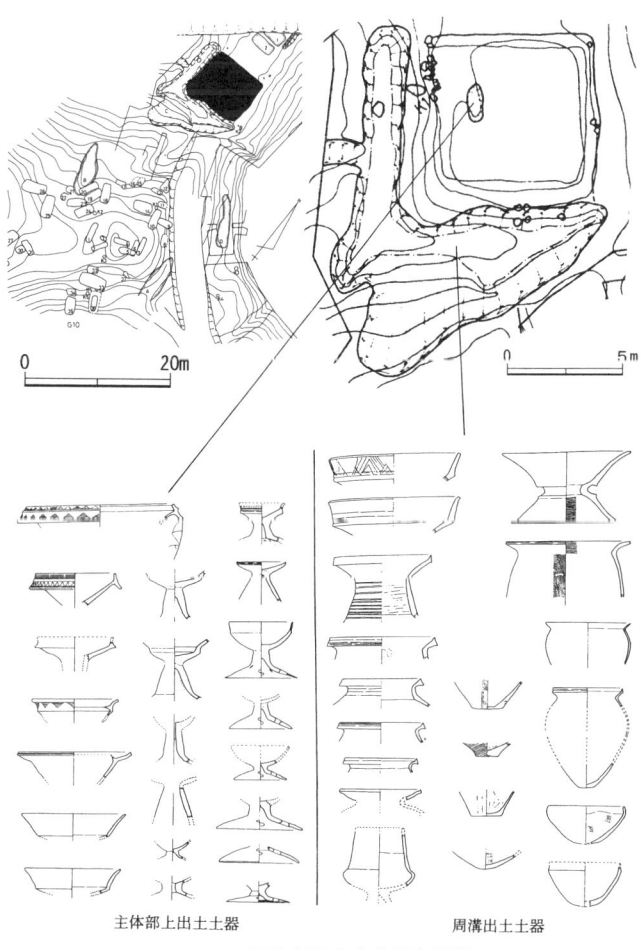

図29 岡山県便木山方形台状墓

ず遺構発掘前から現状保存が決定されたため，墳頂の埋葬施設については西側に偏って存在する土壙1基の他は位置確認さえされずに保存されている。方台部の西・南側のみにL字状に周溝が存在した。土器は墳頂の土壙埋土中と溝底面全面から出土している。土壙内埋土中には破片の状態で高杯・小型器台と装飾性のある口縁部片（報文中では高杯と判断）が出土している。報告書に図示された限りでは21点を数える。おそらく，棺の腐朽とともに土壙埋土中に落ち込んだもので，本来は墓壙上にかなりの個体数が存在したのだろう。一方，溝底面から出土した土器群は長頸壺片3点，山陰系鼓形器台1個体，脚付直口坩片1点，小型鉢2個体，甕片12点が図示されており，墓壙埋土中の土器群と比べると両者は際立った違いをみせることがわかる。墳頂の他の埋葬施設の存在も考慮に入れなければならないが，これらをみる限りでは2類土器の大半が主体部上に，1類・3類土器のすべてと2類土器の一部が溝中に廃棄されたと考えられる。このような各器種の配置位置と特殊器台・特殊壺・大型装飾器台などの装飾性の強い1類土器が出土していない点において，楯築型の「典型例」と際立った違いをみせている。特殊土器類の欠如はもともとそれらの分布が希薄な備前の遺跡であることが大きな要因となっているのだろう。一定量の調理器を含むことから飲食儀礼が挙行されたと考えられる。前代からの系譜でも考えられるが，土器量も多いことから，ここでは「典型例」の要素がいくつか省略された「変容形」として捉えておきたい。

前述した**みそのお遺跡**では後期後葉末から庄内式併行期を経て古墳時代前期に至るまで，墓壙上から少数の高杯を中心とする土器が出土する墳墓がつづく。その中で首長墓と思われる第20号墓第1主体，第42号墓第1主体において多くの土器が出土している。**第20号墓第1主体**（図30）の墓壙上出土土器の器種組成は，焼成前底部穿孔の小型長頸壺5個体，口縁部が外反する中型器台3個体，鉢1

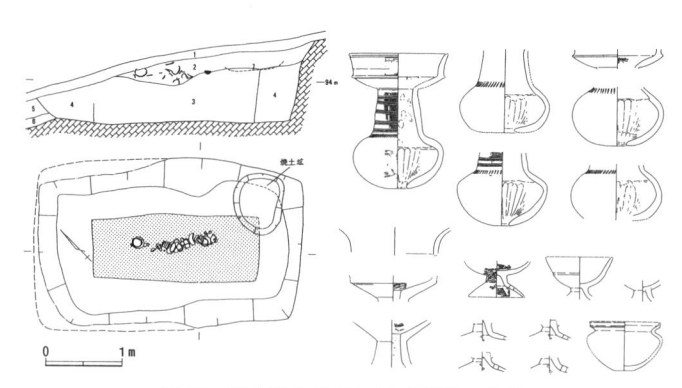

図30　岡山県みそのお20号墓第1主体

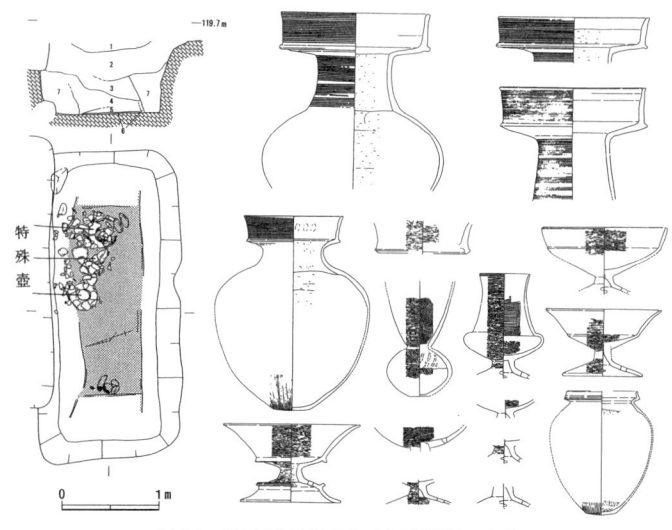

図31　岡山県みそのお42号墓第1主体

個体，高杯10個体程度，である。土器は墓壙上陥没坑内に一列に並んだ状態で出土した。同じ墓壙上に焼土坑が存在することも注目される。墓壙上で儀礼が挙行されたと考えられる。これらの土器群は甕を欠くものの，器種構成自体は「典型例」から大きく変容した省略形と言えるだろう。**第42号墓第1主体**（図31）では長頸壺3個体，壺1個体，直口壺1個体，変形山陰系鼓形器台1個体，高杯6〜7個体程度，甕1個体が出土している。こちらも明らかに「典型例」の器種構成の影響を受けていると考えられる。

(5)　「中山型土器配置」—中国山地山間部の墳墓における土器配置—

　吉備の山間部では集団墓群内の一画に特殊土器類を配す状況が見てとれる。

　中山遺跡A調査区（岡山県真庭市）（図32）は数基の区画墓とおびただしい数の土壙墓から構成される墳墓群である。墓域に利用された尾根の南半分は尾根先端付近に無区画の土壙墓群が密集し，北半分は尾根の上方に区画墓が設けられている。出土した土器は吉備系と山陰系と両者の折衷型とも呼べる中国山地山間部の独特の器形が見受けられ，編年上の位置づけが困難なものもあるが，およそ，後期後葉末から庄内式併行期に相当するものだと思われる。土器配置は個々の墓壙に伴うものと，報文中において「B空間」と呼称された，尾根先端近くの無区画土壙墓群中の広場から出土した多量の土器群とがある。このうち特殊壺・特殊器台・大型装飾器台はB空間のみから出土している。

　「B空間」では立坂型の特殊器台・特殊壺のほか吉備系の大型装飾器台，吉備系ではない大型器台，壺，山陰系鼓形器台，吉備系高杯，吉備系脚付直口坩，甕など多くの土器が出土しており，吉備系・山陰系が入り混じっている。時期的には後期後葉段階を最古として庄内式併行期に至るまでかなりの幅をもっている。中山遺跡A調査区では墓壙上から土器を出土する埋葬施設は北半の区画墓に伴う土壙墓に多く，南半分の無区画土壙墓群では「B空間」周辺を除けばごく少数からしか墓壙上から土器が出土しない。「B空間」周辺では墓壙上にあたる部分から土器は出土しているもののそこに含まれる土器の量・時期幅と周辺の状況をみれば，それぞれの土壙墓に伴う土器群ではなく長期間にわたり廃棄され続けた土器の集積と考えられる。つまり，「B空間」とは墓域全体に対する祭祀場であり，長期にわたりこの場で土器を使用した儀礼が行なわれ，使用された土器が周辺に廃棄されたと思われる。特殊器台がB空間のみで出土するということは，個々の被葬者に対するものというよりは，集団全体に対する祭祀という意識が強いのであろう。

　また，同じく山間部の**西江遺跡**（岡山県新見市）においても尾根上に密集する土壙墓群の墓域の1ヵ所に向木見型の特殊器台・特殊壺が4組立て並べられており，墓域全体への祭祀場として捉えられている(註8)。

　このような中国山地における集団墓の一隅に特殊土器類を配置するあり方は，楯築型土器配置とは様相が異なるものである。**「中山型土器配置」**として規定しておきたい。

図 32　岡山県中山遺跡 A 調査区

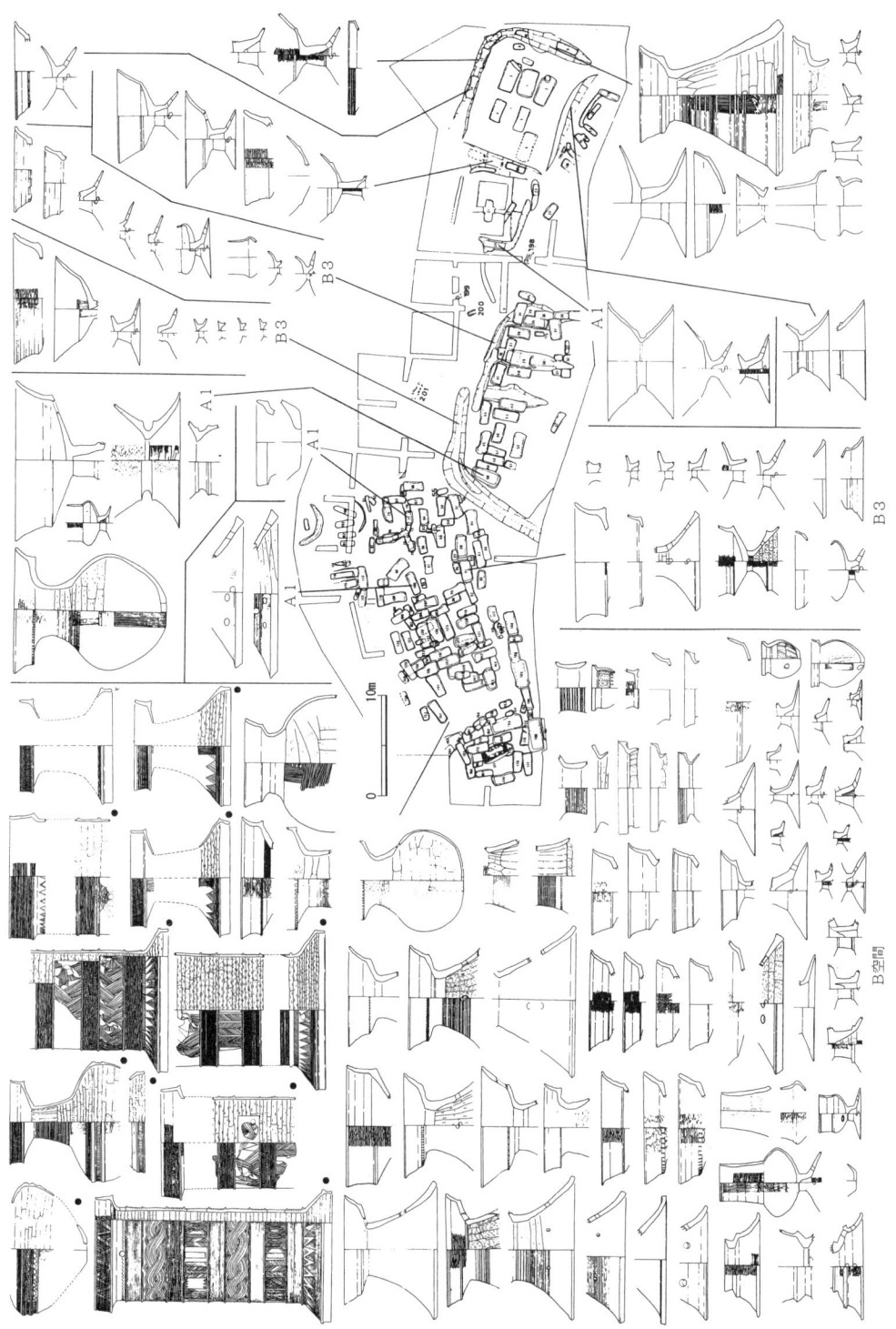

(6) 小　結―吉備―

　これまで，やや詳細に吉備における弥生時代墳墓の土器配置について説明してきた。他地域に比べて詳細に述べたのは，冒頭でも述べたとおり，吉備における土器配置が複雑な系統を有するからである。

　結果を整理すれば中期～後期中葉にかけては，主に墓壙上から少数の土器が出土し，器種構成は高杯・甕が主体を占める。「四辻型土器配置」と総称したこれらの土器配置はその背後に飲食儀礼か食物の供献が想定できるが，いずれにせよ小規模な儀礼と考えられる。

　ところが後期後葉になり様相は一変する。おそらく楯築墳丘墓の築造が大きな画期となるのであろうが，特殊器台に代表される装飾性の強い大型器種が出現し，大量の高杯・脚付直口坩と一定量の甕・鉢を伴う土器群が墓から出土するようになる。本書ではこのような土器群を伴う土器配置を「楯築型土器配置」として，楯築墳丘墓・黒宮大塚墳丘墓・立坂墳丘墓・雲山鳥打1号墳丘墓を「典型例」として捉えた。

　さて，楯築型土器配置から復原される葬送祭祀儀礼は，成立当初，備中平野部において確認できるが，大きな影響力をもっていたと見え，同時期あるいは次代の庄内式併行期において備中・備前・美作・三次盆地にその「変容形」が出現することとなった。しかし，「典型例」そのものが継承された可能性があるのは現在のところ鯉喰神社墳丘墓のみであり，この祭祀儀礼が定型化することなく時期が降るごとに変容したことがわかる。土器の穿孔行為にみられる象徴化については第7章第2節で詳述するが，庄内式併行期において特殊壺の焼成前穿孔が一般化することからその方向性は「形式化・象徴化」にあったといえる。

　庄内式併行期後半から古墳時代初頭にかけての当地域の代表的な首長墓と目される岡山市矢藤治山墳丘墓，岡山県総社市宮山墳丘墓では2類・3類土器がなくなり，1類土器のうち特殊器台・特殊壺のみが特に選ばれて残存している。この段階ではすでに「楯築型土器配置」は別なものに変化したと言えるだろう。このことは第4章第1節で述べることにする。

　吉備における葬送祭祀は，後期後葉に突如として完成された儀礼を創出したということを強調しておきたい。

第5節　山陰・三次地域の土器配置と葬送祭祀儀礼

　備後北部の三次盆地は中国山地山間部において，河川が日本海側に流れるためか，山陰地域との関係が深い。特に山陰に多く分布する四隅突出型墳丘墓の初源形態と考えられる方形貼石墓が複数遺跡において確認されている（田中・渡辺編1992，芸備友の会1996）（註9）。土器配置についても山陰の初源部分と密接に関わるため，以下の記述は三次盆地と山陰西端部の石見における古い様相を述べた上で，出雲・伯耆・因幡などの地域に言及することとする。

(1) 中期後半から後期初頭の三次・石見の土器配置

　前述したとおり三次地域では中期後半より墳丘斜面に貼石を伴う長方形の墳丘墓が発達する。広島県三次市宗祐池西1・2号墳丘墓，陣山墳墓群などがそれにあたり，四隅突出型墳丘墓の祖形が発見されている。しかしながら，これらの墳墓ではのちに山陰で主要な土器配置となる主体部上に土器を置く行為は見られない。主に周溝から塩町式の脚付壺など少数の土器が出土するようだ。

　後期前葉になると三次・石見の両地域において長方形貼石墓の突出部が次第に発達し，石見では順庵原1号墓のように突出部が完全に発達した四隅突出型墳丘墓が出現している。この時期において，墳墓における土器配置において甕が主体を占めるようで，特に墳丘裾に甕が置かれる事例がいくつかある。

　田尻山1号墓（広島県庄原市）（図33）は9.5×7.0m，高さ0.8mの長方形貼石墓で，墳頂に主体部と思われる土壙が1基検出されている。この埋葬施設からは遺物は出土しなかったが，墳丘北東辺裾と南コーナー裾の5ヵ所に計10個体ほどの甕が置かれていた。

　佐田谷1号墓（広島県庄原市）（図36）の詳細は後述するが，やはり長方形の貼石墓で，墳丘北裾で甕が2個体同じ場所で出土している。

　順庵原1号墓（島根県邑智郡邑南町）（図34）は10.75×8.25mの長方形墳丘の四隅に突出部が付く四隅突出型墳丘墓である。墳頂から3基の埋葬施設が検出された。土器は墳丘北東辺裾部および南東辺裾部で見つ

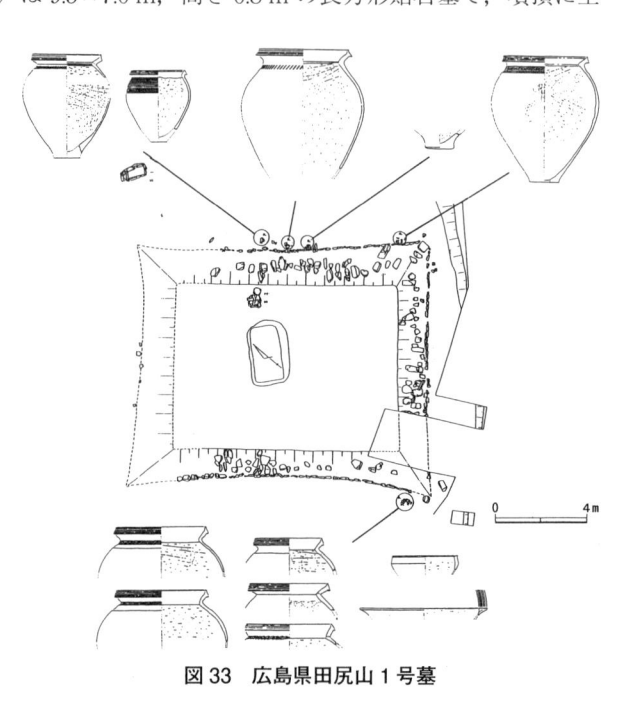

図33　広島県田尻山1号墓

第3章　弥生墳墓の土器配置と葬送祭祀儀礼

かった3ヵ所の「ストーンサークル」内から出土している。この遺構は石列で一定の範囲を円形に囲ったもので，この中に破砕された土器が出土している。3ヵ所とも甕の口縁部が複数出土しており，甕を主体とした土器配置である。

波来浜遺跡（島根県江津市）（図35）ではA・B両調査区で計12基の小規模な方形列石区画墓が検出されたが，上記の3墳丘墓とは小規模なためか様相が異なる。発見された区画墓のうち土器配置が明瞭なものはA-2号墓，B-1号墓，B-2号墓である。それぞれの区画内には複数の墓壙が作られているが，A-2，B-2号墓ではそれぞれの埋葬施設に伴う形で土器が出土するのに対し，B-1号墓では墳頂の中心部に多

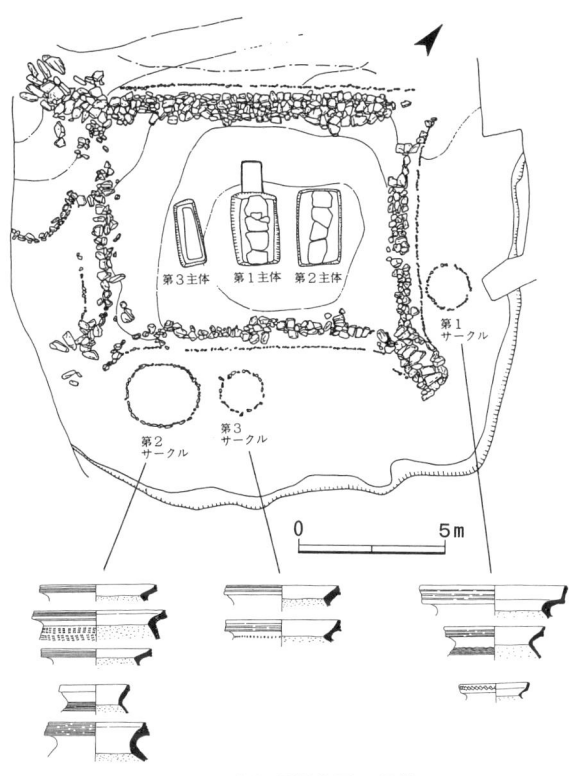

図34　島根県順庵原1号墓

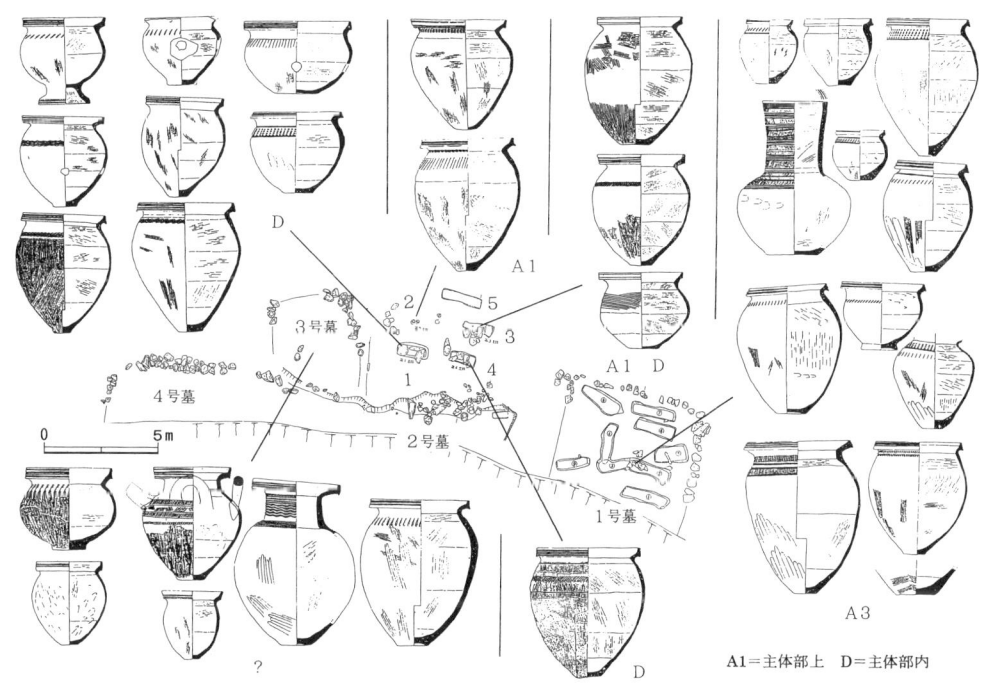

図35　島根県波来浜遺跡B調査区

A1＝主体部上　D＝主体部内

83

くの土器がかたまって出土し，個々の埋葬施設には伴っていない。このように出土した土器の大多数を占めるのは完形品の甕である。埋葬施設に伴うものは墓壙底に置かれた状態で出土するので，内容物の副葬・供献と考えられるが，B-2号墓第1主体から出土した8個体の土器のうち3個体の甕の胴部に焼成後の穿孔がみられるため，土器自身を副葬したとも考えられる。主体部上から土器を出土したのはB-2号墓第2・3主体のみであった。甕3個体が出土しているので器種構成は他の埋葬施設に伴う土器と変わらないが，土器を置く位置については後段に述べる主体部上土器配置の影響を受けているかもしれない。波来浜遺跡は後期前葉～中葉に時期的中心を持ち，墳丘裾に甕を置く土器配置と次代の主体部上の土器配置との過渡的様相を表わしている。

(2)「山陰型土器配置」
―山陰地方に特有な主体部上土器配置―

山陰を象徴する土器配置が登場するのは後期前葉になってからのことである。それまで，墳丘外の周溝や特定の場所に土器を置くことが多かったが，後期には山陰における決まりであるかのように，ほとんどの事例が主体部上土器配置を行なう。これらの山陰に典型的な主体部上の土器配置は「山陰型土器配置」と命名できるほど，他と比較して明瞭な個性を有する。その定義は後段に譲るとして，はじめに個々の事例の内容を確認していこう。

後期前葉の事例は少なく，佐田谷1号墓，新井三嶋谷墳丘墓が挙げられる。

佐田谷墳墓群（広島県庄原市）（図36）は3基の長方形墳丘墓からなるが，本格的な

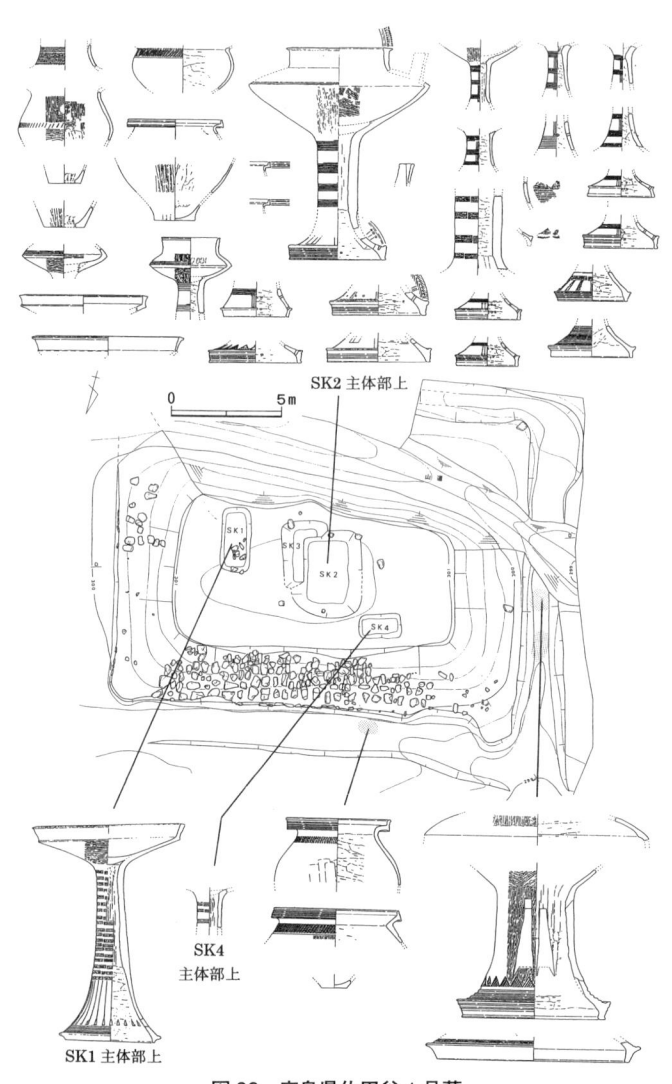

図36　広島県佐田谷1号墓

調査が行なわれたのは1号墓のみである。**1号墓**の墳丘規模は19×12m、高さ2.1mである。墳頂に4基の土壙が営まれているが、中心主体部は明確で、中央に位置する大型の墓壙を持ち木槨構造を備えたSK2がそれである。すべての埋葬施設は箱形木棺をおさめていたと考えられている。土器は主体部上（SK1・2・4）と墳丘裾部（北・西側）から出土した。最も多くの土器が出土したのは中心主体のSK2上で、壺片2点、高杯口縁片2点、脚付短頸壺（報告書では鉢）3個体、注口片1、高杯もしくは脚付短頸壺の脚片17点、鉢1個体、甕口縁片3点、甕底部片3点、が報告書に図示されている。一見して高杯・脚付短頸壺が大多数を占めることは明らかであろう。SK1では高杯1個体、SK4では高杯？脚片1点、西側周溝では大型器台1個体と脚端部破片1点、大型壺片1点（器台上部に相当か？）、北側周溝では甕2個体がそれぞれ出土している。高杯の型式は吉備の鬼川市Ⅰ式の形態に共通し、脚付壺の存在は前代の塩町式期の影響であろう。また、中心主体部の土器量が他を圧倒することは、山陰の主体部上土器配置の基本要素である。したがって、佐田谷1号墓の土器配置を大きく評価すれば、山陰の主体部上土器配置が三次地域を媒介にして吉備の影響下に成立したとも考えられようか。なお前述したように、墳丘北側から甕が2個体出土したことは田尻山1号墓や順庵原1号墓に共通する土器配置であろう。

　新井三嶋谷1号墳丘墓（鳥取県岩美郡岩見町）は近年になって発見され、調査された後期前葉の長方形貼石墓である。墳丘は26×18m、高さ3mもの規模を有し、この時期においては最大級の墳丘墓と言える。墳頂には3基の埋葬施設が確認されているが、掘り下げはされていない。しかし、木棺の腐朽に伴うと考えられる陥没坑の精査が行なわれており、中心主体部（第1主体）の2ヵ所の陥没坑（北棺・南棺）から土器の出土をみている。土器はいずれも破片の状態で全形を復原できる資料はないが、器種構成は壺と器台の組み合わせが数個体ずつあったようだ。本墳丘墓は山陰地域の東端に所在し、佐田谷1号墓とはあまりにも遠く離れており、器種構成も異なるので、両者に系譜関係がなかった可能性もあるだろう。

　後期中葉以降は典型的な山陰の主体部上土器配置が出現し、出雲・伯耆・因幡地域で事例が増加する。後期中葉では九重3号土壙（島根県安来市）、仲仙寺9号墓（安来市）、泰久寺4・5号土壙（鳥取県倉吉市）、布施鶴指奥1号墓（鳥取市）、門上谷1・2号墓（鳥取市）など、後期後葉では西谷3号墓（島根県出雲市）、的場土壙墓（島根県松江市）、来美墳丘墓（島根県松江市）、仲仙寺10号墓などがある。また、庄内式併行期以降の鍵尾式〜大木式期では、矢谷MD1号墓（広島県三次市）、鍵尾A区土壙墓群（安来市）、安養寺1号墓（安来市）、大木権現山1号墓（島根県八束郡東出雲町）、日原6号墓（鳥取県米子市）、泰久寺1〜3・8・11号土壙、桂見1・2号墓（鳥取市）、などがある。さらに小谷式期では塩津山1号墓（安来市）、小谷土壙墓（安来市）など前代の系譜上の墓制のほか、神原神社古墳（島根県雲南市）、松本1号墳（雲南市）、造山3号墳（安来市）、上野1号墳（島根県松江市）などの前期古墳に分類される墳墓の主体部上からも土器が出土している。このように山陰では弥生時代後期中葉から古墳時代前期後半に至るまで連綿と主体部上土器配置を続けることが判明している。個々の事例を見ていこう。

後期中葉の**九重3号土壙墓**（島根県安来市）（図37）は器種構成が明確な例である。墓壙上より壺4個体，細頸壺1個体，甕2個体，鼓形器台6個体以上が出土している。壺や甕が鼓形器台と組み合わさる山陰特有の器種構成が出現していることがわかる。

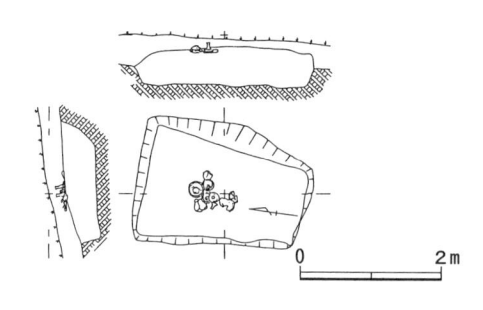

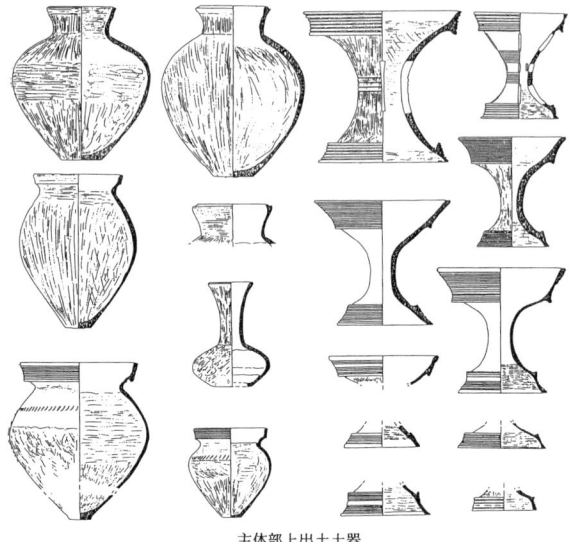

後期後葉の**「的場土壙墓」**（島根県松江市）（図38）は周囲に墓域を画す列石が見られ，もともとは長方形の墳丘墓だと思われる。周囲の削平がひどく，想定される墳丘内ではかなり北側に寄っているために他の埋葬施設が存在した可能性が高い。したがって，「的場土壙墓」と呼ばれている埋葬施設が中心主体部でない可能性は高いと思われる。この土壙上から吉備系の壺（胴部に3条の突帯あり，細頸壺か？）1個体，吉備系中型装飾器台1個体，把手付注口壺1個体，把手付広口壺1個体，中型広口壺6個体，甕1個体，鼓形器台

主体部上出土土器

図37　島根県九重土壙墓

7個体，高杯2個体，低脚杯3個体が出土し，さらに棒状の石が標石のように墓壙の中央に立てられていた。土壙上から出土したこれらの土器はその多くが完形品のまま配置されたと見え，報文中にその配置状況が詳しく述べられている。主体部上の土器の詳細がわかる貴重な事例なので，簡単に触れておきたい。まず，墓壙中央に標石があり，そのそばには高杯1個体，把手付壺2個体が置かれている。これらを中央群とすれば他はこれらの北東にあるものと南側にあるものに分けられる。北東群は鼓形器台の上に小型広口壺を載せたもの2組に，吉備系の壺＋装飾器台1組，低脚杯1個体が伴う。南群は両脇に中型広口壺＋鼓形器台が1組ずつ置かれ，その間に中型広口壺＋鼓形器台2組，甕＋鼓形器台1組，低脚杯2個体が置かれている。そのほか中央群より北西側に小型の高杯が1個体横転していた。このように土器群は明らかに配置された状態であり，またそれぞれの土器の口縁部など比較的上方の部位は風化が認められるため，一定期間は外表にさらされていたと考えられる。墓壙埋め戻し後に地表面に置かれたのだろう。状況から判断して，本来のセットが良好に保存されていると考えられる。器種組成を整理すれば壺あるいは甕と器台の組み合わせが7組あるほか，把手付壺2個体，高杯2個体，低脚杯3個体となる。儀礼の内容は，小規模な飲食儀礼挙行後に土器自体を供献したか，あるい

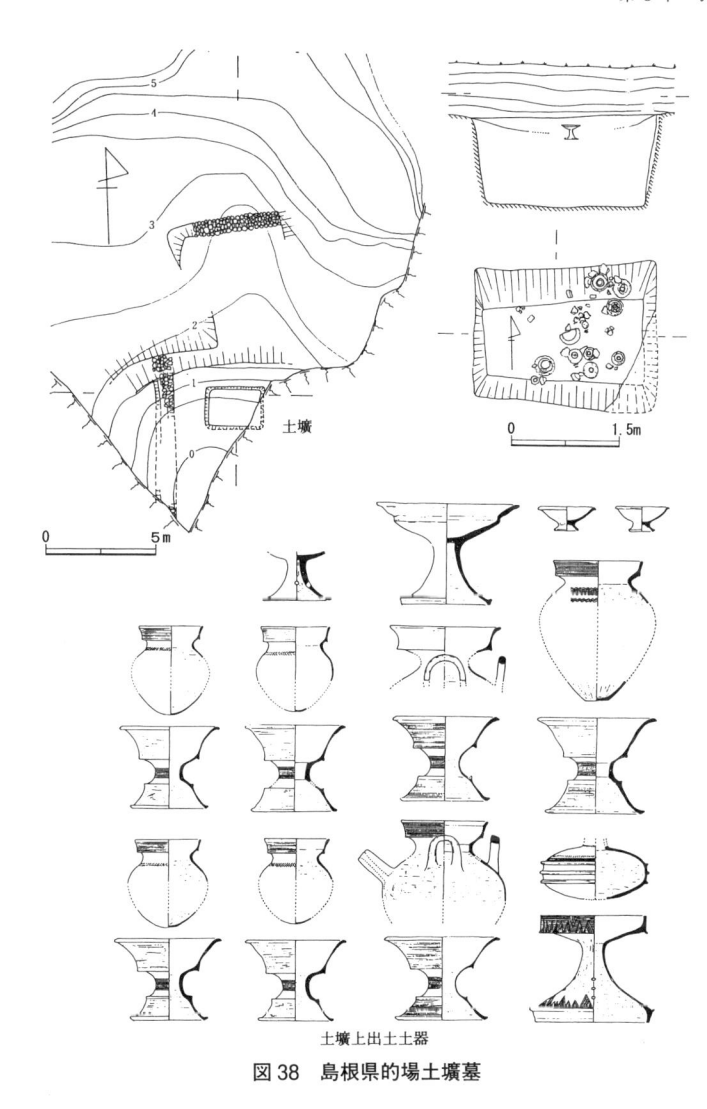

第 3 章 弥生墳墓の土器配置と葬送祭祀儀礼

は飲食儀礼ではなく，はじめから内容物を供献したかのどちらかであろう。土器が穿孔やその他の意図的な破壊を受けていないことは注目しておく必要がある。また，的場土壙墓の器種組成の段階で山陰の主体部上土器配置が定型化したということが言えるだろう。

西谷墳墓群（島根県出雲市）は大型の四隅突出型墳丘墓が複数含まれることで著名な墳墓群である。その中で**3号墓**（図 39）は発掘調査によって内容が明らかにされ，山陰地域における代表的な首長墓としての評価が下されているため，この墳丘墓についてもやや詳細に土器配置を述べる必要があるだろう。

その墳丘は 36×28 m の方台部の四隅に突出部が付くいわゆる「四隅突出型墳丘墓」であり，墳丘の高さは 4.5 m である。墳丘斜面および裾には貼石が施されるが，特に裾部には 2 列の列石の間に敷石を施す入念なつくりをしている。墳頂には 8 基以上の埋葬施設が確認されているが，中心主体は中央に並列する第 1 主体と第 4 主体の 2 基である。いずれも巨大な墓壙をもち，ともに墓壙上からおびただしい量の土器が出土している。これらの土器群に山陰系のほか吉備系と丹後あるいは北陸南西部系の土器が含まれることは興味深い。

第 1 主体は 2 段墓壙に木槨を設け，その中に箱形木棺を収める構造である。棺内には多量の朱が一面に敷きつめられ，副葬品として玉類が出土した。墓壙上の土器は 100 個体を越え，報文中にて公表された器種組成は，山陰系が壺（本書の中型広口壺）24 個体，鼓形器台 24 個体，低脚杯 19 個体。吉備系が特殊壺 2 個体。丹後あるいは北陸南西部系が把手付短頸壺 13 個体，装飾壺（小型）3 個体，器台 8 個体，高杯 9 個体，となっている。土器群最下部の墓壙中央から辰砂のすりつぶしに使用されたと考えられる打痕・磨痕のある円礫が 1 つ出土しており，この

図 38 島根県的場土壙墓

図 39 島根県西谷 3 号墓

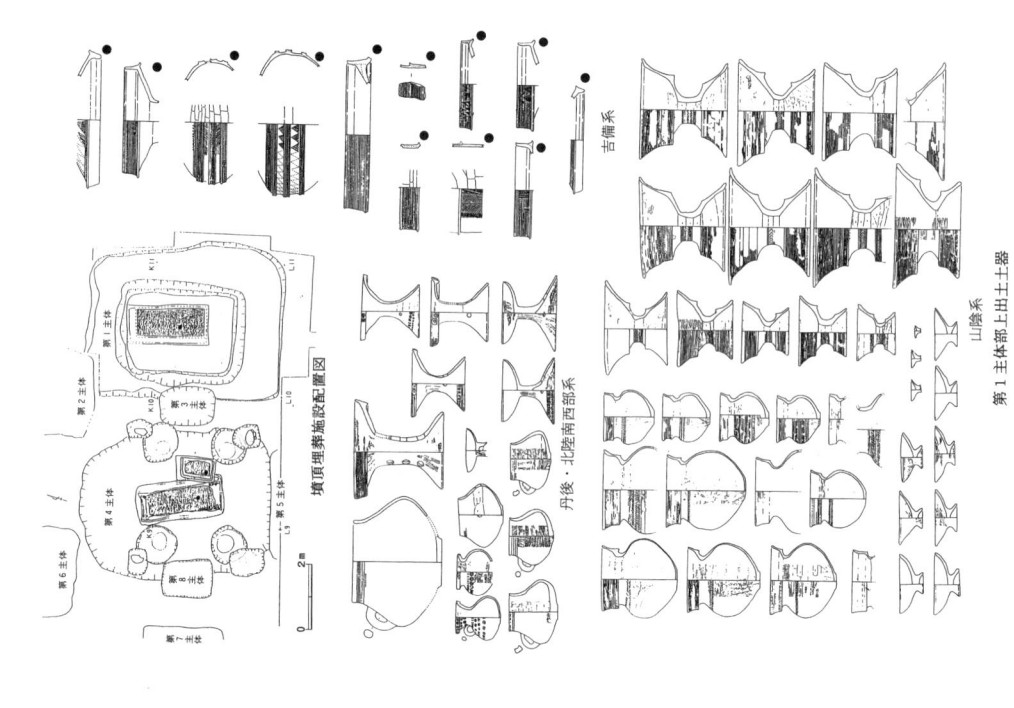

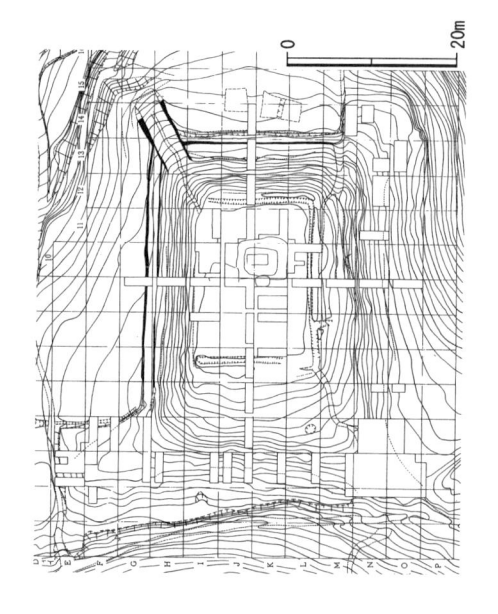

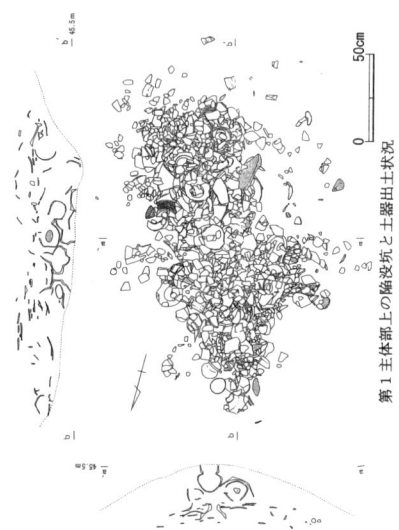

石を中心にして土器が置かれたと考えられている。土器の出土状態は報文によれば，「鼓形器台の上に壺形土器が載っていたり，低脚坏小形壺形土器が載っている状況を示す例がいくつかあったが，また一方では，完全に倒立した土器も多く，これらの出土状況が本来の供献状態をそのまま示すとは言えない」としており，意図的な配置ではなく，あくまでも儀礼に使用したあとの廃棄の状況を示すとしている。

第4主体も巨大な墓壙をもっており，大小ふたつの箱形木棺の痕跡がみとめられ，やはり朱が敷きつめられていた。大きい方の棺内からは副葬品として胸飾りと思われるガラス管玉と鉄剣1本が出土している。大小二つの棺に対応するように，それぞれの上層から円礫が1個ずつ出土し，それを覆うようにおびただしい土器群が出土した。第1主体よりさらに多く200個体に及ぶと言う。器種組成の詳細については公表されていないが，調査者の渡辺貞幸によれば山陰系が50セット，吉備系が10セット，丹後あるいは北陸系が30セットとなっている（渡辺2000）。また，墓壙埋め戻し終了後に掘られた大型の柱穴4ヵ所とそれらの外側に隣接する支柱のための小型の柱穴4ヵ所が確認されており，墓壙上に何らかの建造物を建てたことが判明している。渡辺は，土器の出土状況とこれらの建物跡から墓上における飲食儀礼を中心とした祭儀の挙行を想定している（渡辺1993・95）。

さて，西谷3号墓のように他地域の土器も加えた大規模な器種組成を見ることのできる例は西谷墳墓群内の2・4号墓など何基かに可能性はあるものの，他の遺跡においては類例がない。唯一，大木権現山1号墓において比較的多くの土器片が出土しているが，西谷3号墓第1・4主体の土器量には及ばない。したがって，西谷3号墓は吉備における楯築墳丘墓のようなほかに類を見ない特殊な事例として把握しておく必要があろう。

鍵尾式期（庄内式併行期）以降では後期後葉段階のセットを継承するものと，高杯の割合が増えるものとがある。

前者の例では，鍵尾式期（＝庄内式併行期）の**鍵尾A区5号土壙**がある。墓壙上から中型広口壺2個体，甕1個体，台付短頸壺1個体，鼓形

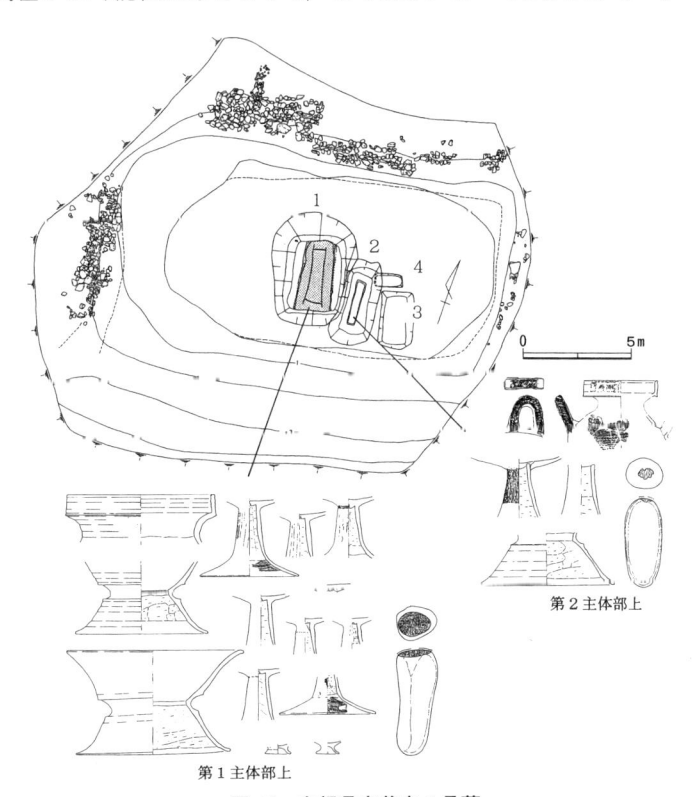

図40　島根県安養寺1号墓

器台 4 個体，吉備系中型器台 1 個体が出土している。また，大木式（＝布留 0 式併行期）の**大木権現山 1 号墓**では時期がかなり降る例ではあるが，中心主体と考えられる第 1 主体上から広口壺 10 個体以上，鼓形器台 20 個体以上，低脚杯 7 個体以上，高杯 1 個体以上，とほぼ後期後葉の器種構成を踏襲している。塩津山 1 号墓第 1 主体上（図 72）の土器群も同様な器種構成をとる。

後者の例では安養寺 1 号墓第 1 主体（図 40），日原 6 号墓第 1 主体（図 41），などで確認できる。高杯が増えることによって広口壺・鼓形器台・低脚杯がなくなるわけではないので，この違いにどのような意味があったのかは不明である。

山陰の主体部上土器配置の特徴でさらに重要なことは，中心主体やそれ以外の大型墓壙など，被葬者の地位が比較的高いと考えられ

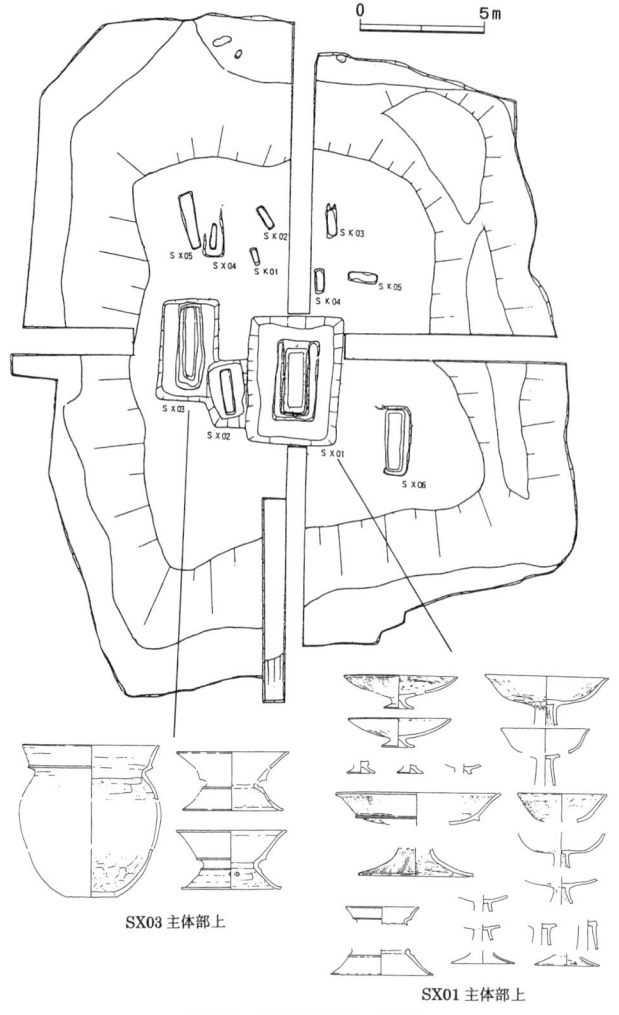

図 41　鳥取県日原 6 号墓

SX03 主体部上
SX01 主体部上

る埋葬施設ほど出土する土器の量が多いということだ。このことは，佐田谷 1 号墓（図 36），矢谷 MD 1 号墓（図 42），西谷 3 号墓（図 39），大木権現山 1 号墓，塩津山 1 号墓（図 72），日原 6 号墓（図 41），泰久寺土壙墓群，新井三嶋谷 1 号墓，布施鶴指奥 1 号墓，桂見 1・2 号墓，など山陰において幅広い時期・地域の墳墓にみられる。大型の墓壙の方が陥没坑が大きく，より多くの土器が遺存しやすいことは確かだが，一方で丹後地域の土器配置を見ると墓壙の大きさには関係なく土器量が一定であるので，山陰における墓壙の大きさと土器の出土量の相関性は当地域の祭祀の性質によるものであるといえる。この性質とは被葬者のステータスによって，儀礼規模に大小の差があったということであり，当地域の葬送祭祀が階級分化と密接な関係があったことを伺わせる（註 10）。

最後に**矢谷 MD 1 号墓**（広島県三次市）（図 42）について触れておきたい。当墳墓は庄内式併行期に編年され，全長 18.5 m の四隅突出型前方後方形墳丘墓ともいうべき特異な形態の墳丘をも

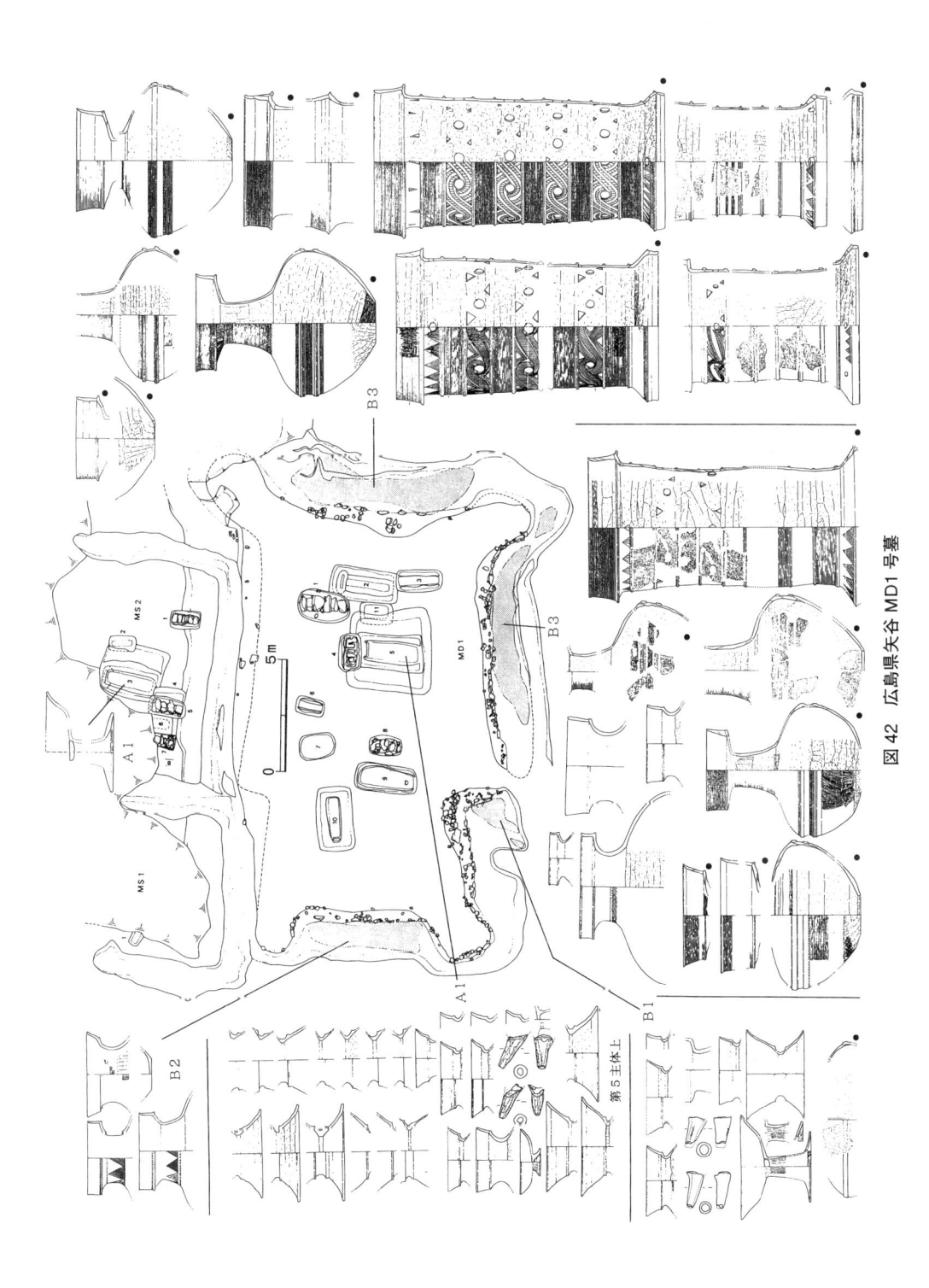

第3章 弥生墳墓の土器配置と葬送祭祀儀礼

図 42 広島県矢谷 MD1 号墓

っている。墳丘斜面には貼石が施され，周溝が外側をめぐっている。埋葬施設は墳丘内に10基確認されているが中心主体部は明確で「後方部」中央の大型二段墓壙をもつ5号主体がそれである。箱形木棺の痕跡が検出され，棺内から碧玉製管玉・ガラス小玉若干が出土している。土器は，①5号主体上，②「後方部」北辺溝，③「後方部」東辺溝，④東側くびれ部溝，⑤「前方部」南辺溝，の5ヵ所からまとまって出土した。それぞれの場所ごとに器種組成に特色があり，土器が意図的に置き分けられていた可能性が強い。すなわち，①・④には多くの広口壺・甕・鼓形器台に少数の注口土器・低脚杯・高杯が伴う典型的な山陰の主体部上土器配置の器種組成をとり，特殊壺・特殊器台の破片が少数存在する程度である。これらの特殊土器類はほとんど接合することがない。一方，②・③では，ほとんどが向木見型の特殊壺・特殊器台の大型の破片によって占められ，完形品に復原できる資料も少なくない。②・③両方あわせて8～9セットの特殊壺・特殊器台が周溝内に置かれたようだ。③では数個体の山陰系の広口壺が伴っているが，鼓形器台や高杯などは含まれない。⑤では壺が3個体出土しているが，うち2個体の頸部は鋸歯文・列点文が施されている別系統の土器である。矢谷MD1号墳丘墓の土器配置では山陰の主体部上土器配置と吉備の特殊土器類の外方配置が，それぞれ忠実に行なわれつつも共存しているところが興味深い。墳形も四隅突出形を採用しつつ前方部も敷設するところは，やはり山陰と吉備の中間という地域的特性をよく表わしているといえよう。おそらく政治的な背景があってこのような現象が生じたのであり，弥生終末期の首長墓における葬送祭祀儀礼の性格が窺える。

(3) 小　結―山陰―

　以上，見てきたように山陰・三好地域においては中期後半～後期前葉にかけて墳丘裾に甕を置く土器配置が三次・石見という限られた地域に出現するが，むしろ山陰特有の主体部上の土器配置は後期中葉から後葉にかけて定着する。この出現については佐田谷1号墓を最大限に評価すれば吉備地域の主体部上土器配置が三次盆地を媒介にして山陰に伝えられたと考えられることは前述したとおりである。ただし，後期中葉の九重土壙墓以降の主体部上土器配置は山陰独自の要素を持ち，山陰全体を包括する明瞭な共通意識の下に行なわれたと考えられる。その主な要素は，主体部上に土器を置くことをはじめとして，壺あるいは甕と鼓形器台の組み合わせに，低脚杯，高杯などを加えた山陰系土器からなる土器群を使用し，おそらく被葬者のステータスと儀礼の規模が相関する，という三点であろう。副次的な要素としては朱の精製に使用した石杵を伴う例が多いことである。また，これらを行なう墳墓形態については四隅突出型墳丘墓が多いが，長方形墳丘墓や土壙墓，あるいは後代の古墳も含まれ，四隅突出型墳丘墓に限られるものではない。

　さて，このような特色を持つ山陰特有の主体部上土器配置を**「山陰型土器配置」**と呼称する。他地域の土器配置と比べても強烈な個性を有しており，何よりも後の前期古墳の土器配置に大きな影響を与えていることが注意される。この「山陰型土器配置」の性格についてであるが，

階層性と非常に密接な関わりがあるものの，山陰全域ではほぼ共通した内容をもっていることが大きな特徴である。また，その出現については，吉備の「楯築型土器配置」が楯築墳丘墓の被葬者の埋葬儀礼を契機に突如出現したのに対し，「山陰型土器配置」は後期中葉から後葉にかけて緩やかに定型化したと考えられ，決して西谷3号墓のような大規模な事例が最古の様相を呈するわけではない。山陰型は地域集団の中で極めて自然発生的に出現し，定着した祭祀儀礼だったと考えられる。その儀礼の内容は儀器の道具立て（器種組成）から飲食儀礼が中心だったと考えられる。しかし，的場土壙墓の配置状況は明らかに内容物か土器自身の供献行為を示している。また，西谷3号墓の主体部上の土器出土状況は廃棄された状態であったとはいえ，多量の土器を主体部上に遺棄するということは，それ自体に使用の終わった儀器を被葬者の真上に供献する意識はあったのだろう。古墳時代に至るまで儀器を墓壙上に置き続けるということは，山陰における葬送儀礼において墓壙上は特別な場所であり，その行為は儀礼の最終段階の作法として決められていた行為だったのではないだろうか。このように考えると，山陰型土器配置とは極めて形式化された葬送儀礼の痕跡ということがいえるだろう。

　山陰型土器配置は古墳時代まで継続することはすでに述べたが，古墳時代前期初頭に系統の異なる土器群を使用した土器配置が出現することも重要である。それは鳥取県西伯耆郡大山町徳楽墳丘墓における伯耆系特殊土器類を使用した土器配置や，神原神社古墳などにみられる特殊な円筒器台の出現などである。これらの土器配置については第4章第2・3節で詳述することにする。

第6節　近畿北部の土器配置と葬送祭祀儀礼

　ここで言う近畿北部地域とは旧国名で但馬・丹後・丹波の領域を指す。この地域は弥生時代後期には墓制・土器様式において一つの地域圏をなしているが，土器配置においても例外ではない。当地方の墳墓における土器供献行為については肥後弘幸による研究（肥後1994a・94b・2000）があるので，以下に肥後の成果によりつつまとめていきたい。

(1)「近畿北部型土器配置」―後期における「墓壙内破砕土器供献」と主体部上土器配置―

　肥後によれば，「墓壙内破砕土器供献」とよばれる特異な土器配置が弥生時代後期を中心とする時期に盛行するという。ここではまず，「墓壙内破砕土器供献」の説明からはじめよう（図43）。

　当地域の墓制は貼石方形台状墓や方形周溝墓などもあるが，ほとんどは丘陵上を階段状に削平して平坦面をつくりだし，数基の埋葬を行なうものである（註11）。埋葬施設は長方形の墓壙を掘削し，中に箱形木棺を納めるものである。木棺を納めた後に棺蓋のレベルまで木棺の周囲に裏込め土を充塡するが，この土層および棺蓋にかけて破砕した土器の破片が置かれるという。棺の裏込め土はよくしまっており，埋葬行程の区切りを意識したものであろう。この面に朱がまかれている例もあり，破砕土器を置く行為は儀礼の一場面であったと思われる。土器片は接合するとおよそ1〜3割程度を残して復原されるということなので，やはり故意に破砕したあとに，そのほとんどのパーツを墓壙内におさめたものであろう。そののち，さらに墓壙の掘りこみ面まで埋め戻して埋葬は完了する。

　肥後が京都府下の20遺跡114例を検討した結果，墓壙内に破砕供献される土器は76例が1個体のみであり，その約70％が甕であるという。事例全体でも甕が伴う例が約80％であり，主要器種であることはまちがいない。そのほかでは高杯と水差し形把手付壺がこれにつぐ。水差し形壺の半数には煤が付着しているため，甕とと

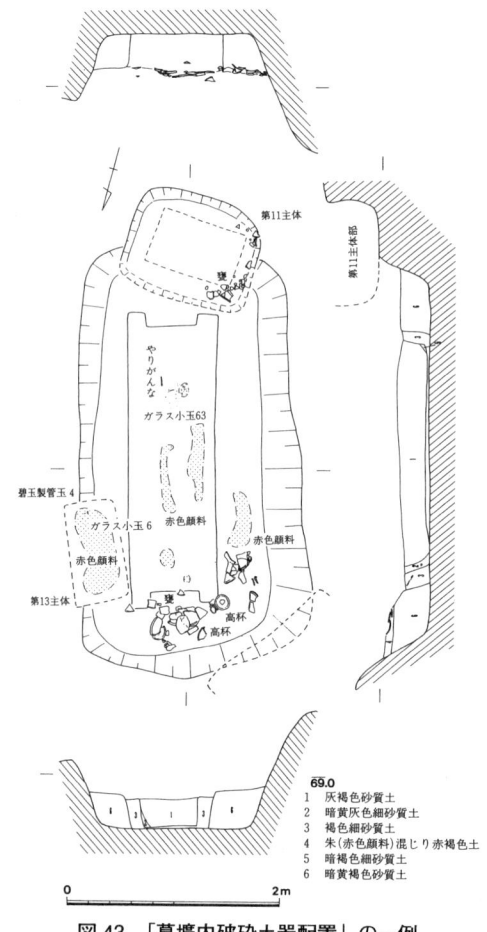

図43　「墓壙内破砕土器配置」の一例
※三坂神社8号墓第7主体（大宮町教委1998）より引用

第3章　弥生墳墓の土器配置と葬送祭祀儀礼

もに煮沸に使用された調理器と考えられる。調理器（甕・壺）と食器（高杯）の存在から飲食儀礼が想定されている。

このような「墓壙破砕土器供献」の初源は中期後葉に京都府京丹後市奈具墳墓群にみられる。棺上から破砕土器が出土したという。その後，後期前葉に至って類例が増え，連綿と弥生時代後期を通じて行なわれる。しかし，後期中葉に変化が見られ，それまで全器種が墓壙内に破砕供献されていたのに対し，しだいに高杯・鉢などの供膳具だけが主体部上から出土するようになり，これらに器台が加わるようになるという。また，「墓壙内破砕土器供献」が行なわれる頻度は後期前葉では遺跡内の埋葬施設の8～10割という高い頻度で行なわれていたのに対し，後期中葉以降は減少し，2～3割程度が普通になるという。肥後はこれらの現象について被葬者を前にした飲食儀礼が衰退し，墓壙を埋め戻したのちの供献儀礼への移行を想定している。

以上が肥後論文の要約であるが，以下に比較的多くの埋葬遺構が発掘調査された遺跡例を引いて，肥後の論点を追認してみよう。なお，本書では「墓壙内破砕土器供献」を「墓壙内破砕土器配置」と呼び変えていることをお断りしておく。

後期前葉の例では，丹後では三坂神社墳墓群，但馬では上鉢山・東山墳墓群の東尾根地区，が好例であろう。

三坂神社墳墓群（京都府京丹後市）（図44）では尾根線上を階段状に造成し，上下に連なる6ヵ所の平坦面（3～8号墓）を作り出して墓域を作り出している。各平坦面の広さには大小の格差があるが，最小の6号墓で1基，最大の3号墓で14基の埋葬遺構がつくられている。墳墓群全体では木棺土壙墓35基，土器棺墓4基からなるが，土器配置が見られるのは木棺土壙墓のみである。35基のうち実に34基に墓壙内破砕土器配置がみられた。また，明確な主体部上土器配置は1例も確認されていない。

上鉢山・東山墳墓群（兵庫県豊岡市）（図45）の東尾根地区では後期前葉を中心とする時期で，尾根上に29基の木棺土壙墓が密集している。このうち土器配置のある26基のすべてで墓壙内破砕土器配置が行なわれているが，そのうちの6基は主体部上土器配置も行なわれている。

後期中葉から後期後葉にかけての様相は**大山墳墓群**（京都府京丹後市）（図46・47）においてよく観察できる。この墳墓群においても尾根線上に階段状の平坦部を作り出しているが，3号墓・5号墓と呼ばれる2基については削り出しによって明確な長方形の台状墳丘を意識した墓域を作り出していることから，本来の台状墓あるいは長方形墳丘墓としての認識を当てはめることのできる墳墓である。それはさておき，これらの台状墓の墳頂・平坦面あるいは尾根の斜面地に35基の木棺土壙墓が営まれている。土器配置の内訳は，主体部上土器配置と墓壙内破砕土器配置の両方見られるものが12基，墓壙内破砕土器配置のみが11基，主体部上土器配置のみが6基，土器配置なしが6基である。主体部上土器配置の割合が格段に増えており，また，墓壙内は1～2個体程度の甕を中心とした少数の調理器が置かれ，一方主体部上には高杯を中心として壺・台付壺・鉢・器台など複数の土器群からなる供膳具のセットが置かれていることは肥後が指摘した通りである。

95

図44 京都府三坂神社墳墓群

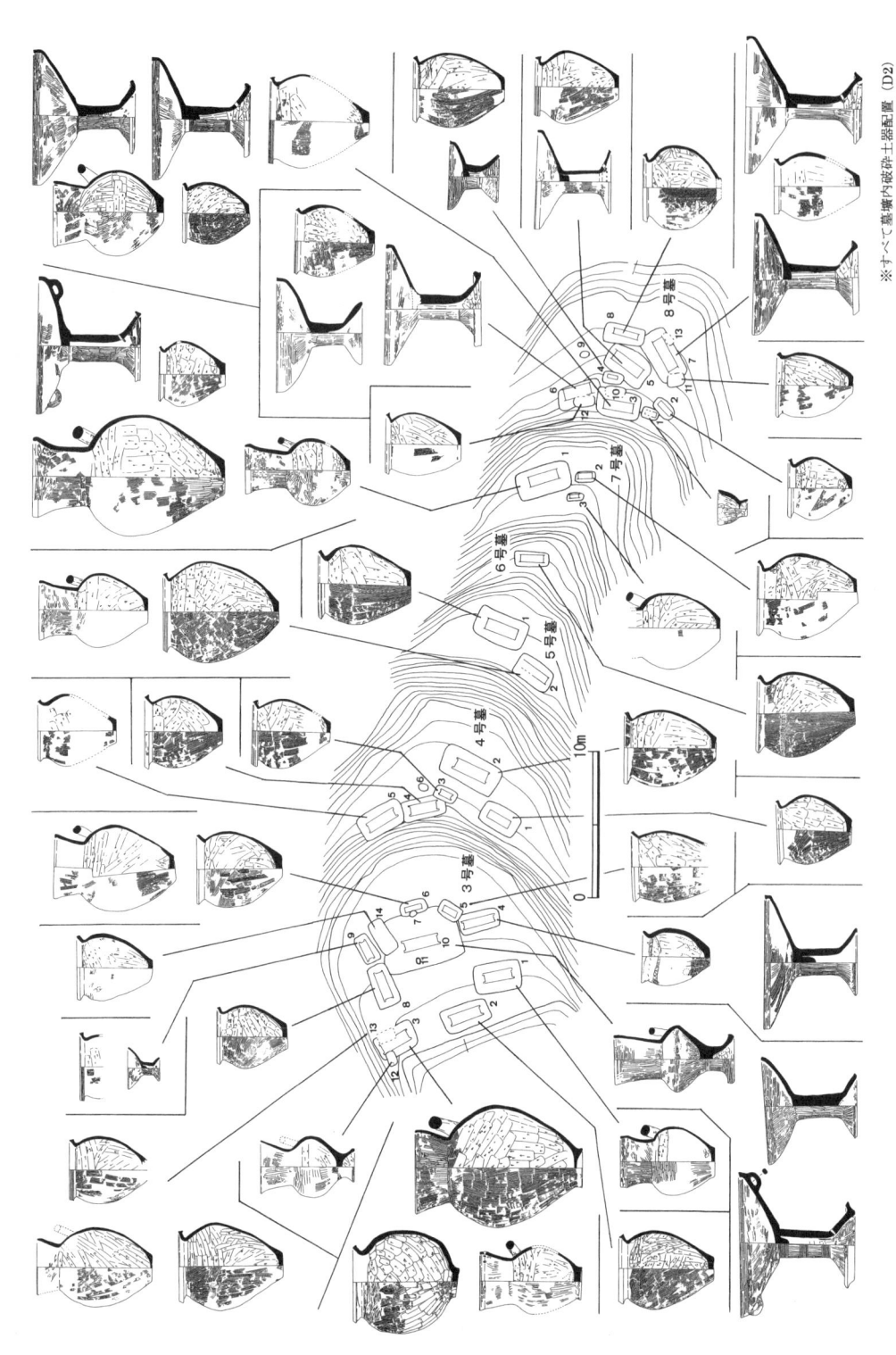

※すべて墓壙内破砕土器配置（D2）

96

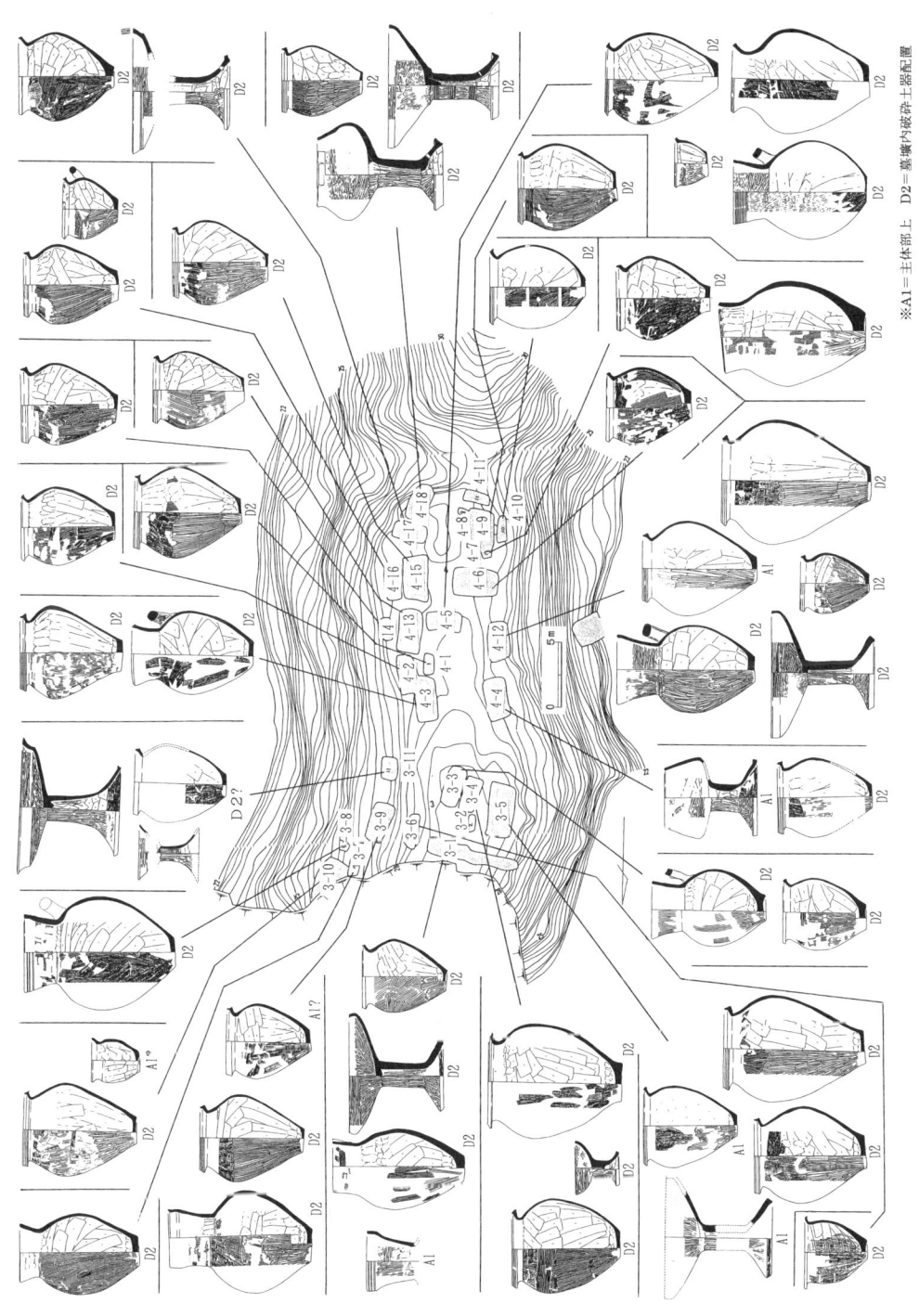

第3章　弥生墳墓の土器配置と葬送祭祀儀礼

※A1＝主体部上　D2＝墓壙内破砕土器配置

図45　兵庫県上鈴山・東山墳墓群東尾根地区

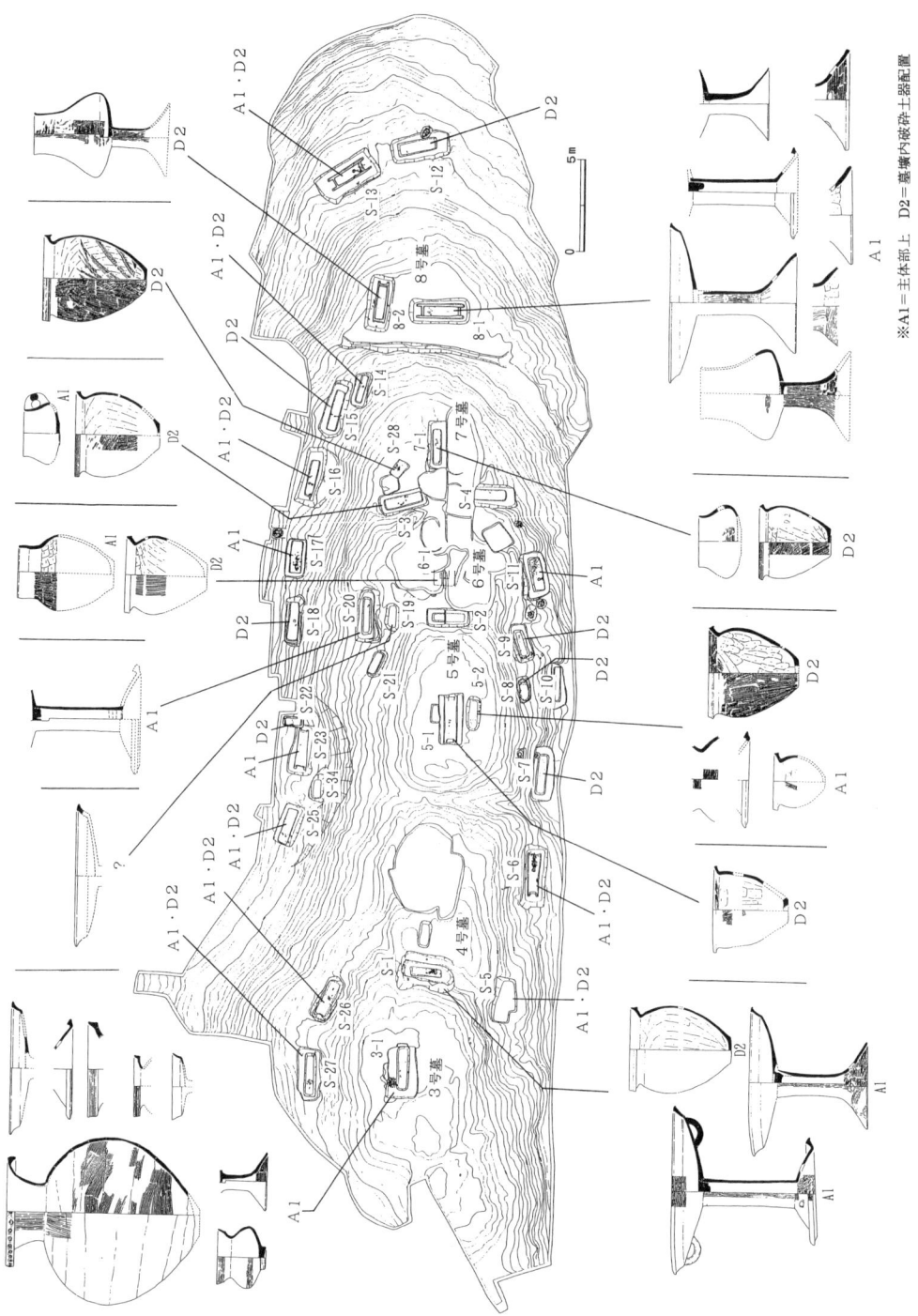

図46 京都府大山墳墓群1墳頂埋葬

※A1＝主体部上　D2＝墓壙内破砕土器配置

98

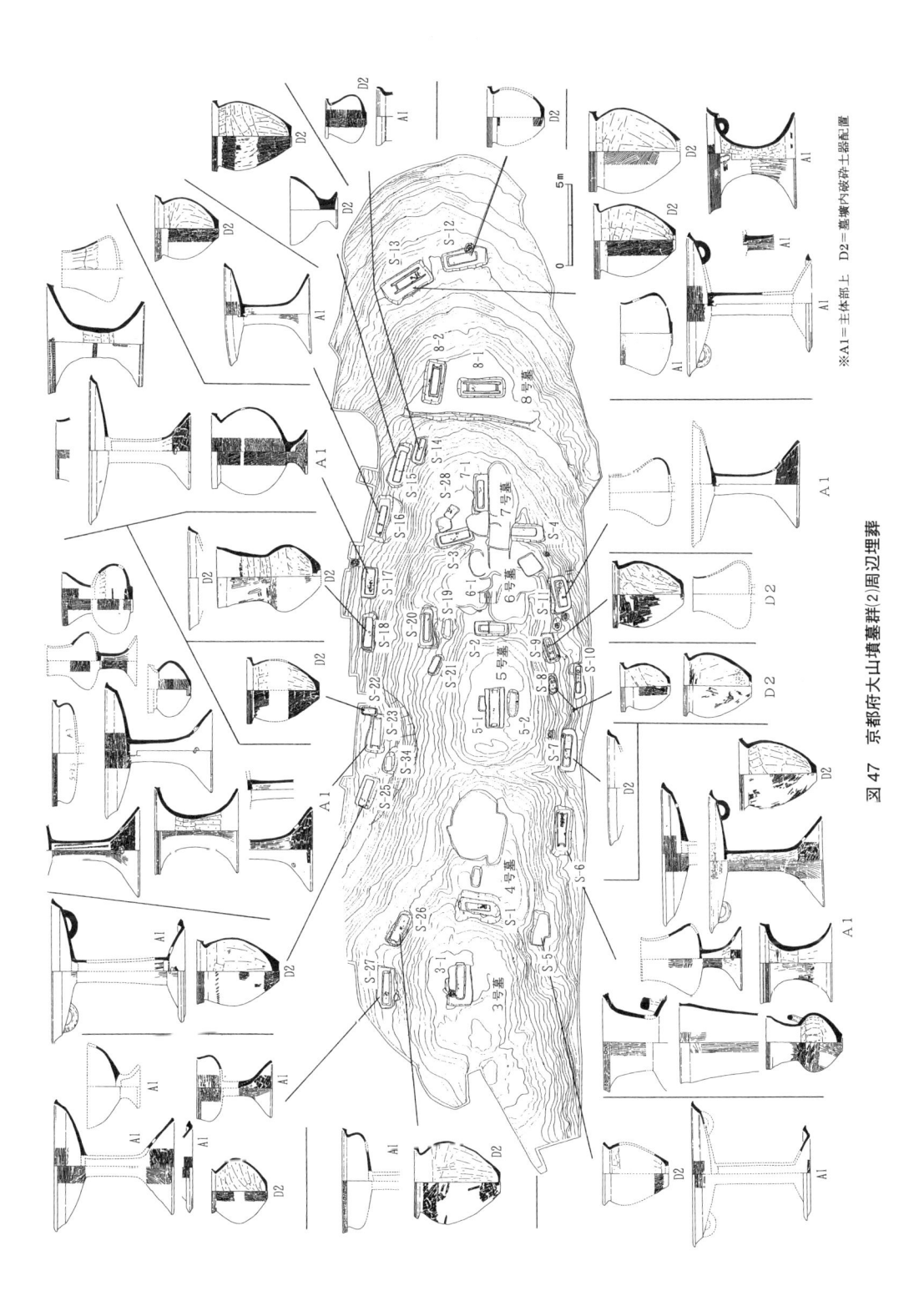

第3章 弥生墳墓の土器配置と葬送祭祀儀礼

※A1＝主体部上　D2＝墓壙内破砕土器配置

図47　京都府大山墳墓群(2)周辺埋葬

99

近畿北部地方にみられる主体部上土器配置はおそらく吉備・山陰などの影響もあって，墓壙内に置かれていた土器が主体部上に移ることによって成立したと考えられるが，主体部上に置かれる土器の個体数は多くても10個体に満たず，吉備・山陰の多量土器配置とは明らかに区別される。したがってあくまでも墓壙内土器配置と併用して行なわれた近畿北部特有の儀礼と考えてよいだろう。両者あわせて「**近畿北部型土器配置**」と定義しておく。

　これらの尾根上に営まれた台状墓は家族単位を基軸とした集団墓であると思われるが，埋葬施設の大小を問わず土器配置の内容が等質なことが大きな特徴となっている。そして，後期後葉以降の首長墓においてもこの原則が貫かれ，いっそう他地域との違いが鮮明になるのである。

(2) 後期後葉以降の大型台状墓・墳丘墓の土器配置

　後期後葉および庄内式併行期には，より大きな墓域をもつ台状墓があらわれ，赤坂今井墳丘墓に至って巨大な方形墳丘を現出するに至る。それらの大型墳墓の土器配置をみてみよう。

　大風呂南1号墓（京都府与謝野町）（図48）は尾根線上に広い平坦面を作り出した台状墓で，陸橋のある溝によって尾根上方に隣接する2号墳と墓域を分っている。1号墓の規模は27×18mほどとされており，平坦面には4基の木棺土壙墓と，そのうちの一つに付随する1基の小児用土壙墓がつくられている。なお，木棺はすべて舟底状を呈するものである。巨大な墓壙をもつ中心主体部である第1主体部は，多量のガラス製玉類，ガラス釧1，有鉤銅釧13，鉄剣11，鉄鏃4，漁撈具数点など当地方において傑出した内容の副葬品を備えており，相当な有力者の墓と考えられている。ところが，土器配置についてみてみると，4基の木棺土壙墓すべてにおいて等しく墓壙内破砕土器配置のみが行なわれており，土器数もわずかなものであった。ちなみに第1主体では甕1個体のみである。このことから，当地域の土器配置が被葬者のステータスと

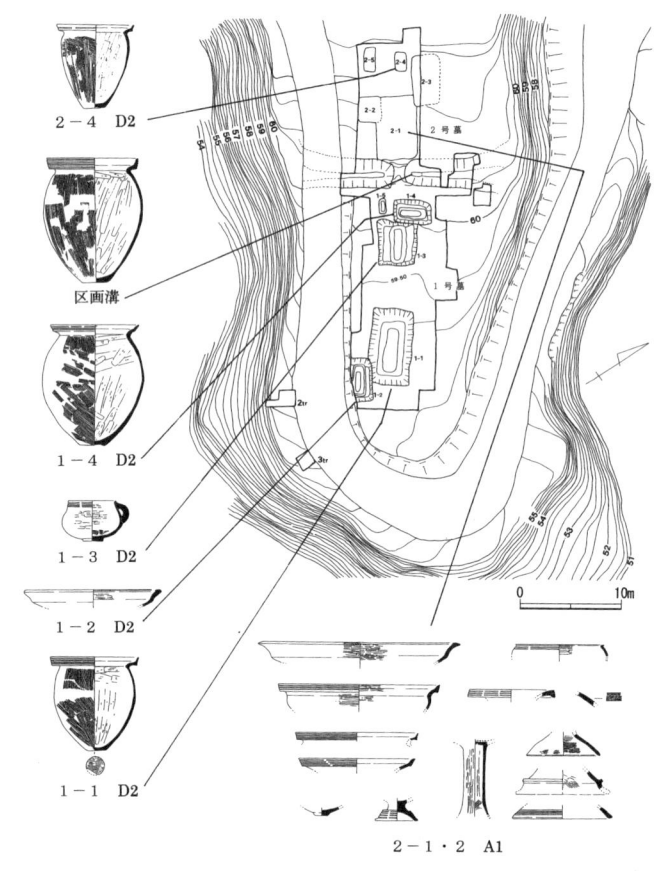

凡例　2-4＝2号墓第4主体部　　A1＝主体部上出土　　D2＝墓壙内破砕土器配置

図48　京都府大風呂南墳墓群

第3章　弥生墳墓の土器配置と葬送祭祀儀礼

如何に関わりなく，等質に行なわれているかがわかるだろう。

庄内式併行期の京都府京丹後市金谷1号墓，京都府京丹後市浅後谷南墳墓，などもこれまでの台状墓の形式を踏襲しつつ規模の大きい墓域を作り出している。これらにおいても墳頂の複数の主体部のうち中央に中心主体と目される大型の墓壙を持つ埋葬施設が存在するが，土器配置については他から傑出することなく墓壙内にわずかな破砕土器を配置するのみである。

赤坂今井墳丘墓（京都府京丹後市）（図49）は，それまでの台状墓と異なり，明らかに周囲よりも高い整美な方形墳丘を作り出している。規模は39×36m，高さ3mという堂々たるもので，吉備や山陰の後期後葉における大型墳丘墓の主丘におとらない規模であるといえる。墳頂には

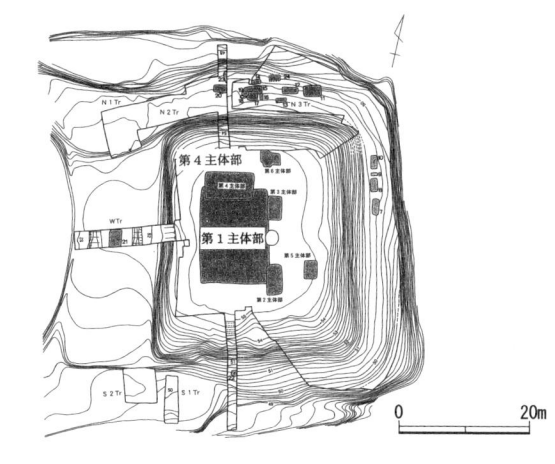

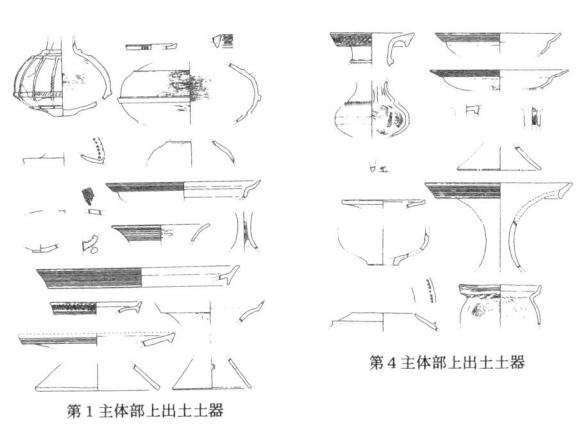

図49　京都府赤坂今井墳丘墓

6基の埋葬施設が確認されており，墓壙の配置や規模から第1主体（14×10.4m）が中心主体，第4主体（4.6×1.3m）がそれにつぐ副主体であることがわかる。唯一墓壙の掘り下げ調査が行なわれた第4主体では多量の碧玉・ガラス製の管玉・勾玉によって構成される頭飾りが出土している。土器は棺上と思われる付近から破砕された甕1個体，主体部上から円礫とともに壺片，有段口縁高杯2個体，高杯片，丹後系器台1個体が出土している。また，第1主体部は墓壙上の陥没坑までは調査が及んでおり，その結果，多数の円礫とともに壺片7点，鉢底部片1点，把手片1点，大型有段口縁高杯片1点，小型高杯脚部1点，鼓形器台片？1点，器台片5点が出土している。

赤坂今井墳丘墓の土器配置は主体部上配置と墓壙内破砕土器配置の両方がみられる。このことは「近畿北部型土器配置」の形式を踏襲したものであるが，一方で主体部上の土器に櫛描波状文を施した，外来系と考えられる土器が出土している。赤坂今井墳丘墓の段階に至って墳丘形態や土器配置に外来の要素を取り入れるようになったと思われるが，土器配置については土器量がさほど多くなく，その性質はあまり変化していないと捉えられる。

(3) 小　結—近畿北部—

　以上，述べてきたように「近畿北部型土器配置」は，他地域と異なる著しい特徴をもっている。墓壙内に破砕土器を置くこともそうだが，なによりも墓域内におけるあらゆる階層の埋葬施設において等質なあり方をみせることである。このことは前述したとおり，当地域の土器を使用した葬送儀礼が被葬者の階層とかかわりなく均質に行なわれたことを示しているのであろう。その意味においては共同体的な祭祀儀礼と言えるが，土器は個々の墓壙に属する事から対象はあくまでも被葬者個人である。儀礼の内容は肥後が指摘したとおり，調理器を伴う飲食儀礼であると思われるが，しだいに墓壙上への供献行為に重点が移ったと考えられよう。庄内式併行期における首長墓においても墓壙内から甕が破砕されて出土するが，この段階においては形式化された儀礼行為である可能性も考慮しなければならないだろう。

第7節　播磨の土器配置と葬送祭祀儀礼

　播磨は吉備と畿内の中間に位置するためか，弥生時代から古墳時代前期にかけて，葬送祭祀儀礼を述べるためには重要ないくつかの墳墓がある。しかし，その様相はこれまで見てきた西日本各地と異なり一貫した様相がない。ここでは，そうした播磨における諸例を概観し，その地域的特性を述べておきたい。

　川島遺跡南五反田B地区土坑5（兵庫県揖保郡太子町）（図50）は長さ3.85m，幅1.05m，深さ25cmの舟底形をした土坑である。東西に長く，西端に小さなピットが付随している。墓壙中央付近から合計8個体の壺が二列に並べられて出土した。壺は7個体が完形品で，穿孔などはみられない。報文では土器が廃棄された状態ではなく意図的に並べられた状態であること，墓壙の壁面に崩落が見られず人為的に埋められたと考えられること，土器がすべて壺であること，などからこれを土壙墓と判断している。平面形態からも土壙墓である確立が高いといえよう。壺は内容物の供献に使用されたのだろう。時期は土器から中期中葉と考えられ，北部九州や吉備における弥生時代前半期の墓壙内への土器配置の系譜に位置づけられると考えられる。

　半田山1号墓（兵庫県たつの市）（図51）は尾根上に立地する長径20mほどの長楕円形の墳丘を持つ，後期中葉に比定される墳丘墓である。墳頂平坦面に箱形木棺5基（第1～5主体）と土器棺1基（第6主体）が検出された。第1・2・4・5主体は一つの大型墓壙内に設置されており，第1・2主体が築造時の主体部，第4・5主体は前2基の上層に設けられた追葬時の主体部である。副葬品は第1主体から鉄剣1本，第3主体から鉄鏃1点，第4・5主体墓壙埋土中から小型倣製鏡1面・銅鏃1点が出土している。後二者は報文中では第1主体の棺上遺物と解釈している。

　土器は墓壙内から出土したものと，墓壙上から出土したものがある。第1・2主体が掘られた旧墓壙からは甕1個体が出土している。第4主体に付随して掘り込まれた土坑2基それぞれに土器があり，土坑2（棺上）からは長頸壺1個体，土坑3（小口外側）からは頸部から上を打ち欠いた壺が出土している。第5主体にも小口に接して掘られた土坑1があり長頸壺・大型器台・高杯などが出土している。また，第1・2・4・5主体が設置された大型墓壙の埋土上層から長頸壺・大型器台・高杯・甕などの破片

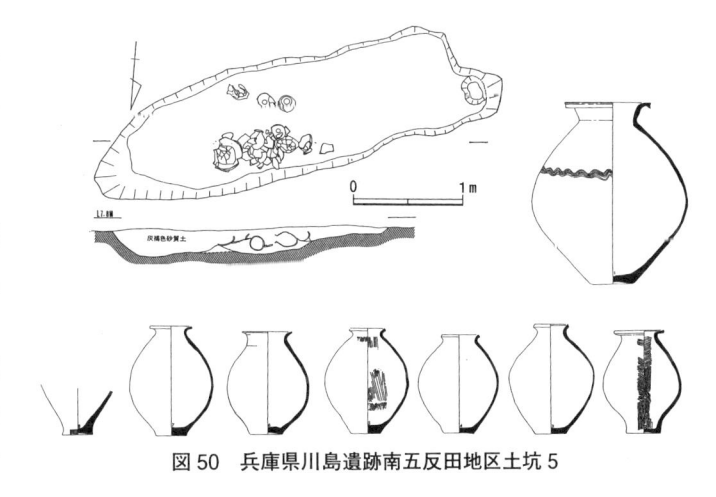

図50　兵庫県川島遺跡南五反田地区土坑5

が数個体分出土している。いずれの埋葬に伴うものかは判断できないが，主体部上の土器として捉えてよいだろう。

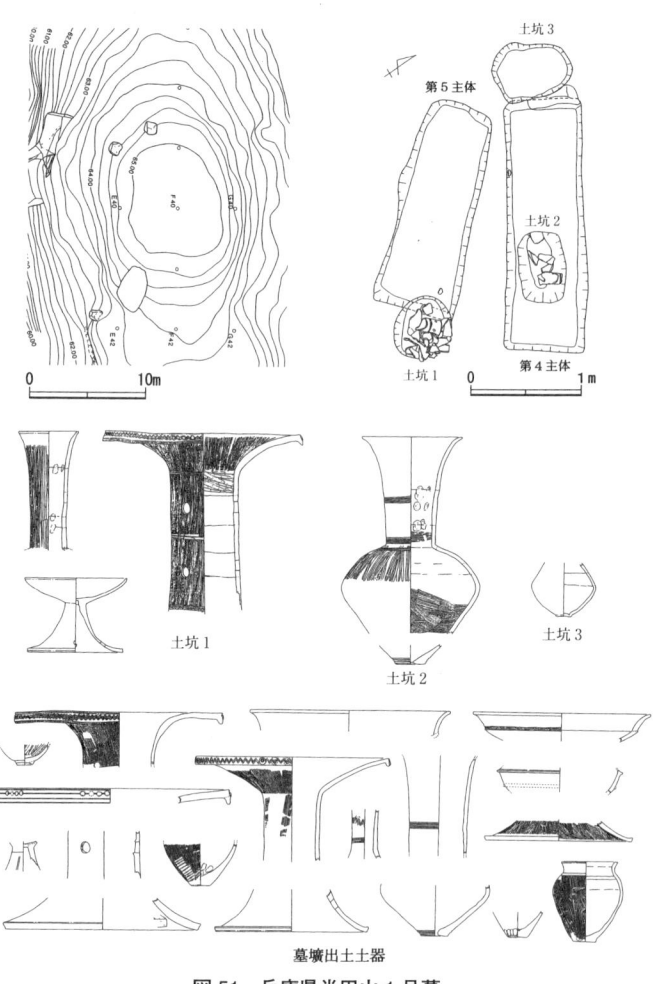

図51 兵庫県半田山1号墓

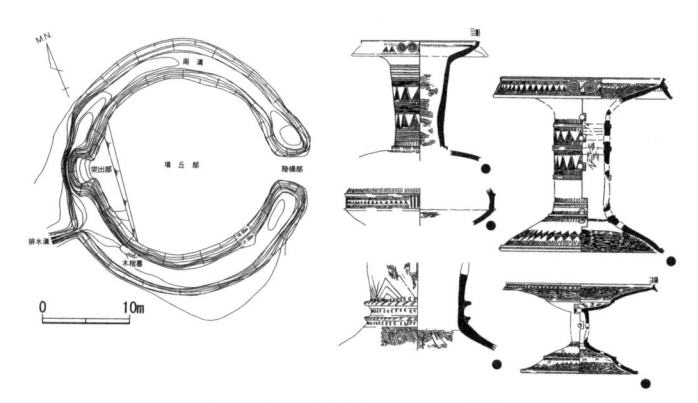

図52 兵庫県有年原・田中1号墓

このように半田山1号墓では墓壙上に長頸壺・大型器台・高杯・甕などを置いており，吉備の土器配置の影響が想定できるものの，棺付近に掘り込まれた小土坑に土器を埋置する独自の方法も見られることも注目される。小土坑から大型器台の破片が出土するということは，内容物の供献というよりも儀礼に使用した儀器を破砕して供献したものであろう。近畿北部地域の影響を想定すべきかもしれない。

有年原・田中遺跡（兵庫県赤穂市）は扇状地に営まれた遺跡である。**1号墓**（図52）は直径19mの円丘の周囲に幅4～5mの周溝をめぐらせている。墳丘は削平されており，もともとの高さは不明である。周溝内の墳丘寄りから人頭大の河原石が出土していることから，墳丘斜面の貼石の存在が推定されている。墳丘の南東方向に陸橋があり，その対向する方向には小さな突出部が存在する。また，周溝内には木棺墓が1基検出されている。土器は周溝中からの出土で，非常に装飾性の強い特殊長頸壺・大型円筒器台・大型装飾高杯などがある。文

様は鋸歯文を主要モチーフに横線文・刻み列点文・小円形スカシ・縦長長方形スカシなどを配している。また，壺と器台の口縁部に双頭渦文が見られることは注目される。明らかに吉備の影響はみられるものの，全体の装飾構成は吉備的ではなく，「播磨型特殊土器類」とも呼ぶべき内容を備えている。時期は後期後葉と考えられ，播磨独自の儀器を使用した葬送祭祀儀礼が存在したことが伺えるが，現在のところ当遺跡のみの事例であり，その様相は不明である。

西条52号墓（兵庫県加古川市）（図53）は径15mほどの円丘に突出部が敷設された墳丘墓である（近藤義郎2001a，96・97頁参照）。墳丘の周囲には列石がめぐらされていた。墳丘中央部に竪穴式石槨が検出され，副葬品として石槨底面から鉄剣1本が出土し，また主体部上の陥没坑から長宜子孫銘内行花文鏡が1面出土している。土器は石槨内底面よりやや上方の埋土中から破片が，主体部上の陥没坑から鋸歯文のある口縁部片および高杯片若干が出土，さらに主体部周辺に計5個体の壺が埋められていたという。主体部上に装飾性のある土器が配置されているようなので吉備の影響が見て取れる。主体部周辺に壺を配置する方法は後の囲繞配列と関連するかもしれない。公表された壺の実測図をみる限りでは，畿内第五様式の系譜上にある壺であるが，垂下口縁など，畿内系加飾壺の祖形と関連するような特徴を持っている。胴部下方に焼成後の穿孔が施されており，仮器化した上で配置されたことがわかる。第五様式末〜庄内式併行期初頭に位置づけられる，土器配置の研究上重要な墳丘墓である。

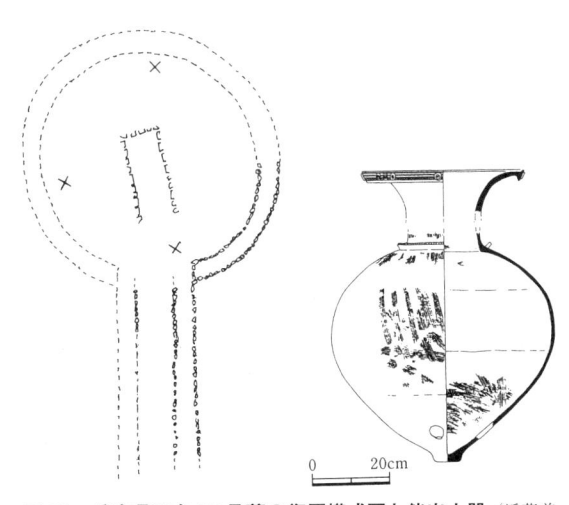

図53　兵庫県西条52号墓の復原模式図と伴出土器（近藤義郎 2001a）
円中心に竪穴式石槨（木蓋か），×印は弥生壺形土器推定発見箇所，点線は列石不明のため推定復原

小　結―播磨―

以上，播磨の四つの墳墓について述べてきた。事例が少ないものの，およそ墓壙内の土器配置から主体部上土器配置へ移行することは吉備と同様であり，とくに装飾性の強い大型の土器群を使用していることからも西隣の吉備の影響は大きなものがあったと思われる。また，西条52号墓は囲繞配列の初源とも関わる底部穿孔壺の配置状況を示しており，興味深い。布留式併行期古段階に至ると当地域でも大型の前方後円墳，前方後方墳が築かれるが，それらの土器配置で吉備系特殊器台形埴輪を使用するものと，伯耆系特殊土器類を使用するものの両方が見られ，各地の様相が交錯して存在する。おそらく播磨は畿内・中部瀬戸内・四国北東部・近畿北部・山陰などの地域間交通の要衝であり，その結果各地域の祭祀の要素が混在するのだと思われる。

第8節　北陸の土器配置と葬送祭祀儀礼

　北陸地方は日本海を通じて山陰地方との関係が深く，土器様式や墓制の様相にその類似性がみられる。弥生時代後期にはさかんに弥生墳丘墓が作られ，西日本的な後期弥生墳丘墓文化圏の東端と評価しても差し支えないだろう。土器配置については後期前葉段階には確実に越前でみられる。その後，後期中葉から後期後葉（法仏式期），あるいは庄内式併行期（月影式期）まで北陸独自の土器を使用した土器配置が盛行するが，白江式期（庄内末〜布留式最古段階）にいたって東海西部系の土器群の流入があり，土器様式・墓制についても変容をきたすことになる。また，土器配置についても変化がおこる。これら北陸における墓制と土器配置の様相については古川登（2003）のあとを受けて，筆者も整理したことがあるが（古屋2004a），ここではその内容を要約して記述し，詳細は前稿にゆずることとする。なお，ここでは越前・加賀・能登・越中の例について扱い，様相のことなる越後は次節の東日本の項で触れることとする。

(1)　後期（猫橋式〜法仏式併行期）における北陸の土器配置

　北陸における弥生時代後期墳墓の土器配置は越前に事例が集中する。

　後期前葉では**王山墳墓群**（福井県鯖江市）（図54）に類例が知られる。当墳墓群は独立丘陵上に弥生時代後期から古墳時代中期までの小規模墳40基あまりが密集して展開している。そのうち弥生時代の墳墓は，方形の低墳丘の台状部の周囲に周溝をめぐらしたものである。

　土器配置は後期前葉の1号墓・4号墓に明瞭な形でみられた。**1号墓**では周溝底に土器が故意に置かれた状態で出土し，**4号墓**では主体部上から土器片が出土している。王山墳墓群の二例から，同じ墳墓群の同じ時期に，周溝に廃棄する方法と主体部上に土器を廃棄する方法の両者が存在していたことがわかる。

　後期中葉から後葉にかけての事例は**小羽山墳墓群**（福井市）において観察される。小羽山墳墓群は小羽山丘陵上に展開する総数59基からなる墳墓群で，このうち弥生時代の墳墓とされたものは四隅突

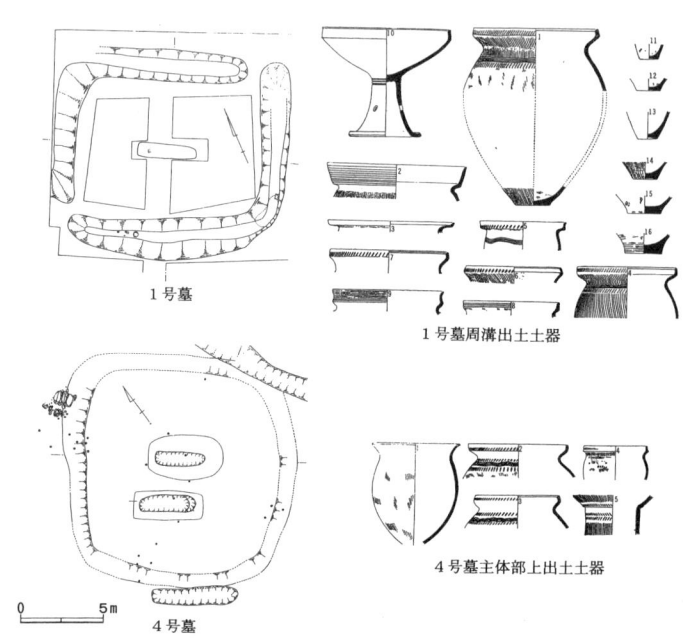

図54　福井県王山墳墓群

出型墳丘墓・方形台状墓からなる35基である。最古の土器配置として，後期中葉古相の17号墓において主体部上土器配置が見られる。

後期後葉に比定できる**30号墓**（図55）は33×28mの長方形墳丘の四隅に突出部が付く，北陸最大級の弥生墳丘墓である。主体部は墳頂に1基のみで

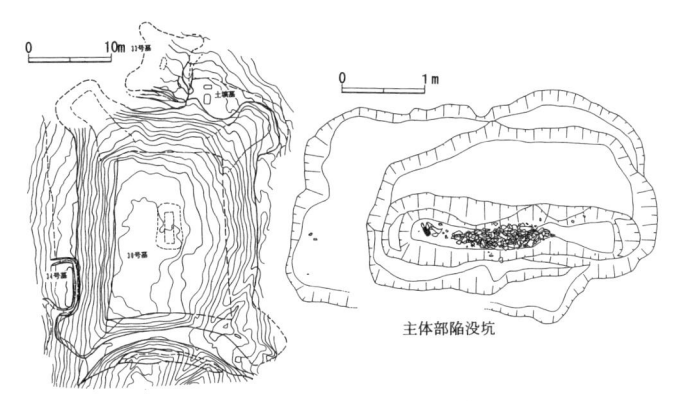

図55　福井県小羽山30号墓

墓壙に箱形木棺をおさめている。副葬品は碧玉製管玉103点，ガラス製管玉10点，ガラス製勾玉1点，鉄製短剣1本が出土し，玉類はばらまかれたと考えられている。また，朱が使用されている。主体部上の陥没坑から40個体におよぶ土器群が出土し，それらにガラス製管玉1点と石杵1点が伴っている。土器類は精製で赤彩されており，器種は台付壺，浅鉢，高杯，器台などから成り，とくに高杯を多く含む(註12)。後期後葉新相の**26号墓**も34×32mの方形墳丘の四隅に突出部を持つ，北陸最大級の墳丘墓である。30号墓と異なるのは主体部上に6基の埋葬施設が存在することである。3号埋葬のみ割竹形木棺で他は箱形木棺を墓壙におさめている。副葬品には若干の玉類・鉄鏃・土器などであるが，30号墓に比べると量的に少ない。主体部上の陥没坑から土器が出土したのは1・2・3号埋葬であるが，中心主体の1号埋葬からは50個体に及ぶ土器群が出土した。

小羽山墳墓群の詳細は公表されていないが，40個体以上の土器が出土している30号墓の主体部と26号墓の中心主体の2基をのぞけば，他は10個体に満たない土器量であるという。この多量の土器を主体部上に配置する儀礼は，器種組成が判明していないものの，石杵が伴うことからも山陰や吉備の葬送祭祀儀礼の影響を色濃くうけたものと想像される。

上記の主体部上における土器配置のほか，当墳墓群では36号墓において墓壙内破砕土器配置がみられた。近畿北部地域との交流も伺われる。

(2)　庄内式併行期（月影式〜白江式古段階）の様相

月影式期の越前では，原目山墳墓群や袖高林墳墓群において引き続き主体部上の土器配置が見られる

片山鳥越5号墓（福井市）（図56）は3方向に周溝が存在する，16.5×14.0mの方形台状墓である。墳頂に直列する2基の主体部がある。両者とも墓壙に箱形木棺をおさめたものであるが，中心主体の第1埋葬では木棺の裏込めに礫を使用している。第1埋葬上の陥没坑から礫とともに高杯および器台の破片が出土した。個体識別の結果あわせて5〜9個体ほどが存在したようだが，すべて破片状になっており全形を伺えるものはない。また脚柱部の破片が著しく少ないこ

とから，他の場所で破砕され一部の破片のみを墓壙上に置いたと考えられる（古屋2004c）。

原目山墳墓群（福井市）（図57）は丘陵上に展開する総数64基の墳墓群であるが，そのうち北西に張り出した尾根上に立地する3基の方形台状墓と1基の自然丘を利用した墳丘墓からなる支群において主体部上土器配置がみられた。とくにI号墓は特定個人墓として注目される。墳丘は25×20m，高さ4mで埋葬施設は墳頂に1基のみ確認された。2段墓壙に木棺を収め，青い砂が敷き詰められていたという。副葬品は碧玉製管玉323点，ガラス小玉728点，鉄刀1本，鉄短刀1本，鉄片1点が出土した。主体部上から台付無頸壺・有段口縁壺・高杯・器台など多くの土器が出土した。

原目山墳墓群の主体部上土器配置の器種組成の詳細は明らかにされていないが，I号墓の器種組成をみる限りでは壺類＋器台という組み合わせに高杯が伴っている。また，I号墓がもっとも階層の高い人物の墳墓であることは明らかであるので，墓の階層性と主体部上の土器量が相関する

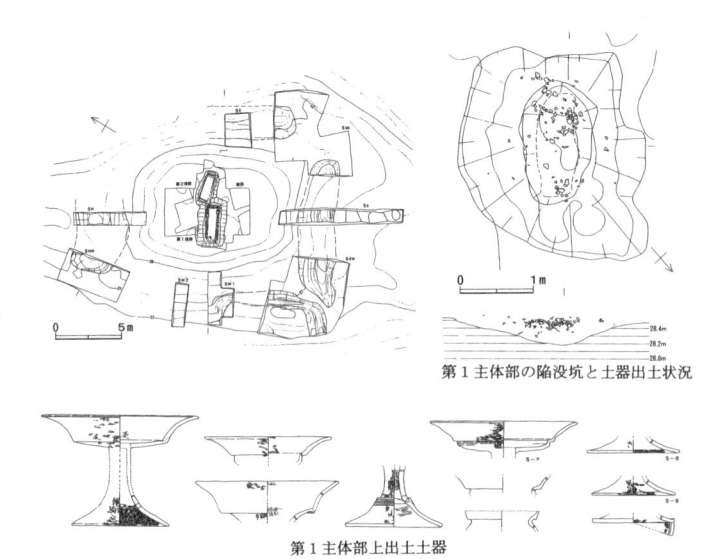

図56　福井県片山鳥越5号墓

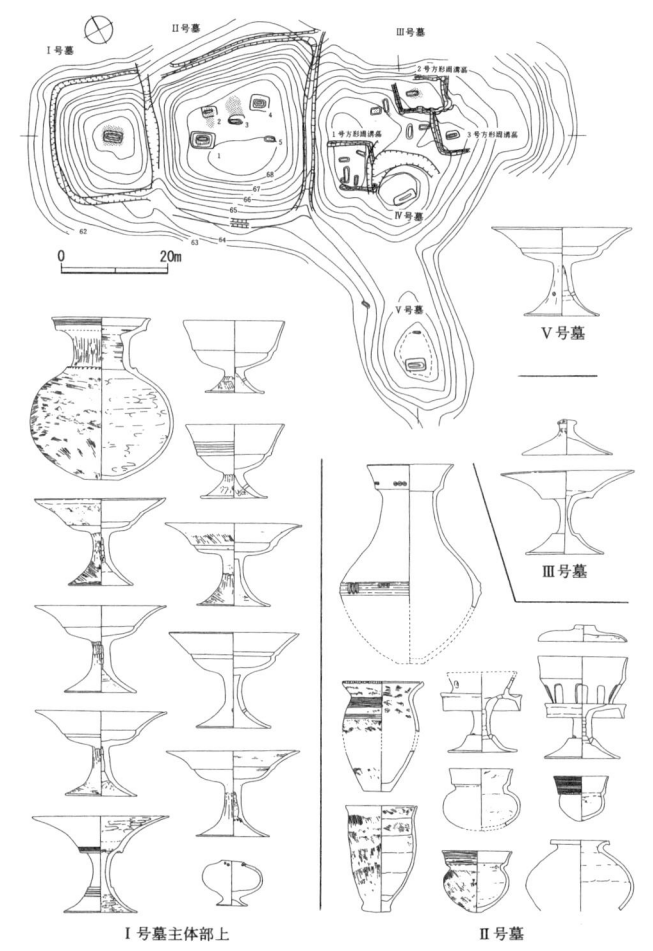

図57　福井県原目山墳墓群

第3章　弥生墳墓の土器配置と葬送祭祀儀礼

と言えよう。これらの特徴から山陰型土器配置の影響を受けていることが考えられる。

袖高林墳墓群南支群（福井県吉田郡永平寺町）（図58）は4基の台状墓が尾根線上に連続して築造されており，**1号墓**（方形，10.4m）に土器配置が見られる。1号墓は墳頂に5基の埋葬施設が造られているが，そのうち第2主体の墓壙内から器台の受部が出土し，出土状況から棺蓋の上面に置かれたと考えられている。一方，墳丘の南東隅に存在する陸橋部の地山直上に土器片の集積がみられ，この中の破片が第2主体部内から出土した器台片と接合した。墓壙内の破片が意図的に置かれたかどうかが問題であるが，葬送儀礼における土器の扱われかたを具体的に知る好例であろう。このことは後段であらためて問題にする。

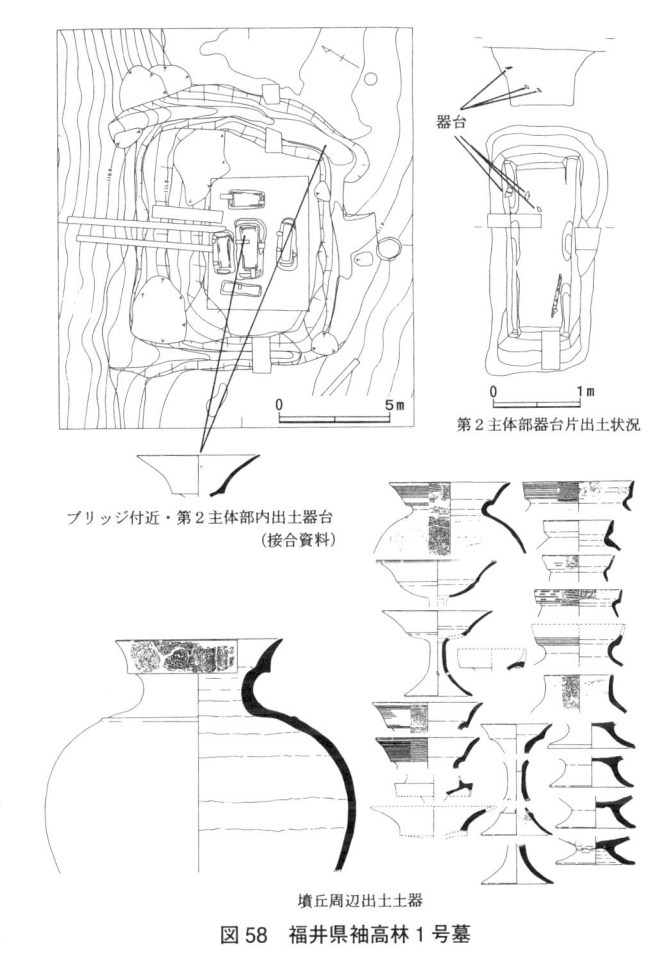

図58　福井県袖高林1号墓

このように越前では主体部上土器配置，墓壙内土器配置，墳丘周辺土器配置が前代に引き続いて存続しているが，次の白江式の段階にはこのような伝統的な土器配置の類例が途絶える。一方，月影式期には加賀や越中において主体部上土器配置がみられるようになり，越中では白江式期まで継続する。

加賀の例では**七ツ塚墳墓群**（石川県金沢市）が挙げられよう。6基の方形台状墓，9基の方形周溝墓，無区画の埋葬施設群38基からなる。埋葬施設は墓壙に箱形木棺をおさめるもので，副葬品は玉類・鉄製武器類・鉄製工具類が散発的に出土している。そのうち主体部上から土器が出土する例は1号墓第3主体（壺1），18号墓第2主体（高杯4・器台1），18号上壙墓（器台1）である。すべて月影式期である。

越中では富山市千望山遺跡群および北接する富山市杉谷墳墓群において弥生時代後期から古墳時代前期を通して，四隅突出型墳丘墓や前方後方墳など当時の有力な首長墓が連綿と築造された。その系列を追えば，富崎3号墓（四隅突出形，法仏新），六治古塚（四隅突出形，月影），鏡坂1号（四隅突出形，月影），富崎2号（四隅突出形，白江），杉谷4号（四隅突出形，白江），勅旨

109

塚（前方後方形，古府クルビ）など多数の墳墓があげられる。ただし，これらの墳墓について充分な調査が行なわれているわけではないので，土器配置についてもその様相は不鮮明と言わざるを得ないが，そのなかでも六治古塚や杉谷4号墓では主体部上土器配置の存在が判明しており，越前から伝播し白江式期にいたるまで四隅突出形という墳丘形態とともに持続されたと考えられよう。

(3) 小 結―北陸―

以上に述べてきたように，北陸の弥生時代後期には主体部上土器配置が主流であるが，周溝などに遺棄する場合もあった。また，儀礼に使用された器種組成は壺・小型壺・高杯・器台・甕など飲食儀礼に使用された土器のセットを具備していたようだが，そのすべてを主体部上に配置せず，墳丘の周囲に遺棄する場合もあったようだ。

北陸の主体部上土器配置を概観したとき，小羽山30号墓主体部，小羽山29号墓1号主体部，原目山Ⅰ号墓主体部の3基の埋葬施設が他にぬきんでて土器量が多いのが注目されるが，他の大多数の墳墓ではごく少数の土器を置いているにすぎない。多量配置を行なう3基について器種構成を見てみると，台付壺および壺と器台の組み合わせに高杯を伴うことが基本要素となっており，山陰や吉備地方の土器配置の影響を受けていると考えられる。主体部上に標石や礫を伴う例があることからもこのことは言えるだろう。北陸ではまず首長墓において山陰・吉備の葬送祭祀儀礼を導入・模倣してそれを挙行し，その影響をうけてより下位の墳墓において小規模に変容させて行なわれたと考えられるだろう。本書では，山陰・吉備の直接的な影響のもとに行なわれた土器配置を「小羽山型土器配置」と定義し，その他を「変容形」という概念で捉えておきたい。

白江式期になると，それまでの北陸南西部の土器様式は大きく変容し，東海系の土器群を多く受容するようになる。それとともに前方後方形の墳墓が普及し，越中以外の地域では四隅突出型墳丘墓が造営されなくなる。越中では先に述べたとおり杉谷4号墓が白江式期に築造されているが古府クルビ式期には前方後方墳に変わる。白江式期の土器配置は不明な点が多いが確実に新しい要素はみられ，石川県加賀市小菅波4号墳では加飾壺を中心とした土器配置が登場している。次代の前方後方墳や前方後円墳においても主体部上土器配置は行なわれているが，それはむしろ東日本の広い地域で共通して行なわれた土器配置の系譜で考える必要があり，北陸の弥生後期からの伝統上では捉えることができないと考える。庄内式併行期以降のことは，また第5章第2節で触れる。

第9節　東日本における墳丘墓の土器配置と葬送祭祀儀礼

　北陸南西部以外の東日本において，丘陵上に墳丘墓・台状墓が造られる地域は一般的ではない。ここでは弥生後期段階のそうした墳丘墓・台状墓のうち土器配置が判明しているものを概観しておきたい（註13）。

　高松墳丘墓（三重県津市）（図59）は山中Ⅰ式に比定できる，伊勢における後期中葉の墳丘墓である。10×6mの楕円形で，墳頂に営まれた2基の墓壙から多くの土器が出土している。器種組成は高杯が多く，その他に直口壺，器台，台付鉢などがある。これまで述べてきた西日本の墳丘墓の主体部上に置かれた供膳具のセットと共通した要素が伺われるが，甕を伴っていない。

　端龍寺山山頂墳（岐阜市）は，山頂において岩盤を掘り抜いた墓壙が2基検出され，そのうちのひとつから長宜子孫銘雷雲文帯連弧文鏡が出土したことで著名であるが，この鏡に後期中葉（山中Ⅰ式）の高杯・鉢が伴っている。出土状況の詳細は知れないが，主体部内もしくは周辺に置かれていたものと思われる。

　加佐美山墳丘墓（岐阜県各務原市）（図60）は15m以上の方丘墓とされている。主体部は未確認であるが，墳丘東側に敷設された竪穴状遺構の床面直上から儀礼に使用されたと考えられる土器群が出土した。高杯・甕・鉢などから構成され，後期後葉（山中Ⅱ式）に位置づけられる。

　根塚遺跡墳丘墓（長野県下高井郡木島平村）（図61）は径20mの円形を呈する。墳丘斜面には葺石があり，墳丘の周囲を周溝がめぐる。墳頂平

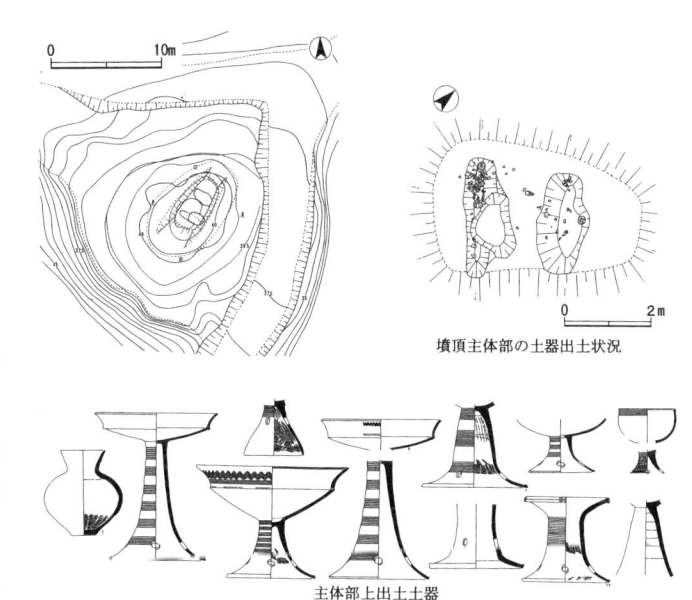

図59　三重県高松墳丘墓

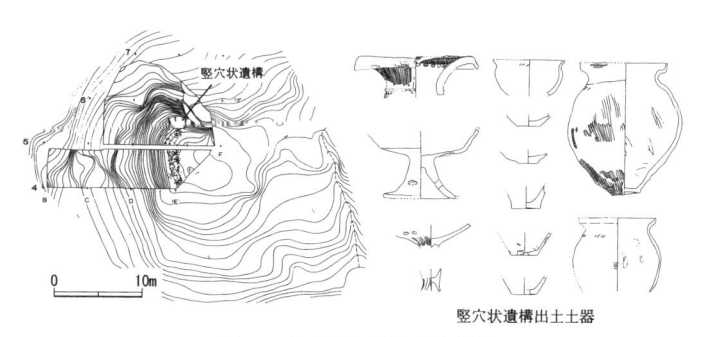

図60　岐阜県加佐美山墳丘墓

坦面は径15mほどもあり，その中央に箱形木棺をおさめた墓壙がある（6号木棺墓）。副葬品は墓壙内より鉄剣1本・管玉79点・ガラス小玉134点が出土している。主体部の周囲には径7mほどの馬蹄形を呈する外周溝が存在する。土器は主体部上から小型壺1個体，主体部周囲の墳頂平坦面（外周溝中あるいは周溝内側・外側）から壺12個体，甕4個体，高杯4個体，鉢4個体が出土している。また，後者には砥石や玉類若干が伴っている。いずれもほぼ完形品で破砕することなく遺棄されたものと思われる。壺中心の器種組成であるが，底部などに穿孔された痕跡はなく，仮器化された土器ではない。その意味で関東地方の方形周溝墓から出土する壺類との関連性はないと考えられる。お

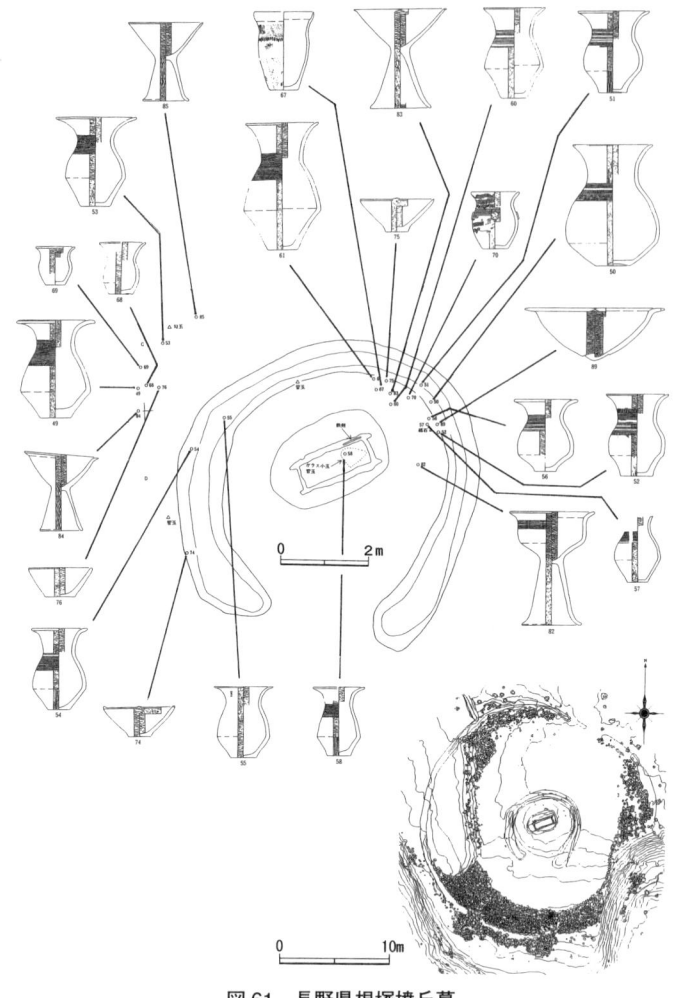

図61　長野県根塚墳丘墓

そらく内容物を入れて儀礼で使用されたものであり，独特な儀礼の存在が想定できる。

屋鋪塚遺跡方形台状墓（新潟県長岡市）（図62）は4方向にそれぞれ独立した溝を配置する区画墓で，一辺8.7m，高さ1.2mを測る。墳頂部中央に箱形木棺をおさめた墓壙があり，副葬品として凝灰岩製管玉2点が出土した。土器は墓壙内から出土したものと，墳丘および周溝から出土したものがある。墓壙内の土器は破片の状態で，墓壙底直上から棺を取り囲むように出土した。直口壺1個体の破片と考えられており，近畿北部の墓壙内破砕土器配置の影響を受けたものであろう。ただし，近畿北部は棺側でも棺蓋の高さに配置するが，屋鋪塚の例では墓壙底直上である点がことなる。墳丘・周溝から出土した土器には，長頸壺，甕，器台などがある。器台の口縁部には櫛描波状文・円形竹管文が施され，装飾的である。土器の器形や墓壙内破砕土器配置から近畿北部地域の強い影響が伺い知れる。時期は後期中葉から後葉に比定できる。

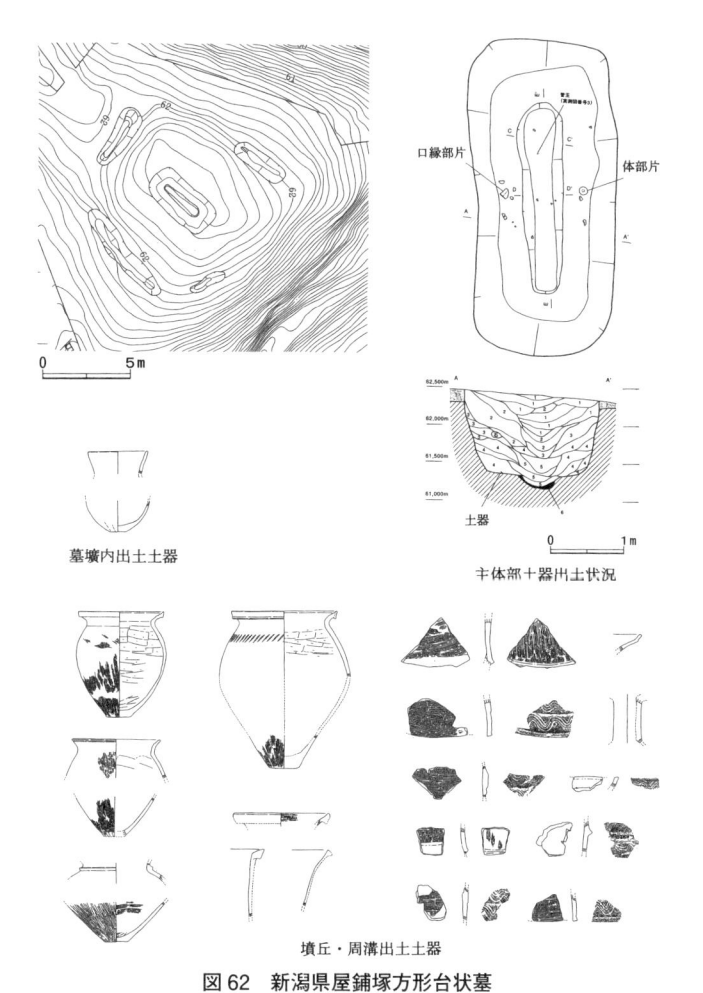

第3章　弥生墳墓の土器配置と葬送祭祀儀礼

小　結―東日本―

　以上に概観してきたが，東日本ではこのような丘陵上の墳丘墓は珍しく，貴重な例だといえる。分布も東海西部・信濃・越後と北西側に偏り，東海東部・関東・東北南部にはほとんど知られていない。それぞれの土器配置は，高松・端龍寺山・加佐美山は西日本の，屋鋪塚は近畿北部の影響を受けていると考えられるが，根塚のみは独自な様相を伺わせる。今後，このような後期段階における山上墓の土器配置の新事例が増加する可能性を考慮しなければならないが，現在のところ類例は少なく，また時代への系譜関係も明らかではない。西日本の後期弥生墳丘墓の影響が，東日本にわずかに及んだ結果営まれた墳墓という評価が下せるだろう。

図62　新潟県屋鋪塚方形台状墓

第10節　関東の土器配置と葬送祭祀儀礼

　東日本における弥生墳墓は，丘陵上に台状墓を盛んに造営した北陸をのぞくと，ほとんどの地域では前半の再葬墓から後半の方形周溝墓への移行というおおまかな流れの中で捉えられる。方形周溝墓が弥生時代のうちに及んだ範囲の東端は関東地方の北東部を除いた地域であった。関東地方ではいまや3,000基を越す検出例があり，様々な角度からの研究の蓄積がある。土器の出土状況と葬送祭祀との関わりについても言及している研究はいくつかあり，この分野では東日本の他の地域の方形周溝墓研究に抜きん出ていると言えよう。このような理由から本書では関東地方における方形周溝墓の土器配置について述べておく。なお，本節は伊藤敏行（1986・88）・立花実（1996・2000a・b）・福田聖（1996・2004）らの研究成果によりつつ記述を進める。

(1) 方形周溝墓という遺構の特質

　方形周溝墓の土器配置を述べる前に，遺構の構造について把握しておかなければならない。それは方形周溝墓のほとんどが本来の構造を留めずに検出されるために，もともとの構造を復原しなければならないのである。

　方形周溝墓はその名の通り方形に溝をめぐらした遺構であるが，近年これらの中に周溝をもつ建物跡と判断される遺構が含まれることが指摘され（及川1998・2004），大きな問題となった。ここでその詳細を述べることはしないが，現在では方形に周溝をめぐらした遺構を無批判に墓として認定するのではなく，墓として認定するための要素を抽出するための再検討が行なわれつつある（福田2000）。

　確実に墓と考えられるものとは，まず埋葬施設が発見されたものであろう。関東の方形周溝墓では方台部において埋葬施設が発見されることはそう珍しいことではなく，その場合はたいてい中央に1基の土壙が見つかる。また，周溝内に埋葬施設が設けられる例もある。ところが，埋葬施設が全く見つからない場合も多い。これらが墓であるのかその他の遺構であるのかが問題である。そのほか出土土器については墓の場合には一般的に壺が占める割合が高く，また底部などに穿孔が見られることが多い。このように溝中から出土した土器の特徴から墓と見分けられることもあり，また周溝を有する建物跡に比べて方形周溝墓の溝は総じて幅広いということも目安になろう。このようにしてみると埋葬施設が発見されない遺構についても方形周溝墓の可能性が高いものもある。ではなぜ埋葬施設が発見されないのだろうか。それはおそらくもともと方台部には盛土による墳丘があり，方台部に掘り込まれた墓壙が結果的に遺構検出面に達していなかった場合は調査者によって発見されることはない。つまり後世の削平によって埋葬施設が検出されない例もあるということだ（図63）。この問題は方形周溝墓の方台部にどの程度の盛土がなされたかという問題と密接に関わっている。福田聖は方台部に盛土が遺存している例として，埼玉県坂戸市中耕遺跡SR21・41・42，坂戸市広面遺跡SZ9，東京都八王子市神

第3章 弥生墳墓の土器配置と葬送祭祀儀礼

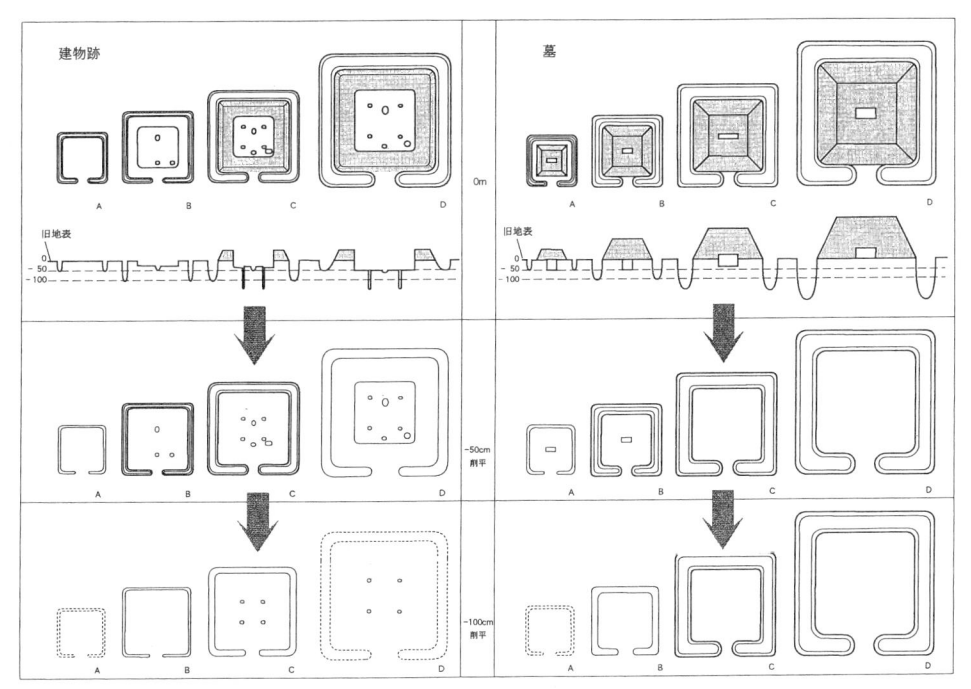

図63 「周堤・周溝を有する建物跡」と方形周溝墓の旧地表面と削平模式図
※（及川2004）より引用

谷原遺跡SXB・Cなどを挙げている（福田1996）。したがって，類例は少ないものの，少なくとも方形周溝墓に墳丘が存在したものがあるということは認めなければならず，埋葬施設が検出されない例についても墓である可能性を消去することはできない。しかし，立花実が神奈川県の方形周溝墓を集計した結果，主体部が発見された例は114例もあり（立花1996），このことからおよそ大多数の方形周溝墓は盛土がなされていたにしても低墳丘であったことが知れる。さて，なぜここでこのようなことにこだわるのかといえば，それは方形周溝墓の方台部における遺構上面がほとんどの場合は削平されてなくなっているという事実を確認したかったためである。このことは方形周溝墓の土器配置を考えるときに，方台部における土器配置の情報が皆無であり，また主体部上に配置された土器についても主体部そのものあるいは主体部上層が削平されてしまったものについてはその情報が得られないということをまず前提として受け入れておく必要がある。これらのことは，方形周溝墓出土土器から葬送儀礼の問題にアプローチしようとする研究者にとっては，まさに「泣き所」であろう。方形周溝墓の土器配置は，その情報の大部分を溝中出土土器の出土状況から類推するしかないのである。

(2) 方形周溝墓の土器配置

以上の点をふまえながら，まず主体部上の土器配置についてその有無を確認してみよう。

立花実によれば神奈川県の方形周溝墓で検出された全主体部114基のうち土器が出土したのは5基で，そのうち4基について詳細が不明であったり，土器片が小さく墓壙埋土内に混入し

た土器と考えられている（立花1996）。その中で唯一，平塚市王子ノ台5号方形周溝墓では墓壙上層から東海西部の山中式系の高杯が1個体出土している。この方形周溝墓では周溝中から多くの焼成後底部穿孔壺が出土し，また墓壙底面から鹿角装の鉄剣が出土していることから，階層が高いか，あるいは特別な職掌にあった人物の墓と考えられる。主体部上から高杯が出土したことも，何か特別な葬送儀礼に伴うものと思われ，今のところ関東で弥生時代の方形周溝墓の主体部上から意識的に置かれたと思われる状態で土器が出土したのがこの一例だけであることと関係するのであろう。

その他には，福田が埼玉県戸田市南町I遺跡第1号方形周溝墓の主体部覆土中層から土器片が出土した事例をあげ，「主体部上に供献した土器が落ち込んだ可能性がある」としている（福田1996）。しかし，方形周溝墓の検出総数に比較してあまりにも類例が少ないため，基本的に関東地方では弥生時代には主体部上土器配置は行なわれなかったと捉えてよいだろう（註14）。

それでは方形周溝墓ではどのような土器配置が行なわれたのであろうか。福田聖は関東において方形周溝墓が造営された当初から，①周溝底面に置かれる，②周溝埋没開始後に土器が入れられる，③壺棺，④周溝底で破砕される，⑤方台部で使用されたものが流れ込む，など様々な土器使用方法がすでにみられ，①は再葬墓の影響が考えられるとしている。また，中期後半には，⑥埋没終了直前（上層）に土器を置く方法が出現するという。そして後期後半には⑥の部分が打欠土器から焼成後底部穿孔土器に，庄内式併行期から古墳時代前期にかけては焼成前底部穿孔土器に変わるという（福田2004）。

関東地方の方形周溝墓出土土器において出土する土器量はどのくらいなのであろうか。立花実は神奈川県の方形周溝墓出土土器の個体数を分析している（立花1996）。それによると集落遺跡に重複あるいは近接して存在している周溝墓において生活に使用された土器を多量に廃棄されたと考えられる資料を除くと，大半の場合は1～5個体と少数の土器が出土する例が一般的で，庄内式併行期以降になりようやく10個体を越える土器が出土する事例が増えてくる。このようにしてみると弥生時代中期から後期にかけては西日本の弥生墓制にみられる多量の供膳具を使用した祭祀儀礼は行なわれなかったと判断できる。

それではその少数の土器はどのように置かれるのであろうか。平面的な位置を問題にした場合，福田によると比較的コーナー部分から出土するものが多く，また陸橋がある場合は入り口部分付近で出土する例が少なからずあるという（福田2004）。

井沼方9号方形周溝墓（埼玉県さいたま市）（図64）はそのような事例の好例としてあげられる。12.8×12mを測り，南西コーナーのみはブリッジ状に周溝が途切れている。墳丘は遺存していないが方台部の中央には埋葬施設である土壙が1基検出され，副葬品としてガラス小玉13点が出土した。周溝からは土器とガラス製勾玉1点が出土している。土器は赤彩された装飾壺が5個体，甕3個体，片口鉢1個体があるが，それらがコーナー部に集中して出土している。特に壺は南西コーナーのブリッジ両脇と北西・北東・南東コーナーにおいてそれぞれ1個体ずつ出土しており，意識的な配置として捉えてよいだろう。このうち，ブリッジの南側で出土し

第3章　弥生墳墓の土器配置と葬送祭祀儀礼

ている壺は胴部に焼成後の穿孔が見られ，底部が欠損している。

このようにコーナー部から土器が出土する事例から想起されることは，近畿地方においてみられた長方形区画墓のコーナー部に壺が胴下半を埋め立て置かれる事例があったことである。両者が系譜的につながるのかどうかは不明であるが，関東の例も墳丘の要所に，墓域を守るために呪的な効力を期待して置かれたものと思われる。

さて，後期後半以降このような機能を期待されたと思われる底部穿孔壺を置く事例が増えるが，問題はそれらが上層から完形で出土するということだ。このことは伊藤・福田・立花らが指摘しているこ

図64　埼玉県井沼方9号方形周溝墓

とでもある（伊藤1986，立花2000a・00b，福田1996）。とくに立花は王子ノ台5号方形周溝墓出土土器の事例を詳細に分析している。やや詳しく触れておこう。

王子ノ台遺跡（神奈川県平塚市）では弥生時代後期に属する4群19基の方形周溝墓が調査された。そのうち問題となるのは**5号方形周溝墓**（図65）である。この方形周溝墓の方台部の中心に設けられた主体部上から高杯1個体が出土していることはすでに述べたが，周溝中からは壺17個体前後，甕3個体という多量な土器群が出土しており，これらの遺存状況から本周溝墓の祭祀儀礼に使用されたものと判断されている。そのうち甕2個体や大型壺2個体と底部が穿孔されていない中型壺2個体については溝の底面か下層から出土しているが，他の土器は上層からの出土で，なおかつ遺存状況が非常によい。また，壺はいずれも焼成後底部穿孔が行なわれている。

ごく少数の壺が上層から出土するようであれば，検出しづらい周溝内埋葬に伴うものとの判断も可能であるが，これほど多くの底部穿孔壺が周溝の各所の上層から出土することは，やはり何らかの理由があるのだろう。先に述べた井沼方9号方形周溝墓の場合も，5個体中4個体

117

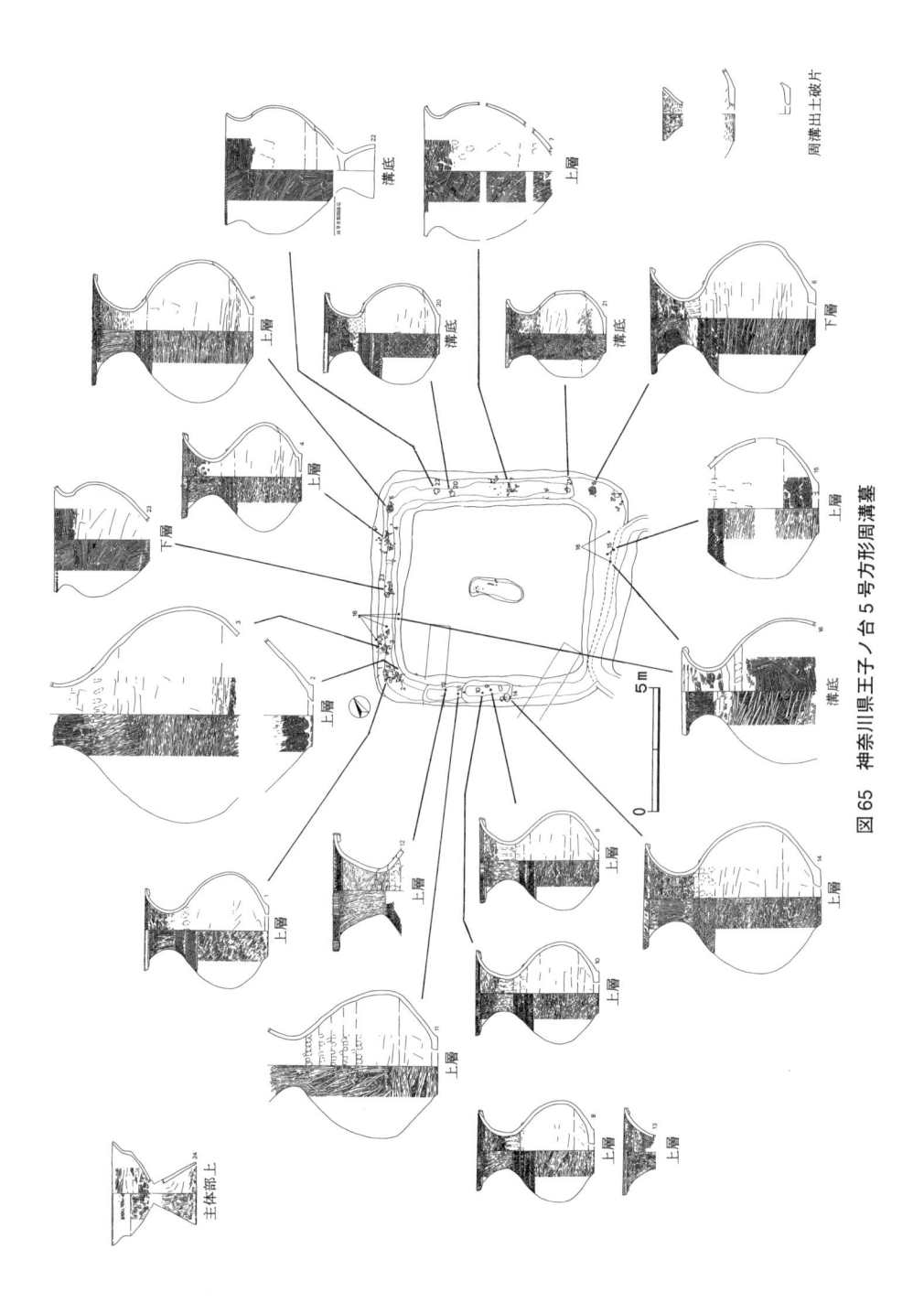

図 65　神奈川県王子ノ台 5 号方形周溝墓

の壺が上層からの出土であり，下層の1個体も，底面に正立した状態ではなく，底面からは若干浮いて逆位で出土している。これらの土器がもし方台部上に並べられていて，周溝埋没後に転落したのであれば，土器はかなりの期間外表にさらされていたことになり，風化や破壊の痕跡がみとめられてもいいはずであるが，両遺跡ではそのような痕跡はない。立花はこのような理由からこれらの底部穿孔壺は方形周溝墓が造られてから一定期間経て，周溝がほとんど埋没してから置かれたものと判断している。また，置かれた場所については周溝覆土上を想定し，またそのような行為を行なう儀礼の契機として，方形周溝墓の廃絶に関するものとしている（立花 2000 b，640〜641 頁）。

しかし，厳密に考えるともう一つの案が提出される。それは方形周溝墓の築造が被葬者の死を契機とせずに生前に作られた場合である。生前に作られるケースとしては，家父長以外の家族が亡くなり周溝内の土壙に先に葬ったり，あるいは通過儀礼の一環としてある年齢で造墓が行なわれるようなこともあったかもしれない。そして本来，墓の中心的な被葬者である人物の死に際して盛大な葬送儀礼が行なわれ土器が置かれたが，そのころには造墓からかなりの期間が経っており，周溝がほぼ埋まりかけていたということは可能性としてはありうることである。廃絶儀礼説か，はたまた生前造墓説かという二案は今後発掘事例の検討から具体的に検証されなければならないだろう。ここではいずれも推定の域を出ない。

(3) 小　結―関東―

以上，述べてきたとおり関東における方形周溝墓の土器配置は方台部の情報が欠如していることからその具体相を捉えることは困難である。しかし，周溝中出土土器を分析した結果，コーナー部や入り口部に土器が置かれる例があり，底部穿孔壺が出土することが多いことから，象徴化された壺形土器の意識的な配置があったことは確かであろう。王子ノ台5号墓のようにのちの囲繞配列を髣髴とさせる多量配置は他には見られないが，象徴化された土器で呪的に墓域を守るという意識は存在したと考えられる。ただし，畿内における同様な行為と関東の事例がどのような系譜関係をもっていたのかについては不明である。また，大規模な飲食儀礼が行なわれた痕跡は見当たらないが，壺以外の器種が存在することの説明として小規模な飲食儀礼を想定する必要があるかもしれない。しかし，現時点では積極的な根拠に欠けるのが実情であろう。関東の方形周溝墓の土器配置は西日本における弥生墳丘墓で行なわれた土器配置とは大きく異なる。このことは当然ながら背景にある葬送儀礼の思想の違いに起因するものと思われる。東日本の葬送儀礼に使用される土器の器種組成が西日本のそれに近くなるのは，庄内式併行期における東海西部系土器の拡散を待たなければならない。

第4章　移行期の儀器・祭器

　本章では弥生時代と古墳時代のちょうど変わり目の時期に登場する，四種の儀器・祭器について採り挙げる。これらの儀器・祭器の使用状況は残念ながら明確でないものが多いが，両時代の土器配置の変遷を考える上で重要な資料である。

第1節　吉備系特殊器台の変化—宮山墳丘墓と矢藤治山墳丘墓—

　ここで宮山墳丘墓と矢藤治山墳丘墓という，庄内式併行期後半に編年される，吉備における二つの重要な墳丘墓についてその内容に触れておきたい。なぜなら二つの墳丘墓は内容が似通っており，ともに後期後葉の弥生墳丘墓とのちの定型化した前方後円墳の過渡的特徴を有しており，吉備における土器配置の大きな画期を認識できるからである。

　宮山墳丘墓（岡山県総社市）（図66）は全長38mの前方後円形の墳丘墓である。直径23m，高さ3mの円丘に突出部がつく。墳丘斜面には「葺石」がみとめられたという。円丘頂部に竪穴式石槨が1基あり，副葬品として飛禽鏡1面，ガラス小玉，銅鏃，鉄鏃3点，大刀，鉄剣が出土している。墳丘裾および約50mほど西方に離れた地点で特殊器台・特殊壺が出土し

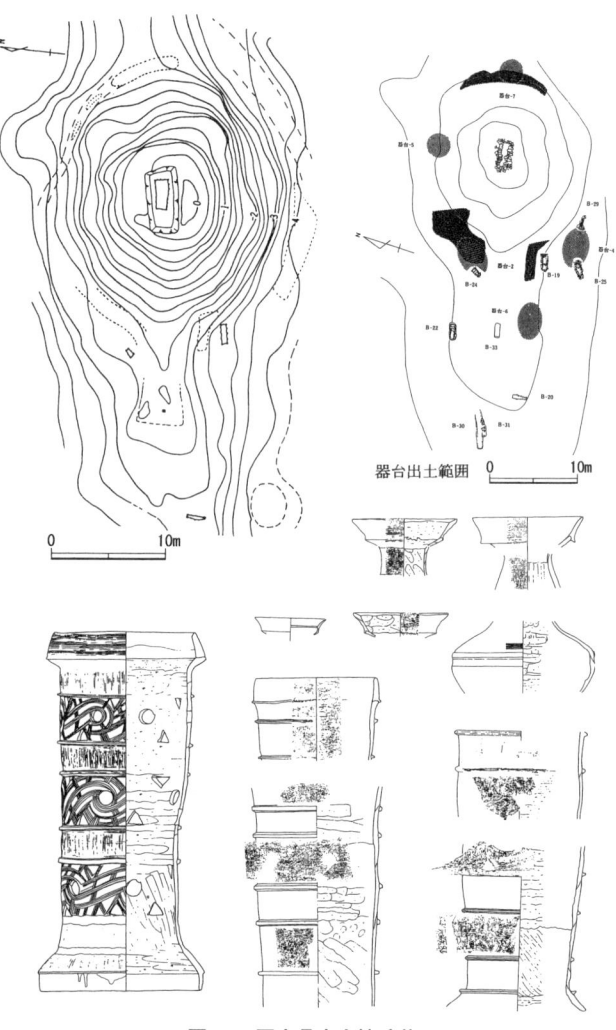

図66　岡山県宮山墳丘墓

た。西方地点において出土した3個体は1個の器台棺の棺材として使用されていたものだが，これらが宮山墳丘墓の裾から出土した破片と接合したため，もともと宮山墳丘墓に置かれていたものを棺材として転用したものと考えられている。特殊土器類以外の土器については出土したという報告がない。

矢藤治山墳丘墓（岡山市）（図67）は楯築墳丘墓の東約1.2kmの「吉備の中山」中の一丘陵上に立地する。全長35.5mの前方後円形の墳丘で，直径23.5m，高さ3mの円丘に突出部がついている。突出部は撥形に開き「前方部」という表現のほうが正しいかもしれない。墳丘裾には列石がめぐらされている。埋葬施設は円丘部頂に竪穴式石槨1基，突出部に木棺土壙が検出されている。両方とも箱形木棺をおさめていた。円丘部主体部から方格規矩鏡1面，硬玉製獣形勾玉1点，ガラス小玉50点，袋状鉄斧1点が出土してい

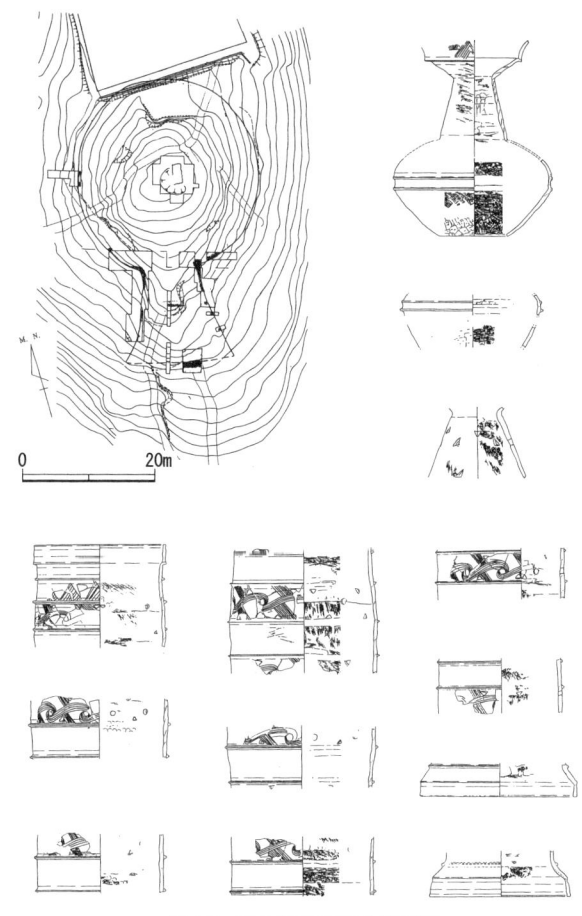

図67 岡山県矢藤治山墳丘墓

る。墳丘の各所からは向木見型の特殊器台・特殊壺が出土しているがその他の土器類はみられない。また，円丘部主体部上には「角礫堆」が陥没坑内に落ち込んでいるが，この中からも土器類は出土していない。

さて，庄内式併行期も後半になると吉備系特殊器台に三つの変化がおこり，それまでとは異なる環境下にこれらの儀器が使用されるようになったと考えられる。

変化のひとつは文様などにみられる型式学的な変化である。庄内式併行期を通じて消長すると考えられる向木見型は，宇垣匡雅によれば文様帯に施される「連続型文様」の型式から4つに区分され，その後半期は「あたご山型」あるいは「丸山型」と呼ばれる，より簡略化した文様を施す一群によって占められるようになる（宇垣1992）。そして，矢藤治山墳丘墓から出土した特殊器台形土器はあたご山型の最も簡略化されたものであり，全体の印象はむしろ「丸山型」に近いものである。さらに，宮山型が出現したのも庄内式後半期と考えられ，この時期，向木見型の文様が退化した系列と宮山型が並存していたと考えられる。宇垣は特殊器台に伴う特殊壺の型式変化を基軸にすることによって，宮山墳丘墓の宮山型特殊土器類よりも矢藤治山墳丘

墓の向木見型特殊土器類のほうが後出するという結論に達している（宇垣1997）。

　次に分布の変化である。立坂型・向木見型の分布範囲は備中平野部を中心として備前・美作・三次にひろがり，一部，山陰地方にも達していたが，宮山型になると吉備では宮山墳丘墓が唯一の例となり，かわりに大和盆地東南部において箸墓古墳・中山大塚古墳・西殿塚古墳・弁天塚古墳で類例が知られる。明らかに分布の中心が大和盆地東南部に移っているといえよう。

　そして，土器配置にも変化が起っている。第3章第4節で確認したとおり，もともと吉備における特殊土器類の使用はあくまでも他の多くの器種と組み合って祭祀儀礼用の土器群を形成していたが，庄内式併行期後半の矢藤治山墳丘墓・宮山墳丘墓の段階では本節で確認したとおり，墳丘の各所から特殊器台・特殊壺が出土するものの，その他の供膳具や調理器は出土しない。つまり前章で述べた儀器群のうち1類土器を特殊壺・特殊器台に限定させた形で使用し，2類・3類土器を省略するようになった。このことははからずも飲食儀礼の省略を意味し，象徴化された大型儀器のみを墓域に立て並べることになったのだろう。これは1類土器の「外方配置」の延長あるいは特化と言えるかもしれない。また，さらにこの延長上に囲繞配列が登場すると考えられるが，囲繞配列の出現については吉備系特殊器台から円筒埴輪へのベクトルの中だけで捉えられるほど簡単な問題ではないので，第6章第2節においてあらためて述べたい。

　ここでは，宮山墳丘墓，矢藤治山墳丘墓において，すでに弥生後期後葉に成立した「吉備型」の土器配置が終焉を迎え，囲繞配列への動きが胎動していることを確認しておけばよいと思う。なお，両墳丘墓における特殊土器類の配置状況の詳細は不明で，これらが囲繞配列されたかどうかは確かめることができない。

第4章　移行期の儀器・祭器

第2節　伯耆系特殊土器類

　庄内式の後半段階から布留式0～1式併行期の山陰・播磨・摂津において「伯耆系特殊土器」（岸本道昭2000）と呼ばれる特異な土器群が存在する。山陰における弥生終末の墳丘墓や播磨・摂津の最古相の前期古墳の何基かに類例が見られ，移行期の葬送祭祀儀礼に使用された土器と思われる。使用状況が明らかなものがないため，その土器配置の内容は不明であるが，使用された時期と分布を見るに山陰と畿内を結ぶ重要な位置を占めていると考えられるために，一節を設けて詳述したい。

　伯耆系特殊土器の標識資料は**徳楽墳丘墓**（図68）から出土している。徳楽墳丘墓とは鳥取県西伯郡大山町に所在する，一辺約18～21mのやや不整な方形を呈する墳丘墓で，墳頂平坦面には敷石があったようである。発掘調査は大正年間と昭和10年代初頭に行なわれている。昭和の調査は京都大学の小林行雄によって墳頂平坦面の調査が行なわれたようだが，埋葬施設の確認には至っていないようだ。ただし，ボーリングによって石材を使用した埋葬施設ではないことが確かめられている。これら2回の調査によって多量の土器が出土しており，現在は鳥取県立博物館や京都大学に保管されている。これらの経緯については東森市良・花谷めぐむの報告（東森・花谷1992）に詳しいのでここでは詳述しないが，現在把握されている当遺跡出土の土器はすべて東森・花谷報告に掲載されているので，それらをもとに内容を見ていきたい。なお，当墳丘墓は「徳楽方墳」の名称で知られているが，墳丘や出土土器の特徴から当墳墓を古墳とすることに抵抗があるため，「墳丘墓」と呼称する。

　出土した土器は伯耆系特殊土器類といわゆる一般的な山陰系土器，そしてわずかに畿内の布留式土器がある。山陰系土器は広口壺あるいは甕，注口土器，鼓形器台，高杯，低脚杯がある。大型の低脚杯が存在することが注目される。これらは大木式～小谷式古段階の特徴をもつ。布留式土器は直口壺1点，布留型甕1点が出土している。布留1式の特徴を備えている。

　伯耆系特殊土器は全形を伺えるものが存在しないが，およそ大型円筒器台の円筒部と思われる破片と壺形土器の口縁部および胴部の破片が存在する。これらは文様の特徴と胎土からA・B二群に分けられている（東森・花谷1992）。A類は頸部の直径が著しく大きく，肩部から頸部を経て口辺部まで緩やかに外反し，やや内傾して立ち上がる口縁部を有する。口縁部外面および頸部から肩部にかけて貝殻縁押圧による斜線文を施し，胴部片では斜線文，横線文がみられるが，多くの個体は円形・半円形・C字形の竹管文は施されない。胎土はにぶい黄褐色～橙褐色系で軟質である。山陰地方各地で検出されている壺棺の主体となっている大型壺と共通しているという。一方，B類は普通かやや細めの頸部を持つ形態にバラエティをもつ壺と円筒器台からなり，貝殻縁押圧による斜線文・綾杉文や櫛描横線文などに円形・半円形・C字形の竹管文を加えた文様を特徴的に施している。胎土は淡褐色系で硬質である（註15）。

　徳楽墳丘墓の土器配置はどのようなものであったのだろうか。京都大学の調査の際には墳頂

123

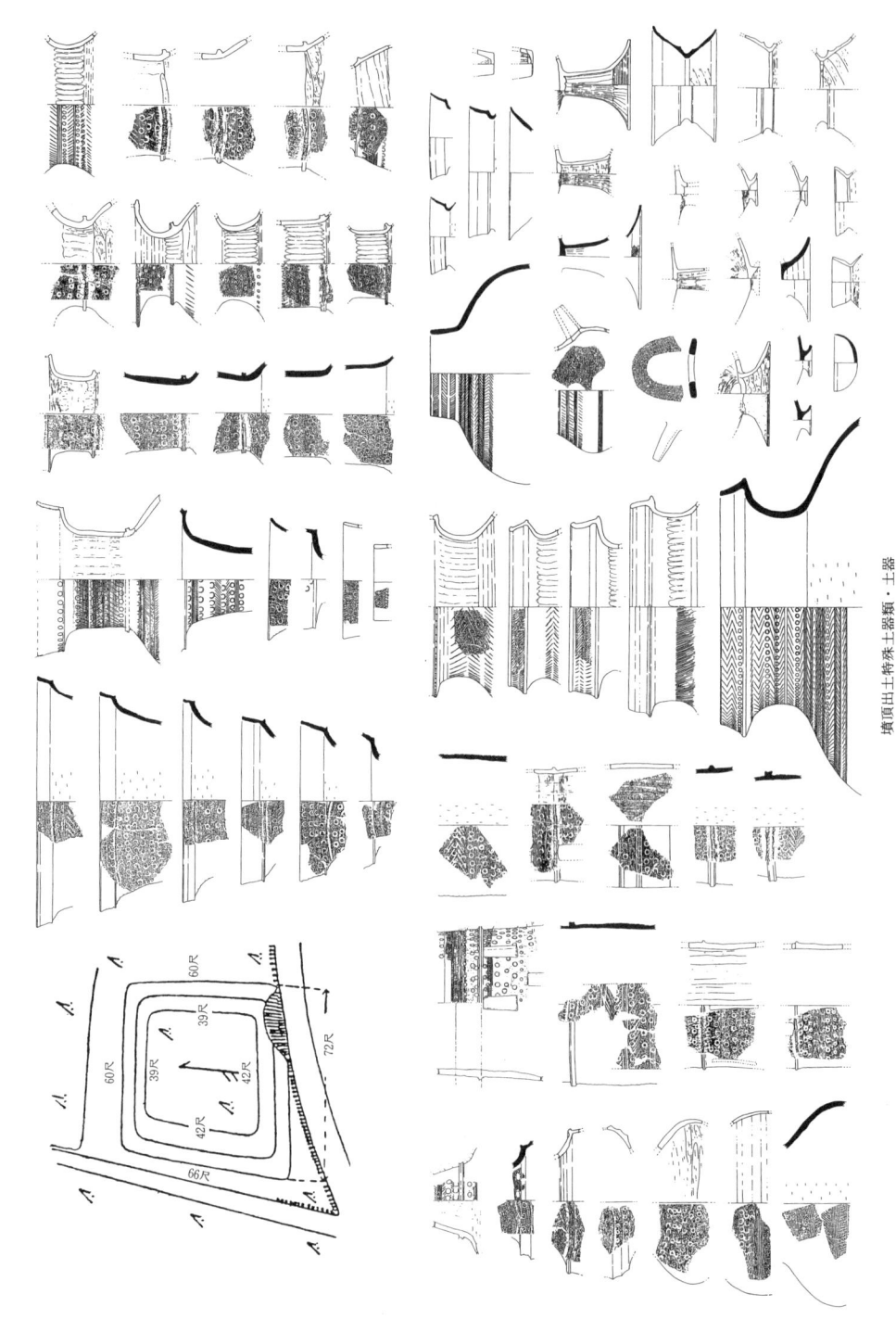

図68　鳥取県徳楽墳丘墓　墳頂出土特殊土器類・土器

の敷石の下から多量の土器が出土したという。調査範囲は狭いものだったというし，敷石が築造当時の墳頂平坦面上を覆っていたものとすれば，土器は主体部上から出土した可能性は高いと考えられる。いずれにせよ墳頂に多量の土器が遺棄されていたことは間違いない。土器群の構成は通常の山陰型土器の組み合わせに伯耆系特殊土器類を加えたものである。伯耆系特殊土器は飾られた円筒器台と壺の組み合わせなので，全体としては象徴化された土器群と供膳具が組み合わさっていると理解すればよいだろう。なお，壺類の底部が遺存していないため穿孔の有無が確認できないのが残念である。

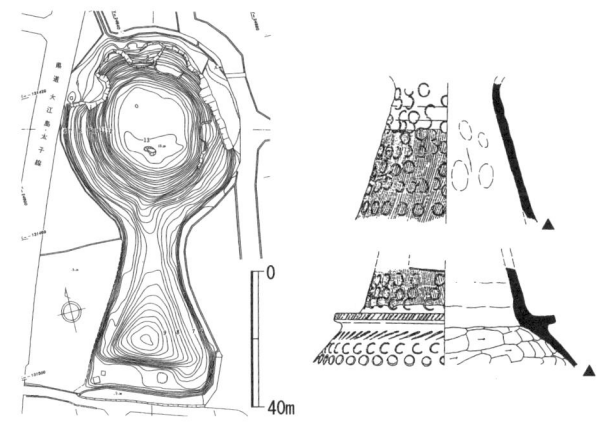

図69　兵庫県丁瓢塚古墳

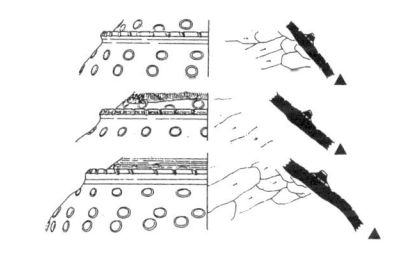

図70　兵庫県伊和中山4号墳　表面採集資料

　他の墳墓では徳楽墳丘墓ほど多量に類例が知られているものはない。山陰では島根県安来市**宮山4号墓**でA・B類1個体ずつが出土している。当墳墓では通常の山陰系土器が多量に出土しており，伯耆系特殊土器類はごく客体的であるといえる。播磨では兵庫県姫路市**丁瓢塚古墳**（図69），兵庫県宍粟市**伊和中山4号墳**（図70）において上すぼまりの頸部をもつ特殊壺片が知られている。丁瓢塚例はC字形と円形，伊和中山例は円形の竹管文を多様しており，両者とも胴部と頸部の間に突帯を一条めぐらしている。このような突帯を持つ上すぼまりの頸部をもつ特殊壺は徳楽墳丘墓出土品のうち関西大学所蔵資料の中に類品が見られる。播磨の2例は1形式のみであるが，徳楽墳丘墓出土資料と直接的な関連を想起させる土器であり，なんらかの情報の行き来が想定できる。一方，摂津では兵庫県神戸市**西求女塚古墳**（図88），神戸市**処女塚古墳**（図71）においてC字形あるいは円形の竹管文を施す二重口縁壺が出土している。このような二重口縁壺自体は徳楽墳丘墓からは出土していないが，摂津において一般的でないこれらの文様はおそらく播磨の伯耆系特殊土器類の影響を受けたものだと思われ，その変容形として捉えておくべきであろう。西求女塚古墳の主体部上からは後段で述べるような山陰系土器の影響が極めて強い土器群が出土している。また，一方で徳楽墳丘墓においてもわずかとは言え布留式土器がみられることは両地域の何らかの交流があったと考えられる。

　伯耆系特殊土器のほぼ全容が知れる資料が徳楽墳丘墓に限られている現状ではこれ以上の推察は意味をなさない。ただし，気になる点は吉備系の特殊器台形土器あるいは特殊器台形埴輪

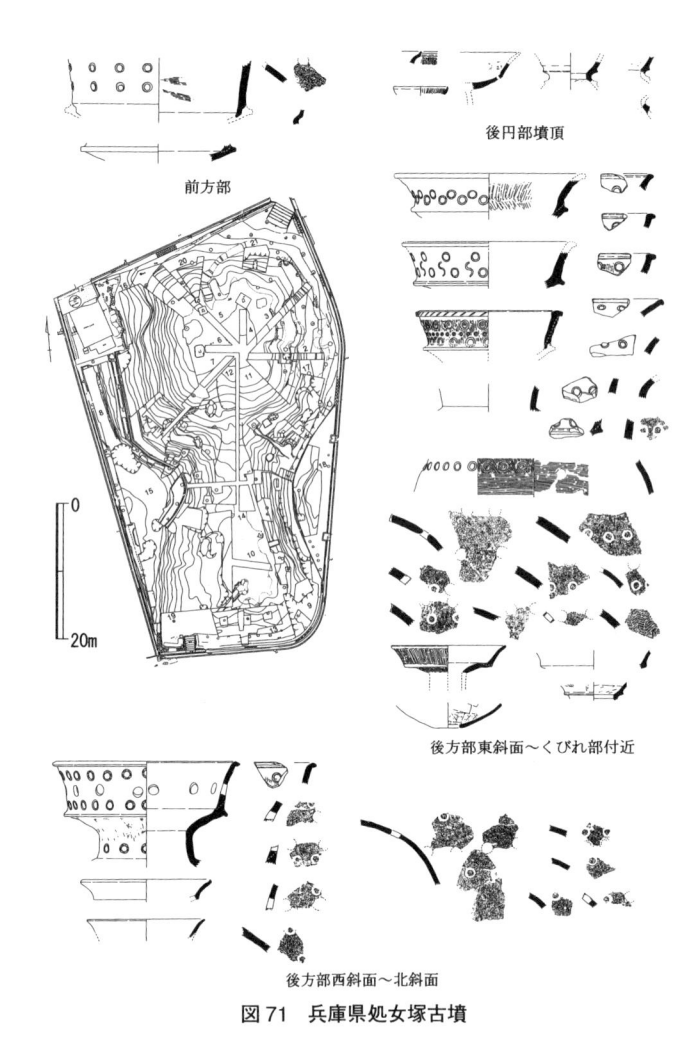

が吉備・播磨・大和の有力な古墳に採用されている段階において，播磨・摂津の前期古墳において伯耆系特殊土器類が採用されている点である。特に播磨では丁瓢塚古墳・伊和中山4号墳は伯耆系，兵庫県たつの市権現山51号墳では吉備系（都月型特殊器台形埴輪）を採用し，一つの地域で両者が別々の古墳に分かれて存在することは，決して同居しない二者だったのかもしれない。このことは畿内の中における各地域と地方との複雑な政治関係に起因していると思われる。とにかく伯耆系特殊土器の問題は資料の増加を待ち，確実な土器配置が明らかな事例を蓄積するほかはない。

前方部

後円部墳頂

後方部東斜面〜くびれ部付近

後方部西斜面〜北斜面

図71　兵庫県処女塚古墳

第4章　移行期の儀器・祭器

第3節　山陰系特殊器台形土器・特殊器台形埴輪

「山陰系特殊器台」は布留式前半併行期に主に出雲で使用された大型の円筒器台であるが，その形態は著しい特徴がある。類例が少ないためそれぞれの様相を確認しておきたい。

　塩津山1号墓（島根県安来市）（図72）は尾根上の高まりを加工した25×20mほどの長方形墳丘墓であるが，北辺裾の貼石は弓なりにカーブし北東コーナーが突出するように造られている。墳丘墓全体の構造からすれば当墳丘墓は四隅突出型墳丘墓の系統上にあると考えられる。埋葬施設は墳頂に土壙4基（第1～4主体）に器台棺1基（第6主体）・土器棺1基（第5主体）の計6基が確認された。4基の土壙のうち墓壙基底面まで調査されたのは第3主体のみで，割竹形木棺を河原円礫で包み込む「砂礫槨」ともいうべき構造をもっている。副葬品は鉇1点のみで他に朱の使用がみとめられた。中心主体部は他より大型の墓壙をもつ第1土体である。主体部上の陥没坑内から山陰系土器が出土し，少なくとも壺6個体，甕3個体，鼓形器台5～7個体，高杯5個体，低脚杯5個体があり，計20個体以上の土器が置かれていたとみられる。山陰型の土器配置に分類できよう。

　さて，問題の「山陰型特殊器台」は第6主体部器台棺の棺材として使用されていた。高さ83cm，胴部最大径38cmの大型品で上端は受け口状の垂直に立ち上がる口縁部を持ち，下端にはハの字に開く脚台部を備えている。円筒部は頸部よりやや下がった位置に最大径をもち，下方に行くに従い緩やかにすぼまる形態をもっている。全体として「円筒器台」というべき形態を呈している。調整は外面が縦方向のハケメ，内面は横方向の

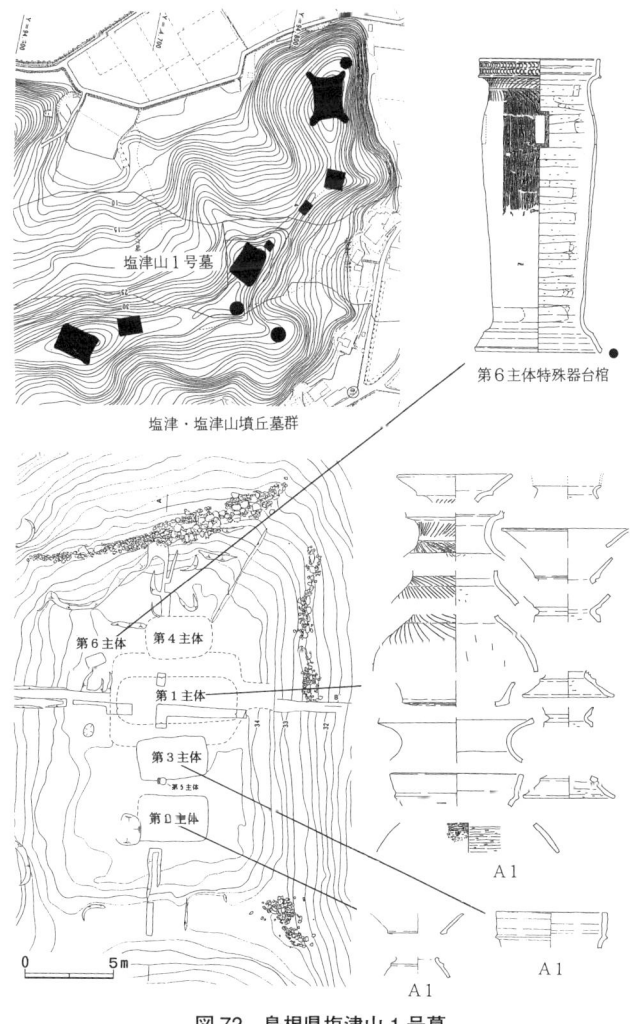

図72　島根県塩津山1号墓

ケズリであるが，よく観察すると螺旋状に施されていることがわかる（註16）。文様は口縁部外面に上下2段にC字形竹管文を異なる向きに列状に施している。また頸部には1条の横線文を中心に綾杉文が施されている。文様構成は伯耆系特殊土器類の影響がみられる。円筒部最大径の位置に縦長長方形のスカシが4方向に穿たれている。外面は赤彩が施されている。以上のような特徴から埴輪的なものではなく弥生時代の特殊器台の形態・製作技法を踏襲しているものと考えられる。この円筒器台の破片が墳丘各所から出土することはなかったので，少なくとも塩津山1号墓においてこれらを立て並べた痕跡はない。しかし，器台の形状からして始めから棺材として製作された可能性は低いであろう。どこか別の墳墓の祭祀に使用するために製作されたものを転用したものかと思われる。

神原神社古墳（島根県雲南市）（図73）は約30m弱の方墳で高さは6.9m前後と推定されている。列石・葺石などは確認されていないが周囲に周溝がめぐる。墳丘中央に竪穴式石室1基が検出された。玄武岩質安山岩板石を長手積みし，徐々に持ち送って天井石を乗せる構造で，粘土床に割竹形木棺を設置していたと考えられる。副葬品は三角縁景初三年銘同向式神獣鏡1面，素環頭大刀1本，大刀1本，鉄剣2本，鉄鏃36点のほか鉄製工具・農具類が出土している。土器は主に2ヵ所から出土した。ひとつは墓壙内の石室裏込めの外側に埋納坑が掘られており，その中から壺4個体，甕1個体が坑内に一列に並べ置かれ，さらに土器間の1ヵ所から赤色顔料がまとまって検出された。その範囲は20×30cmほどであり，分析の結果多量のベンガラと少量の朱であるという。この埋納坑は石室が2～3段積み上げられたところで掘られているようなので，遺骸埋葬に関わる儀礼に使用され，それが終了した段階で埋納されたものであろう。

さて，山陰型特殊器台は主体部上から出土している。当古墳の石室には天井石があるため，いわゆる主体部上の陥没坑は存在しないが，天井石の上方，数センチから20cmまでの面で多量の土器片が出土している。これらは天井石との間に土層が存在していることから，天井石を置き，土を敷いてからその上面に破砕して置かれたものと思われる。さらにその上方に盛土がなされたかどうかについては不明だが，土器片の遺存状況から外表にさらされていたとは思えず，土器片上の盛土は存在したと思われる。土器は石室上面中央部2.6×2.0mの範囲にまとまっているが，その南北に分布が見られないのは古墳上に建てられていた社殿にかかわる工事のために削平されて失われたと考えられている。したがって，発掘調査で得られた土器が本来の組成のすべてを表わしてはいない可能性が高い。

天井石上面の土器群の器種組成はほとんどが山陰型特殊器台とそれに伴う割合に頸部が細めの壺の二種で占められる。山陰型特殊器台は全形を伺える1個体を参考にすれば，高さ約64cm，口径約24cm，底径約32.5cmである。受け口状の口縁部をもち，底部は裾広がりに開いている。外面はタテハケあるいはていねいなナデ調整，内面は縦方向のケズリである。底部は一度倒立させてから，強いヨコナデによって丁寧に調整している（註17）。円筒部には縦長長方形のスカシを2～4段にわたって4～6方向に開けている。文様は4パターンほどみられ，スカシの上下に横線を施すだけのもの，頸部に綾杉文を施すもの，円筒部上方に平行線を充塡する

第4章　移行期の儀器・祭器

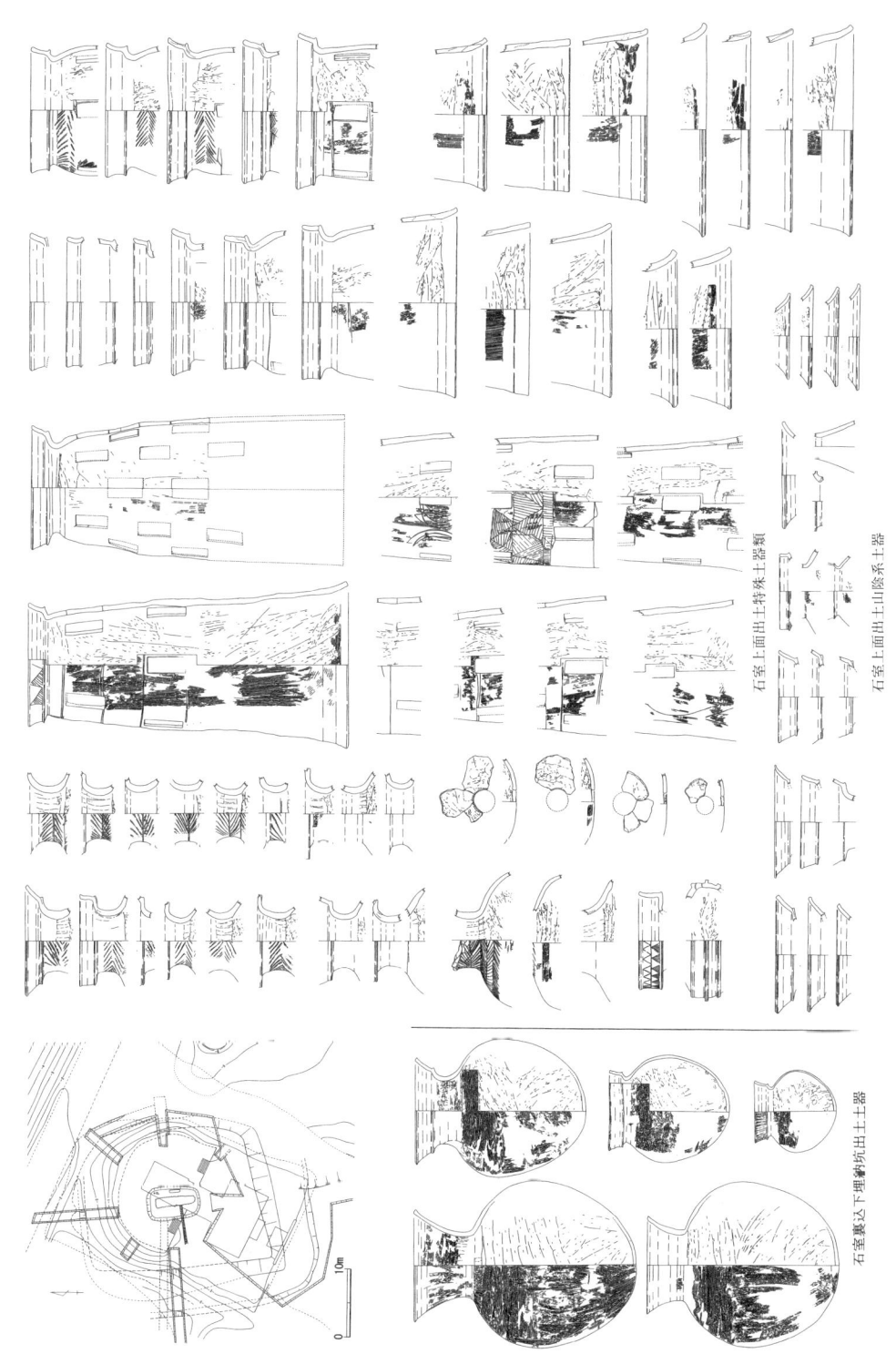

図73　島根県神原神社古墳

連続三角文を施すもの，スカシの間に背中合わせの弧線文を施すもの，などがある。また，口縁部に連続三角文を施すものもある。少なくとも14個体が出土している。

これらに伴う壺は複合口縁を持つ中型品で頸部および肩部に横線文と綾杉文が施されるものがある。また，底部は丸底に近いが焼成前の穿孔が施されている。有文・無文双方合わせて20個体程度が出土している。

他に若干の鼓形器台，高杯，吉備系特殊壺などの破片が出土しているがごくわずかであり，主体部上の土器が特殊器台と底部穿孔壺の組み合わせでほとんどが占められて

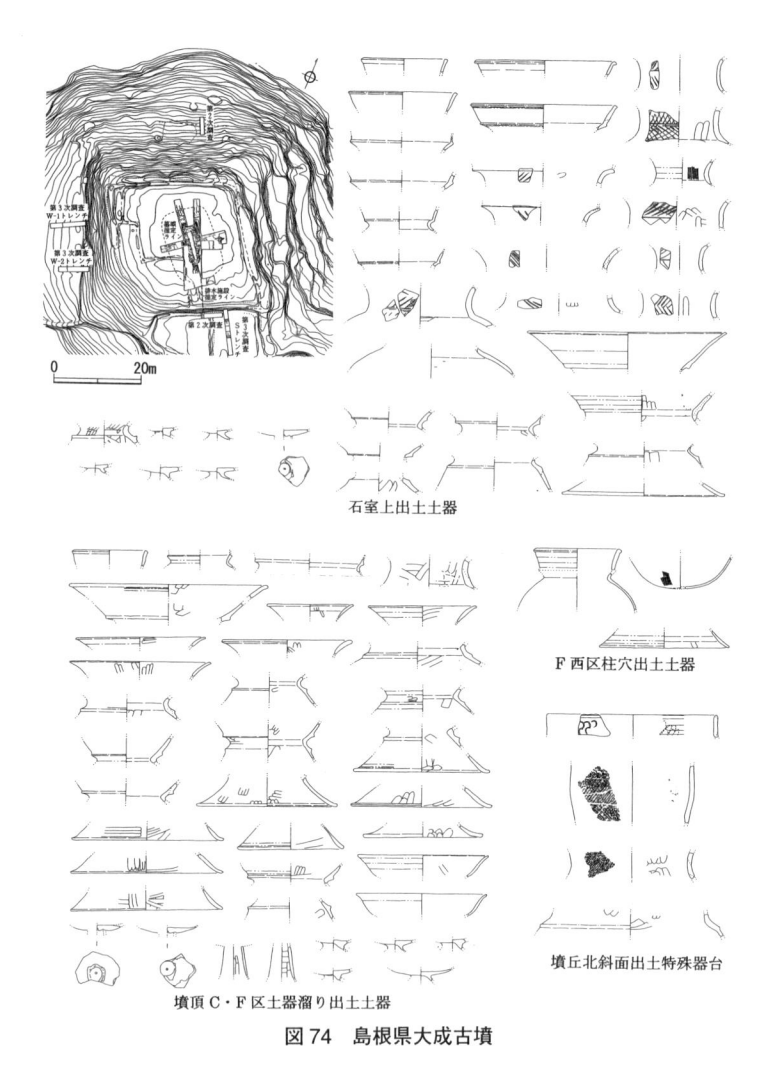

図74　島根県大成古墳

いたことがわかる。象徴化された壺と器台の組み合わせが中心の儀礼であり，供膳具の量は縮小している。また，壺と器台はずっと立て置かれたのではなく使用後に破砕して，石室上に埋納していることから，いわゆる囲繞配列ではなく一時的な使用と捉えられる。ちなみに，器台類を天井石上面に破砕埋納する例は奈良県中山大塚古墳でも見られる。

大成古墳（島根県安来市）（図74）は東西58m，南北44m，高さ7m程度の大型方墳である。墳頂部中央に竪穴式石室があり，副葬品として三角縁唐草文帯二神二獣鏡1面，素環頭大刀1本，鉄刀2本，鉄剣2本，小型丸底土器3個体，低脚杯2個体が出土している。石室外の土器の出土位置は①石室上，②墳頂平坦面C・F区土器溜，③墳頂平坦面F区，④墳丘北斜面である。①主体部上では神原神社古墳に見られたような頸部に綾杉文を施す壺と鼓形器台，低脚杯のセットが何組か置かれていたようである。山陰系特殊器台は⑤の斜面で小片が出土したのみであるが，想定される全形は塩津山1号墓出土の特殊器台に似たものと考えられ，下すぼまりの円筒部に脚台が付き，口縁部にはC字形の竹管文が施されている。使用状況は不明であるが，

主体部上にこれらの破片が見られないことは注意しておく必要があろう。

造山1号墳（島根県安来市）（図75）は大成古墳と同じく荒島墳墓群中の前期大型方墳で、墳丘規模は一辺約60m、高さ約10mを測る。墳頂に2基の竪穴式石室が確認されている。中心の第1石室からは倣製方格規矩鏡1面、倣製三角縁三神三獣鏡1面、ガラス管玉2点、大刀残欠が出土、第2石室からは倣製方格規矩鏡1面、碧玉製紡錘車1点、ガラス製管玉、鉄剣残欠、刀子残欠が出土している。山陰型特殊器台は墳丘各所から数個体分出土しているという。受け口状の口縁部をもち、裾広がりの円筒部を有する。口径は35～45cmほどもあり、神原神社古墳出土資料よりもはるかに大きく、塩津山1号墓出土例とほぼ同程度か、やや大きいものと思われる。頸部のすぼまりが小さく、型式学的には退化傾向にあるといえる。文様は頸部に綾杉文を施しており、口縁部に短い斜線文を施す例もある。円筒部外面はタテハケ、内面は横方向のヘラケズリである。脚端部の破片の存否は不明だが、神原神社例と同じく裾広がりを呈すものと思われる。

温江丸山古墳（京都府与謝野町）（図76）は径65m、高さ8.5mの楕円形墳で、墳頂に箱形石棺を内蔵した竪穴式石室1基が確認されている。墳丘が大きく削平されたために、埋葬施設も破壊を被った。副葬品は削

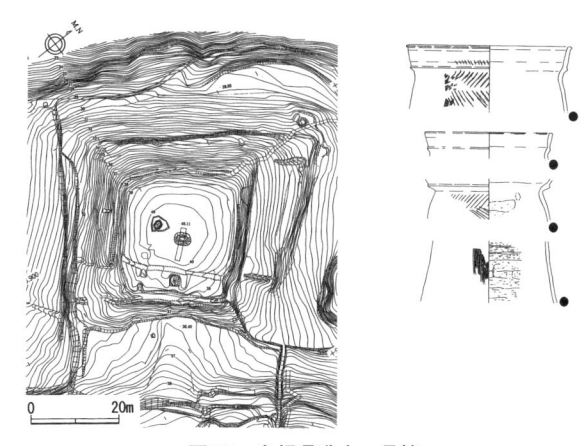

図75　島根県造山1号墳

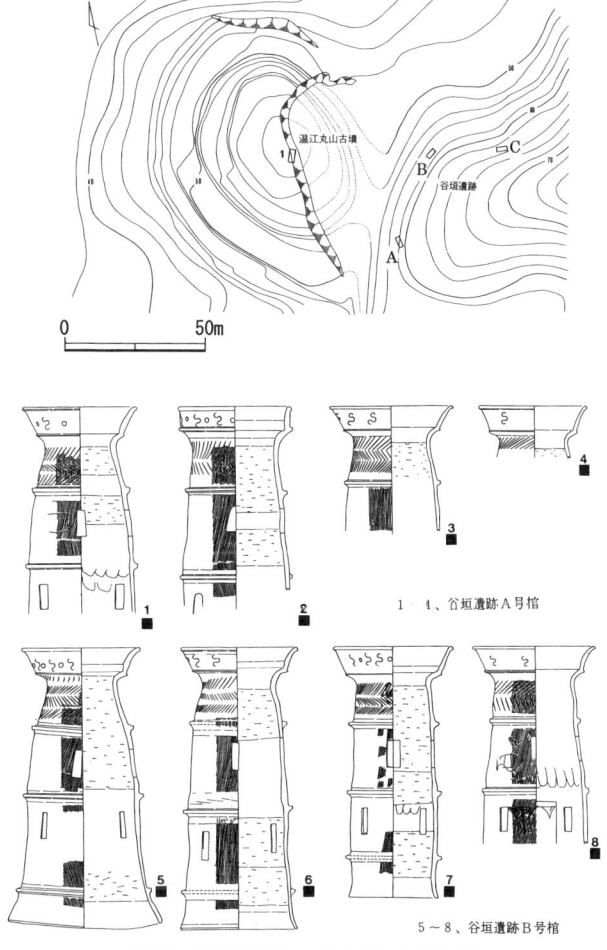

図76　京都府温江丸山古墳・谷垣遺跡

平された崖下から採取された三角縁神獣鏡片1点，方格規矩変形獣文鏡1面，鉄刀片1点がある。そして，当古墳のすぐ東側に隣接する**谷垣遺跡**で合計3基の埴輪棺が発見されており，これらに使用された埴輪がいわゆる「山陰型特殊器台形埴輪」と呼ばれているものであった。3基の埴輪棺で合計10個体が使用されていたという。

谷垣遺跡出土資料は裾広がりの円筒部をもち，縦長長方形のスカシを開け，口縁部外面に竹管文，頸部に綾杉文を施すこと，あるいは内外面の調整技法はこれまでの事例と変わらないが，異なる点として高さが約1m弱もあり大型品であること，口縁部が受け口状ではなく二重口縁状に外反すること，円筒部に3条の突帯を有することが挙げられる。これらのことからより埴輪に近い特徴を有していると言える。山陰系特殊器台の流れを組みつつそれまでになかった突帯を付加することで，畿内ではすでに成立していたであろう円筒埴輪の影響を受けていたことがわかる。これら谷垣遺跡の円筒器台棺は，もともと温江丸山古墳に樹立されていたものを転用したと考えられている。ただし，そのことを確認するための発掘調査は行なわれておらず，使用状況は不明である。

小　結

以上見てきた「山陰型特殊器台」の5例は大枠では同種の器台群と思われるが，若干異なる要素も見受けられる。大きく異なるのは脚端部の形状で塩津山1号墓例と大成例が脚台部を呈すのに対して，他の三例は裾広がりである。前二者は口縁部が直立し，C字形の竹管文を施すことで共通するため，型式学的に古く位置づけられ，伯耆系特殊土器類との関連が考えられる。また，5例のうち神原神社例のみは小形品でそのためか製作技術も他とは異なっているようだ。報文中で「円筒形土器」として呼称している通り，通常の土器に近い位置づけが正しいのかもしれない。実見した限りでは「埴輪」や「特殊器台」というよりも「器台形土器」の名称の方がしっくりいく資料である。また，谷垣遺跡出土例は大型であることと突帯が付加されたことで，反対に「埴輪」という印象が強い資料であり，「山陰型特殊器台形埴輪」の呼称がふさわしいといえる。このように「山陰型特殊器台」とされたものの中にはある程度のバラエティがあることはすでに指摘されているが（赤澤1999，東森・大谷1999），私見ではこれらを他と区別してまとめるだけの共通した要素は存在すると考え，「山陰型特殊器台形土器・埴輪」として総称しておくのがよいと考えている。

さて，これらの土器配置については本来の使用状況が判明しているのが神原神社古墳のみであるので，確定的なことは述べることができない。しかし，神原神社例ではすでに器台に伴う壺に焼成前の穿孔が施されており，象徴化が進行していたことが伺われる。これらは埋葬儀礼に伴って一時的に立て置かれたもので，使用後に石室上に破砕して埋納している。この段階では囲繞配列は行なわれていない。ところが，大成古墳・造山1号墳では墳丘斜面から破片が出土し，石室上からは検出されなかった。この段階ではおそらく囲繞配列に近い配置状況ではなかっただろうか。このように考えると山陰型特殊器台の使用方法の変遷は吉備系特殊器台と変

わるところはなかったと思われる。両者の大きな違いは，吉備系が大和の超大型前方後円墳において採用されたのに対し，山陰系が日本海側に限定された分布を示すこと，である。これは瀬戸内地方の影響をうけて，山陰において首長墓における葬送祭祀儀礼に大型器台を導入するにあたって，山陰独自の様式を保持するために新たに山陰系の大型円筒器台を創出したものと思われる。それでは，これらの円筒器台の起源がどこにあるかと言えば，それは徳楽墳丘墓出土の伯耆系特殊土器類に求めるのが妥当ではないだろうか。徳楽墳丘墓出土資料の大型円筒器台は全形が伺えないものの，縦長長方形スカシが存在し，山陰系特殊器台にみられるC字形竹管文や綾杉文といった要素も伯耆系特殊土器類の主要な文様であることは前述したとおりである。現在，両者を型式学的に埋める資料は未発見であるが，ここでは可能性としてその系譜関係について肯定的に言及しておく。

第4節　畿内系加飾壺

　畿内系加飾壺とは櫛描直線文・櫛描波状文・円形浮文などで装飾を施す壺のことで，とくに「加飾壺」と呼ばれてきた。この土器は古くからその系譜をめぐって議論がある。田中琢が「庄内式」を提唱したとき（田中琢1965），その標識資料としてあげた庄内遺跡出土土器の中に「加飾壺」は存在し，田中は庄内式の一形式としたが，その後これを東海系（置田1974，赤塚1995）もしくは東海地方の影響をうけて畿内で成立した（小嶋1982）という意見が相次いだ。しかし，筆者は田中や関川尚功（石野・関川1976）と同じくこれを畿内第五様式の系譜上にある，れっきとした畿内系の土器と考えている。集落遺跡の報告書をあたってみると，破片資料が大多数を占めるが，大和・河内・摂津などの畿内地域と播磨に集中して分布する。その加飾性の強さゆえ，たとえ小片でも報告書に実測される可能性が高いので，その分布の偏在性はかなり実態に近いものと思われる。

(1) 畿内系加飾壺の特徴

　ここで畿内系加飾壺の特徴を述べておこう（図77）。まず，形態であるが，口縁部は筒形の頸部から外方に広がり端部を拡張して面取りするものと，二重口縁を呈するものがある。前者はかつて筆者が「有段口縁壺」と呼称したもので，たいていは細い筒形の頸部をもち，頸部と口辺部の境は明瞭に屈曲する（古屋1998）。そして，口縁部の端部に粘土帯を付加して上か下あるいは上下に端部を拡張して文様を施文するスペースを作り出している。その形態的特徴から「有段口縁」という名称はふさわしくなく，今ここで撤回したい。ではどのような名称がふさわしいのであろうか。「拡張口縁」という名称も考えられるが，それは本来，二重口縁のような大きく発達した口縁部にこそふさわしいだろう。ここでは二重口縁やその他の複合口縁との違いを明瞭にするために「狭帯口縁」という名称を用いたい（註18）。広義の複合口縁壺はいずれも装飾的な外観を作り出すために口縁部を拡張するのがその意図と思われ，その最たるものが二重口縁であろう。「狭帯口縁」も文様帯を確保するための措置として口縁部を上下に拡張したものだが（註19），その拡張の程度は他の複合口縁に比較してかなり狭いものである。そのような意味で「狭帯口縁」という名称を使用したい。

　畿内系加飾壺のうち狭帯口縁を呈するものは，口縁部への粘土の付加の仕方に次の3種がある。すなわちA：上方に短く立ち上がらせるもの，B：上下に拡張するもの，C：下方に粘土を垂下させるように付加し外面に面を確保するもの，である。A形式は技法的には二重口縁壺と同じ方法であるが，明らかに立ち上がりが短い一群があり，二重口縁壺との識別は比較的容易なものが多い。B形式については口縁端部を面取りするためにわずかに上下に拡張するものから，拡張部が幅数センチに及ぶ板状を呈するものまであるが，類例は少ない（園部黒田古墳，加美14号墓）。C形式については広義の垂下口縁という意味で定義している。本来の垂下口縁の

第4章　移行期の儀器・祭器

二重口縁

大阪　美園

福岡　博多62次

長野　中山36号

櫛描波状文のみ施す例

大阪　東奈良　　兵庫　播磨長越

※博多遺跡例のみ1/10　他は2/15

狭帯口縁

A形式

奈良　纒向　　　　千葉　臼井南
上方に短く立ち上げる

B形式

上下に拡張
京都　園部黒田

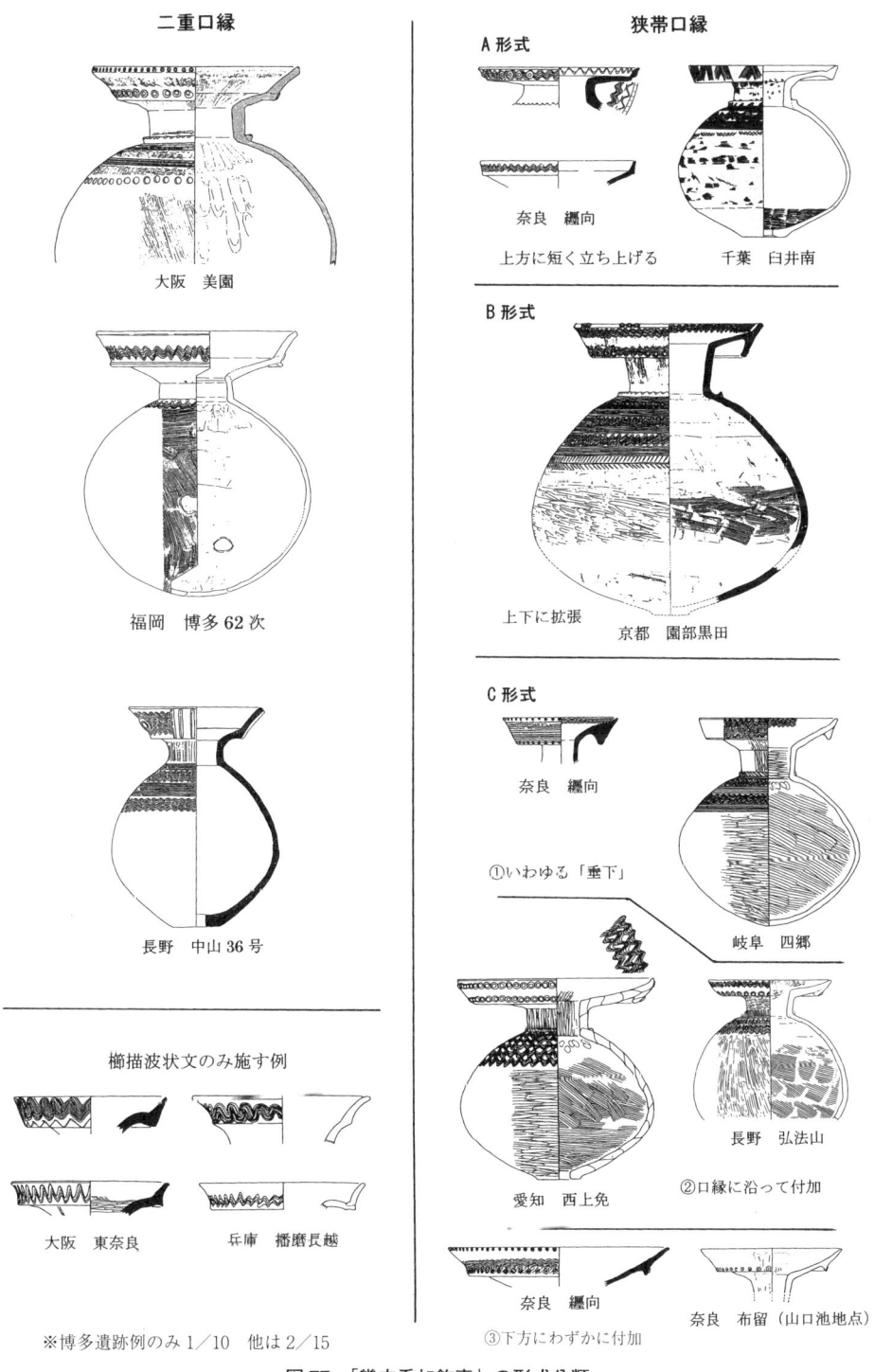

C形式

奈良　纒向
①いわゆる「垂下」
岐阜　四郷

愛知　西上免　　　長野　弘法山
②口縁に沿って付加

奈良　纒向　　　　奈良　布留（山口池地点）
③下方にわずかに付加

図77　「畿内系加飾壺」の形式分類

ように，実際に大きく垂れ下がったように粘土帯を付加し断面が逆三角形を呈する資料もあるが，口辺部外面に沿うように付加させるものや（西上免SZ01，弘法山古墳），口縁端部から数センチ頸部よりに離して付加し，見かけ上，二重口縁壺に似せているものがある（布留遺跡山口池地点Ⅲ層，纒向遺跡東田南溝南部上層）。このような資料のうち粘土帯が付加される段部より上方が大きく外反するようであれば二重口縁壺の範疇で捉えるべきであろう。

胴部については長胴化傾向にあるものはなく，球胴よりはむしろ扁平な印象をもつ胴部が多い。東海系のパレススタイル壺のような著しい下膨れの胴部は少なく，最大径を中位にもつものが主流を占めている。底部は小さなものが多く，不安定な尖底や丸底を呈すものが多い。また，墳墓出土資料では多くに焼成後の穿孔が施されている。

文様は畿内系加飾壺を規定する重要な要素である。典型的な三要素として円形浮文・櫛描波状文・櫛描横線文を挙げることができる。円形浮文は小さな円盤状の粘土を貼り付け，その中に円形竹管文を押圧し，見かけ上同心円文を作り出すものである。時期が降ると粘土の貼り付けを省略し，直接，器面に円形竹管文のみを施す例が増える。この3種の文様の組み合わせと施文位置は個体によってかなりのバラエティがあるが，およその傾向はある。口縁部外面には櫛描波状文および円形浮文の両方か，どちらかが施される。口縁部に横線文を施す例がわずかにあるが，一般的な傾向とはいえない。二重口縁の場合，円形浮文は口縁部の下端に施される例が多い。また，口縁部に櫛描波状文のみを施文する例は播磨・摂津地域に多い（東奈良遺跡，播磨長越遺跡）といえる。口縁部の内面に文様が施される場合は櫛描波状文のみであることがほとんどである。肩部の文様帯は櫛描波状文と櫛描直線文を2段ないし3段ずつ交互に配置するのが基本パターンであるが，まれに円形浮文を貼り付ける場合もある。また，肩部文様帯の最下段に斜状列点文や綾杉文を施す例があるが（黒田古墳，芝ヶ原古墳），これらは南丹波・山城・近江などの地域の特色といえる。このように文様においては若干の地域性が伺えるものの，以上に述べてきた特徴を有する一群の壺形土器は，総じて他の装飾壺から区別できる特徴を有しているため，これを「**畿内系加飾壺**」と定義する (註20)。「畿内系」を冠するのは前述したとおり，集落遺跡出土資料が大和・河内・摂津・播磨などの地域に集中するとみられることがその根拠である。

(2) 畿内系加飾壺出土墳墓の検討

加飾壺が出土した墳墓を集成し，各要素を表3のようにまとめた。筆者個人による集成なのでかなりの遺漏が想定されることは否めないが，それでも32例が集まったのでおよその傾向は導き出せると思われる。

分布範囲は北部九州から関東地方に至る非常に広範囲に及んでいる。このように，墳墓の祭祀において1種の儀器がこれほど広域で使用されたことは，弥生時代後期までにはありえないことであった。また，分布をよく見ると，吉備・山陰には及んでいないことがわかる。これら伝統的な儀器を保持している地域では加飾壺を受け入れない土壌があったということは拙稿で

表3 「畿内系加飾壺」出土墳墓要素表

墳墓名	所在	墳形	全長	埋葬施設構造	土器配置
	副葬品				
西一本杉ST008	佐賀県吉野ヶ里町	不整円	約15m	箱形石棺	B3:加飾壺1
	鉇1				
博多62次周溝墓	福岡県福岡市	長方	16.4m	木棺直葬	B3:加飾壺1・二重口縁壺・坩など
	鉄剣1				
下原	大分県国東市	前方後円	約23m	礫槨・箱形木棺	A1:加飾壺・高杯 B3:手焙・壺など
唐子台2丘	愛媛県今治市	?	?	箱形石棺	B3:加飾壺
雉之尾1号	愛媛県今治市	前方後方	30.5m	木棺直葬	
	重圏文鏡1・大刀2・鉄剣1・鉄鏃13・鉇1				
中出勝負峠8号	広島県北広島町	円	約15m	箱形木棺直葬	B3:加飾壺2
	内行花文昭明鏡1・碧玉管玉5・ガラス小玉3・鉄槍2・鉄鏃12・袋状鉄斧1・鉇1				
萩原1号	徳島県鳴門市	前方後円	推定26.5m	竪穴式石槨	A1:細頸壺など A2:大型壺 B3:加飾壺など
	画文帯神獣鏡1・管玉4・鉄器片				
加美14号	大阪市	前方後方	約16m	−	B3:加飾壺・二重壺・直壺・手焙・甕
ホケノ山	奈良県桜井市	前方後円	80m	石囲木槨・舟形木棺	D2:加飾壺数個体・坩3〜
	画文帯神獣鏡・内行花文鏡・素環頭大刀・他 刀剣類・銅鏃・鉄鏃・鉇・鑿など				
大王山9号地点	奈良県宇陀市	長方	17m	木棺直葬	D2:加飾壺2
	鉄鏃1				
内場山下層	兵庫県篠山市	方	20m	割竹形木棺直葬	A1:加飾壺・台付短頸壺など
	素環頭大刀1・鉄鏃17・袋状鉄斧1・鉇1・針1・不明鉄器1				
赤坂今井	京都府京丹後市	方	39m	舟形木棺直葬	A1:加飾壺・高杯・器台
寺ノ段1号	京都府福知山市	方	11m	−	B3:加飾壺
砂原山	京都府加茂町	円	25m	土壙	D2?:加飾壺1・台付長頸壺1
黒田	京都府南丹市	前方後円	52m	礫槨・木棺	主体上盗掘坑:加飾壺3
	双頭龍文鏡1・碧玉製管玉6・鉄鏃18・不明鉄製品・不明木製品・漆塗製品				
芝ヶ原12号墓	京都府城陽市	前方後方?	21+αm	箱形木棺直葬	A1:加飾壺・高杯
	四獣形鏡1・銅釧2・勾玉8・管玉187・ガラス小玉1276・鉇1・不明鉄器7				
皇子山	滋賀県大津市	円	22.8m	土壙	B3:加飾壺数個体・高杯若干
小松	滋賀県高月町	前方後方	60m	−	A3:装飾壺5・手焙1・高杯20前後など
	内行花文鏡1・方格規矩鏡1・銅鏃4・鉄鏃13〜・刀子・ヤス				
小菅波4号	石川県加賀市	前方後方	16.6m	箱形木棺直葬	A1:装飾壺 B3:加飾壺・装飾壺
	ガラス小玉5・鉇1・鉄片1				
宇気塚越1号	石川県かほく市	前方後方	約19m	木棺直葬	B3:加飾壺・壺・直壺・高杯など
	ガラス小玉1・鉄鏃1・鉇2				
東町田SZ10	岐阜県大垣市	前方後方	約16m	−	B3:加飾壺・パレス壺・高杯・甕など
西上免	愛知県一宮市	前方後方	40.5m	−	B3:加飾壺・パレス壺・高杯・甕など
弘法山	長野県松本市	前方後方	66m	竪穴式石槨	A1:加飾壺・パレス文壺・手焙・高杯など
	斜縁四獣鏡1・ガラス小玉738・鉄剣3・銅鏃1・鉄鏃24・鉄斧1・鉇1				
中山36号	長野県松本市	円	20m	粘土床	D1:加飾壺1
	斜縁六獣鏡1・鉄鏃?				
川島8号	千葉県富津市		19.85m	−	B3:加飾二重壺・二重壺・直壺
山王辺田2号	千葉県袖ヶ浦市	前方後方	36m	−	B3:加飾壺・二重壺・手焙など
神門5号	千葉県市原市	前方後円	42.5m	木棺直葬	B3:加飾壺・装飾壺・高杯など
	鉄剣1・鉄鏃2・ガラス小玉6				
神門4号	千葉県市原市	前方後円	33m	木棺直葬	A1:加飾壺1・壺2・高杯2・小型器台1
	棺内:鉄剣1・鉄鏃41・管玉31・ガラス小玉394 棺外:鉄鏃1 墓壙埋土中:鉇1・破砕玉類				
神門3号	千葉県市原市	前方後円	47.5m	木棺直葬	A1:手焙 A2:加飾壺・二重壺・高杯など
	棺内:管玉10・ガラス小玉103・鉄剣1・鉄槍1・鉄鏃2・鉇1 棺外:管玉2				
星久喜2号	千葉市	方	11.6m	−	B3:加飾壺2・甕2
臼井南第Ⅰ	千葉県佐倉市	方	15.2m	−	B3:加飾壺2
下道添13号	埼玉県東松山市	方	21.5m	−	B3:加飾二重壺・直壺・高杯・小器台など

すでに指摘した（古屋2002b）。

　墳形は前方後円形・前方後方形・円形・方形と様々である。弥生墓制の伝統上にある墳墓が多いが，これらの墳墓の年代が降ってもそのほとんどが布留0式併行期の中でとらえられるので，当然かもしれない。ただし，小規模な墳墓が目立つことは注目できよう。32例中，全長が50m以上の墳墓は4基，30m以上50m未満が7基，30m未満が20基，不明1基という内訳である。墳墓の大小を問わずこれらの土器が使用されたと考えられる。

　埋葬施設については竪穴式石槨・礫槨・木棺直葬などがあり，本格的な板割り石を小口積みした長大型竪穴式石室は皆無である。また，副葬品については豊富な例も存在するが，鏡については岡村秀典のいう「漢鏡7期」（岡村1990・92）までの中国鏡が多く，三角縁神獣鏡を伴うものがないことは注意する必要があるだろう。このことは時期的に畿内系加飾壺が先行することもあると思われるが，竪穴式石室の問題も含めて，葬送祭祀の系統の違いを考慮する必要があるかもしれない。

　これらの加飾壺の配置状況も様々であるが，主体部から出土するものと，周溝から出土するもの（B3）がある。主体部から出土するものはいわゆる墓壙上（A1）から出土するものと，墓壙内棺外（D2）に置かれたとされているものがある。棺外の場合は棺上などが想定されている（大王山9号地点）。このことから使用状況がまちまちであるということも言えようが，主体部が調査されている22例中，主体部から出土する事例は10例に達するので，主体部付近に配置されることの多い器種と言えるだろう。また，手焙形土器を伴うものが6例あり，注目される。

　さて，これら畿内系加飾壺を使用した葬送祭祀とはどのようなものであったのだろう。まず畿内系加飾壺自身が，吉備における特殊土器類と異なり葬送祭祀のためだけに作られた器種ではないことを

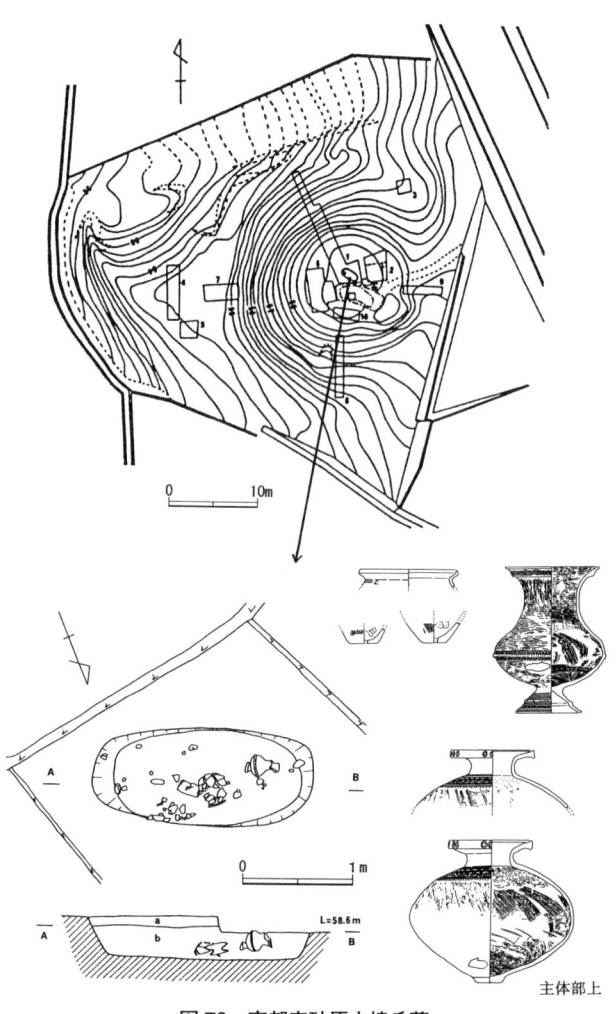

図78　京都府砂原山墳丘墓

確認しておかなければならない。畿内における出土量は確実に集落遺跡に多いので，祭祀的な土器であったにせよ割合に身近な器として普段から使用されていたものであった。もちろん，墳墓から出土するものの中には葬送祭祀用に製作されたものもあったと思われるが，何か特別な機能を付している訳ではないだろう。ここでは内容物の供献に使用された祭祀土器という位置づけをしておきたい。ところで，畿内系加飾壺の墳墓出土資料の多くに焼成後に底部や胴下半部を穿孔した事例があるが，これは次代の無文の二重口縁壺のほとんどが焼成前底部穿孔が施されることと対称的である。畿内系加飾壺の段階では実際に内容物を入れて儀礼を行ない，使用後に穿孔して墓に埋置・遺棄したものと思われる。内

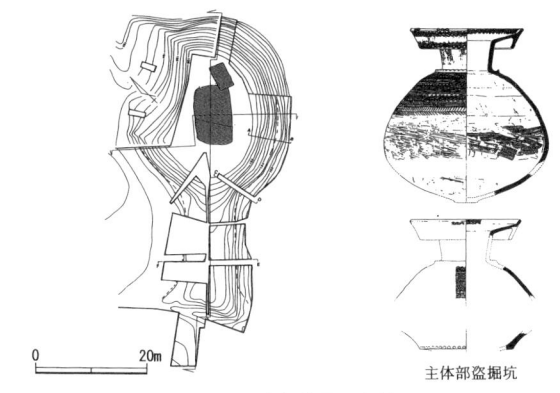

図79　京都府黒田古墳

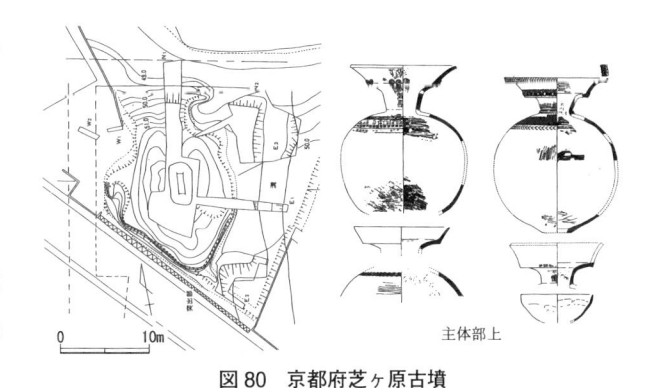

図80　京都府芝ヶ原古墳

容物の存在を推定する根拠は，もともと集落で穿孔されずに使用されていた土器だからである。ただし，次代の焼成前穿孔に移行する萌芽はすでにみられる。それは西上免古墳出土例では，図上では焼成前穿孔と見まがうほど，底部中央に極めて丁寧に焼成後穿孔を施しており，廃棄直前に穿孔したとは考えられないことである。おそらく製作後，使用する前に丁寧に穿孔し，仮器化された状態で儀礼に使用されたのだろう。象徴化された壺としての機能がすでに生まれていたものと考える。

　加飾壺は庄内式併行期から布留式古段階にいたる短い期間に，なぜか広範囲で使用された。その使用状況は一様ではないが，葬送祭祀儀礼における壺の役割が象徴化される過渡期の様相を表わしているといえよう。また，西条52号墓・ホケノ山古墳例は第6章第1節で述べるとおり，囲繞配列の初源と関わりがあると考えられるが，その他の例は囲繞配列されてないことも重要である。これらの加飾壺は単独で出土することもあるが，東日本では手焙形土器・高杯・小型器台などとともにセットをなし，主体部上に置かれる場合もある。このことは，西日本の弥生墳墓で盛んに行なわれた主体部上に供膳具を置く土器配置が形を変えて東日本に伝播する際に，畿内系加飾壺を使用した儀礼がその媒介役になったことを示している。この問題は東日本の出現期古墳の起源に深く関わると考えられるため，第5章第2節で改めて触れる。

139

第5章　前期古墳の土器配置

　本章では前期古墳の土器配置について述べるが，囲繞配列についてはその性質上，他の土器配置と区別されるので，次章にて詳述することにする。ここで扱うのは主に主体部上の土器群であるが，主体部上以外の特定場所に意図的に配置している事例なども採り挙げることとする。

第1節　西日本における前期古墳の土器配置

　西日本の前期古墳の土器配置は大きく二つに分けられるだろう。それは弥生時代の在地の墳墓の伝統上に行なわれているものと，畿内で成立した大型古墳で行なわれた土器配置の系譜上にあるものである。両者の違いは器種組成に主に現われるが，後者は山陰型土器配置にその起源が求められると考えられる。順に見ていくことにしよう。

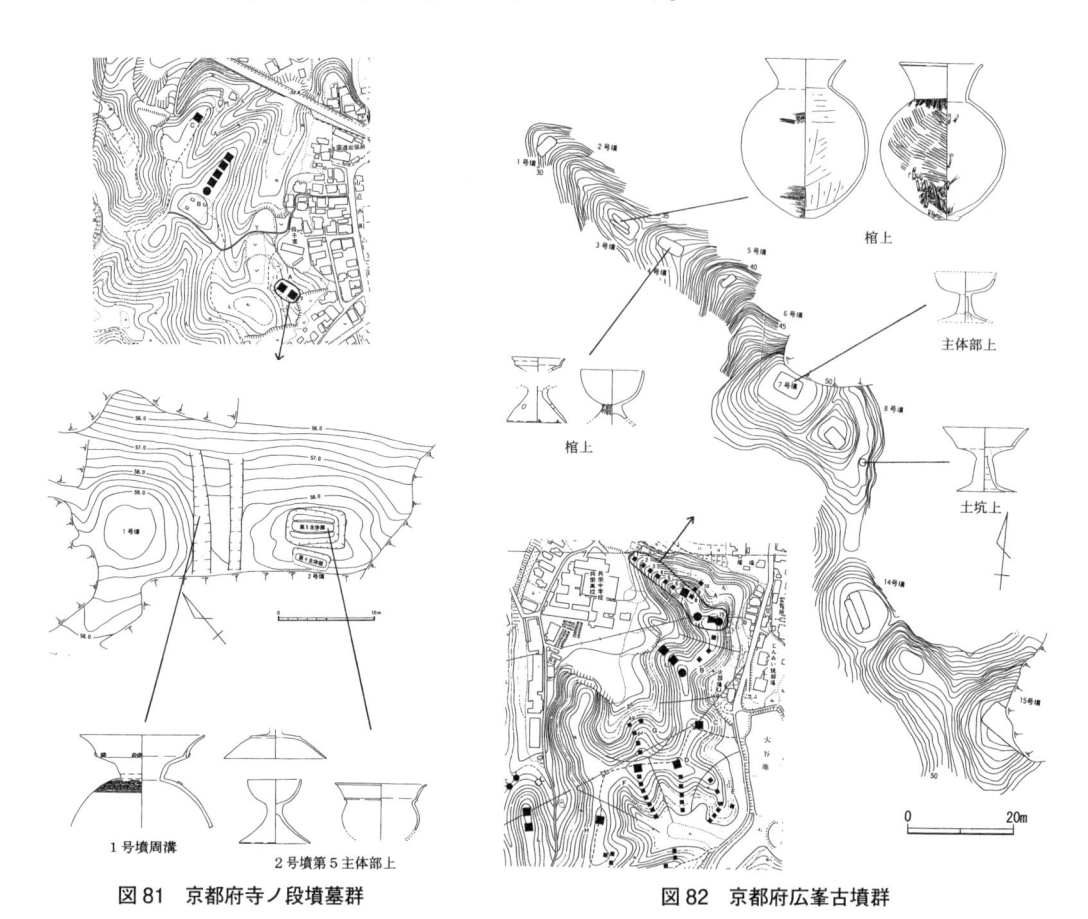

図81　京都府寺ノ段墳墓群

図82　京都府広峯古墳群

(1) 各地の弥生墓制の延長にある土器配置

　西日本の中でも中国地方および近畿北部などにおいては在地の弥生墓制の系譜をひく墳墓が，古墳時代前期になっても尾根上に造られているところが多く，そうした墳墓では小規模ながら主体部上土器配置を行ない続けている。岡山市みそのお墳墓群，京都府福知山市**寺ノ段墳墓群**（図81），**広峯古墳群**（図82）などがそれに該当する。また，これらの尾根上に小円墳あるいは方墳をつくる造墓活動は大和の宇陀地域でも庄内〜布留式併行期にかけて行なわれ，それらの主体部あるいは周溝から出土する場合がある。主体部から土器が出土する例は，奈良県宇陀市の**キトラ墳墓群**（図83），**大王山9号地点墳丘墓**（図84），**見田・大沢古墳群**，**野山墳墓群丸尾支群**（図85），**胎谷墳墓群**（図86）などの諸墳墓で見られる。主体部から出土する器種は壺が多く，主体部上よりも墓壙内からの出土が多い。丹波をはじめとする地域の後期弥生墳墓文化の影響を受けていると考えられるが，壺を主体部内に入れる行為は独自なものかもしれない。他には高杯や小

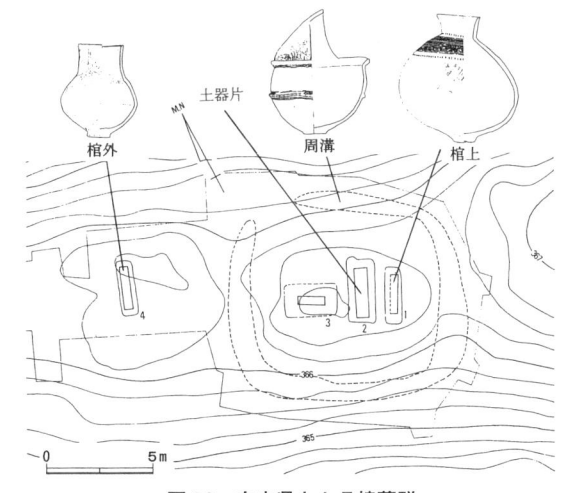

図83　奈良県キトラ墳墓群

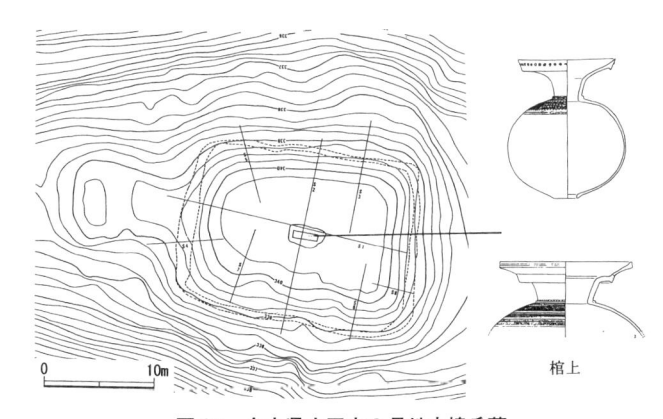

図84　奈良県大王山9号地点墳丘墓

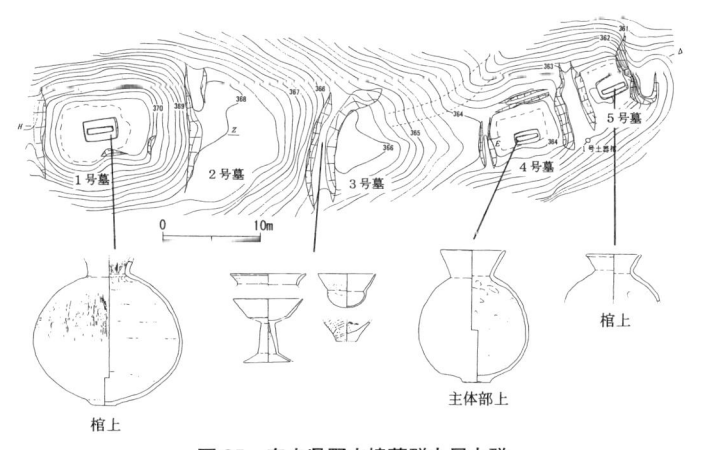

図85　奈良県野山墳墓群丸尾支群

型丸底土器，小型器台などが周溝から出土する。これらを総称して**「宇陀型土器配置」**として定義しておこう。

山陰では弥生時代以来の主体部上土器配置を前期古墳でも連綿と行ない続けることはすでに述べた。具体的な事例としては，松本1号墳，大成古墳（図74），造山3号墳，島根県松江市上野1号墳（図87）などが挙げられる。特に**上野1号墳**は第Ⅱ期の円筒埴輪（川西1978）が伴う前期後半の古墳であ

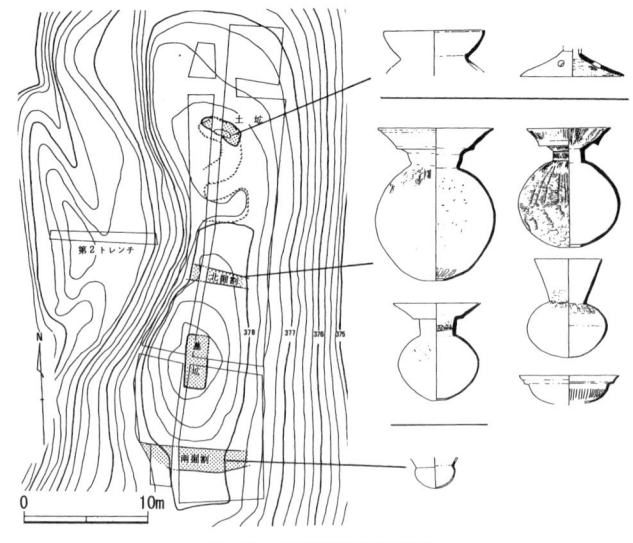

図86　奈良県胎谷墳墓群

るが，小型壺・鼓形器台・高杯に標石が伴っており，驚くべきことに弥生時代の「山陰型土器配置」がこの時期まで変わることなく行なわれていたことがわかる。山陰型土器配置は後述するとおり，定型化した古墳の土器配置にも影響を与えていたと考えられ，背後にある祭祀・信仰が大きな影響力を持っていたことが想定できる。

(2) 定型化した前期古墳の土器配置

ここでいう「定型化した前期古墳」とは大和盆地東南部で成立したと考えられる，大型の前方後円墳・前方後方墳を指したもので，典型例は外表施設として段築・葺石・埴輪などを備え，埋葬施設には長大型の竪穴式石室あるいは粘土槨を構築し，副葬品は中国鏡をはじめとする豊富な装身具・石製宝器類・鉄製武器・鉄製農工具などをおさめるものである。狭義の古墳と言ってもよいだろう。これらの中にも供膳具を配置する古墳が知られているが，それは全体の中から言えばごくわずかである。それは弥生墳丘墓に比べて格段に盗掘される割合の多い大型古墳では主体部上が攪乱されてしまう場合が多いことが理由として挙げられる。また，長いこと埴輪や副葬品研究が主座を占めてきたために，早い時期の調査では土器については充分な注意が払われなかった可能性もあろう。また，墳丘が大型なために主体部以外の場所に配置されている場合は，その発見が困難であることも類例が少ない要因であろう。以下に数少ない好例を挙げていきたい。なお，奈良県天理市中山大塚古墳も主体部上土器配置があるが，それは大型の円筒器台であり第6章第2節で述べるのでここでは触れない。

まず布留式の古相（布留0～1式）併行期の例として西求女塚古墳・東殿塚古墳・双水柴山2号墳を挙げる。

西求女塚古墳（兵庫県神戸市）（図88）は全長推定98m，後方部辺52m，高さは推定で8.5～9m前後の前方後方墳である。1596年の「伏見地震」によって古墳の基盤層が地すべりをおこ

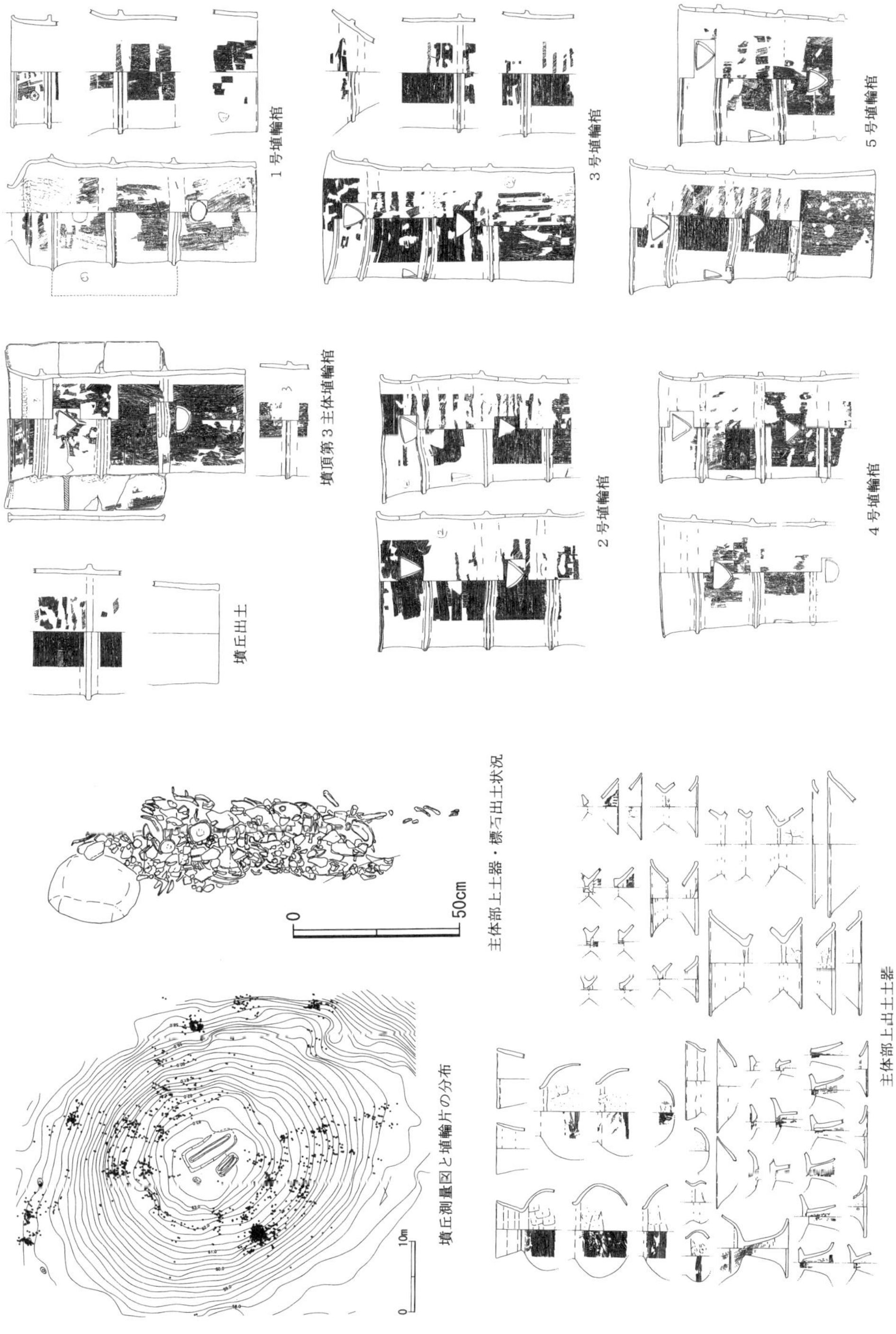

第 5 章　前期古墳の土器配置

図 87　島根県上野 1 号墳

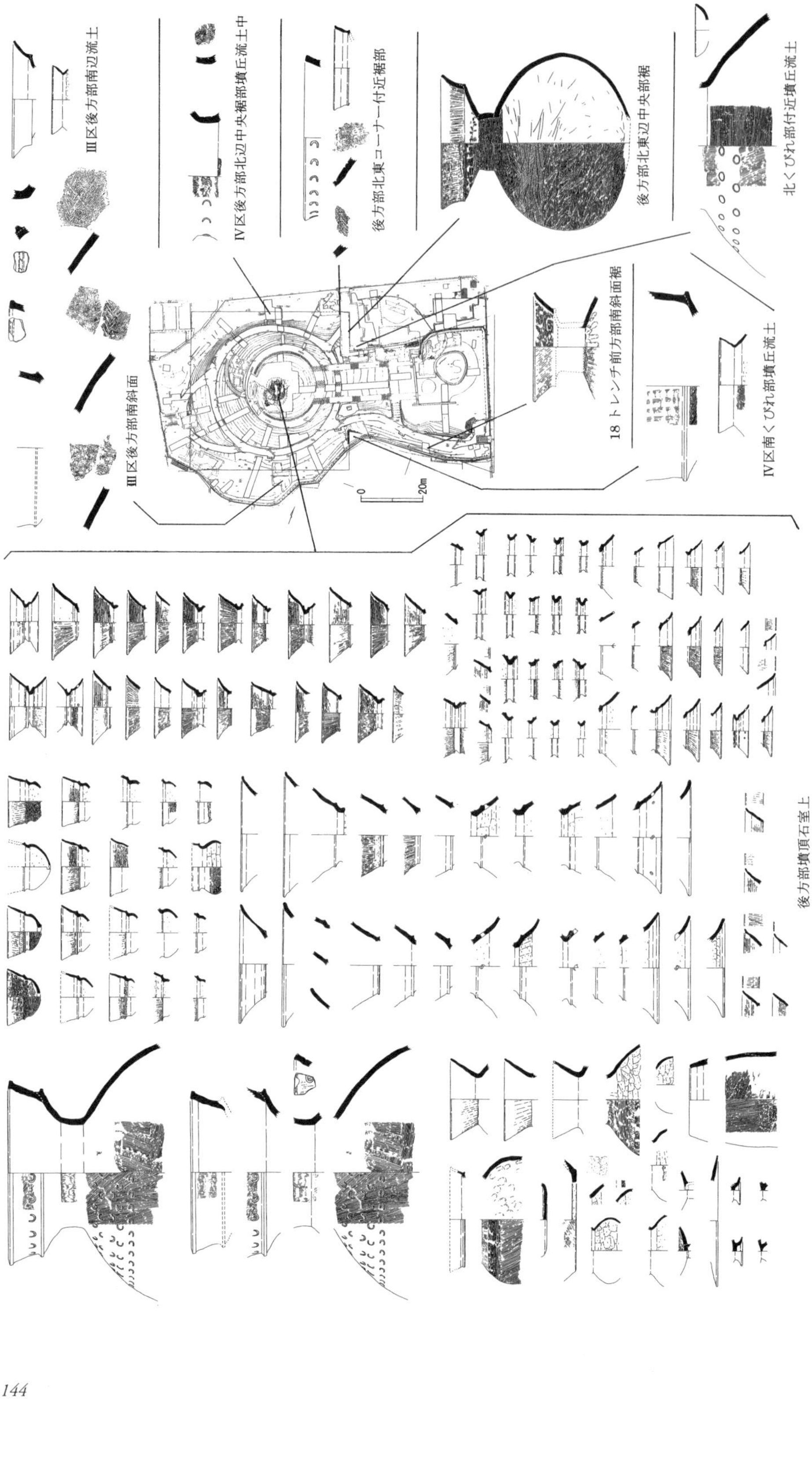

図88 兵庫県西求女塚古墳

第5章　前期古墳の土器配置

し，古墳の一部が崩されている。後方部墳頂の竪穴式石室も大きく破壊を受け，旧状を留めていなかった。しかし，慎重な調査により，安山岩・玄武岩の板石を小口積みし短辺の片側に副室を備えた長大型の竪穴式石室が図上復原されている。副葬品は三角縁神獣鏡7面，浮彫式獣帯鏡2面，画文帯環状乳神獣鏡2面，画像鏡1面のほか豊富な鉄製武器類，鉄製工具・漁具が出土している。土器は後方部墳頂から出土したものと，墳丘各所の斜面および裾から出土したものがある。後方部墳頂の土器は「墳頂部の陥没した墳丘の落ち込み上層から出土したことから，石室中央上の墳丘上面近くにあった」（報告書361頁）と考えられている。これらの土器の器種組成は，竹管文複合口縁壺2個体以上，直口壺3個体以上，有稜小型丸底坩20個体前後，山陰系鼓形器台および小型鼓形器台が多数，低脚杯4個体以上，高杯2個体以上，円筒型土器1個体以上，などである。注目されるのは山陰系土器の多さと，小型丸底坩が山陰系土器の影響をうけて口縁部に稜をもっていること，また，それらが焼成前に底部穿孔されていることであろう。竹管文の壺は墳丘各所からも出土しているが，これらは第4章第3節で述べたとおり播磨の伯耆系特殊土器類の影響を受けたものだと思われる。多量の供膳具があるにもかかわらず，それらが仮器として製作されていることはどのように理解すればよいのだろうか。このことは第7章第2節で考察する。

　東殿塚古墳（奈良県天理市）（図89）は250×90 mの大規模な長方形区画の上に，全長175 mの形態が判然としない墳丘下段を築き，さらにその上に全長139 mの前方後円形の墳丘上段を築く特異な墳丘をもっている。長方形区画の外側には一部掘割が存在し，墳丘斜面には葺石が葺かれている。埋葬施設は明らかにされていないが，後円部墳頂には盗掘坑と思われる大きな凹みが存在し板石が散乱することから，竪穴式石室の存在が予想される。前方部西側裾に設けられた調査区において，下段墳丘裾列石よりさらに外側に張り出す突出部が発掘され，その上面から埴輪および土器の集中区が発見された。埴輪は都月型文様の退化したものを施す，鰭付の器台形埴輪を中心にして，背の低い朝顔形埴輪や鰭付楕円筒埴輪など15個体前後を扇形に配置してある。そして，その周辺には埴輪配置に伴うような位置で伊勢型二重口縁壺4個体，小型丸底鉢11個体，小型鼓形器台2個体以上，柱状脚高杯2個体，布留型甕4個体，近江系受口甕4個体，近江系小型鉢4個体が出土している。胎土分析から近江系土器はすべて搬入品で，鼓形器台のうちの1個体も因幡からの搬入品であることが指摘されている。また，東海西部の廻間様式の影響を受けた土器が1点もないことが注目される。穿孔はすべて焼成後で伊勢型二重口縁壺，小型丸底鉢，近江系受口甕，近江系小型鉢の4器種に施されている。甕が伴うことから調理を伴う儀礼が行なわれたと思われるが，定かではない。儀礼終了後に穿孔を行なって仮器化し埴輪群に供献されたものであろう。様相としては古い儀礼の要素が保存されているといえよう。

　双水柴山2号墳（佐賀県唐津市）（図90）は全長33.7 m，後円部径22.8 m，高さ4.4 mを測る前方後円墳である。葺石や埴輪はない。埋葬施設は後円部墳頂に設けられた割竹形木棺直葬土壙で，両者とも上下に重なっているという。第2主体といわれているものが第1主体部上の陥

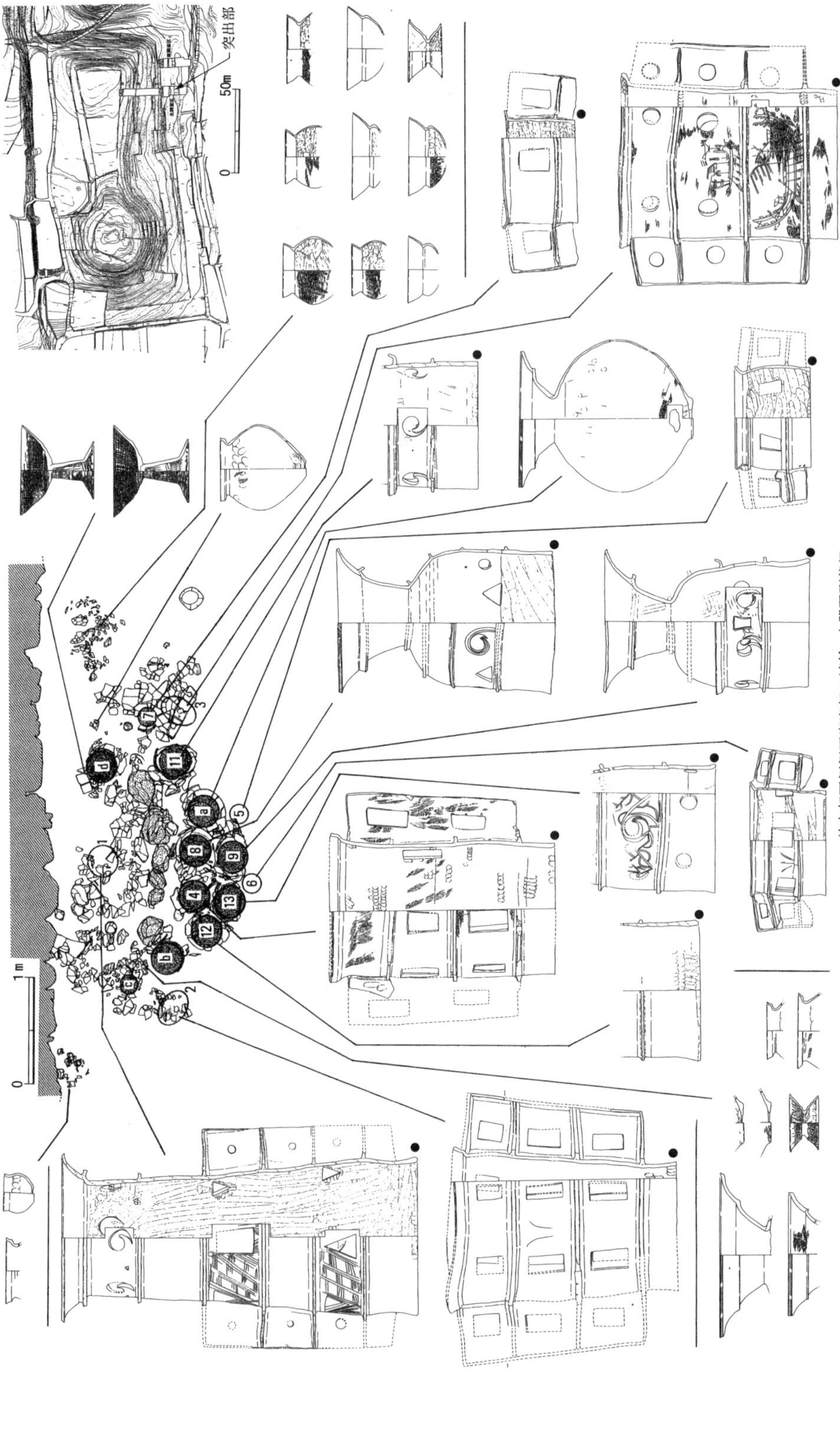

図 89 奈良県東殿塚古墳 前方部西側側面突出部の埴輪・土器配列状況

没坑という指摘もある。この第2主体覆土中より二重口縁壺1個体，直口壺1個体，柱状脚高杯1個体，小型器台1個体，甕片3点が出土している。壺類底部には穿孔が見られる。墳丘裾から直口壺・高杯のほか，多量の甕片が出土している。甕のすべてが儀礼に使用されたかどうかは不明だが，一定度甕が器種構成に含まれていたことは明らかであろう。直口壺も数個体出土しているため，調理を伴った儀礼が行なわれ，使用後に穿孔し，その一部を選んで主体部上に，残りは墳丘斜面へと廃棄したと考えられる。土器は畿内系布留式土器で占められており，北部九州における布留式古相の主体部上土器配置として貴重な事例である。

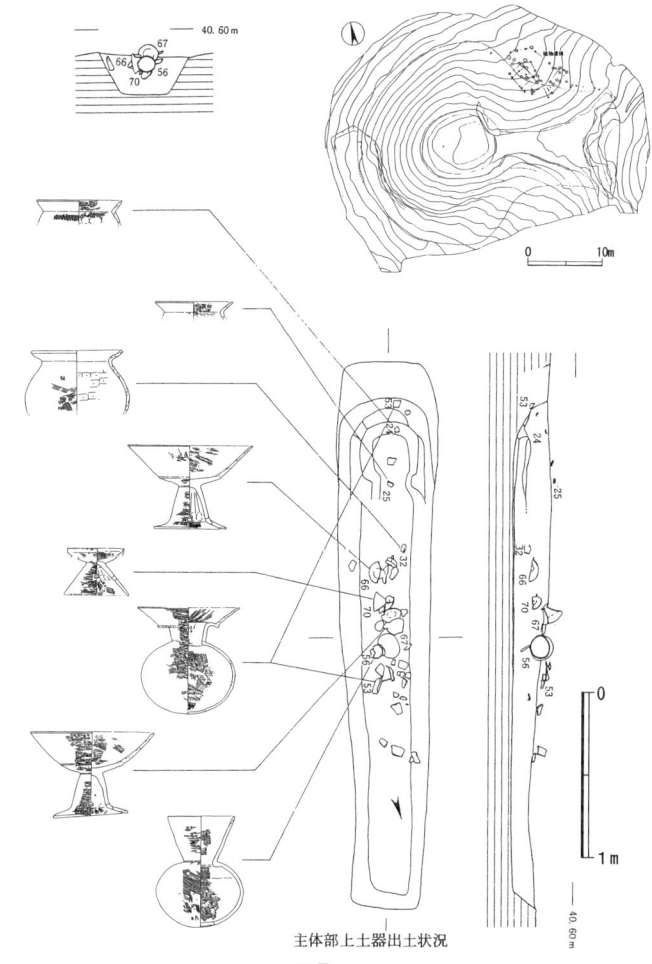

図90　佐賀県双水柴山2号墳

このように布留式古相併行期における土器配置は西求女塚古墳のように土器の象徴化が進行している例もあれば東殿塚古墳・双水柴山2号墳のように実用品を使用後に仮器化したと考えられる例もある。また，畿内では山陰・近江など外来系土器が葬送儀礼に使用されていることになり，当時の首長間の交流関係を示す考古資料として重要な意義があると考えられる。なお，当該期に比定できる備前車塚古墳（岡山市）においても主体部上に土器を配置していることが明らかになっていることを付記しておく。

前期中相以降の事例でも鼓形器台を器種構成に含む土器配置が畿内・丹後地域で見られる。

平尾城山古墳（京都府相楽郡山城町）（図91）は全長約110m，後円部径約70m，高さ約11.5mの前方後円墳である。墳丘は後円部3段，前方部2段に築成され，葺石・円筒埴輪列を備えている。また，家形・鶏形などの形象埴輪が知られている。明治36年に開墾によって倣製方格規矩鏡1面，勾玉3点，車輪石片多数，石釧3点以上，鉄剣数十点が出土した。その後の調査で後円部墳頂に竪穴式石室1基，粘土槨2基が並んで見つかった。副葬品は竪穴式石室より三角縁神獣鏡片2点，石釧6点，鉄剣13本以上，鉄鏃44点，鉄斧1点，鑿8点，鉇7点，錐1

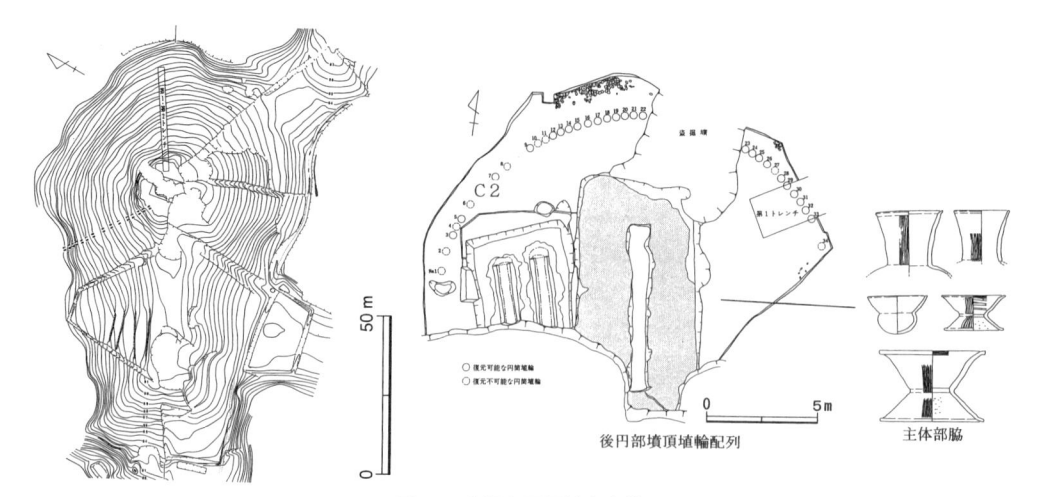

図91　京都府平尾城山古墳

点，が出土している。土器は竪穴式石室の墓壙東肩付近で長頸壺2個体・小型丸底土器1個体・鼓形器台2個体（大・小）などが比較的まとまった状態で出土した。鼓形器台は結合部上下の突帯がない，型式的に省略化されたものである。長頸壺は胴部が欠失しており，完形で置かれたかどうかがわからない。これらの土器群の年代は小型丸底坩の型式観から布留2式と考えられている。

蛭子山1号墳（京都府与謝野町）（図92・93）は全長145m，後円部径100m，高さ16mの前方後円墳である。墳丘は3段に築成され，葺石・埴輪列を備える。後円部墳頂平坦面に3基の埋葬施設が確認された。中央に舟形石棺直葬（第1主体），その東に竪穴式石室（第2主体），前方部寄りに木棺直葬（第3主体）があり，舟形石棺と竪穴式石室はそれぞれ埴輪による方形区画配列で囲われていた。舟形石棺内からは長宜子孫銘内行花文鏡1面，三葉環式鉄剣1本が，棺外から大刀6本，鉄剣15本，鉄槍4本が出土している。舟形石棺の主体部上から土器群が出土した。器種構成は二重口縁壺・直口壺・小型丸底坩・小型鉢・高杯・器台・小型器台・甕などである。総じて畿内系の影響が強いと考えられるが高杯などに山陰系土器の影響が見られ，布留式土器そのものではない。布留2式に併行する時期であろう。供膳具のセットが具備されており甕が存在することから，古い形式を残した儀礼が行なわれていたと考えられる。また，埴輪の方形区画列に接した位置で

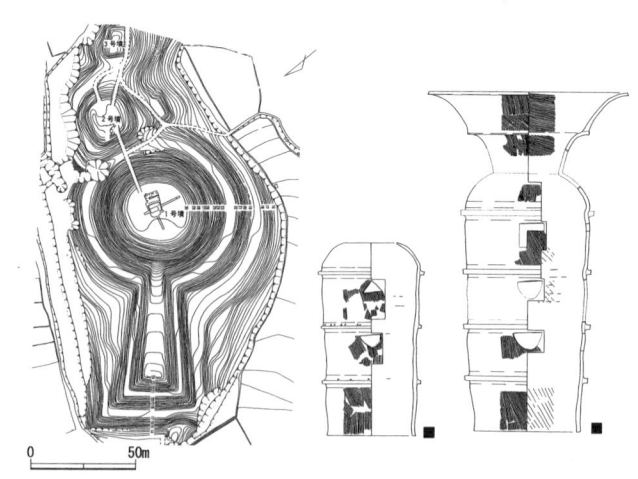

図92　京都府蛭子山1号墳(1)墳丘と埴輪

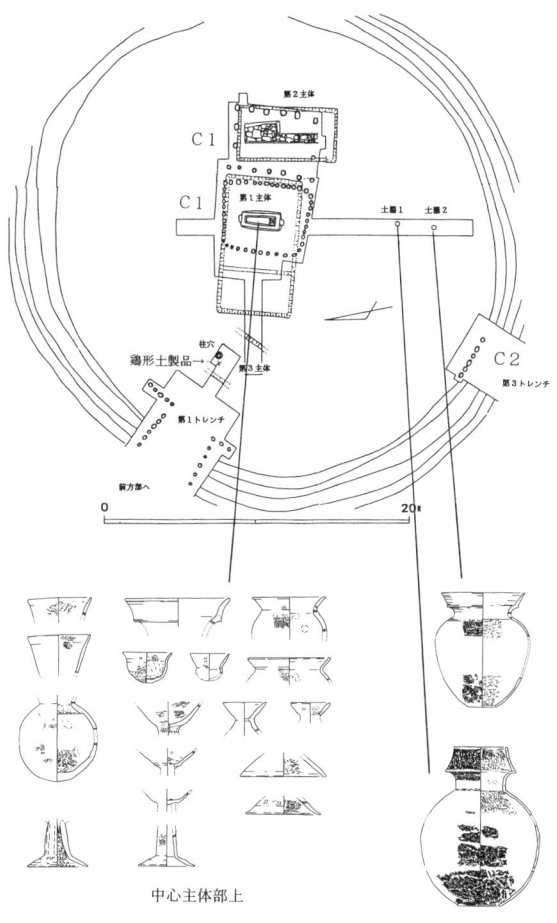

第5章　前期古墳の土器配置

猪形・犬形の土製品が，第3主体の埋土を掘り込んでいる柱穴の脇から鶏形土製品が出土している。

このほか**神明山古墳**（京都府京丹後市）（図94）では前方部墳頂において山陰系二重口縁壺2個体，直口壺1個体，小型丸底土器1個体，山陰系鼓形器台4個体，高杯1個体などの供膳具が出土している。やはり鼓形器台を伴い山陰系土器の占める位置が大きいことことが注目される。

前期中相までの土器集中配置の様相を見てきたが，山陰系土器の影響が多く見られる。器種組成などから考えても，定型化した古墳における供膳具の集中配置は山陰型土器配置の影響を強く受けていると考えられるだろう。ところが，同じ前期中相に比定できる寺戸大塚古墳から出土した土器は少々異なる様相を見せる。

寺戸大塚古墳（京都府向日市）（図95）は全長98m，後円部径57m，高さ9.8mの前方後円墳である。墳丘は後円部3段，前方部推定2段で築成されており葺石・埴輪列を備える。後円部・前方部のそれぞれの墳頂に竪穴式石室がある。後円部竪穴式石室からは三角縁神獣鏡2面，勾玉1点，管玉19点，石釧8点のほか鉄刀・鉄剣・鉄製農工具類が，前方部竪穴式石室からは半肉彫獣帯鏡1面，倣製方格規矩四神鏡1面，倣製三角縁獣文帯三神三獣鏡1面，管玉9点，琴柱形石製品1点，紡錘車形石製品1点のほか鉄製武器類，銅

中心主体部上

後円部墳頂の埴輪配列および土器配置
図93　京都府蛭子山1号墳(2)後円部平坦面

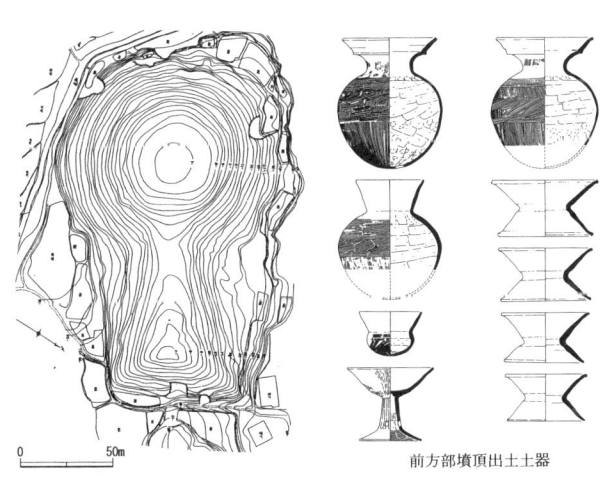

前方部墳頂出土土器
図94　京都府神明山古墳

149

鏃，鉄製農工具類などが出土している。後円部竪穴式石室は埴輪の方形区画配列によって囲繞されており，そのすぐ外側に土器が集中して出土する区画があった。土器は小型二重口縁壺・小型丸底壺・器台・甕・ミニチュアの高杯などが見られる。器台の受部内面には鋸歯文や突帯が見られ，また脚部には小円孔が開けられている。山陰にはみられない装飾的な特徴を持ち，おそらく弥生時代後期の吉備や播磨の装飾的な土器の影響を受けていると思われる。また，ミニチュア土器は前期後半の土器配置へと繋がる要素として評価できようか。

前期新相には柱状脚高杯と笊形土器という組み合わせが成立する。

金蔵山古墳（岡山市）（図96）は全長165m，後円部径110m，高さ18mの前方後円墳である。後円部墳丘は3段で，それぞれの上面縁辺に円筒埴輪列が存在する。後円部墳頂に2基の竪穴式石室があり，それぞれ埴輪方形区画配列によって囲まれている。二つの石室から多量の装身具・鉄製武器・鉄製農工具類が出土しているが，品目に筒形銅器と短甲が加わっていることが特筆できる。土器は中央石室に伴う埴輪方形区画短辺の外側に集中区があり，柱状脚高杯

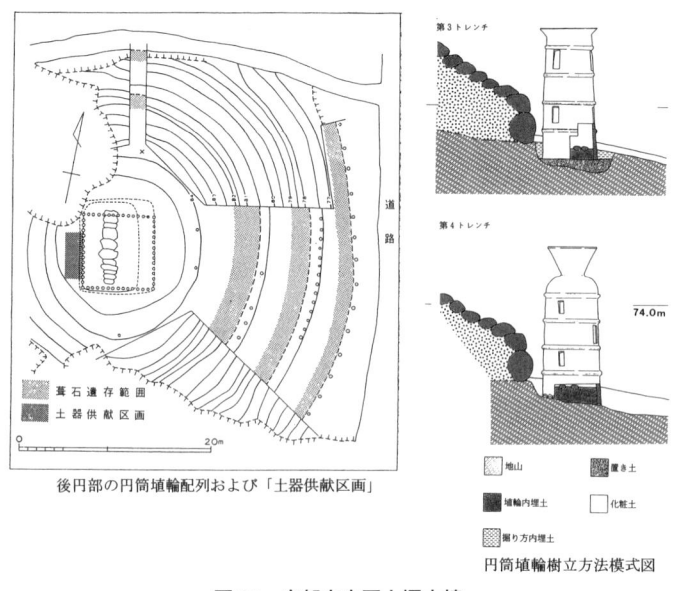

図95　京都府寺戸大塚古墳

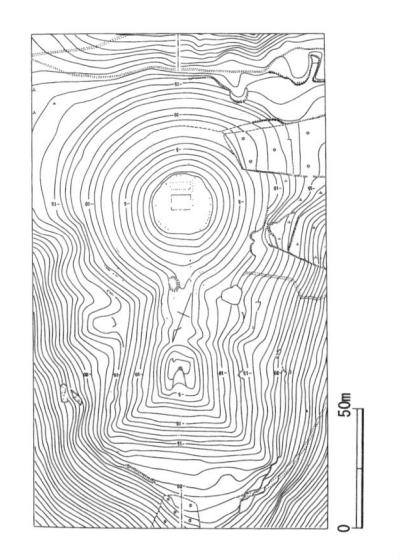

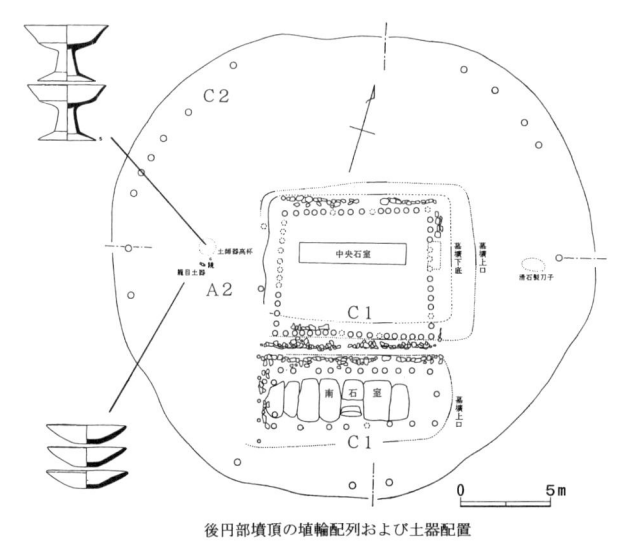

図96　岡山県金蔵山古墳

第 5 章　前期古墳の土器配置

35 個体以上，笊形土器 3 個体が置かれていた。また，これらに方格八乳鏡 1 面が伴っている。また，おなじく中央石室の埴輪方形区画の反対側の短辺の外側から滑石製刀子が 8 点出土している。多量の高杯が飲食儀礼を示すのか供献儀礼を示すのかが問題であるが，笊が土器として製作されていることは象徴化と見てよく，ある程度形式化された儀礼と考えられ供献儀礼が行なわれたと考えられる。このことは次にのべる昼飯大塚古墳の例をみれば明らかである。西日本の例ではないが，重要な調査例なので触れておくことにする。

昼飯大塚古墳（岐阜県大垣市）（図 97）は全長約 150 m，後円部径約 96 m，高さ約 12 m を測る前方後円墳である。葺石・埴輪列を備えている。後円部墳頂において同一墓壙におさめられた竪穴式石室 1 基と粘土槨 1 基が検出され，石室の盗掘坑内からは玉類・石製模造品（刀子形・斧形・坩形）・石釧・鉄剣・刀子・針などが出土している。墳頂平坦面からは形象埴輪片とともに柱状脚高杯 34 個体以上，笊形土器 10 個体以上のほか食物形土製品が出土している。土器の構成は金蔵山古墳に共通するが食物形土製品（アケビ形・モチ形）が組み合わさっているところが興味深い。食物供献儀礼が象徴化されたものであろう。

このような事例は中期の兵庫県加古川市行者塚古墳・奈良県北葛城郡河合町乙女山古墳においても見ることができる。両古墳の場合は造り出しに配置されており，とくに行者塚古墳の場合は造り出しの家形埴輪群の手前に置かれていたようで，形象埴輪群への供献行為とみなせそうである。昼飯大塚古墳の墳頂でも家形埴輪の破片が出土していることから，場所は違えど同じ儀礼が行なわれていたと判断できるだろう（中條 2003）。もうひとつ注意すべきことは，昼飯大塚古墳において柱状脚高杯が通常よりも小型に作られていることである。このことは寺戸大

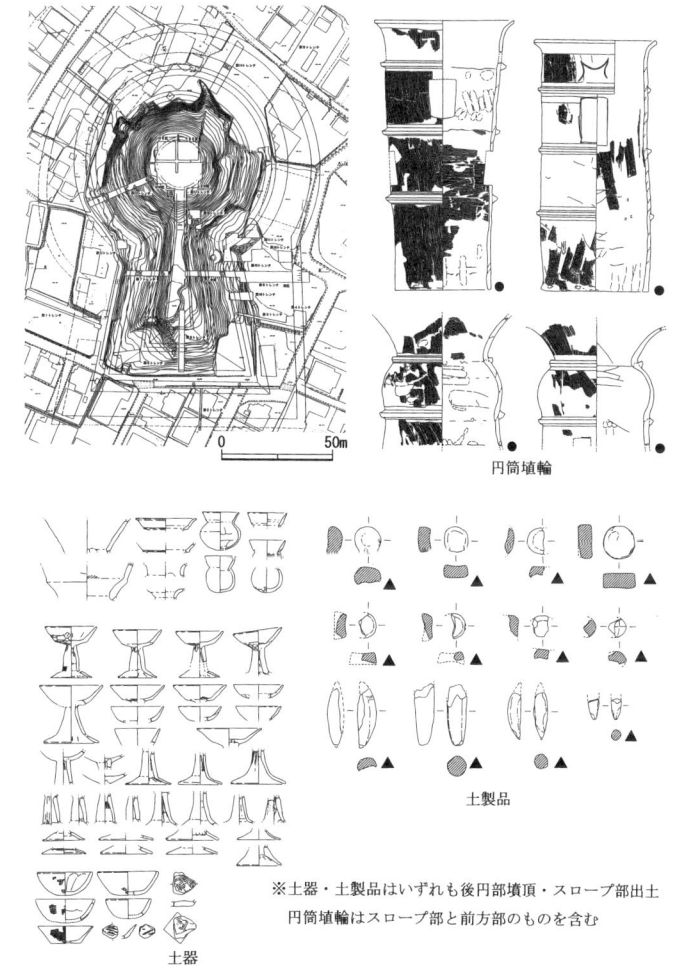

図 97　岐阜県昼飯大塚古墳

塚古墳の墳頂に置かれていた土器群にミニチュア土器が含まれていたことと無関係ではないだろう。儀礼に使用される儀器がミニチュア化するということは，儀礼そのものが象徴化されたことを示しているのだろう。供献行為を永続化させるねらいもあっただろうか。形象埴輪も墓域を守る行為を武器・武具を器財形埴輪として表現することで，その永続化をねらったとすれば，土器のミニチュア化や食物形土製品の創作は形象埴輪と同じねらいの下に儀礼が変化した結果生まれたと考えられる。

小　結

　以上のように概観すると，西日本における畿内型古墳の土器配置は東殿塚古墳や西求女塚古墳，あるいは蛭子山古墳のように山陰系土器の影響が強い段階と，金蔵山古墳や昼飯大塚古墳に見られる笊形土器と高杯の組み合わせに，時には食物形土製品が加わる土器配置とがある。前者はその内容がバラエティに富んでおり，今のところ類型化はできない。後者は中期まで系譜が続くため「金蔵山型土器配置」として類型化できるだろう。その内容は食物供献儀礼の象徴化・形式化させた姿であり，今のところ初源の形態を寺戸大塚古墳例に見ることができる。

第5章 前期古墳の土器配置

第2節　東日本における前期古墳の土器配置

　東日本の前期古墳では主体部上に土器を置く例が非常に多く，その特徴的な器種構成から「東日本型主体部上土器配置」として捉えることができる。その内容については後述するが，これら東日本の前期古墳の土器配置についてはすでに先学の研究の積み重ねがあり，筆者の研究もその延長上にある。研究史についてはすでに第1章第2節で述べているので，ここでは時期別にその系統を整理していこう。

(1)「弘法山型土器配置」—東日本における古墳出現期の主体部上土器配置—

　まず，古墳出現論とも関わるかもしれないが，東日本の古墳の始まりをどこに置くかという問題があるだろう。筆者は，古墳の定義はともかく，墳墓における土器配置の系譜という視点から見れば，それは畿内系加飾壺を伴った，廻間Ⅱ式段階（庄内式後半〜布留0式併行期）の東海西部系の供膳具を母体にした土器群が主体部上に配置される土器配置の成立に画期を求めたい。つまり，第3章第9節で述べた弥生時代後期の墳墓群とこれから述べる庄内式の後半に併行する時期からの墳墓は系譜関係上，区別できると考えている。ともかく，東日本の初源期の事例を確認していこう。

　高部古墳群（千葉県木更津市）（図98）は廻間Ⅱ式前半段階に編年できる，いわゆる東日本的な主体部上土器配置を行なう墳墓では現在のところ最古であり，前方後方形の墳墓としても古い例のうちの一つである。主体部上土器配置がみられたのは32号墳・30号墳の2基の前方後方形墳である。この種の小型の前方後

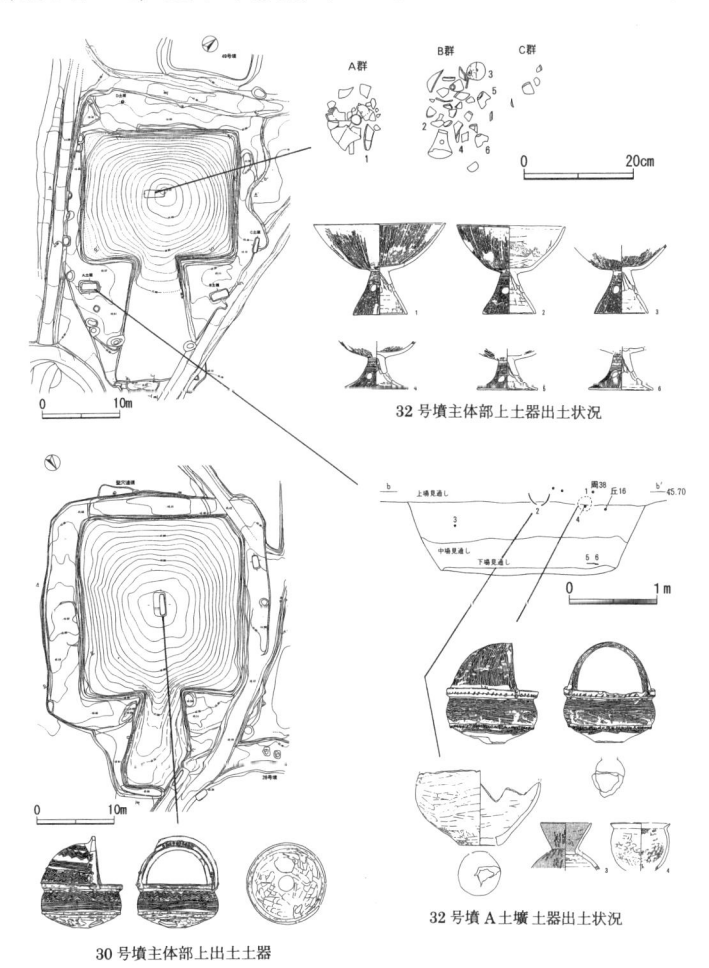

図98　千葉県高部古墳群

方形墳は，関東では通常墳丘が削平され墳頂の埋葬施設が遺存していないことが普通だが，当墳墓群では幸運にも墳丘が良好に遺存し，墳頂埋葬施設の調査が行なわれた貴重な例である。

高部 32 号墳は全長 31.9 m，後方部長 16.8 m，同幅 20.5 m，高さ 3.6 m の前方後方墳である。墳丘の周囲に周溝がめぐり，周溝中には複数の土壙（周辺埋葬）が存在する。中心主体部は後方部墳頂中央に営まれた箱形木棺直葬施設で，墓壙は確認されていない。墳丘構築過程で埋葬されたとされている。副葬品は斜縁半肉彫四獣鏡片 1 点（破鏡），鉄槍 2 本が出土している。土器は主体部上から東海西部系高杯 6 個体（高杯 A（註 21）が 3 個体，高杯 B が 3 個体）が出土している。破片の状態であったが脚部に正立したものがあり，完形もしくはそれに近い状態で置かれたものと思われる。これらの高杯が置かれたのは墳丘盛土最上層中で，最終的な儀礼行為の後に墳丘が完成されたものと思われる。高杯のみの出土から，内容物の供献行為か，儀礼に使用した儀器自体の供献であろうと考えられる。なお，周溝中の A 土壙の主体部上からは底部に焼成後の穿孔を施した手焙形土器が出土している。

高部 30 号墳は全長 33.8 m，後方部長 23.8 m，同幅 21.9 m，高さ 2.7 m の前方後方墳である。墳丘の周囲には周溝がめぐり，やはり周辺埋葬の土壙がみられる。中心主体部は後方部の墳頂に営まれた墓壙に箱形木棺をおさめたものである。副葬品は斜縁二神二獣鏡 1 面，鉄剣 2 本が出土している。土器は主体部上から手焙形土器が 1 点出土しており，底部付近に焼成後の穿孔がみとめられる。また，主体部の脇には焼土が検出され，手焙形土器との関連性が示唆されている。

神門古墳群（千葉県市原市）は古墳出現期の 3 基の前方後円墳が調査されたことで著名である。3 基は 5 号→4 号→3 号の順に築かれたとされ，若干の時期差を有しており 3 世代の首長墳として捉えられている。

神門 5 号墳（図 99）は全長推定 42.5 m，後円部径 31.5 m，高さ 5.9 m の前方後円墳である。後円部の平面形は不整円形をなす。また，前方部は未発達で，短い突出部を敷設した円形墳丘墓という印象が強い。墳頂中央に墓壙が検出され，ガラス小玉 6 点，鉄剣 1 本，鉄鏃 2 点が出土した。主体部上からは畿内系加飾壺 1 個体，高杯 1 個体などが出土し，また墳丘や周溝から畿内系加飾壺 1 個体，二重口縁壺 1 個体，北陸系小型坩，南関東系装飾壺 2 個体，高杯，甕などが出土している。装飾壺を中心とした器種構成といえるだろう。

神門 4 号墳（図 100）は全長 49 m，後円部径 33 m，高

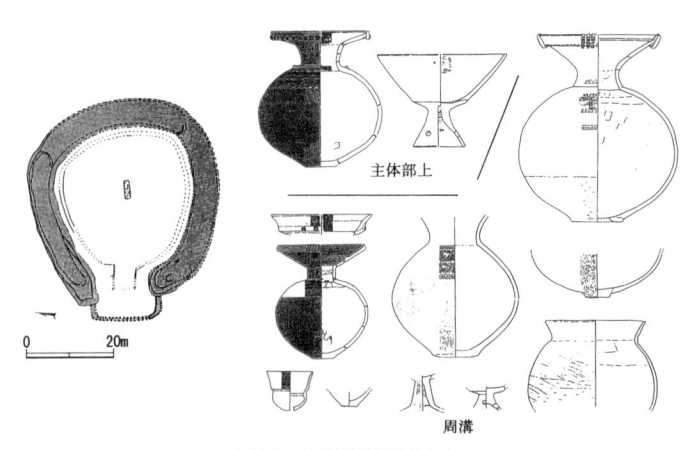

図 99　千葉県神門 5 号墳

さ4.9 mの前方後円墳である。後円部中央に木棺をおさめたと考えられる墓壙が検出された。副葬品は管玉31点，ガラス小玉394点，鉄剣1点，鉄槍1点，鉄鏃41点が出土し，また，墓壙埋土中からは鉇1点と破砕玉類が出土している。主体部上から壺5個体（畿内系加飾壺，在地系壺，直口壺など），高杯7個体（東海西部系高杯A・Bなど），小型器台7個体が出土した。これらは通有の東日本における主体部上土器群の組み合わせと言えるだろう。このほか墳丘下の旧地表面において装飾壺・手焙形土器・鉢・高杯・甕などおびただしい量の土器群が出土している。墳丘築造前の祭祀に使用されたものだろう。

神門3号墳（図101）は全長47.5 m，後円部径33.5 m，高さ5.2 mの前方後円墳である。後円部中央に木棺をおさめたと考えられる墓壙が検出され，副葬品として管玉12点，ガラス小玉103点，鉄剣1本，鉄槍1本，鉄鏃2点，鉇1点が出土している。土器は主体部上から手焙形土器1個体，主体部上脇から畿内系加飾壺1個体，二重口縁壺4個体，ひさご壺1個体，東海

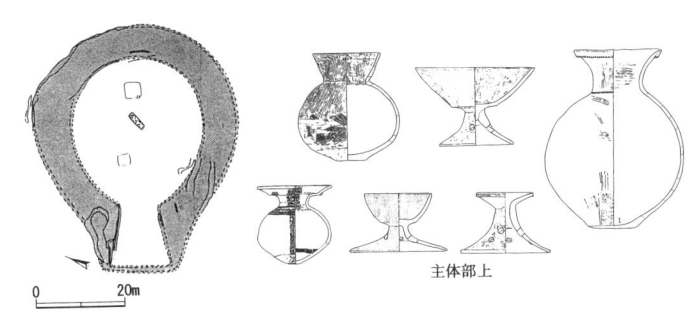

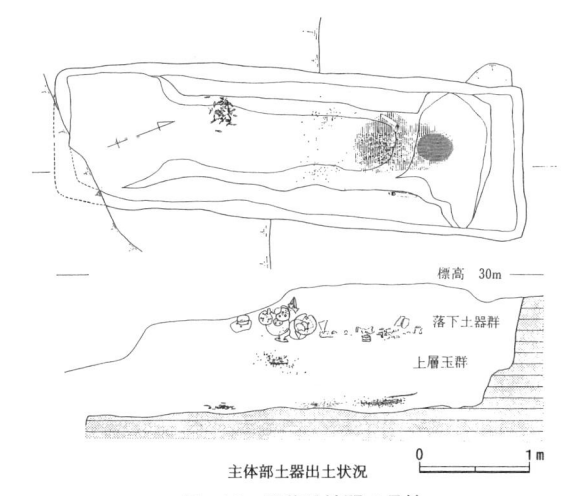

図100　千葉県神門4号墳

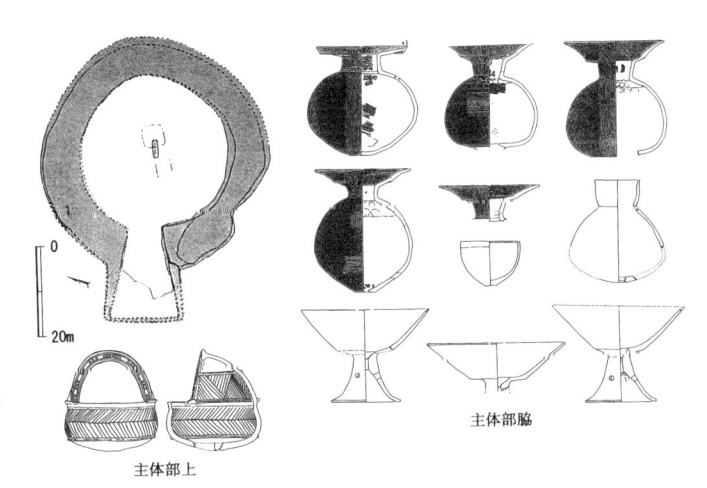

図101　千葉県神門3号墳

西部系高杯A3個体，小型鉢1個体が出土している。手焙形土器の底部付近は焼成後に穿孔されている。また，二重口縁壺も底部を欠失しており，焼成後に打欠によって故意に底部を欠失させたものと思われる。壺が中心的だが器種組成としてはバランスのよい構成となっている。時期は廻間Ⅲ式初頭（布留1式）併行期に位置づけられる。

弘法山古墳（長野県松本市）（図102）は全長66m，後方部辺47m，高さ7.1mの前方後方墳である。墳丘斜面には葺石が存在する。後方部墳頂中央に竪穴式石室が1基検出された。内法で長さ5.0m，幅1.3m，深さ1.1mのいわゆる長大型の石室であるが，天井石はなく，河原石のみを使用して構築されており，見かけ上は割

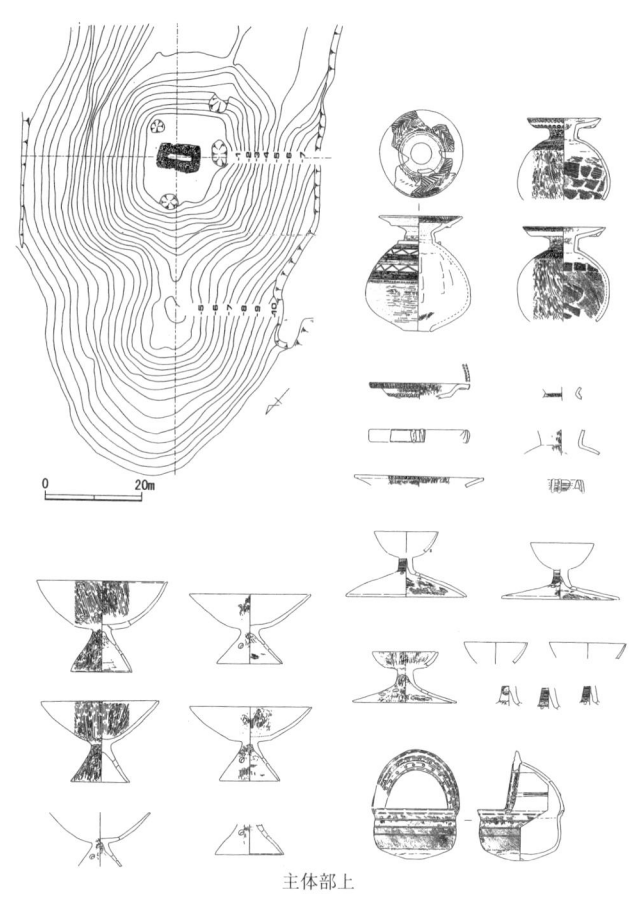

図102 長野県弘法山古墳

り板石積みの精美な竪穴式石室とは印象が大きく異なる。しかし，報文でも指摘されているとおり，9×6mの巨大墓壙の壁と石室輪郭との間は多量の河原石を控え積みとして充塡しているため，弥生墳墓の埋葬施設の影響とは考えられない。その規模の大きさ，入念さから西方の前期古墳の竪穴式石室の影響を受けたものと解釈したい。副葬品は斜縁四獣鏡1面，ガラス小玉738点，鉄剣3本，銅鏃1点，鉄鏃24点，鉄斧1点，鉇1点が出土している。土器は主体部上からパレススタイル文二重口縁壺1個体，畿内系加飾壺2個体，ほか装飾壺片4点，壺頸部片2点，東海西部系高杯A6個体，東海西部系開脚高杯6個体，手焙形土器1個体などが出土している。パレススタイル文二重口縁壺の底部は焼成後に穿孔されたと判断されている。また，畿内系加飾壺は2個体とも胴下半部を欠失しており，意図的な打欠きと考えられる。これらの土器は破片の状態で石室に充満していた黒色土中から出土しているため，当初石室上にあったものが棺および石室蓋の腐朽に伴う陥没により下方に移動したものと思われる。いくつかの土器は完形に復原されるものもあるので，破壊されずに置かれた土器があったことは確かだろう。器種構成は畿内系加飾壺・東海西部系高杯・手焙形土器が含まれるので，東日本における前期古墳の主体部上に配置される土器群として典型的な姿を表わしていると言えよう。神門古墳群

第5章 前期古墳の土器配置

と比較すると，高杯の量が多いことが注意される。

小松古墳（滋賀県伊香郡高月町）（図103）は全長60mの，古保利古墳群中最大の前方後方墳である。後方部長37m，同幅29m，高さ5mを測り，後方部は2段築成である。主体部構造は明らかにされていないが，墳頂の盗掘坑より雷雲文帯内行花文鏡1面，方格規矩鏡1面，銅鏃4点，鉄鏃15以上，ほか鉄製工具，不明鉄器片多数，土器片が出土している。これらが小松古墳の副葬品として推定されている。また，墳頂で検出された土坑Aからおびただしい量の土器が出土している。その器種組成は畿内系加飾壺の影響を受けた独自性の強い装飾壺が6個体，直口壺が2〜3個体，台付大型広口坩2個体，東海西部系高杯A15個体前後，東海西部系開脚高杯数個体，手焙形土器1個体が出土している。装飾壺は畿内系加飾壺の狭帯口縁の影響を受けたものが1個体，東海西部系のパレススタイル壺の影響を受けた口縁部を持つものが1個体，あとの4個体は二重口縁である。底部に焼成前穿孔を施している。ほかにも直口壺の底部，台付大型広口坩の胴下半部や高杯の結合部にも焼成前の穿孔が施されている。これら土坑Aの土器片群がどのような来歴でこの土坑に入れられたのかは不明といわざるをえないが，筆者は土坑A自体が未検出の主体部の陥没坑である可能性も考慮に入れるべきだと考える。いずれにせよ，少なくとも小松古墳の葬送祭祀儀礼に使用された儀器であることは，土器・古墳の年代から明らかである。だが，これだけ多量の土器群であるにもかかわらず，ほとんどすべての土器に焼成前穿孔が施されており，土器群全体が仮器として製作されていることは興味深い。弥生時代後期から古墳時代前期にむけて儀礼の形式化が進行すると，儀器が仮器化されるようになるとともに土器量が減少することが通例だが，

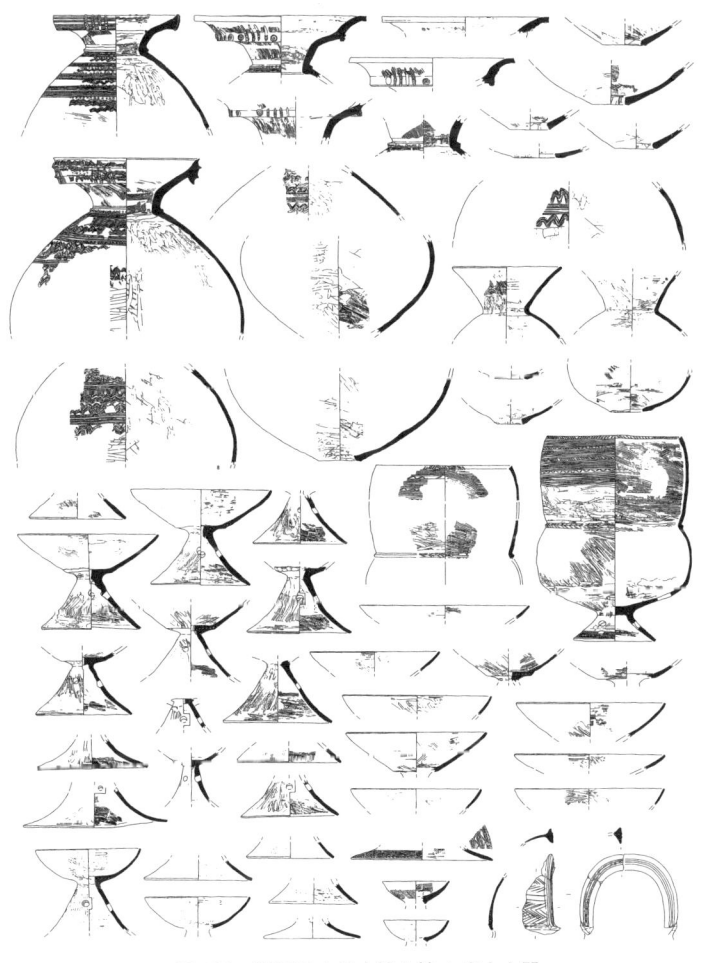

図103 滋賀県小松古墳土坑A出土土器

小松古墳出土土器群の場合は土器量を保持したまま，製作段階から仮器化が行なわれた珍しい例といえる。

以上，東日本における布留0式併行期までの良好な主体部上土器配置の類例について述べてきた。これらは畿内系加飾壺と東海西部系高杯を中心に，手焙形土器や直口壺・小型器台などを組み合わせた器種構成が特徴的である。これらの器種構成は「東日本型主体部上土器配置」の初源期の姿を代表していると言えよう。本書ではこれらの廻間Ⅱ式段階に特徴的な東日本型主体部上土器配置をとくに**「弘法山型土器配置」**として認定する。厳密に言えば高部古墳群などは，器種の欠落が著しいが，最も初源的な姿として捉えておきたい。

それではこのような土器配置がいったいどのような経緯で出現したのだろうか。この問題は冒頭で触れたとおり，東日本の古墳出現に関わる重要事項であるが，現在のところ確定的な答えは見出せない。ただし，土器の系譜から考えれば畿内から近江・東海西部とその周辺地域が候補地として挙がるだろう。「弘法山型」においては小松古墳のように多量の高杯を使用している例があることから，吉備の弥生後期から庄内式併行期に盛行した吉備型土器配置の影響を間接的にしろ受けていると考えられる。このことについて，後期中葉段階において伊勢の高松墳丘墓に高杯中心の器種構成を示す主体部上土器配置が存在することから，古い段階に東海西部地方に伝播していた可能性がある。しかし「弘法山型」のもう一つ重要な要素は畿内系加飾壺の存在であろう。この加飾壺自体は九州から関東まで分布することはすでに述べたが，東海西部系の高杯と組み合うのは近江・北陸も含めた東日本に限られ，畿内以西には見られない。したがって，「弘法山型」の成立は畿内諸地域や南丹波

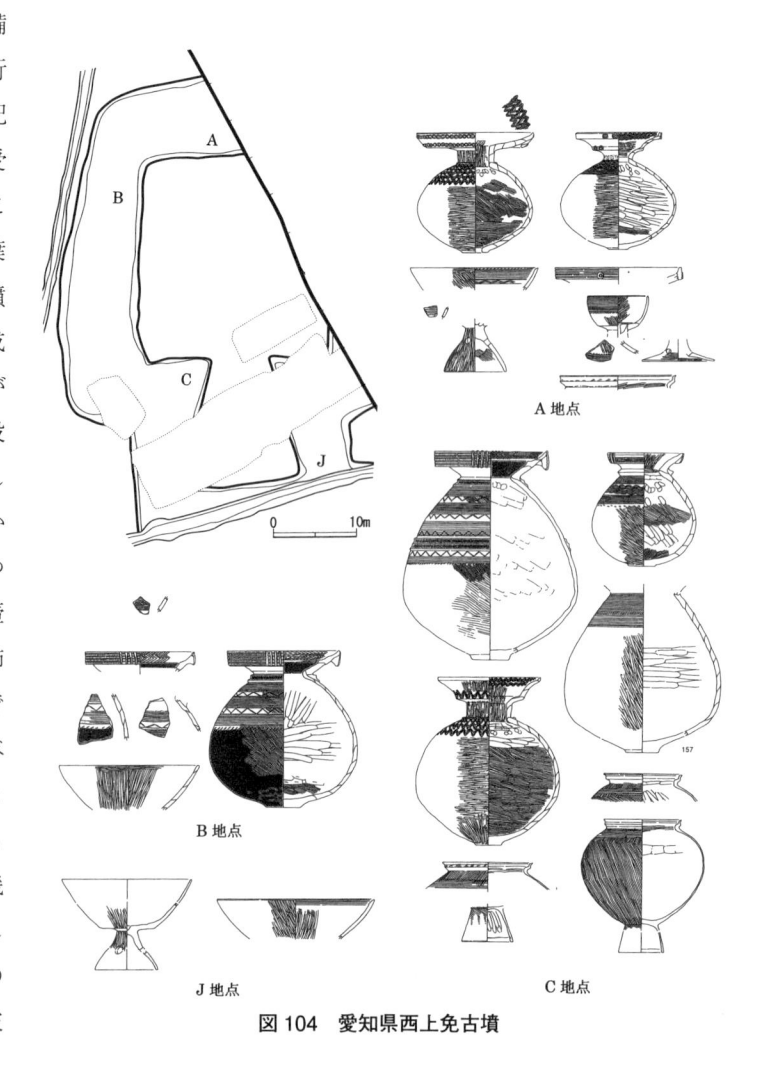

図104　愛知県西上免古墳

第5章　前期古墳の土器配置

において醸成された畿内系加飾壺を使用する儀礼にあらたに東海西部系の供膳具を加え，変容してできた儀礼と考えられる。ここまで考えるとその誕生の候補地は，やはり東海西部地域である可能性が高いといえる。この地域では未だ出現期の主体部上土器配置が未発見であるが，その可能性をもった墳墓として，西上免古墳が挙げられる。

西上免古墳（愛知県一宮市）（図104）は全長40.5m，後方部辺25mの前方後方墳である。墳丘は削平を受け遺存しておらず，埋葬施設のデータが得られていない。古墳の周囲を幅広の周溝が巡り，周溝中の広範囲から多くの土器が出土した。これらの土器は出土状況からいくつかのグループとして捉えられ，そのうち墳丘から転落したと考えられているのはA（後方部後方），B（後方部西側），C（西側くびれ部），およびJ（前方部東側コーナー）の一部の土器である。これらの器種構成をみると畿内系加飾壺3個体，パレススタイル壺3個体以上，および少量の甕・高杯などがある。これらの土器群がはたして主体部上に置かれていたかどうかについては，むしろ可能性は低いのではないかと思われるが，墳頂で儀礼に使用された土器の一部である可能性は高い。土器型式から廻間Ⅱ式でも前半に相当する時期で，庄内式後半段階に併行する可能性が高い。先の高部32号墳の方がわずかに古い型式の高杯が出土しているため，西上免古墳を東日本型の最古例とすることはできないが，おそらく当地域で廻間Ⅰ式後半からⅡ式初頭にかけての時期に成立した祭祀と考えられるだろう（註22）。

なお，当該期において上記の土器配置とは様相が異なる例を挙げておく。

北平1号墓（長野市）（図105）は11.5×9.5mの方形台状墓である。一方の短辺中央部に突出部とみられる高まりがあり，前方後方形を意識したとも考えられるが，定かではない。墳丘の

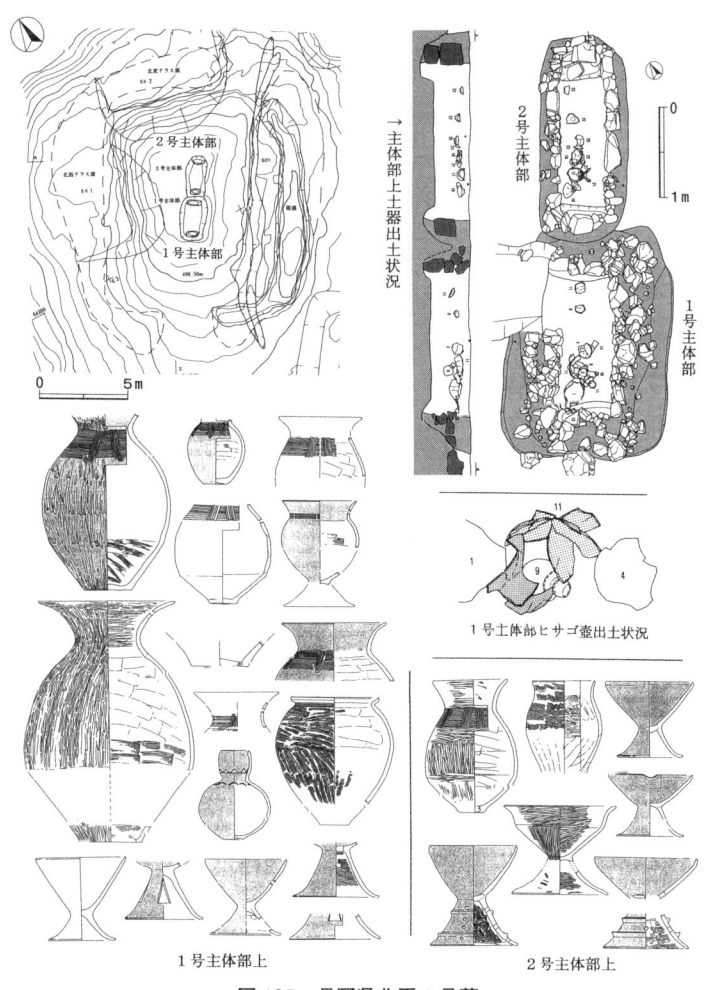

図105　長野県北平1号墓

高さは1.1mと低く，遺存していた盛土はわずかで，ほとんどが地山削りだしによって構築されたと考えられる。墳頂に2基の直列する埋葬施設が検出された。両者とも墓壙内に角礫によって竪穴式石榔を構築し，箱形木棺をおさめたと考えられている。副葬品は第1主体部からガラス小玉2点，第2主体部から勾玉1点，管玉5点，ガラス小玉8点が出土している。それぞれの主体部上から土器が出土している。第1主体部上では箱清水系壺7個体（大3・中3・小1），箱清水系台付広口壺1個体，東海西部系ヒサゴ壺1個体，箱清水系内弯口縁高杯5個体，三河系受口状口縁甕1個体が，第2主体部からは箱清水系中型壺1個体，箱清水系内弯高杯4個体（うち2は脚部に突帯があり，他の1は片口），東海系と考えられる外反口縁高杯1個体，箱清水系甕1個体が出土している。全体的に在地の後期弥生土器様式の箱清水式土器の系譜をひく土器群と東海西部系の土器群の組み合わせで成り立っている。東海西部系の土器群は尾張の廻間様式の影響はほとんどない。時期の判定は難しいが，全体的に古い様相を残していることから廻間Ⅱ式でも前半段階（庄内式後半段階）に併行する時期までは遡るのではないだろうか。在地の系譜の土器群を多用しており，その他の要素からも質的には弥生系の墳墓として認識すべきである。穿孔行為については第2主体部上から出土した高杯の1個体のみに焼成後穿孔がみられたのみであるが，口縁部などを意図的に打ち欠く個体もあり，部分破壊行為の方法としては，墳墓資料としては古い要素を保存しているといえよう。なお，第1主体部上の土器群は報文中で配置状況の詳細が明らかにされているので触れておきたい。まずヒサゴ壺を最も下に置き，その上を打ち割った甕破片で囲むように塞ぐ。そしてさらにその上に口縁部を打ち欠くなどした壺類を置き，さらにその外側を打ち割った高杯の破片で取り囲んでいる。これら16個体の土器群がすべて儀礼に使用されたかどうか定かではないが，その廃棄の方法は極めて丁寧で意識的である。また，おそらくヒ

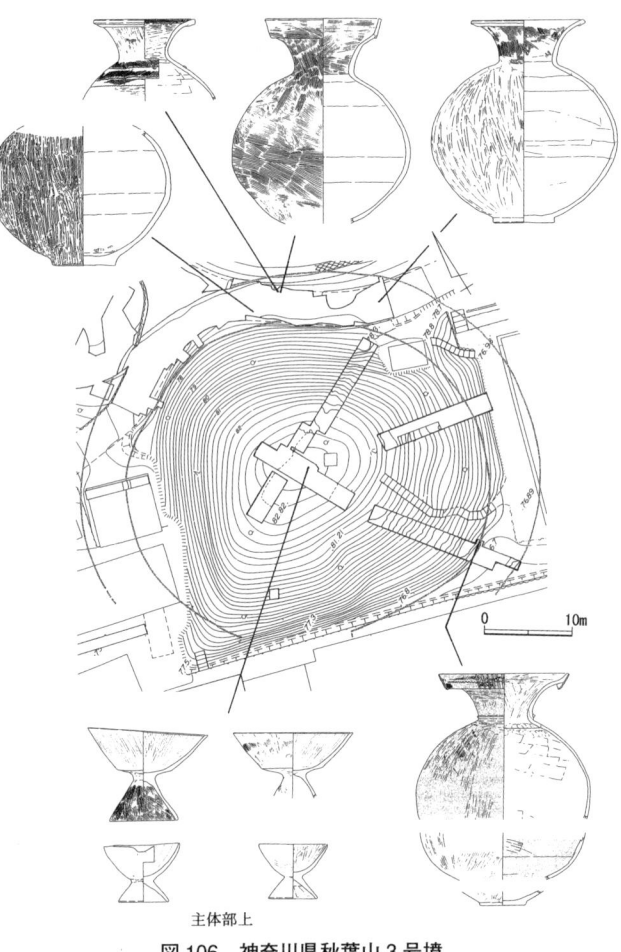

主体部上

図106 神奈川県秋葉山3号墳

第5章　前期古墳の土器配置

サゴ壺のみは内容物の容器として埋納されており、その他の土器はそれを取り囲む被覆材として機能しているといえよう。主体部上の意識的な土器埋納行為の良好な調査事例といえる。

もう一例は、**秋葉山3号墳**（神奈川県海老名市）（図106）である。本古墳は現状で34×41mの不整円形を呈しているが、もともと短い前方部があったことが知られており、本来は約50mほどの前方後円墳であった。埋葬施設は後円部墳頂にて墓壙が検出されているが、墓壙底部までは調査が及んでいないため副葬品は不明である。主体部上から東海西部系高杯A2個体、台付片口鉢2個体が出土している。このうち台付片口鉢2個体と高杯A1個体の杯部内面に水銀朱が検出された。片口鉢は集落遺跡から出土する場合でも水銀朱が検出されることが多く、朱と密接な関わりのある土器だといえる（押方2002）。これらの土器が朱の容器としてのみ機能したのか、あるいは朱と関わりのある儀礼が行なわれ、その儀器として使用されたのかは不明と言わざるを得ない。また、本古墳では墳丘裾付近の各所から壺形土器が出土している。このことは後段にて囲繞配列と関連させて述べるが、主体部上の土器配置とともに同時期の東日本の墳墓とは様相が異なるという点を指摘しておきたい。

(2)　「北ノ作型土器配置」―廻間Ⅲ式併行期の主体部上土器配置―、その他

廻間Ⅲ式併行期の土器配置は次第に畿内系加飾壺がなくなり、総じて無文の土器によって構成される。先述した神門3号墳は廻間Ⅲ式併行期の初頭に位置づけられると考えられるが、畿内系加飾壺が残存しているものの無文の二重口縁壺に比重が移っていることがわかる。しかし、東海西部系の供膳具が主体を占めることには変わりなく、先に述べた廻間Ⅱ式併行期の弘法山型土器配置と同一系譜上にあるものと理解できる。以下に、廻間Ⅲ式併行期の好例を挙げておきたい。

駒形大塚古墳（栃木県那珂川町）（図107）は全長64mの前方後方墳である。後方部長32m、後方部幅30m、高さ6.5mを測る。主体部は後方部中央に設けられた木炭槨で、副葬品として画文帯吾作銘四獣鏡1面、ガラス小玉53点、鉄刀2本、鉄剣2本、銅鏃6点、袋状鉄斧1点、錐1点、蕨手状刀子1点が出土している。広義の主体部上土器群はその層位から、①墳頂に置かれた土器群と、②墓壙内に埋置された土器群、の二者があ

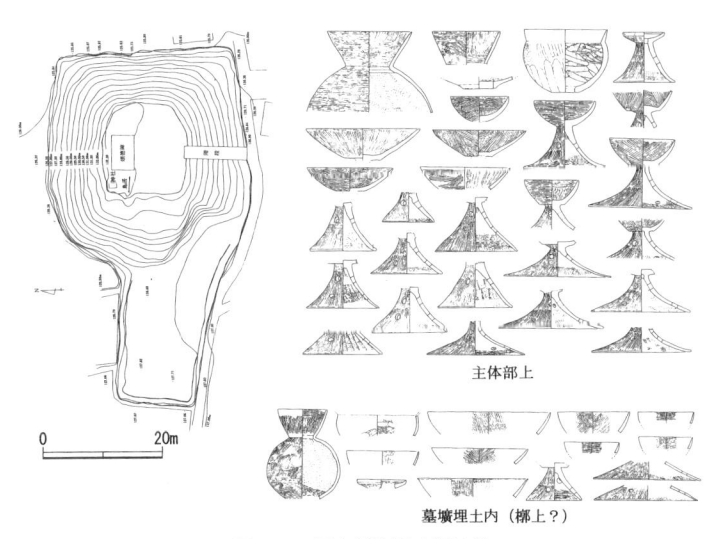

図107　栃木県駒形大塚古墳

る。①は墳頂の土俵造成の際に出土した土器群で，直口壺2個体，東海西部系高杯A8個体，高杯B2個体，高杯C2個体，小型器台1個体，焼成前底部穿孔鉢1個体などがある。これらは②の土器群より破片の遺存率が高く，完形のまま置かれたものと思われる。②は主体部発掘調査の際に表土下70cmほど，墓壙上面より10cmほど下位付近の墓壙埋土内から出土した。直口壺1個体，東海西部系高杯A1個体のみは比較的破片がそろっているが，他は細片のみである。細片には高杯各種・小型器台・鉢があり，墳頂の土器群と同じ構成である。おそらく，儀礼に使用された土器の一部を破砕して，槨上に置き，さらにその上に盛土をして主体部上の墳頂に残りの土器を完形のまま配置したものと思われる。墳頂の土器群の遺存状況がよいのは棺槨の腐朽に伴う陥没により，早い段階で埋没したためと考えられる。器種構成は多量の高杯と少量の直口壺・小型器台・鉢から成る。中型の複合口縁壺が欠けることが駒形大塚古墳出土土器群の特徴と言えるだろう。

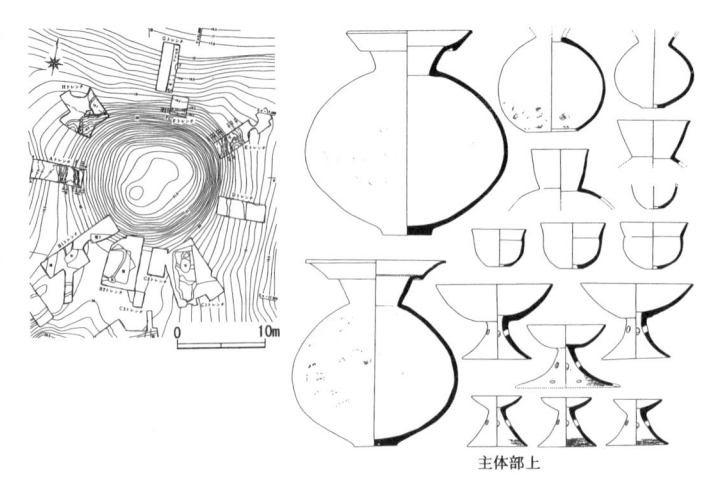

図108 千葉県北ノ作1号墳

北ノ作1号墳（千葉県柏市）（図108）は15×17mの方墳で一辺の中央に陸橋をもつ。陸橋部を含めた規模は21.5mで墳丘の高さは2mである。埋葬施設は墳頂で検出された，木棺を置いたと考えられる粘土床ある墓壙で，副葬品は大刀1本，銅鏃1点，鉄鏃3点，鉄斧2点，鉇1点である。土器は層位的には墓壙上面と表土の間から出土しており，いわゆる主体部上の出土ではあるが，土器群のさらに上層には祭祀に関係があると思われる厚さ10cm程度の焼土層がみられる。このことから土器は墓壙の埋め戻し後に置かれ，さらにその上に盛土がなされ，焼土が置かれた（あるいはその場で火を使用した）という状況が復原でき，土器は最終的には地表からは見えないように埋置されたことがわかる。器種組成は複合口縁壺1個体，二重口縁壺1個体，直口壺4個体，東海西部系高杯A2個体，高杯B1個体，小型器台3個体，鉢4個体で，計16個体中12個体に赤彩が施されている。また，直口壺・高

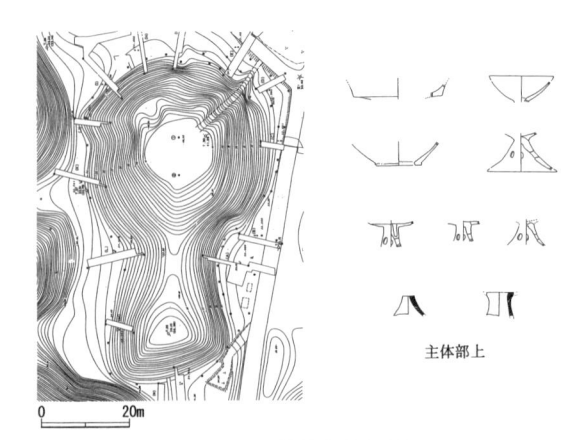

図109 千葉県能満寺古墳

第5章　前期古墳の土器配置

杯A・鉢には焼成前の底部穿孔（高杯は結合部穿孔）が施されており、小松古墳と同じく供膳具にも穿孔が施されている。遺存率がよく、完形のまま埋置されたと考えられる。

能満寺古墳（千葉県長生郡長南町）（図109）は全長73mの大型前方後円墳である。後円部径43.2m、高さ約7mを測る。後円部中央で木炭槨が検出され、副葬品として獣形鏡1面、鏡式不明鏡1面、ガラス小玉10点、大刀1本、鉄剣2本、銅鏃8点、鉄鏃3点、ほか鉄製工具・農具類が若干出土している。主体部上の陥没坑内から壺・高杯・小型器台などの細片が出土している。報文によれば陥没坑内に充満していた厚さ40cmの黒色土中の全域からおびただしい量の土器細片が出土したとされているので、完形のまま置かれていたとは考えにくく、破砕し細片化してから、主体部上に散布したものと思われる。公表されている図面からは、二重口

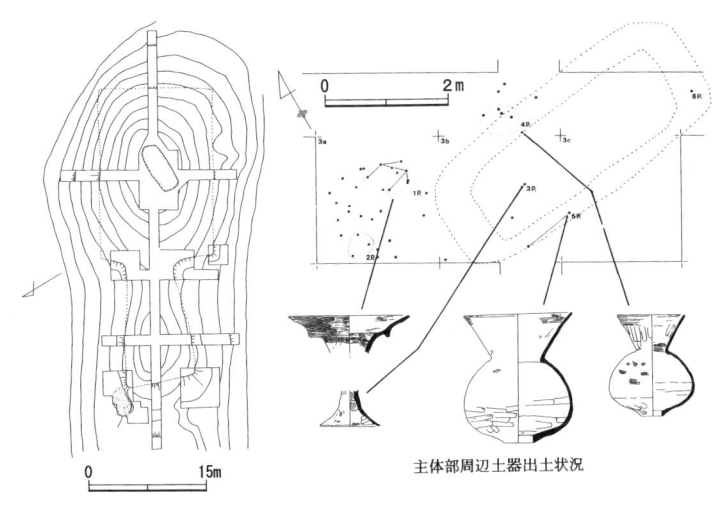

図110　茨城県原1号墳

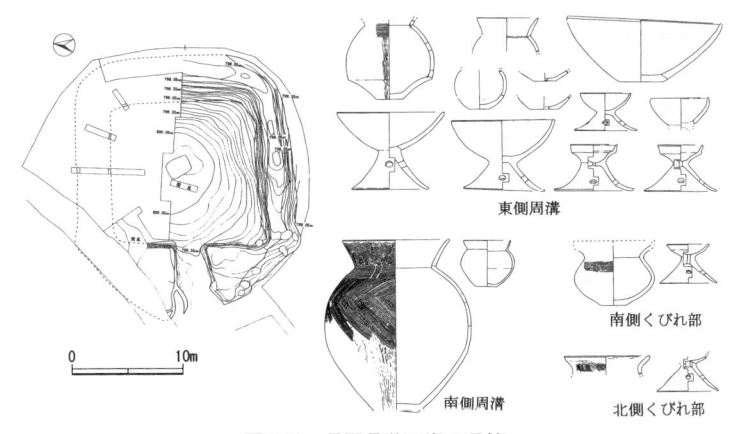

図111　長野県瀧の峯2号墳

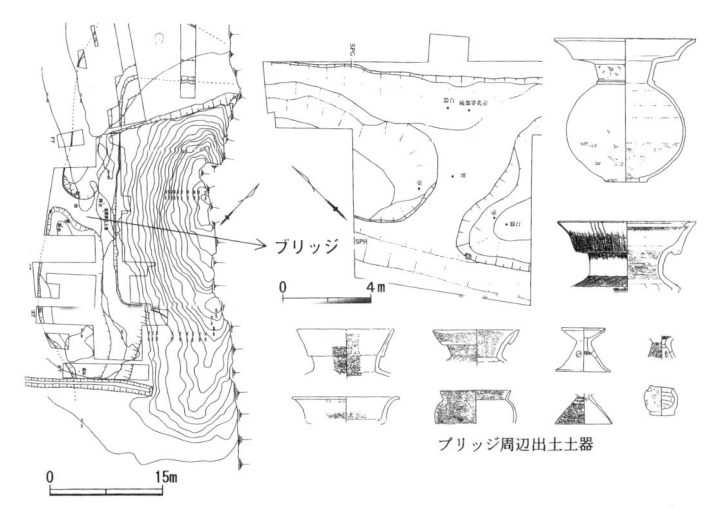

図112　埼玉県諏訪山29号墳

163

縁壺，東海西部系高杯A・B，小型器台が含まれていることがわかる。なお，壺には底部穿孔が施されたものがある。

原1号墳（茨城県稲敷市）（図110）は全長29.5mの前方後方墳である。後方部長16.5m，同幅11.5m，高さ約2mを測る。主体部は後方部中央の木棺を直葬した墓壙で，副葬品は管玉4点，ガラス小玉11点，鉄槍1本，剣状鉄器1点，ほか鉄製工具・農具類が出土している。土器は主体部上とその周辺から出土している。厳密に主体部上出土といえるのは器台か高杯の脚部が1個体あるだけである。墓壙両脇の肩部では直口壺が1個体ずつ出土している。これらは焼成後穿孔されている。また，墓壙東側短辺の外側には二重口縁壺1個体，複合口縁壺1個体の破片が出土した。この2個体の壺は全形を復原するだけの破片がそろわず，報文では破砕し散布されたものと捉えている。全体的に壺中心の土器配置であるが，主体部周辺に意図的な配置状況が読み取れる例である。

主体部上における配置状況がわかるものを選んで述べてきたが，同じ主体部上土器配置でも，その様相が様々である。とくに土器の配置・廃棄の段階の方法は定まった方式があったわけではなさそうである。この時期になると焼成前穿孔が一般的となり，初めから仮器として製作されたことがわかる。また，古段階の駒形大塚古墳より後出する墳墓では土器量が減少し，土器を使用した儀礼が形式化・省略化の方向に推移したことがわかる。

一方，同時期であるにもかかわらず主体部以外の場所に儀器を集中して配置する例もある。長野県佐久市**瀧の峯2号墳**（前方後方形，18.3m）（図111）では後方部後方周溝中から壺・高杯・小型器台などが出土し，群馬県前橋市**荒砥北原1号周溝墓**（陸橋付方，12.5m）（図146）では囲繞配列された二重口縁壺以外の土器は

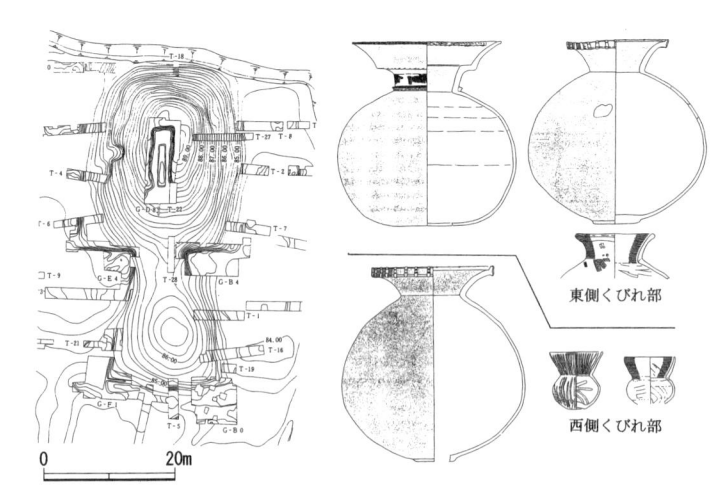

図113　栃木県茂原愛宕塚古墳

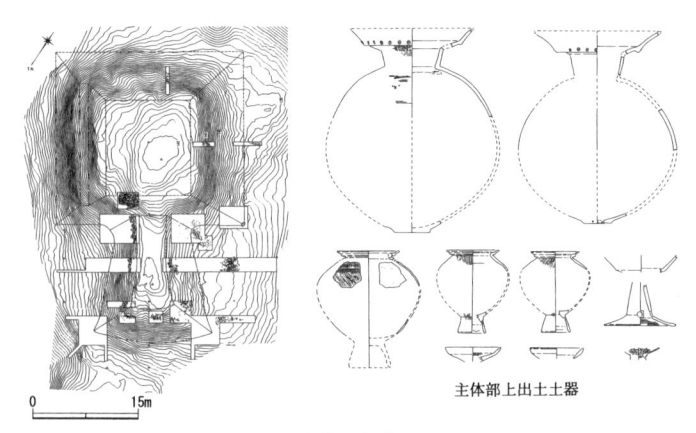

図114　岐阜県象鼻山1号墳

第5章 前期古墳の土器配置

周溝中の1ヵ所から出土している。大型壺・高杯・結合器台・小型器台・小型鉢などである。埼玉県東松山市**諏訪山29号墳**（前方後方墳，56m）（図112）では周溝を渡り後方部に取り付くブリッジが1ヵ所存在し，その付近から壺類・小型器台類が出土している。また，栃木県宇都宮市**茂原愛宕塚古墳**（前方後方，約50m）（図113）ではくびれ部に壺・坩などが配置されていた。このように主体部上以外の場所に土器を置く例が存在することが指摘できよう。

また，主体部上に置く場合でも当該期に異なる系譜の土器を使用する例もある。

象鼻山1号墳（岐阜県養老郡養老町）（図114）は全長40.1mの前方後方墳であるが，後方部中央の墓壙埋土内から二重口縁壺・小型器台・S字状口縁台付甕などとともに畿内系柱状脚高杯が出土した。この時期の東日本では畿内系の高杯は珍しく，またS字状口縁台付甕が主体部上から出土することも同様である。土器は破砕されて埋土内に混ぜ込まれていたというので，本例は「東日本型主体部上土器配置」の典型例とはいえない。

(3) 「国分尼塚型土器配置」—白江式期以降の北陸地方の様相—

北陸地方の土器配置の様相は太平洋側・中部高地と異なる様相を示しているので，項目を変えて述べてみたい。なお，詳細については拙稿にまとめたことがあるので，そちらを参照していただきたい（古屋2004a）。

月影式（＝廻間Ⅰ式・庄内式前半併行期）以前の様相についてはすでに弥生時代の土器配置で述べた。月影式期までの「小羽山型」とした北陸南西部の土器配置は多分に西日本諸地域の弥生後期墳丘墓の影響が強かった。ところが白江式期以降は土器配置の様相に変化が見られる。このことはそれまでの北陸南西部独自の土器様式が崩壊し，東海西部系土器の流入が顕著になることや，四隅突出型墳丘墓にかわり，前方後方形・前方後円形の墳墓が登場してくる

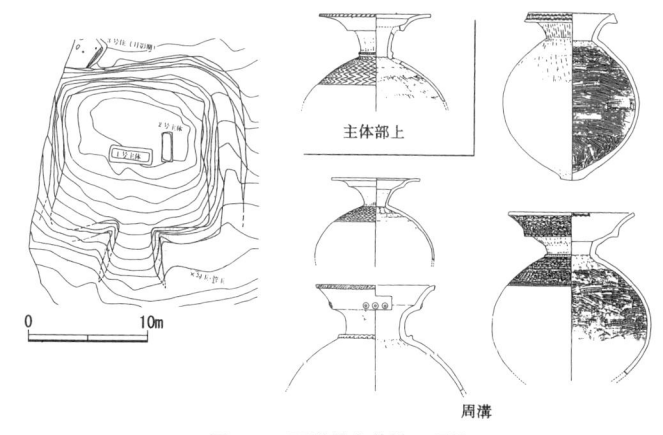

図115 石川県小菅波4号墳

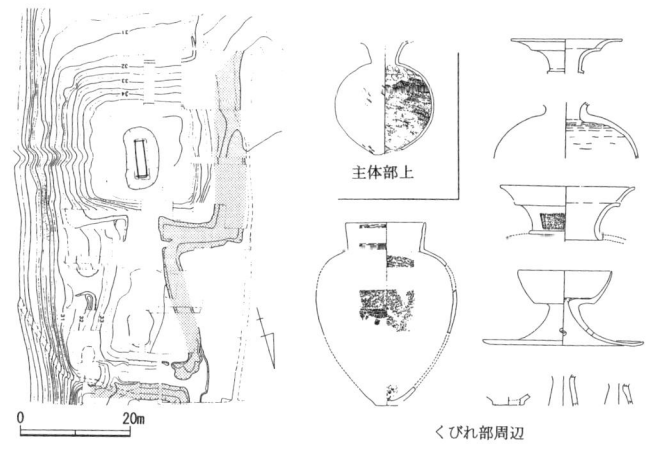

図116 石川県国分尼塚1号墳

165

ことと関連するものと思われる。

　白江式期（廻間Ⅱ式＝庄内後半〜布留0式併行期）に属するものは**小菅波4号墳**（石川県加賀市）（図115）が挙げられる。全長16.6mの前方後方形の墳丘をもち周囲を周溝がめぐっている。主体部は墳頂に2基存在し，両者とも墓壙に箱形木棺をおさめる。副葬品は1号主体よりガラス小玉5点，鉇1点，鉄片1点が，2号主体より鉄鏃2点，鉇1点が出土した。土器は主体部上から有文二重口縁壺1個体，周溝から畿内系加飾壺を含む装飾壺などが複数個体出土している。壺の形式はバラエティがあり，穿孔の有無も定かではないので囲繞配列とは認定できない。しかし，供膳具が皆無であり，明らかに前代までの土器配置とは系統的に異なる。

　古府クルビ式期（廻間Ⅲ式＝布留1〜2式併行期）では国分尼塚1号墳，宿東山1号墳，谷内16号墳などが挙げられる。

　国分尼塚1号墳（石川県七尾市）（図116）は全長52.5m，後方部辺28m，高さ2.7mの前方後方墳である。主体部は後方部中央に1基存在する。構築墓壙に割竹形木棺をおさめているが，棺床を囲む特殊な木組み施設が検出されている。副葬品は豊富で，棺内から夔鳳鏡1面，勾玉1点，管玉10点，鉄刀1本，鉄短剣3本，鉄短刀1本，鉄槍1本，靫1点（銅鏃57点），鉄鏃4点，鉄斧3点，鉄鑿3点，鉇2点，鉄鍬先1点，箸5点以上，棺外から鉄槍1本，黒漆塗り小品などが出土している。土器は主体部上から底部・口縁部を打ち欠かれた二重口縁壺1個体が出土。「主体部上の溝状遺構」から出土したとされるが，この遺構は木棺の腐朽に伴う陥没坑と考えられる。そのほか後方部墳頂平坦面の南東隅から土器が集中して出土した。壺・高杯などで「粉砕されたと」考えられている。また，両くびれ部からは二重口縁壺・高杯・甕など多くの

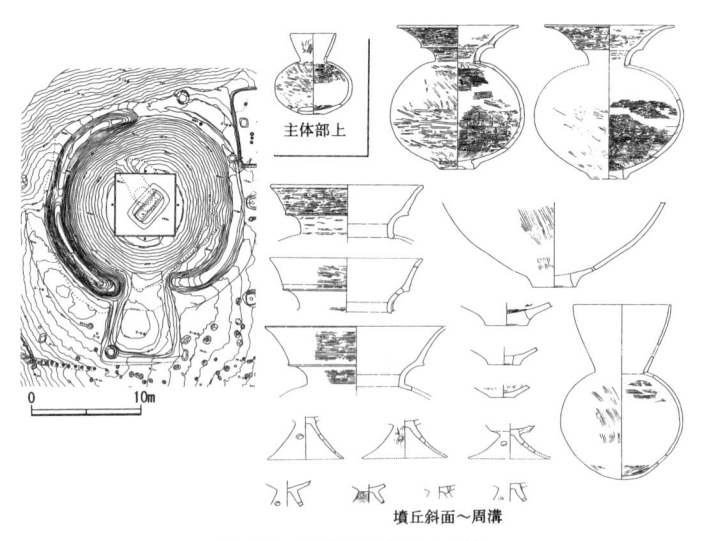

図117　石川県宿東山1号墳

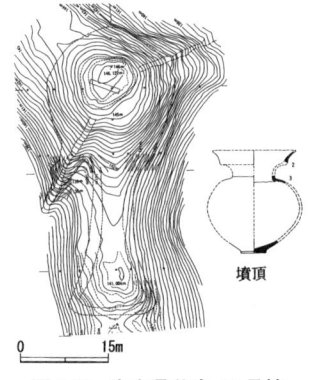

図118　富山県谷内16号墳

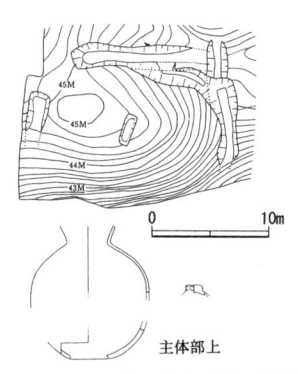

図119　石川県国分岩屋山4号墳

第5章 前期古墳の土器配置

土器が出土している。これらの中に形態は東海西部系の開脚高杯ではあるけれども通常よりも大型に製作され，結合部に穿孔が施されているものがある。象徴的な儀器として製作されたものだろう。

宿東山1号墳（石川県羽咋郡宝達志水町）（図117）は全長21.4m，後円部径15.8m，高さ2.9mの前方後円墳である。周囲には周溝がめぐる。主体部は後円部中央に掘り込まれた2段墓壙で箱形木棺をおさめていたと考えられる。副葬品は棺内から方格規矩四神鏡が1面出土しており，鏡付近に朱・炭化物が出土している。主体部上中央付近の大部分は盗掘坑によって破壊されていたが，底部付近に焼成後穿孔のある直口壺1個体が攪乱をまぬがれて残されていた。また，後円部平坦面の東寄りの所に土器片が集中する地点が1ヵ所あるが，報告者はかたづけの跡と解釈している。儀礼に使用されたと考えられる土器のほとんどは北西〜西の墳丘斜面から周溝内にかけて出土している。器種は広口の大型二重口縁壺・中型二重口縁壺・高杯などがある。二重口縁壺はすべて焼成後に底部を穿孔している。

谷内16号墳（富山県小矢部市）（図118）は全長47.56m，後円部径23.05m，高さ3.6mを測る前方後円墳である。主体部は後円部墳頂に掘り込まれた墓壙に木棺を直葬したと推定されている。副葬品は棺内と推定される位置から鉄剣1本・鉇1点・鉄製鍬先1点が出土している。土器は後円部墳頂から壺1個体が出土している。報告書によれば「土師器細片が47点出土している。主体部東端の南東約3m（中略）付近で約2m平方の範囲から出土した。出土層位は主体部を被覆する粘土混りの黄褐色粘土質より上の盛土中からであり，比較的まとまった状態で埋積している。破片はすべて細片となっており棺を埋めた後，墳丘を完成する過程で祭祀に用い破砕して埋めたと想像することが可能である。これらの土師器は細片で

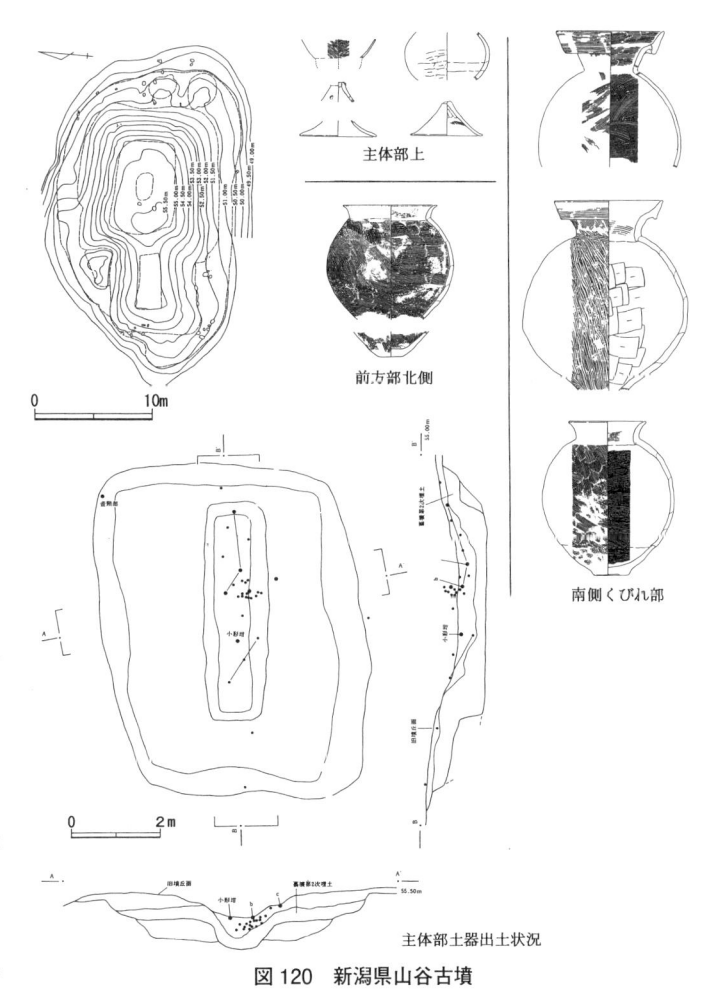

図120　新潟県山谷古墳

あるが，壺形土器1個体分と推定でき，口縁部，頸部，底部の破片を確認できる」と，されている。

以上に見てきた事例から北陸の前期前半の古墳における土器配置の特徴を挙げてみると，まず主体部上およびその周辺から壺1個体のみが出土するというパターンが抽出できる。このような例は他に石川県七尾市国分岩屋山4号墳（方墳，14.6 m）（図119）でも確認できるので，北陸地方の特徴といえると思う。また，国分尼塚1号墳，宿東山1号墳では墳頂平坦面の一隅に土器の集積あるいはその跡が検出されている。儀礼に使用された多くの土器は一度墳頂平坦面の1ヵ所に集められ，そこで穿孔や破砕などが行なわれたのであろうか。壺1個体のみを主体部上に置き，他は墳丘斜面や周溝に投棄したというのが実情であったようだ。また，両方とも口縁部の打ち欠きや焼成後の底部穿孔が見られ，同時期の太平洋側の墳墓がすでに焼成前底部穿孔が一般的であるのに対して，古い要素を残しているといえよう。このような特徴をもつ土器配置を「**国分尼塚型土器配置**」として定義する。

なお，同時期の越後の例を2例挙げておこう。

山谷古墳（新潟市）（図120）は全長38.2 m，後方部幅22.4 m，高さ4.8 mの前方後方墳である。埋葬施設は後方部中央で検出された墓壙で，割竹形木棺を直葬していた。副葬品は碧玉製管玉6点，ガラス小玉21点，鑿3点が出土している。土器は①主体部上，②前方部北側，③南側くびれ部から出土している。①の主体部上からは小型壺・坩・高杯・小型器台などの破片が出土しているが，どれも小片であるという。②前方部北側では転落した状態で甕2個体が，③南側くびれ部では複合口縁壺2個体がそれぞれ出土している。壺の底部は欠失しているが，穿孔行為であるかどうかは不明である。

三王山11号墳（新潟県三条市）は全長23 m，円丘径21.6 m，高さ3.9 mの造出し付円墳で，墳丘は二段築成である。墳頂平坦面において箱形木棺をおさめた墓壙が検出され，副葬品として倣製四獣鏡1面，管玉67点，ガラス製丸玉34点，鉄剣1本，短冊形鉄斧1点が出土した。土器は主体部上およびその周辺から出土している。二重口縁壺・壺・小型器台の破片があるが，すべて細片である。

以上の越後の2例を見る限りでは北陸南西部の壺1個体のみを主体部上に配置する方法とは異なっている。太平洋側の「北ノ作型」の影響の下に主体部上土器配置が行なわれたものと思われる。

(4) 「**釈迦山型土器配置**」—前期中相〜新相の土器配置—

古墳時代前期後半（＝松河戸Ⅰ式前半併行期）は東日本において囲繞配列の事例が増える一方で，供膳具を配置する古墳は減少する。また，集落出土土器の器種構成の変化と連動して，典型的な東海西部系の高杯が姿を消し，その変化形や畿内系の柱状脚高杯を配置するようになる。事例としては千葉県市原市**釈迦山古墳**（前方後円墳，93 m）（図121），茨城県行方市**勅使塚古墳**（前方後方墳，64 m）（図122），茨城県石岡市**佐自塚古墳**（前方後円墳，58 m），福島県双葉郡浪江

町**本屋敷1号墳**（前方後方墳，56m）などが挙げられる。いずれも主体部上に配置される土器量が減少しているため，前代の「北ノ作型」と区別し，**「釈迦山型土器配置」**としておきたい。また，岐阜県大垣市昼飯大塚古墳（前方後円墳，150m）（図97）では墳頂平坦面から小型の柱状脚高杯・笊形土器・食物形土製品が出土しており，畿内の西日本の大型古墳と共通した「金蔵山型土器配置」に含めて捉えておくことはすでに述べた。

さて，東日本の前期後半段階においてさまざまな供膳具の中でも柱状脚高杯が中心的役割を担うようになるということは，供膳具を仮器化し供献することから，高杯の上に食物を盛って供献するという儀礼の姿に移行したと思われる。これは西日本の影響を受けたと考えられるが，昼飯大塚古墳では食物を土製器物で代用している。東

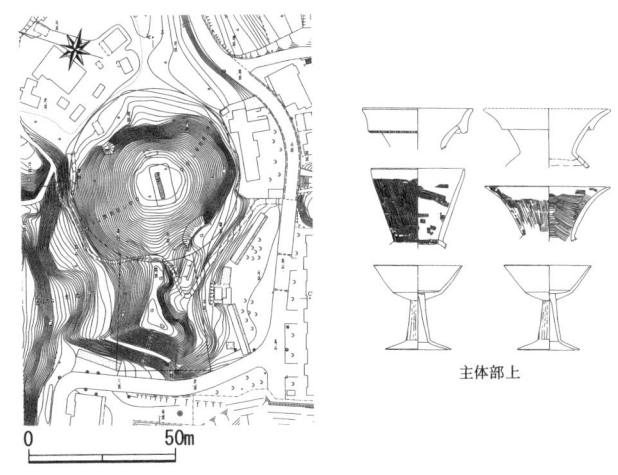

図121　千葉県釈迦山古墳

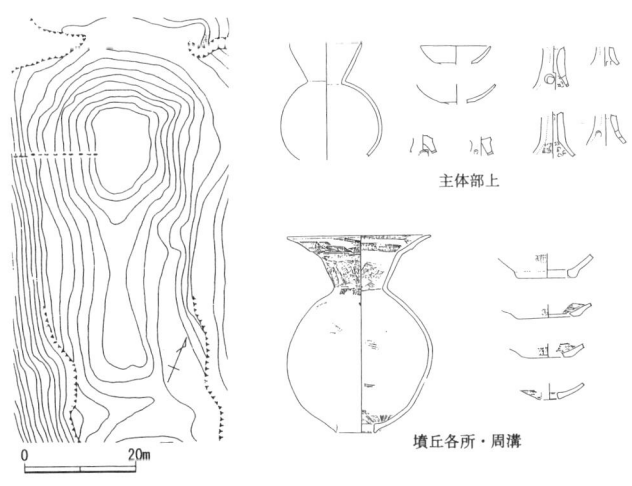

図122　茨城県勅使塚古墳

日本の中期古墳では長野県長野市・千曲市**土口将軍塚古墳**，東京都世田谷区**野毛大塚古墳**，群馬県前橋市**舞台1号墳**のように柱状脚高杯を配置した古墳があるが，それは前期後半段階の上述した例の系譜上にあると考えられる。とくに舞台1号墳例は高杯に団子形の土製品が造り付けられていることから，先の昼飯大塚古墳や行者塚古墳と同じように，食物供献を土製品として表現しているものだろう。前代の「釈迦山型」の時期に実物の食物を供献していた儀礼を象徴化したといえる。したがって東日本においても前期後半に至って，弥生時代的な飲食儀礼の系譜から，古墳時代的な供献儀礼へと移行したものと考えられる。

第6章　囲繞配列

　囲繞配列という配置方法はこれまでの述べてきた大多数の土器配置とは質的に異なる。それは使用される器物が規格性をもって製作された円筒器台（特殊器台や円筒埴輪など）と底部穿孔壺に限られ、他の供膳具や調理器をその配列の中に加えないのである。つまり、囲繞配列された器物は、儀礼に使用された儀器ではなく、被葬者の眠る区域を囲むために配置された、葬送祭祀の舞台装置としての役割を演じた器物といえる。その意味において囲繞配列された円筒埴輪や底部穿孔壺は「祭器」として規定されるべきであろう（註23）。

　筆者はこれまで囲繞配列は古墳時代になって出現するものであり、ある意味「古墳時代的な土器配置」であることを強調してきた（古屋1998・2002b）。それは被葬者の眠る区域を神聖化することで、首長層の権威を高める役割をもっていたと思われ、そのような要請のもとに生み出されたもので、弥生時代の共同体的な葬送祭祀儀礼では行なわれなかったと考えたからである。

　囲繞配列の意義についてはすでに古くから円筒埴輪の機能論争によって論じられてきた（橋本1988）。それが、その初源問題に関わるものとして底部穿孔壺にも議論が及んだのは桜井茶臼山古墳における底部穿孔二重口縁壺による主体部方形区画列の発見を契機としてであろう（中村・上田1961）。しかし、近藤義郎・春成秀爾によって円筒埴輪の起源が、弥生時代後期の吉備において盛んに使用された特殊器台に求められることが明らかにされてから（近藤・春成1967）、研究者の問題意識が埴輪と囲繞配列の関係性からむしろ遠ざかったといえる。それは、埴輪の型式学上の起源が判明したという点では大きな成果ではあったが、著者の意図とは別に、埴輪の機能面の起源についても研究者の目を吉備系特殊器台という一系統の儀器に限定させてしまう効力もあったと言うことだ。このことは「埴輪」と「土器」という器物の形状によって二分されていた当時の研究姿勢が濃厚に反映している。

　筆者は囲繞配列の起源問題はひとり吉備系特殊土器・埴輪類と円筒埴輪だけの問題ではないと考えている。東日本では底部穿孔壺を数多く出土する古墳が早くから注意され、土器配置論からこれを囲繞配列として捉える観点が培われてきたが（小林三郎1972、塩谷1983、古屋1998）、これらを弥生墳墓から出土する底部穿孔壺との関わりの中でとらえる視点はやはりなかなか生まれてこなかった。これまで弥生時代から古墳時代前期にかけて東西の土器配置の様相を整理した結果、古墳時代前期古相段階において規格的なつくりをした底部穿孔壺や大型円筒器台によって囲繞配列を行なっていると考えられる事例は各地域にあり、吉備系特殊土器・埴輪類を使用している墳墓は吉備から大和にかけてのごく限られた地域であり、先に述べた数ある地域的な囲繞配列のうちの一つにすぎないことが明らかになりつつある。このことから古墳時代前期古相段階においては「埴輪」のみを特別視するのではなく、数ある土製器物の配置の中でそ

の位置づけを行なうことが肝要であると考える。本章では囲繞配列の全体の様相を埴輪・土器にかかわらず，初源問題も含めて整理してみたい。

第1節　囲繞配列の初源問題

　古墳時代の囲繞配列に使用された器物は「円筒埴輪」（一部器財埴輪を含む）と「底部穿孔壺」の二者に限定されるので，弥生時代にその起源を探すとすれば，まず底部穿孔壺の配置状況に注目する必要がある。囲繞配列の初源はおそらく主体部周辺に壺を配列したものと考えられ，その完成された姿が桜井茶臼山古墳の主体部方形区画列だと考えられる。長らくこの前段階の姿が明らかにされていなかったが，1999～2000年に奈良県ホケノ山古墳の中心主体部の発掘調査が行なわれてようやくその初源の姿が浮かび上がってきた。

　ホケノ山古墳（奈良県桜井市）（図123）は奈良盆地東南部の纒向古墳群中の1基で全長80mの前方後円墳である。径60mの後円部に短い前方部が付く。円丘は正円に近く3段の段築を備えていることから，構造上古墳と呼んでも差し支えない墳丘を有する。中心主体部は後円部墳頂中央に設けられた「石囲木槨」であり，槨内から画文帯神獣鏡・内行花文鏡・素環頭大刀・ほか刀剣類・銅鏃・鉄鏃・鉇・鑿などの副葬品が出土した。土器は槨内から小型丸底坩3個体，畿内系加飾壺8個体が出土している。問題なのは加飾壺で，槨内の壁面沿いに一定間隔で出土している。これらの土器の破片の一部はかなり上方からも出土しているため，報文ではもともと槨上部に一定間隔で配置されていたと想定している。つまり原位置からの出土ではないが，状況から槨上部での方形囲繞配列が想定でき，これが後の主体部上における方形区画配列の原型であると捉えておきたい。ただし，重要なことはホケノ山古墳中心主体部では棺槨が腐朽してできた墓壙内の空間に多量の礫が充満しており，当初それらは，楯築墳丘墓の円礫堆のように，主体部上にある程度の高さまで積まれていたと考えられることである。つまり槨底面近くで出土した加飾壺は直接ではないにしても，主体部上の礫堆によって覆われ外部からは見えなかったと思われることである。後の囲繞配列は，器物が外表に置かれ，埋葬区域を外部から視覚的に隔離する意識もあったと思われるが，ホケノ山例では内部に封じ込まれるために，呪的な効力を実質的に期待された配列であったのだろう。また，胴部下半に焼成後穿孔が確認されている例もあり，弥生時代の儀器の呪的な性格を多分

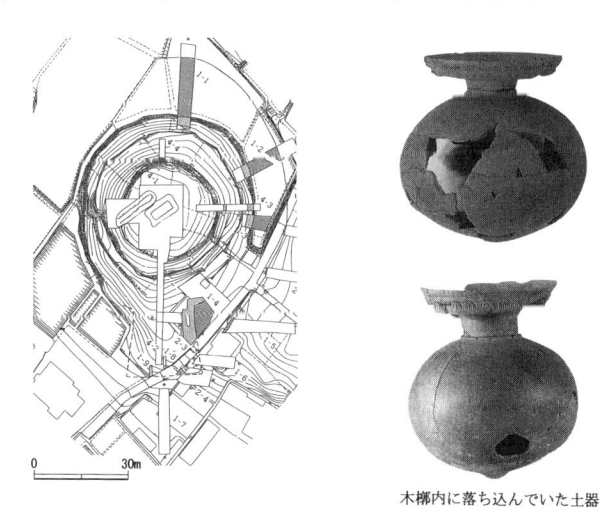

図123　奈良県ホケノ山古墳（写真は県立橿原考古学研究所提供）

木槨内に落ち込んでいた土器

に残していると考えられる。

　桜井茶臼山古墳の主体部方形囲繞配列とホケノ山古墳の槨上方形囲繞配列の間にはおそらく未発見の数例が介在すると思われるが，系譜的には同一のものと考えられる。では，ホケノ山例以前に囲繞配列は存在しただろうか。ホケノ山古墳の年代は庄内式後半期から，降っても布留0式の間で捉えられる可能性が高いので，庄内式前半期にさかのぼる纒向古墳群中に類例があった可能性があるが，現在のところは未発見である。直接的な源流はホケノ山以前は不明といわざるを得ない。しかし，囲繞配列につながるような壺の配置行為はこれまで述べてきた弥生墳墓の土器配置の中に充分見出せると考えている。

　そのうちの一つは，畿内の方形区画墓に見られた穿孔壺を墳丘コーナーなどに立て置く行為である。先述したとおり明らかにその場所を意識して埋め据えているので，呪的な効力を期待して墓域守護のために配置されたものであろう。配置される土器量は少ないが，その役割は囲繞配列に通じるものがある。ただし，両者の系譜をつなぐ資料は今のところ明らかではない。

　より主体部に近い位置に複数の壺を配置したと考えられる例は，兵庫県加古川市西条52号墓（図53）が挙げられる。詳細が報告されていないものの，壺5個体を主体部周辺に埋め据えていたようで，囲繞配列の初源に関わる可能性は充分ある。また，徳島県鳴門市萩原1号墓（図14）では主体部周辺の二隅に大型壺の破片を集積している。のこりの二隅は削平されているので，もともとは四隅に置いていたのかも知れない。壺の破片は同一個体のものが分かれて出土しているため，完形ではなくあらかじめ破砕して置かれたことが明らかになっている。その意味では上記の囲繞配列の祖形とは考えにくいが，大型壺の破片を主体部周辺に置いていることから何らかの系譜上の関わりがあるかもしれない。この二つの墳墓は時期が弥生後期末〜庄内式前半に位置づけられ，突出部の付く前方後円形墳丘墓の初源形態を有することも共通しているため，注意しておく必要はあるだろう。

　また，関東地方の方形周溝墓においても底部穿孔壺がよく出土するが，これらの中に量的に他を大きくしのぐ例がいくつかある。代表例はたびたび触れた王子ノ台5号方形周溝墓（神奈川県平塚市）（図65）である。底部に焼成後穿孔を施した壺16個体前後を周溝上層に配置している。平面的には偏ることなく各所に配置していることから，方台部を囲むように配置したことは間違いないようだが，前期古墳における畿内系底部穿孔二重口縁壺を使用した囲繞配列の祖形としての位置づけはできないだろう。土器の系譜もことなるが，後段で述べるとおり前期古墳の場合は築造直後に方台部縁辺に配列していたと考えられるため，王子ノ台5号方形周溝墓のように周溝上層に配置するあり方とは異なっている。

　王子ノ台例はおそらく，在来の底部穿孔壺の配置を量的に拡大した結果，取り囲むように配置したものだと思われる。ただし，古墳時代になって西方から新たに囲繞配列を行なう風習が到来したときに，思想的にはそれらを受け入れやすい土壌がすでに関東地方にあったと考えられることは重要であろう。東日本において底部穿孔壺の囲繞配列が盛んに行なわれるのは，こうした弥生時代から醸成された環境がその背景にあるとも思われる。

第2節　吉備系特殊器台形埴輪の使用状況

　吉備系特殊器台形土器・特殊器台形埴輪は原位置を保って出土する例は極めて少なく，囲繞配列の研究上重要な位置を占めるにも関わらずその使用状況は謎に包まれた部分が多い。ひとつひとつの遺跡の状況について確認してみよう。

　吉備における宮山型およびそれに併行する向木見型の使用状況は先に述べた。宮山墳丘墓・矢藤治山墳丘墓がそれにあたり，特殊器台の「外方配置」の傾向は見られたものの，囲繞配列が行なわれたかどうかは定かではない。ただし，この段階で他の供膳具が出土しなくなる。

　都月型特殊器台形埴輪の段階に至ると分布の比重が備中から備前へと移る。

　都月坂1号墳（岡山市）（図124）は尾根上に立地する，全長33mの前方後方墳である。二段築成で葺石を備える。主体部は後方部中央に設けられた竪穴式石室で副葬品として碧玉製管玉・鉄剣1本・鉄斧1点が出土した。調査者の近藤義郎によると当古墳の特殊器台形埴輪は原位置を示すような出土状況ではなかったが，その破片の分布状況によっておおよその配置状況が推定できるという（近藤義郎1986）。それは墳頂周縁，段と段上斜面との接点に原位置が求められ，出土個体数は20～30本と墳丘規模に比して多いため囲繞配列が行なわれたと考えてよいだろう。

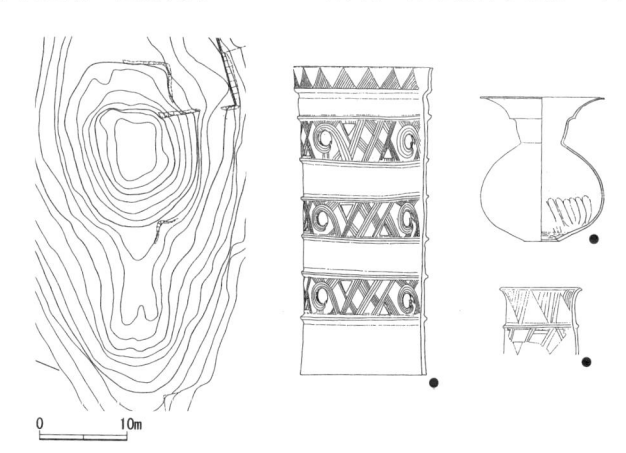

図124　岡山県都月坂1号墳

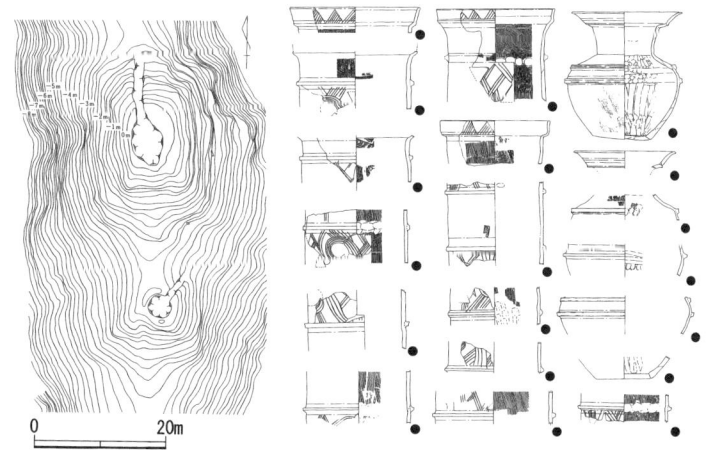

　七つ坑1号墳（岡山市）（図125）は全長45.1mの前方後方墳である。段築はなく，葺石は流出が激しく残存する範囲は少ない。埋葬施設は後方部に2基の竪穴式石室，前方部に1基の竪穴式石室がつくられており，それぞれ割竹形木棺を内蔵していた。中心主体の後方部第1石室は古銅輝石安山

図125　岡山県七つ坑1号墳

岩の板石を小口・長手積みする丁寧なものだが，大戦中の陣地構築により攪乱されていた。石室内に残存していた副葬品は板状鉄斧を中心とする鉄製工具・農具類のみであったが，攪乱土中から方格規矩四神鏡・夔鳳鏡の鏡片，碧玉製管玉1，大刀・鉄剣・鏃など鉄製武器の残片，針2などが出土した。また，後方部第2石室からは平縁変形獣形鏡1面のほか鉄製工具・農具類が出土している。前方部石室には副葬品はなかった。墳丘斜面から都月型特殊器台形埴輪・特殊壺形埴輪が出土している。くびれ部・後方部北斜面に多く，墳丘裾の配置は考えられない。おそらく墳頂に配置されていたものと思われるが出土量は多くなく，囲繞配列かどうかはわからない。

このほか，吉備において都月型特殊器台形埴輪を出土する古墳としては岡山市浦間茶臼山古墳（図126），宍甘山王山古墳，網浜茶臼山古墳（図126），操山109号墳，中山茶臼山古墳などが挙げられるが，これらは表面採集による破片資料に留まり，配列状態を推定できるものではない。

播磨では**権現山51号墳**（兵庫県たつの市）（図127）が特殊器台形埴輪を出土した古墳とし

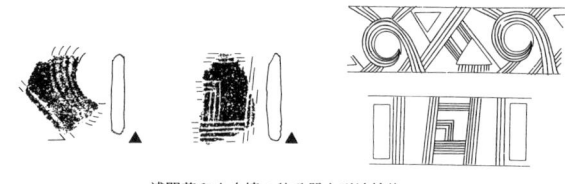

図126 岡山県浦間茶臼山古墳・網浜茶臼山古墳

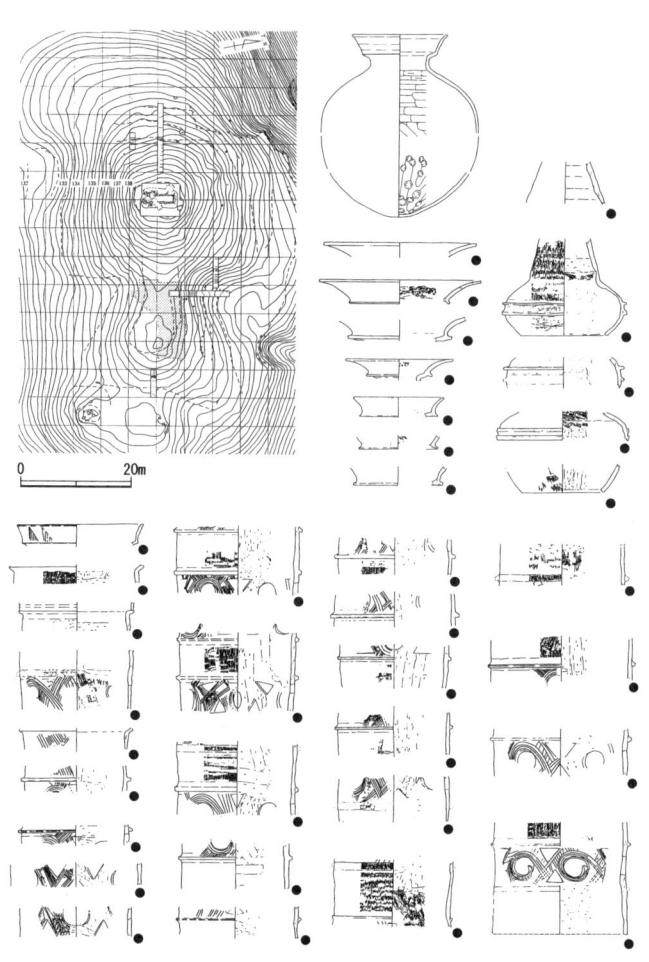

図127 兵庫県権現山51号墳

て著名である。当古墳は全長42.7mの前方後方墳で段築はなく，裾に列石をめぐらしている。主体部は後方部中央に墳丘主軸に直交して設けられた竪穴式石室で，凝灰岩の長方体状の割り石を小口積みするものである。木棺は舟形木棺が想定されている。副葬品は5面の三角縁神獣鏡をはじめとしてガラス小玉220点，鉄製武器類，石突，銅鏃，鉄製工具・農具類，砥石のほか，紡錘車形石製品1点，不明貝製品1点なども含まれ豊富な内容である。特殊器台形埴輪・特殊壺形埴輪の破片は墳丘の各所から数百点にも及ぶ量が出土している。主に主体部の攪乱埋土中，墳丘斜面の盛土流出土層などからの出土が多いのでおそらくは後方部墳頂に配置されていたのだろう。墳頂平坦面は削平を受けているため，これらが樹立されていた痕跡は発見されなかったが，囲繞配列されていた可能性が高いと考えられる。

大和においては宮山型特殊器台形土器と都月型特殊器台形埴輪が複合して使用される例があり，またこれらに普通円筒埴輪が加わる例もある。

箸墓古墳（奈良県桜井市）（図128）は全長280mの最古の巨大前方後円墳である。後円部径は150mを測り，撥形に開く前方部をもっている。後円部の段築は5段と推定され葺石を備えている。埋葬施設に関わるデータはないが，裾部の発掘により前方部における基壇の存在と，後円部東側における周溝をわたる土橋の存在が明らかにされている。箸墓古墳では，従来から宮山型特殊器台形土器・都月型特殊器台形埴輪・特殊壺・底部穿孔二重口縁壺の存在が知られていたが，1998年の台風による風倒木の被害調査を宮内庁書陵部が実施したことにより，多くの埴輪・土器類が風倒木の根起きから採集され，それらの形式的な内容と分布状況のおおよそが明らかになった。この時調査された根起き地点は全29地点に及ぶが，それらはおよそ3グループに分けられる。すなわち①No.1～19の前方部頂部および前端斜面にかけて，②No.20・22の南側くびれ部斜面，③No.22～29の後円部第5段斜面から第4段上面のテラスにかけてである。①の前方部墳頂ではそのほとんどが無文の焼成前底部穿孔二重口縁壺によって占められる。破片の数から相当数の個体が配置されていたものと思われる。前方部頂部前端は前方部の最高所で他から土器片が崩落することは考えられない。そのような場所で破片が出土したことから，この前方部平坦面前端頂部に配置されていたことは間違いないとされている。一方③の後円部墳頂円丘壇（第5段）付近では宮山型特殊器台形土器・都月型特殊器台形埴輪の破片がほとんどを占め，逆に無文の二重口縁壺の破片は見られない。風倒木は古墳の高い位置に集中しているため，その他の場所の破片の分布状況は不明であるが，一応これらの様相から後円部墳頂付近には吉備系特殊土器類・特殊器台形埴輪が配置され，前方部墳頂付近には無文の底部穿孔二重口縁壺が配置されていたとみてよいだろう。なお，前方部墳頂から伯耆系特殊土器類に伴う長頸壺に類似した形態の長頸壺片が出土しており注意を引く（図128「＊」印土器参照）。伯耆系に特徴的な竹管文・綾杉文などは見られないが，頸部突帯に斜状刺突を連続して施している。このように箸墓古墳では吉備系・畿内系のほか他地域の土器が若干含まれている可能性がある。

中山大塚古墳（奈良県天理市）（図129）は全長132mの前方後円墳である。後円部径73m，高さ13mを測り，後円部は2段築成，葺石をもつ。後円部中央に巨大な墓壙があり，輝石安

図 128 奈良県箸墓古墳

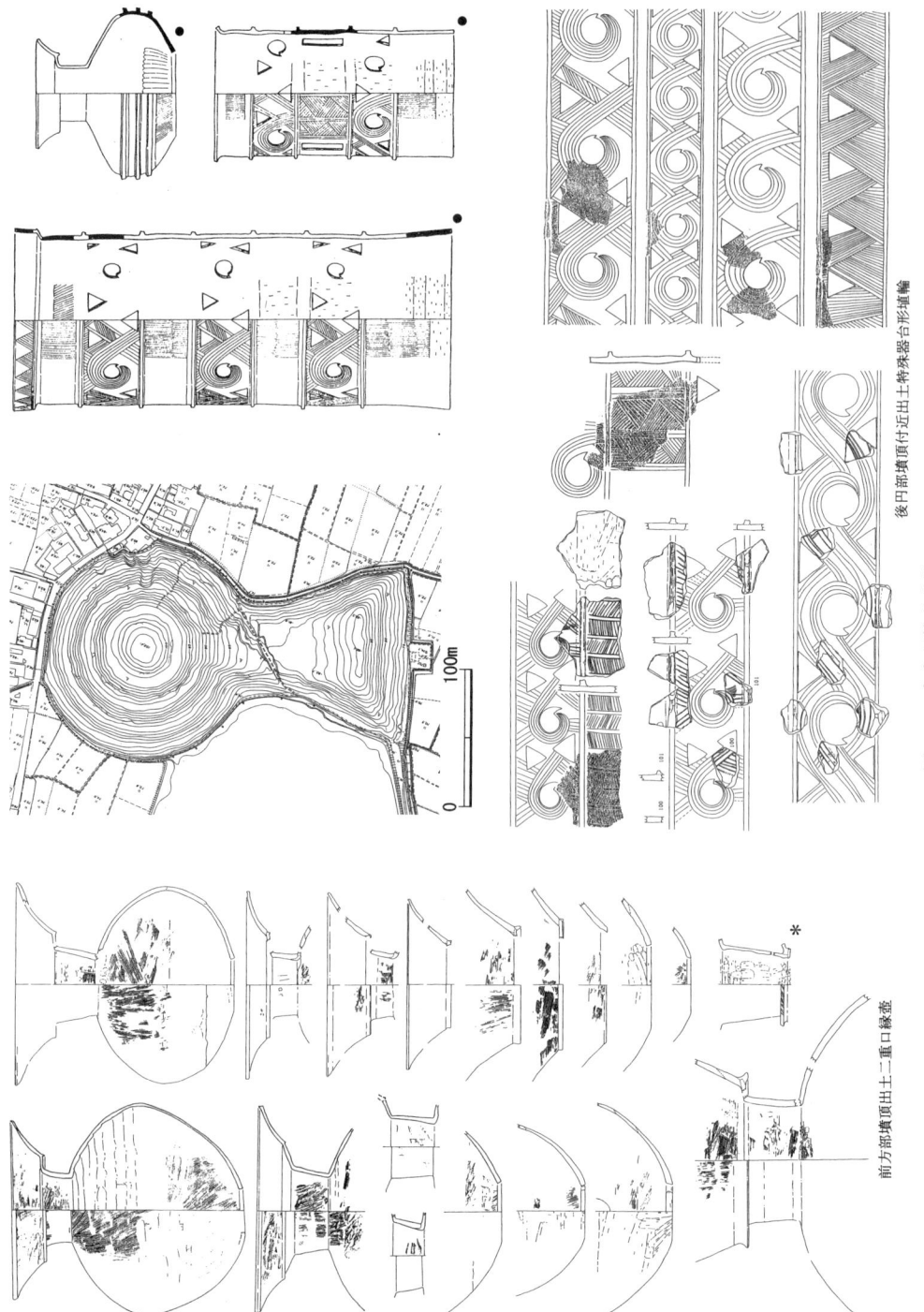

後円部墳頂付近出土特殊器台形埴輪

前方部墳頂出土二重口縁壺

第6章　囲繞配列

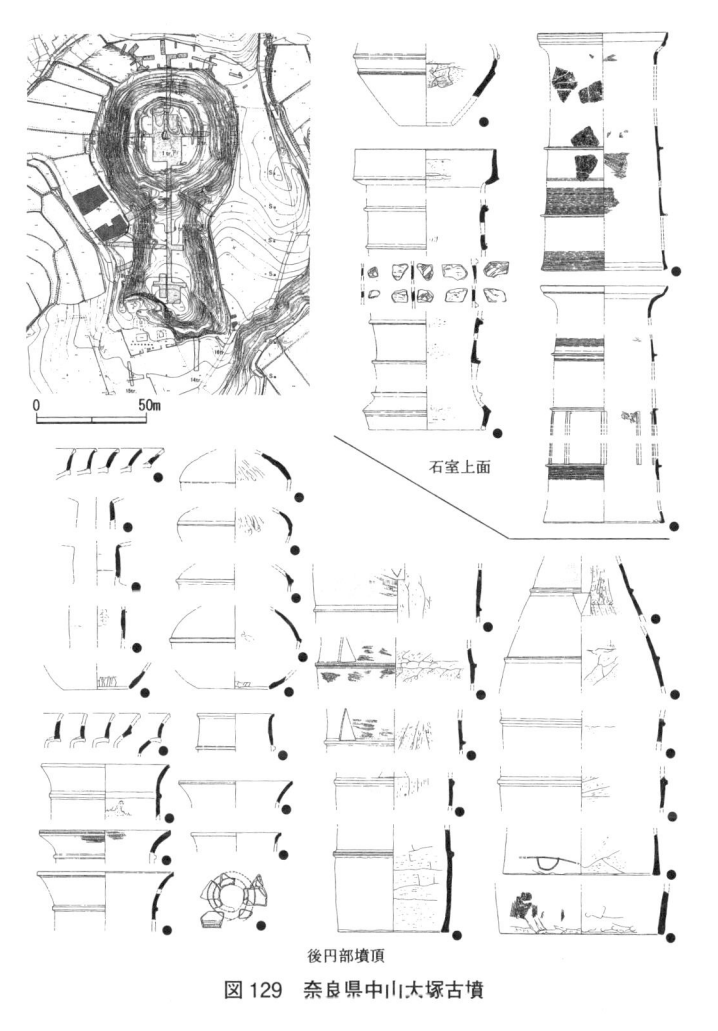

山岩を小口積みした竪穴式石室が検出された。副葬品は半肉彫獣帯鏡片1点と大刀・鉄刀・鉄槍・鉄鏃など鉄製武器類が出土しているが，石室の大半は攪乱されており，もともとの副葬品の全容は不明である。埴輪・土器類は①石室被覆石材上，②後円部墳頂および斜面，③後円部裾，④前方部前端から出土している。①は天井石を覆う石材上に直接散布された破片であり，宮山型特殊器台形土器1個体，特殊壺1個体，中山型とも言うべき特異な大型円筒器台2個体の計4個体の特殊土器類で構成されている。②はもっとも出土量が多く，有段口縁円筒埴輪，普通円筒埴輪，都月型特殊器台形埴輪，特殊壺，二重口縁壺で構成される。報文によれば円筒埴輪・器台形埴輪の個体数はあわせて50個体にも及び，後円部墳頂において囲繞配列が行なわれていた可能性は強いだろう。ただし，墳頂は中世の城郭遺構によって攪乱を受けており，もともとの配列状態は確かめられていない。また，③・④のごとく墳丘裾においても円筒埴輪の配列があったと考えられる。③・④の埴輪は後円部墳頂のものと胎土が異なるため，墳頂からの転落とは考えられないという。

葛本弁天塚古墳（奈良県橿原市）（図130）は墳丘の遺存状況がよくないが，およそ全長68mほどの前方後円墳とされ，径50mほどの後円部に短い前方部がとりつく形態が推定されている。墳丘裾部の一部が発掘調査され，埴輪・土器類が出土した。宮山型特殊器台形土器10個体以上，特殊壺8個体以上，底部穿孔二重口縁壺5個体，底部穿孔広口壺1個体があり，都月型特殊器台形埴輪の破片が若干伴っている。これらは細かい破片ではあるが，個体ごとにまとまっており，よく接合するものもある。円筒器台の脚台部片が少ないため，もともと墳頂において脚台部を土中に埋める形で立て置かれていたものが，周溝中に崩落したものと考えられてい

図129　奈良県中山大塚古墳

177

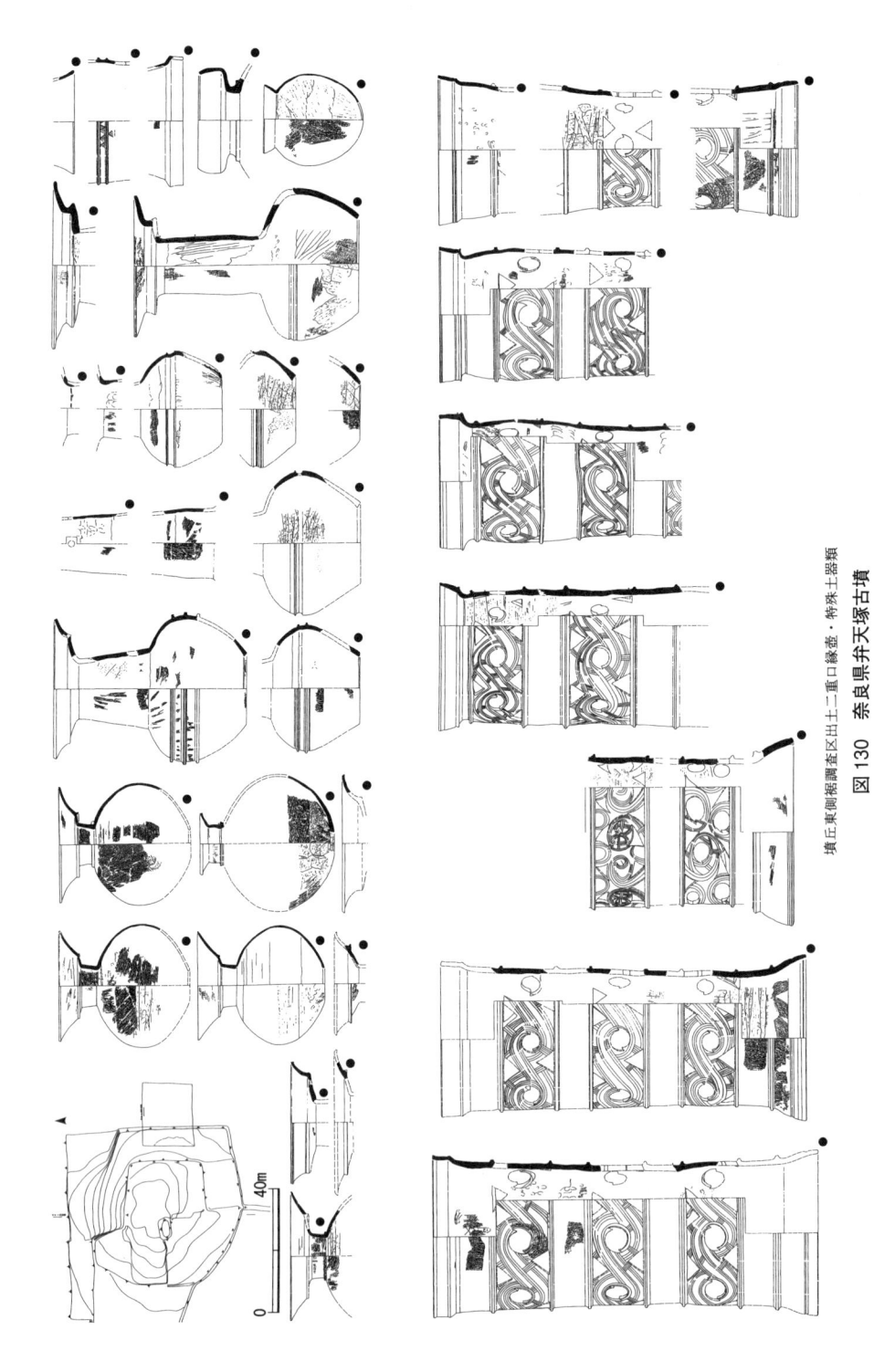

図130 奈良県弁天塚古墳 墳丘東側裾調査区出土二重口縁壺・特殊土器類

178

第 6 章　囲繞配列

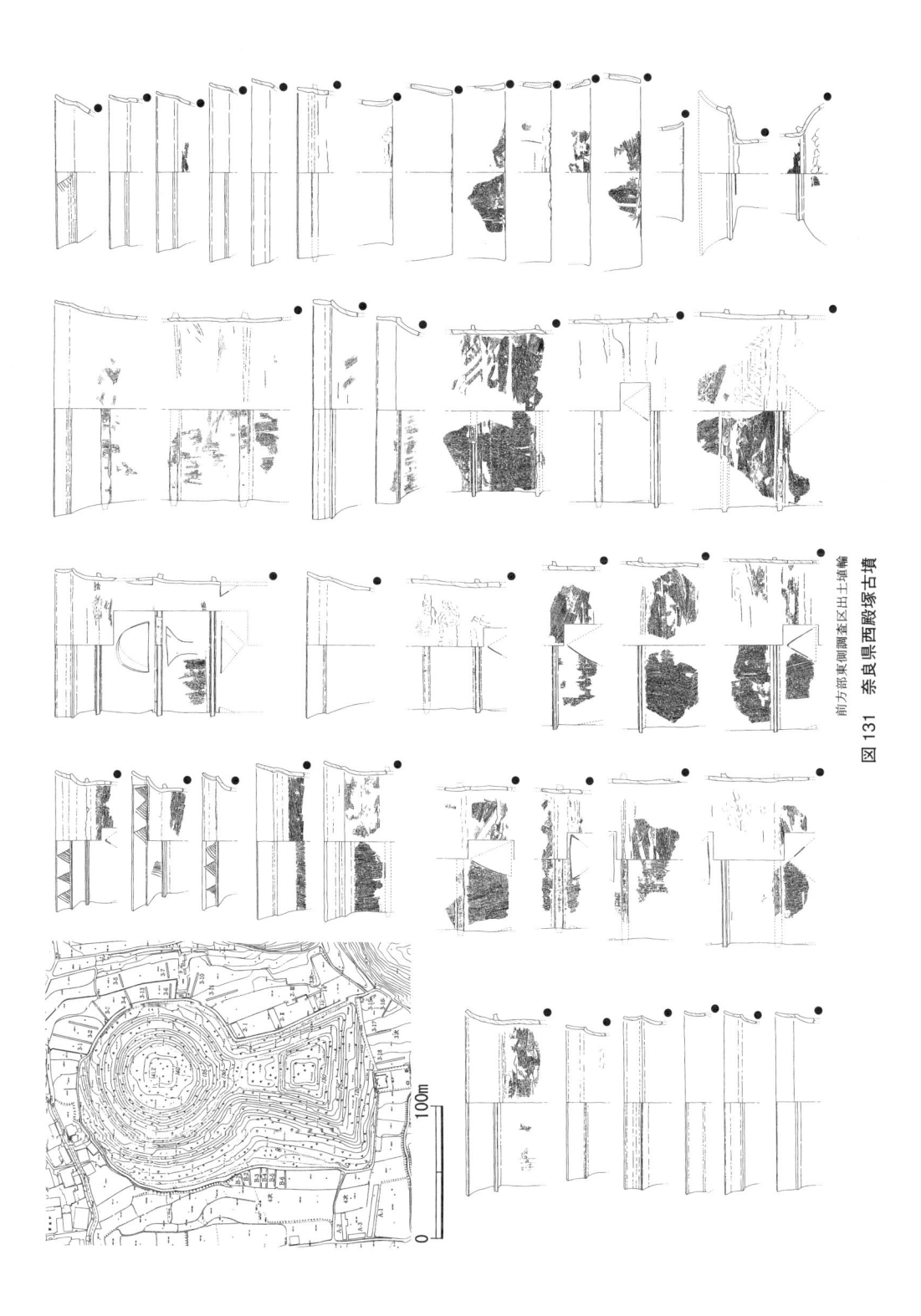

図 131　奈良県西殿塚古墳 前方部東側調査区出土埴輪

る。しかし，出土状況はあくまでも器台と壺がセットのまま組み合った状態を示しているので，報文では組み合った状態のうちに人為的に破砕・散布されたと解釈している。このような行為が儀礼として行なわれたものか，葬儀終了後に心無い輩によって行なわれたのかについては述べられていない。いずれにせよ限られた面積の調査に関わらず，多くの個体が出土していることから，囲繞配列に使用されたものと思われる。

　西殿塚古墳（奈良県天理市）（図131）は全長230m，後円部径140m，高さ16mを測る巨大な前方後円墳である。墳丘内の発掘調査は行なわれていないが，測量図から判断する限りは自然地形の斜面下方となる西側において後円部4段，前方部2段に築成され，後円部と前方部の墳頂にそれぞれ方形壇を設けている。埴輪類については宮内庁書陵部による立ち入り調査による表採品と，天理市による古墳周辺の発掘調査で出土した資料でその内容が知れる。墳丘内の調査では後円部を中心にして宮山型特殊器台形土器・都月型特殊器台形埴輪・特殊壺の破片がおよそ100点あまり表採された。また，墳丘周辺の調査区からは円筒埴輪片が出土している。これらは受け口状の口縁部を持つものが多く含まれ，古式の様相を呈すが，文様は口縁部に施された鋸歯文のみで，これがない個体も多い。これらのことから，後円部の中心部付近において装飾性の強い特殊器台形土器・埴輪を配置し，墳丘の周縁に円筒埴輪を配置したものと考えられる。両者には厳密な使い分けがなされていたことになる。

　吉備・播磨・大和以外の地域では山城の元稲荷古墳，近江の壺笠山古墳において吉備系特殊器台形埴輪が確認されている。

　元稲荷古墳（京都府向日市）（図132）は全長94m，後方部辺54m，高さ7mの前方後方墳である。後方部墳頂に竪穴式石室があり，鉄製武器類・銅鏃・鉄製工具類・土師器壺1個体などが出土したが，盗掘を被っており本来の副葬品のすべてではない。埴輪類は墳丘各所からは出土せずに唯一前方部墳頂に特殊器台形埴輪と壺形土器が集中して置かれた区域があった。置かれていたのは都月型特殊器台形埴輪の最終型式ともよぶべきもので，文様が省略された個体もある。また，これらに底部穿孔二重口縁壺が伴い，それぞれ6～7個体ずつ置かれていたようだ。

　壺笠山古墳（滋賀県大津市）は径48m，高さ5mの大型円墳である。都月型特殊器台形埴輪の破片が出土しているが，少量で配置状況は不明である。

小　結

　これまで述べてきた様相を整理すれば，元稲荷古墳前方部墳頂出土例を除いては，都月型特殊器台形埴輪は原位

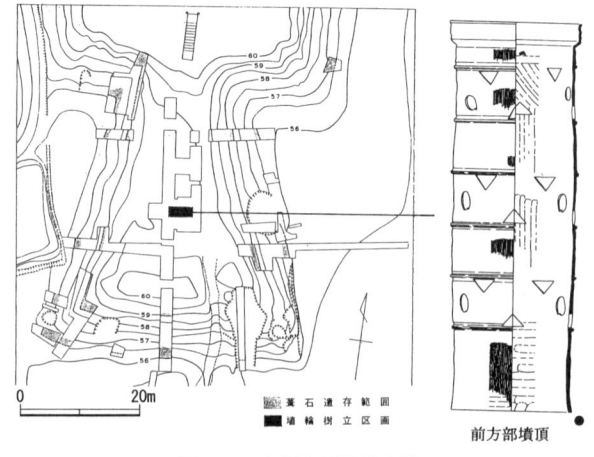

図132　京都府元稲荷古墳

置を保って出土した例は全くないものの，量的に多く，また墓域の中で広域にわたって出土する例が多いので囲繞配列に使用された可能性が高いと考える。また，大和においては宮山型特殊器台形土器・底部穿孔二重口縁壺・円筒埴輪などと併用して用いられる例があり，中山大塚古墳では独自の形態の大型円筒器台を使用している。宮山型特殊器台と円筒埴輪の中間型式としての位置づけが可能ではないだろうか。それはさておき，宮山型・都月型などの装飾性の強い一群は，箸墓・西殿塚などの巨大古墳あるいは中山大塚などの大型古墳では後円部墳頂付近のみに配置されたようだ。そして，中山大塚古墳・西殿塚古墳において裾付近から出土しているのは円筒埴輪のみであるから，両者の使い分けは明瞭であろう。裾に囲繞配列する場合は後円部墳頂の何倍もの量を必要とする。大型古墳・巨大古墳ではそれこそ膨大な量となるために装飾の省略が行なわれた。このことが円筒埴輪の成立の背景ではないかと思われる。装飾性の強い，より呪力の高い祭器は埋葬施設に近い部所に限定して配置されたのだろう。

　また，畿内では各古墳によって配置方法に個性が見られる。箸墓では後円部に特殊器台形埴輪，前方部に二重口縁壺という使い分けがなされていたし，中山大塚古墳では宮山型と「中山型」を主体部上に破砕して配置し，墳頂平坦面では都月型と円筒埴輪が配置されていた。元稲荷古墳では囲繞配列せずに前方部墳頂に都月型と二重口縁壺の組合わせで置かれていた。このように様々な使い分けがされており，円筒埴輪成立前夜の畿内の囲繞配列はその配置方法が確立していなかったと言える。吉備系円筒器台（特殊器台形土器・埴輪）を使用しない，二重口縁壺のみの囲繞配列もあったようなので，かなり複雑な様相をもっていたといえる。本書では，このような特殊器台形土器・特殊器台形埴輪・円筒埴輪・特殊壺・二重口縁壺などのいずれかを組み合わせて使用した囲繞配列を**「吉備・大和型囲繞配列」**と総称しておきたい。ただし，二重口縁壺のみの囲繞配列はこれに含めないこととする。

第3節　底部穿孔壺の囲繞配列

　囲繞配列が出現してからしばらくの間，特殊器台形埴輪・円筒埴輪類による「吉備・大和型囲繞配列」はごく限られた地域でしか行なわれなかった。そのころ，北部九州・四国北東部・関東・東北などの地域では底部穿孔壺を使用した囲繞配列が行なわれていた。それらの様相を以下にまとめてみよう。

(1)　畿内における底部穿孔壺の囲繞配列

　前期古相段階には畿内では，とくに大和を中心として特殊器台形土器・特殊器台形埴輪・円筒埴輪・特殊壺などを使用した「吉備・大和型囲繞配列」が行なわれたことは前節ですでに述べたが，これらとは別に畿内系二重口縁壺を使用した囲繞配列の系列を別に追うことができる。この系列は「吉備・大和型囲繞配列」から二重口縁壺だけを取り出した省略形ではなく，ホケノ山古墳にみられるように穿孔を施した加飾壺の系列上にあるものであろう。箸墓古墳において両者の系列が前方部と後円部にそれぞれ区別して配列されていたことは，これを別系列とする大きな根拠となったといえよう。以下に年代順に類例を見ていきたい。

　ホケノ山古墳（図123）の詳細はすでに第1節の囲繞配列の初源問題の項で述べたとおりである。後円部墳頂の埋葬施設内に，上方から落ち込んだ状態で畿内系加飾壺8個体が出土した。加飾壺は一定間隔を保って方形に出土しているため，槨上および主体部上方での方形囲繞配列が想定できる。加飾壺は胴部などに焼成後の穿孔が施されている。

　加美14号墓（大阪市）（図133）は全長13.9m以上，後方部幅11m，後方部長9.5mの区画墓である。周囲を周溝が巡っており，約40cm前後の盛土が確認されているが，方台部からは埋葬施設が見つかっていないため，本来はさらに高い墳丘があったと思われる。周溝から畿内系加飾壺（狭帯口縁B形式）・畿内系無文二重口縁壺・山陰系二重口縁壺・直口壺・手焙形土器，庄内型甕が出土している。土器の型式的特徴は纒向遺跡におけるいわゆる「辻土坑4下層」出土一括資料に近いものであり，寺沢薫編年で布留0式期に相当すると考えられている。実測図が公表されているのは出土土器の一部であるが，その中に底部が穿孔された中型畿内系二重口縁壺2個体が含まれている。調査者によればこれらは焼成後に底部穿孔されており，同様な二重口縁壺が全部で10点以上出土しているという。出土位置や出土状況などの詳細な情報は知れないが，囲繞配列の可能性は高いといえよう。

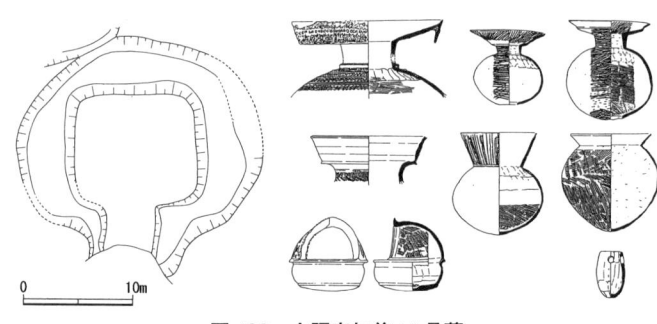

図133　大阪府加美14号墓

椿井大塚山古墳（京都府相楽郡山城町）（図134）は全長推定約190m，後円部径約110m，高さ約20mの前方後円墳である。典型的な丘尾切断型の造墓方法によって築造されているが，前方部前端は宅地化され，その形状の詳細はわからないところが多い。後円部は多いところで4段に築成され，葺石が存在する。また，後円部を鉄道路線による切り通しが横切っており，1953年にその切り通し斜面の法面傾斜緩和工事中に竪穴式石室と多量の鏡を含む副葬品が発見されたことは著名である。竪穴式石室は後円部墳頂中央部に設けられた，長大なものである。副葬品は，三角縁神獣鏡32面以上，画文帯対置式神獣鏡1面，方格規矩四神鏡1面，内行花文鏡2面をはじめとして，冠と思われる花弁形装飾付鉄製品1点，鉄製刀剣類，鉄鏃200点以上，銅鏃16点以上，小札革綴冑1式，有機質短甲の引き合い板と思われる鉄板，鉄製農工漁具類，が出土しており大変豊富なものである。これまでの墳丘各所の調査では埴輪片が全く出土していないが，後円部墳頂および斜面において二重口縁壺の破片が出土しているため，後円部墳頂に二重口縁壺による囲繞配列がなされていた可能性がある。前期古相新段階に編年される。

桜井茶臼山古墳（奈良県桜井市）（図135）は全長207m，後円部径110m，高さ22m以上の前方後円墳である。後円部3段，前方部2段に築成し，葺石をそなえる。前方部が細長くのびるいわゆる柄鏡形の前方

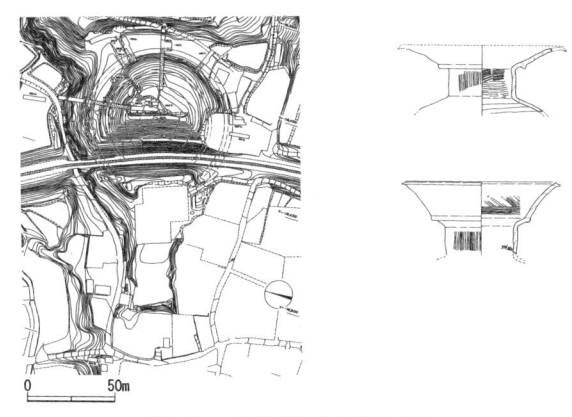

図134　京都府椿井大塚山古墳

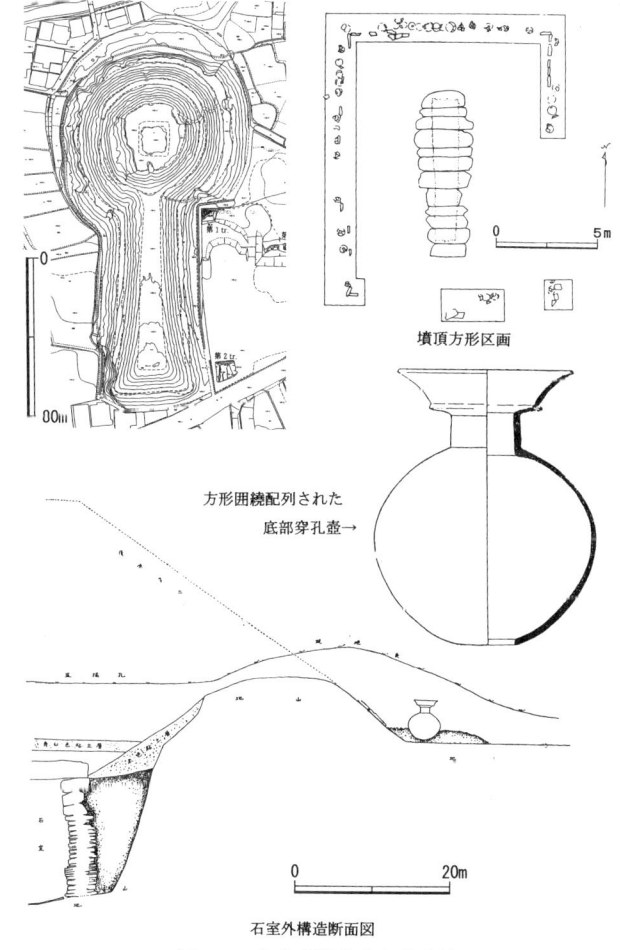

図135　奈良県桜井茶臼山古墳

後円墳である。後円部墳頂中央に長大な竪穴式石室を設けている。石室内は盗掘されていたが，内行花文鏡・神獣鏡・半円方格帯鏡などの鏡片若干，碧玉製玉杖1式，腕輪形石製品片，玉類，鉄製武器類，銅鏃などが出土している。竪穴式石室の周囲に底部穿孔二重口縁壺が方形に囲繞されていた。この方形囲繞配列の規模は10.6×13mである。壺形土器同士はほとんど触れ合うぐらいに近接して置かれていたようで，短辺に24〜25個体，長辺で29〜30個体が確認されている。この方形土器囲繞配列は石室直上を覆う方形土壇の外側の裾にあり，土壇周辺の排水のため敷設されたと考えられる帯状の小砂利層に下腹部を埋めていたと推測されている。個体ごとの破片は比較的まとまっていることから完形品が置かれていたと考えられている。また，底部の穿孔は焼成前に施されたものである。この通称「茶臼山型」壺が方形囲繞配列された状態が1949〜50年の発掘調査によって発見され，囲繞配列が円筒埴輪だけではなく底部穿孔壺においても行なわれたことがはじめて明らかにされたという点で，学史上重要な位置を占める資料である。古墳は前期中相古段階に編年できる。

安威1号墳（大阪府茨木市）（図136）は墳長45m，後円部径30m，高さ5.2mの前方後円墳である。後円部を3段に築成し，葺石を備えている。後円部墳頂に2基の粘土槨があり，調査された1号槨から碧玉製石釧1点，車輪石1点が出土している。埴輪は存在しないが，墳丘各所から焼成前底部穿孔二重口縁壺片が多数出土している。墳丘の全域から出土しているということなので，囲繞配列に使用されたと考えてよいだろう。古墳は壺の型式観から前期中相に比定できよう。

以上が，畿内における底部穿孔壺による囲繞配列を行なっていると考えられる墳墓であるが，円筒埴輪を使用する古墳の数に比べ極端に少ないことがわかるだろう。しかしながら，椿井大塚山古墳や桜井茶臼山古墳のように巨大な前方後円墳も含まれることから，決して下位の墓制において規制を受けて行なわれたものではなく，別系統の祭祀的思想の下で行なわれたものと捉えておきたい。しかしながら，そのメカニズムの詳細は今後の課題である。なお，加美14号墓のような小型墳墓の墓域における前方後方形墳墓において囲繞配列が行なわれている様相は後段で述べる関東・東北地方の初期様相と共通する。これら初期の壺による囲繞配列が畿内と東日本で系譜上何らかの関わりがあった可能性が高いと考えられよう。

一方，前期中相以降は奈良県天理市上殿古墳，大阪府羽曳野市御旅山古墳，茨木市将

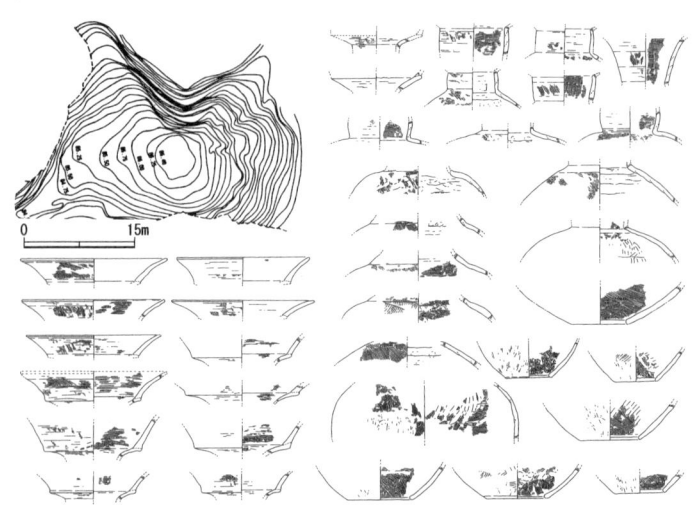

図136　大阪府安威1号墳

軍山古墳，八尾市美園古墳などにおいて底部穿孔壺が円筒埴輪とともに使用されている。廣瀬覚によれば，前期中ごろに編年される御旅山古墳以降，畿内の壺形埴輪は東四国地域の影響を強く受けるという（廣瀬2005）。その時期はちょうど底部穿孔壺の頸部が発達し長胴化しはじめる時期と重なるので，円筒埴輪に伴いはじめることともあわせて，それ以前の底部穿孔壺の囲繞配列とは一線を画していると言えよう。

(2) 吉備における底部穿孔壺の囲繞配列

吉備における底部穿孔壺の囲繞配列については君嶋俊行がまとめているので（君嶋2004），ここではその成果によりながら記述することにする。

君嶋は前期古墳で該当する例として以下の4古墳を挙げている。

川東車塚古墳（岡山県真庭市）（図137）。全長59mの前方後円墳。墳丘の各所から底部穿孔二重口縁壺が80個体以上出土していることから，囲繞配列と考えられる。配置位置は墳頂平坦面周縁と考えられる。壺は若干長胴化傾向にある。

田邑丸山2号墳（岡山県津山市）。墳頂40mの前方後方墳。墳丘各所のトレンチから底部穿孔二重口縁壺が出土。頸部や肩部に円形竹管文が施されたものがある。墳丘上に配列されていたと推測できる。

殿山8号墳（岡山県総社市）。13×12mの方墳。周溝から底部穿孔二重口縁壺が複数個体出土している。肩部に円形竹管文を有する個体がある。また，若干長胴化傾向にある。

西山1号墳（岡山県倉敷市）。径24mの円墳。周溝からやや長胴化しているとおもわれる底部穿孔壺片が出土した。口縁部に円形竹管文が施されている個体が

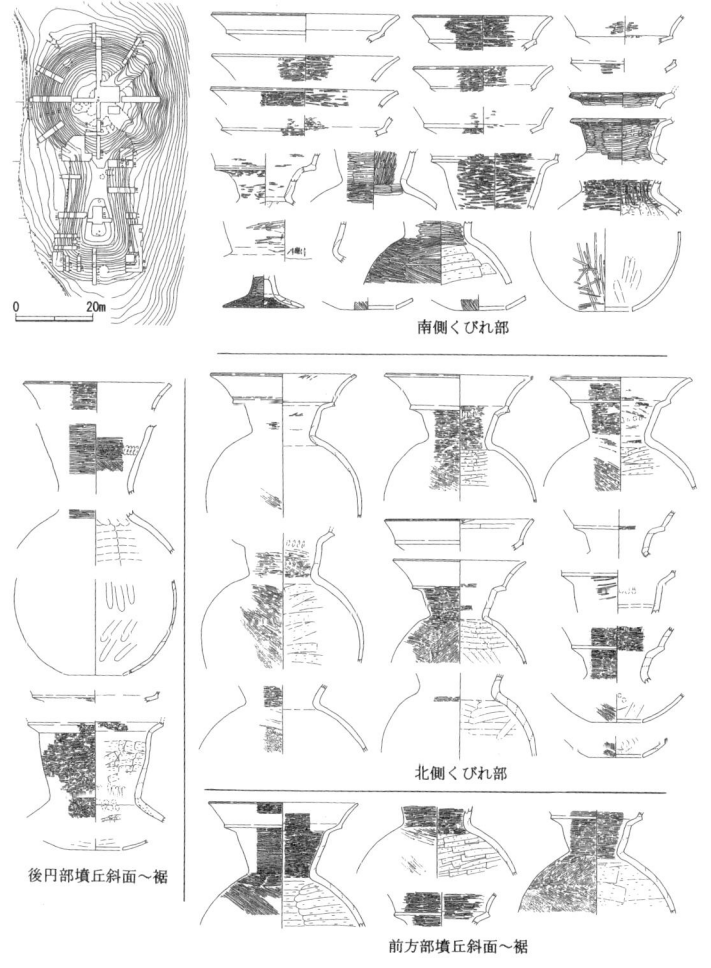

図137 岡山県川東車塚古墳

ある。

　以上の4古墳であるが，年代的には前期中相以降のものに限定され，すでに円筒埴輪がある程度普遍化した段階ではじめて底部穿孔壺の囲繞配列が定着していることが注目できる。君嶋はこの現象について，九州や関東など底部穿孔壺の囲繞配列が盛んな地域からの影響もみとめ難いとし，上位の首長によって円筒埴輪の使用が規制された結果と判断している。このような開始時期の問題や，4古墳中3基から出土した底部穿孔壺に円形竹管文による装飾が見られることも，吉備の壺による囲繞配列を特徴づけている。よってこのような底部穿孔壺の囲繞配列を**「美作型囲繞配列」**として呼称する。備中に含まれる資料もあるが，おおよそ吉備の山間部に分布が偏っているため，「美作型」としておく。

(3) 四国北東部における底部穿孔壺の囲繞配列

　当地域における囲繞配列は畿内と別系統で出現した可能性がある。それは，萩原1号墓ですでに述べたような主体部周辺における壺破片配置が見られたこともあるが，鶴尾神社4号墳をはじめ，伝統的な在地の土器様式の系譜上にある壺を使用して囲繞配列を行なっている墳墓ばかりであり，畿内系二重口縁壺を使用した囲繞配列は布留式古段階併行期には見当たらない。

　鶴尾神社4号墳（香川県高松市）（図138）は石清尾山山塊の南側に突出した尾根上に立地する。全長40mの前方後円形の積石塚である。後円部径18.7m，高さ4mを測る。後円部の中央に東西軸の竪穴式石室が構築されている。安山岩板石を小口積みしている本格的な竪穴式石室である。副葬品として獣帯方格規矩四神鏡が1面出土している。この鏡は手ずれが激しく，一度割れた鏡に補修孔を開け，紐でつなぎとめて使用した跡があり，伝世鏡の根拠となったことで著名である。土器は主体部上から出土した土器類と墳丘周囲から出土した多量の底部穿孔壺がある。前者については弥生時代の土器配置の項（第3章第3節）でふれたので詳しくは繰り返さないが，下川津B類の細頸壺を含む一群が主体部上に配置されていたと思われる。墳丘周辺の底部穿孔壺の出土状況については，報文中で「墳裾付近の墳丘内外からは，ほぼ同種の壺のみが多量に出土した。原位置をとどめて出土したものはなかったが，前方部西側墳裾や東西くびれ部付近の墳丘内外に特に多かったことからみて，墳裾部ないしは，墳裾に沿った墳丘上に立て並べられていたものと思われる」と述べられているから，囲繞

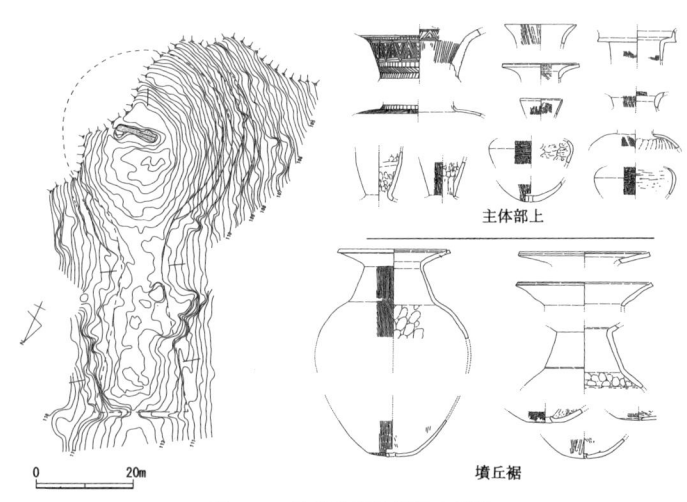

図138　香川県鶴尾神社4号墳

配列と考えてよいだろう。使用された壺は，肩の張る長胴化傾向の胴部をもち，上方に向かってすぼまる頸部に逆ハの字に開く口縁部が付くという形態を呈しており，下川津B類土器に属する広口壺である。底部には直径 1 cm ほどの小さな焼成前穿孔が施されている。時期は布留 0 式併行期とみられる。

野田院古墳（香川県善通寺市）（図 139）は全長 44.5 m の前方後円形の積石塚である。後円部径 21.0 m，後円部高約 2 m，前方部長 23.5 m を測り，前方部が細長い四国北東部特有の形態を呈している。後円部墳頂から東西軸の並行する 2 基の竪穴式石室が検出された。第 2 主体部からガラス玉・碧玉製管玉・鉄剣などが出土している。また，第 2 主体部上から小型の畿内系甕や直口壺の破片が出土している。後円部周囲から多量の広口壺が出土しており，概報によれば「その出土状況から，1 段目の後円部テラス部に等間隔に並べられていたよう」であり，囲繞配列と見てよいであろう。壺は頸部から口縁部にかけてラッパ状に開く，東四国系土器に特有な広口壺で，底部には穿孔が見られる。報文では正式には焼成後穿孔としているが，焼成前穿孔の可能性も示唆されている。

宮谷古墳（徳島市）（図 140）は全長 37.5 m，後円部径 25 m，高さ 3 m の前方後円墳で

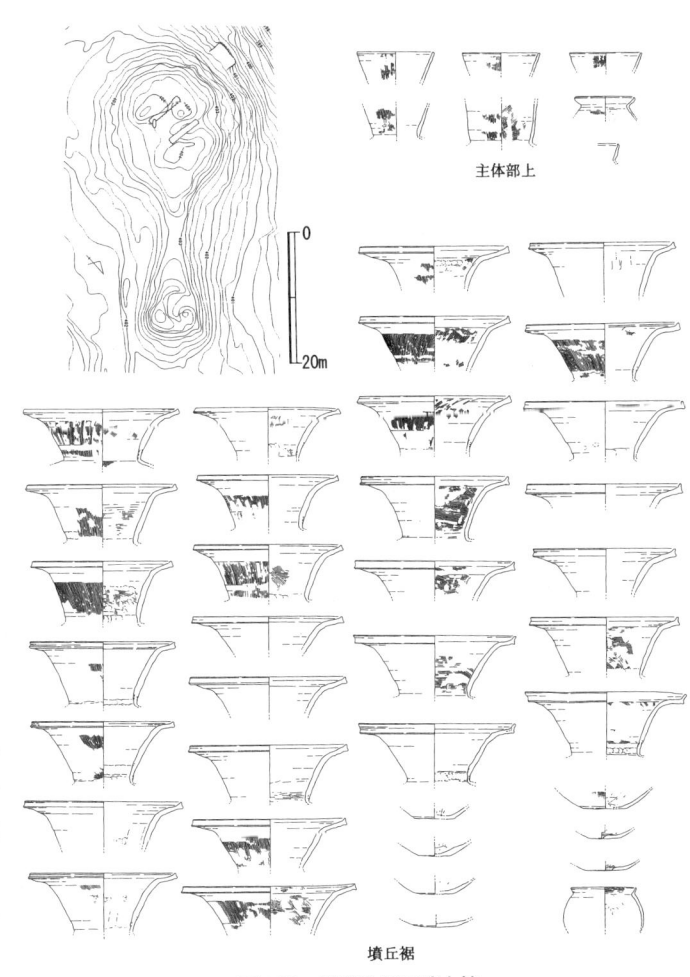

図 139 香川県野田院古墳

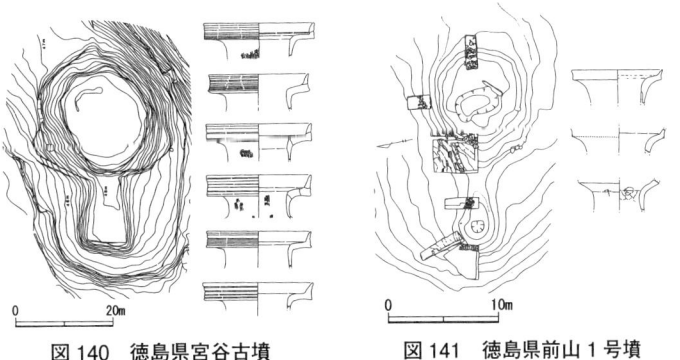

図 140 徳島県宮谷古墳　　図 141 徳島県前山 1 号墳

ある。後円部中央に竪穴式石室があり，重圏文鏡1面と玉類・鉄製武器・鉄製工具などが出土している。また，前方部斜面から3面分の三角縁神獣鏡片が出土している。土器はくびれ部から前方部の墳裾を中心に同種の壺が多量に出土しており，囲繞配列と考えられる。器壁の厚い口縁部が上方に立ち上がり，その外面に横方向の凹線を数条施している。

前山1号墳（徳島市）（図141）は全長17.7m，後円部径9.7mの小さな前方後円墳である。後円部に竪穴式石室が存在するが盗掘により攪乱されており，副葬品は残されていなかった。墳丘の各所から壺が出土している。そのうち後円部平坦面東寄り中央付近で壺の破片がほぼ原位置を動いていないと思われる状態で出土したという。おそらく墳頂の平坦面に並べられていたと考えられる。壺は宮谷古墳のものと同系統のものと思われるが，口縁部の上方へのつまみ出しがやや弱く，外面の凹線も省略されている。前山1号墳においても囲繞配列が行なわれたものと考えられる。

以上に見てきたように四国北東部では在地の系統の壺を使用した囲繞配列が行なわれていたと考えられる。讃岐では下川津B類および東四国系の壺を，阿波では独自な複合口縁壺を使用しており，それぞれ「**讃岐型囲繞配列**」，「**阿波型囲繞配列**」と呼称すべきかもしれない。これらは畿内系二重口縁壺を使用しないことから，四国北東部の独自性を保とうとした動きがあったと思われる。円筒埴輪による囲繞配列は前期中相を待たなければならないことからもこのことがわかる。

(4) 九州における底部穿孔壺の囲繞配列

九州では円筒埴輪による囲繞配列の開始が遅く，一般的になるのは前期末のことである。しかし，壺による囲繞配列は前期古相段階からみられる。

津古生掛古墳（福岡県小郡市）（図142）は全長33m，

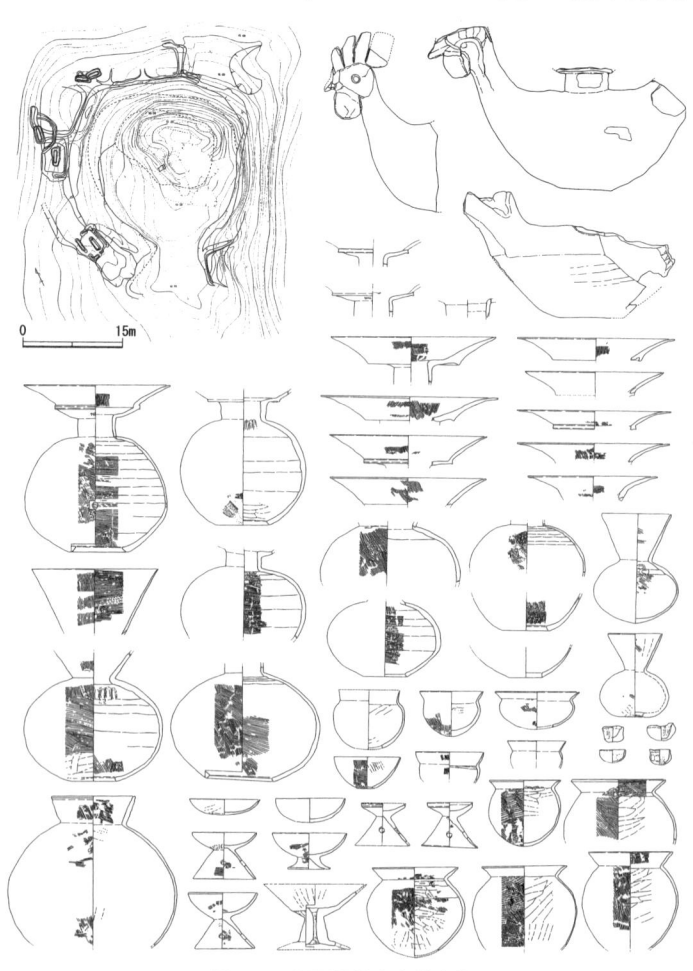

図142　福岡県津古生掛古墳

188

後円部径29mの不整形な前方後円墳である。後円部のみに周溝がめぐり，前方部を画する溝は存在しない。後円部墳丘はかなり攪乱されていたが，中心主体部の一部がかろうじて残されていた。箱形木棺を納めていた墓壙で，副葬品は方格規矩鳥文鏡1面，ガラス小玉57点，鉄剣1本，鉄鏃27点が出土した。また，周溝内に周辺埋葬が多く見られた。土器は周溝中から多く出土している。もっとも多いのは畿内系底部穿孔二重口縁壺で，およそ20個体ほど出土している。いずれも似たつくりで，筒形の細い頸部に大きく開く口縁部がつく。無文化しているが型式学的には古い要素を持っている。焼成前に底部穿孔を施しているが，胴部中位に焼成後の小穿孔がみられる個体もある。また，胴部が鶏形を呈すものが3個体程度ある。これらは墳丘から転落した状況を示しており，もともと墳丘に囲繞配列されていたものと思われる。ほかに直口壺・高杯・小型器台・鉢・手づくね土器など多くの土器が出土しているが，周溝中の埋葬施設に伴う可能性もあるだろう。これらもすべて布留式系統の土器である。

能満寺2号墳（福岡県築上郡上毛町）（図143）は墳丘の片側を削平されているものの，一辺10m程度の方墳と考えられている。二方向に周溝が確認されており，葺石に使用された礫が多量に出土している。墳頂中央に石蓋土壙墓があり，小型連弧文鏡1面，ガラス小玉40点，管玉1点，鉄剣1本が出土している。土器は周溝中から出土した。規格的なつくりの畿内系二重口縁壺が10個体程度出土しており，囲繞配列が行なわれていたものと思われる。筒形の頸部に大きく開く口縁部をもつが，細頸のものと太頸のものがあり，津古生掛古墳よりは若干時期が降るものと思われる。基本的に無文だが頸部突帯を有するものがある。なお，底部が遺存しているものには穿孔がみられず，囲繞配列が行なわれたと考えられる資料では珍しい。ほかに布留式の小型器台，山陰系鼓形器台など若干の土器が出土している。

三国の鼻1号墳（福岡県小郡市）（図144）は前期中相の資料の好例として挙げられる。全長66m，後円部径38m，高さ6.3mで，後円部は二段築成である。葺石はない。後円部墳頂に2基の割竹形木棺直葬土壙，前方部に粘土槨1基が検出されている。後円部中心主体の第1主体部は盗掘を被っており，鉄剣片や管玉がわずかに出土したのみである。また，後円部第2主体部では鉄剣1本，鉄鏃3点が出土している。墳丘各所から多量の底部穿孔二重口縁壺が出土して

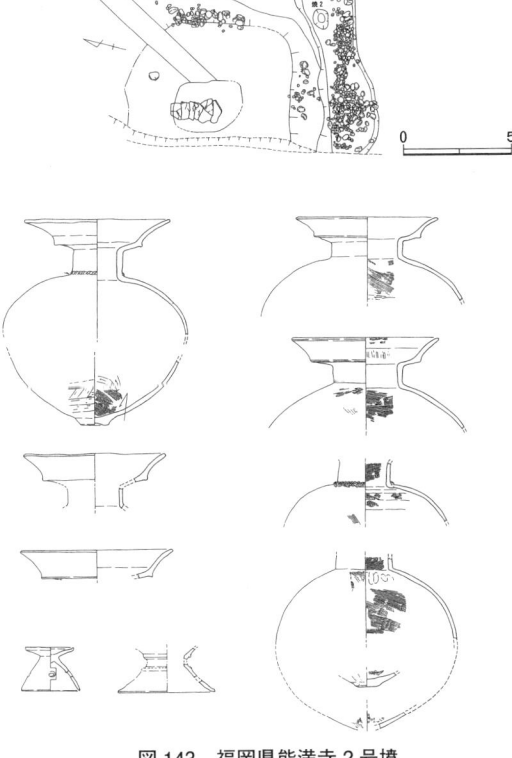

図143 福岡県能満寺2号墳

図144 福岡県三国の鼻1号墳

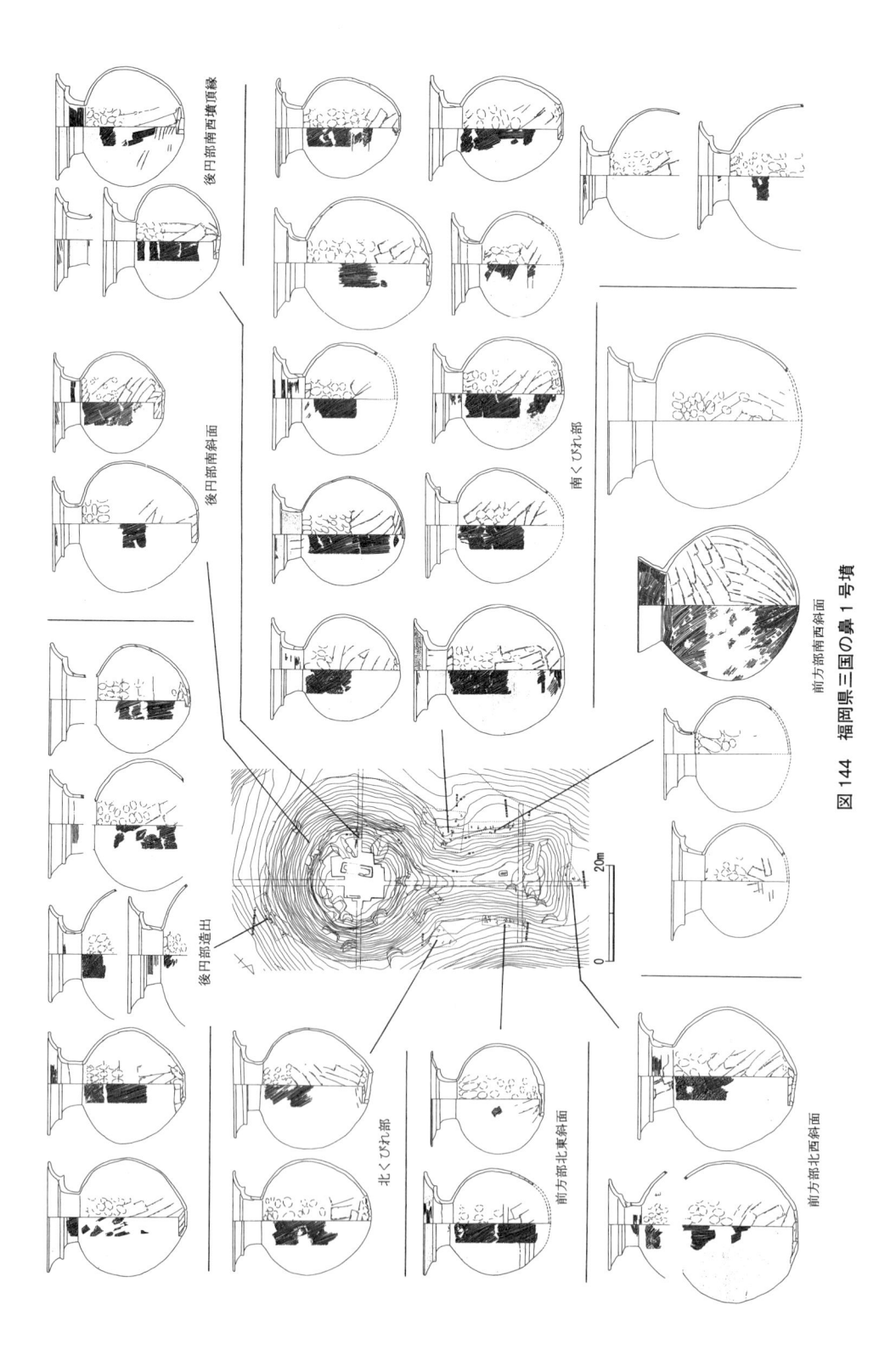

後円部南西墳頂縁
後円部南斜面
後円部造出
前方部三国の鼻1号墳
南くびれ部
北くびれ部
前方部北東斜面
前方部北西斜面

おり，報告書には 85 点もの同種の壺の実測図が掲載されている。出土位置はくびれ部・前方部・後円部後端造り出し部の墳丘斜面から裾にかけて多く出土している。また，後円部墳頂縁近くの斜面部においても完形に復原できる個体が出土しているので，後円部と前方部墳頂平坦面周縁および後円部後端造り出し部周縁に囲繞配列されていたものと考えられる。

九州では古墳時代前期末ごろからいっせいに埴輪が波及し，多くの古墳で円筒埴輪による囲繞配列が行なわれる。壺は長胴化し壺形埴輪というべき大型化したものとなる。九州では円筒埴輪と壺形埴輪が併用されることが多いが，福岡市老司古墳・大分県杵築市小熊山古墳・豊後大野市立野古墳のように多くの壺形埴輪に少量の円筒埴輪が伴うという特徴的な組み合わせである。円筒よりも壺が重視されるという九州独自の囲繞配列の意識が読み取れる（註24）。なお，豊後では「豊後系大型器台」とも呼ぶべき器台が，大分市野間 1 号墳，大分市小牧山 6 号墳，立野古墳など複数の古墳に見られ，壺形埴輪と組み合わせて使われていたようだ（田中裕介1996，九州前方後円墳研究会2000）。

以上のように九州では畿内系底部穿孔壺を使用した囲繞配列が早くから出現し，その後も囲繞配列の主要器種として底部穿孔壺が使用され続けた。また，円筒埴輪波及後もむしろ壺形埴輪を量的に多く使うといった傾向が見られる。このことは明らかに列島中央部と異なる様相と言えよう。

(5) 東日本の囲繞配列の成立に関する問題

東日本においても円筒埴輪に先がけて，底部穿孔壺による囲繞配列が先に定着し，円筒埴輪が波及したのちも多くの墳墓で底部穿孔壺を使用している。さて，私見によれば，その出現は畿内の影響下に上野・会津にまず出現したと考えているが（古屋1998・2004 b），福田聖のように在地の弥生墓制の土器配置の影響を重視する意見もある（福田2004）。筆者は東日本の，畿内系二重口縁壺を使用した囲繞配列の系譜は畿内からの影響なしには成立し得ないと考えるが，そうした底部穿孔壺の土器配置を受け入れる土壌はすでに方形周溝墓の土器配置の中で培われていると考えている点では，福田の意見に同調的である。ここでは，本論に入る前に，弥生墓制の土器配置の中で，のちの囲繞配列に繋がっていくような要素の抽出を試みたい。

ひとつは，先にも触れた**王子ノ台 5 号方形周溝墓**（神奈川県平塚市）（図65）の土器配置である。周溝の上層から少なくとも 10 個体以上の焼成前底部穿孔壺が方台部をとり囲むように出土しており，調査者の立花実は周溝中の配置を考えている。使用されている壺の系統は弥生後期の南関東に特有な，羽状縄文・S字状結節文・棒状浮文などで飾る，赤彩された装飾壺である。壺のつくりは，大きさの違いはあるものの総じて似ており，出土個体数，配置位置などを考慮して，確実に囲繞を意識した配列であることは間違いないと思われる。しかし，土器の系統が異なること，溝が一定度埋没してから上層に配置したと考えられること，神奈川県で唯一の例で古墳時代例との間をつなぐ資料がないこと，など古墳時代に始まる畿内系底部穿孔壺を使用した囲繞配列に直接的な影響を与えたとは考えにくい。

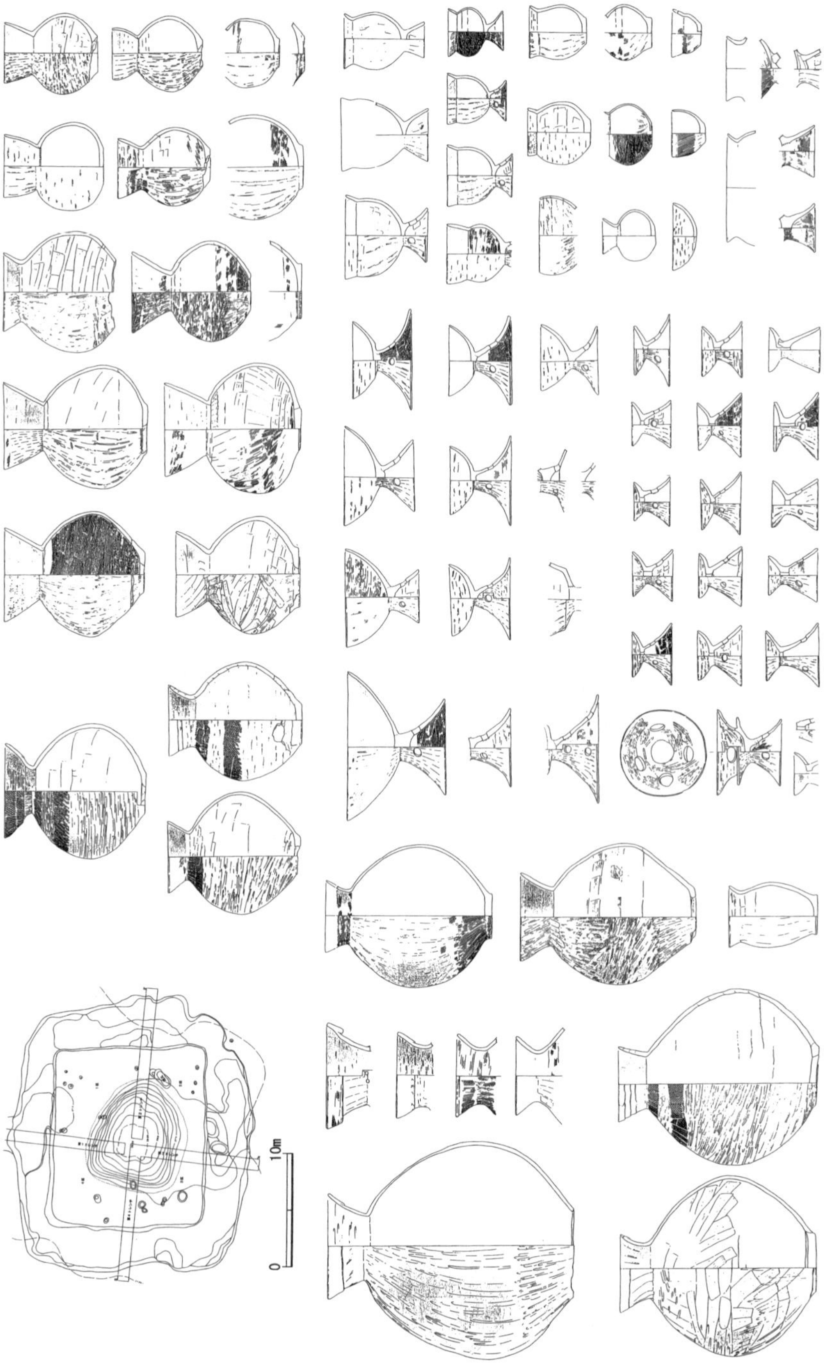

図 145 埼玉県中耕 21 号方形周溝墓

一方，吉ヶ谷式土器（埼玉県・弥生時代後期～古墳時代前期初頭）の分布圏において，多くの底部穿孔壺を出土する方形周溝墓がある。中耕遺跡13号・21号方形周溝墓（埼玉県坂戸市），広面遺跡9号方形周溝墓（埼玉県坂戸市）がそれにあたる。

代表例として**中耕21号方形周溝墓**（図145）を挙げる。当墳墓は方台部規模15.75×13.7mを測り，周溝は全周する。方台部に墳丘の一部が遺存しているが，刀子が1点出土したのみで埋葬施設は検出されなかった。周溝からは大型壺3個体，中型壺12個体前後，小型直口壺5～6個体のほか，高杯12個体以上・小型器台15個体以上・結合器台1個体・台付鉢8個体・小型甕5個体など，多量の土器が出土している。壺に関しては折り返し口縁や，口縁部外面の輪積みを消さずに段を表現するもの，内弯して立ち上がる複合口縁を呈すもの，直口縁などバラエティがあり，斜縄文による文様帯をもつものと，無文のものがある。直口壺も様々な大きさのものがあり，形態も規格的とは言えない。つまり，壺類には全体を規定する形態上の規格は存在しなかったと言える。ただし，壺類のほとんどには焼成後の打欠・穿孔が施されている。また，これらの壺は他の高杯などとともに周溝中に遺棄されたと考えられる。周溝中には焼土や炭化材なども出土するため，儀礼に使用された木製品や土器などの儀器を周溝内で焼却したものと思われる。土器の穿孔は儀礼使用後に廃棄する段階で施されたと考えられよう。13号方形周溝墓においてもほぼ同様な内容であったと思われる。

これら吉ヶ谷式土器分布圏の方形周溝墓における壺の出土状態は，他の儀器とともに遺棄された状態であるため，囲繞配列されていたとは断定できない。仮に囲繞配列だとしても時期が廻間Ⅲ式併行期に降る資料ばかりであるため，むしろ，すでに畿内の影響をうけて上野に成立していた囲繞配列の影響を受けて壺が多量化したものと受け止められようか(註25)。

結論としては，関東地方における畿内型二重口縁壺による囲繞配列の成立は，在地の系列の中から発展してきたとはいえないだろう。

(6) 東日本における底部穿孔壺の囲繞配列

東日本の底部穿孔壺による囲繞配列の様相は，まず古相段階のものが関東・東北に見られることが注意される。これらのほとんどは墳丘がすでに削平されている小型墳であるが，大規模な開発の緊急調査に伴って調査されたものが多く，墓のほとんどの面積が発掘対象となった場合が多い。それによって周溝が全面調査され，広範囲にわたり底部穿孔壺の出土をみたために，囲繞配列の可能性を指摘できるものである。以下の記述では，まずそうした墳墓の実例を示し，底部穿孔壺の囲繞配列の内容を確認した後に，墳丘を有する大型墳の検討に入りたいと思う。なお，関東・東北の前期古墳における底部穿孔壺の囲繞配列については拙稿ですでにまとめたものがある（古屋2004b）。詳細はそちらを参考にしていただきたい。

周溝が全面調査された例

表4にその好例を挙げる。いずれも墳丘はほとんど残存しておらず，墳丘部分にかかわる情

表4 東日本の囲繞配列を行なう墳墓一覧（周溝全面調査例）

古墳名	所在	墳形	規模	埋葬施設	時期
	土器配置				
荒砥北原1号	群馬県前橋市	陸橋付方	12.5×11.5 m	未検出	
	B3	東側周溝より大型複合口縁壺1，東海西部系高杯1，有孔器台1，小型鉢2，小型器台2がまとまって出土。			
	C	周溝の広範囲より底部穿孔二重口縁壺が出土。少なくとも8個体はある。			
堤東2号	群馬県前橋市	前方後方	25 m以上	未検出	
	B3	周溝より東海西部系高杯・器台，小型丸底坩，在地系甕など多種多様な土器が出土。			
	C?	周溝より底部穿孔二重口縁壺が9個体前後出土。遺存状況が良いのはくびれ部から出土したものだが，破片は後方部の周溝全域から出土しており，囲繞配列の可能性が高い。			
松山	栃木県佐野市	前方後方	44.4 m	未検出	
	C2?	周溝が全面調査され，周溝中から16個体の底部穿孔二重口縁壺が出土。平面的な分布状況は後方部西側6個体，前方部西側4個体，東くびれ部5個体，後方部北東コーナー1個体である。これらの底部穿孔壺は土層断面の観察から盛土が周溝へ流出する過程で転落したとされ，原位置は墳丘上に想定されている。			
稲荷塚6号	福島県会津坂下町	前方後方	23.6 m	未検出	
	C?	周溝中から底部穿孔二重口縁壺11個体が出土。平面的な分布は方台部両側辺で1個体ずつ，両くびれ部で5個体，前方部両側辺で1個体ずつ出土している。報文によるとこれらは「台状部から周溝部に転落したような状態で堆積土内から検出された」という。			
男壇1号	福島県会津坂下町	陸橋付方	16.9×21.3 m	未検出	
	C2	周溝中から底部穿孔壺が7個体以上出土。二重口縁を呈するものと短口縁のものとがある。溝中でも方台部寄りから出土することが多く，中には方台部側壁面に破片がへばりついた状態を示すものがあったことから，もともと方台部縁辺に樹立されていたものが溝中に転落したものと見られる。			
堀ノ内CK-2	群馬県藤岡市	前方後方	30.6 m	未検出	
	B3	後方部周溝中から直口壺・高杯・器台・小型丸底坩・鉢・甕などが出土。			
	C3	周溝中から底部穿孔壺が20個体近く出土。その内訳は中型二重口縁壺10個体，大型内弯単口縁壺1個体，中型外反口縁壺5個体の他に胴部だけのもので中型2個体，大型1個体。これらは中型の単口縁壺1個体が前方部東側コーナーから出土した他はすべて後方部溝中から出土した。報文によればこれらは完形品のまま置かれたものと破砕して置かれたものがあるようだが，いずれも溝がある程度埋没してから溝中に置かれたと判断されている。			
赤羽台3号	東京都北区	方	17〜18 m	未検出	
	C2?	周溝から底部穿孔二重口縁壺5個体と底部穿孔小型坩1個体が出土。二重口縁壺は南東辺溝で1個体，南西辺溝で4個体がそれぞれ方台部側から転落したような状況で出土している。			
安久東	宮城県仙台市	前方後方	24.5 m以上	未検出	
	C2?	周溝中より底部穿孔二重口縁壺が複数出土。完形品が3個体，胴部のみのものが3個体あるほか，底部片・口縁部片がある。出土状況から溝中に据え置いたものではなく，方台部内側から溝中に転落したものとされている。			
今熊野1号	宮城県名取市	方	18.4×16 m	未検出	
	C2?	周溝中より多数の底部穿孔二重口縁壺が出土。平面的な分布は南東辺溝で9個体，北東辺溝で4個体，北西辺溝で1個体で，全部で14個体分が出土している。層位的には「多くの場合横位もしくは斜位の状態で溝底面よりも上部の堆積土中から出土して」いるため，もともと方台部にあったものが溝中に落下したものと捉えられている。			

報は欠如しているが，攪乱によって破壊を受けている部分以外の周溝が全面調査されたために，平面的にどのように壺が分布しているのかを見るにはよい資料群である。

小型墳墓における底部穿孔壺を使用した囲繞配列については従来その存在を認める意見は皆無であったといえるが，筆者は1998年の論考で規格的なつくりの底部穿孔壺が墓の広範囲から出土するものについて囲繞配列としてこれらを積極的に評価しようとした。その存在を証明しようとするとき，もっともよい例は群馬県前橋市**荒砥北原1号周溝墓**であろう。当墳墓では規格的なつくりの焼成前底部穿孔二重口縁壺が広範囲にわたって出土しているのに対し，その他の壺・高杯・器台・鉢といった様々な器種から成る供膳具のセットは，周溝の1ヵ所にまとめて置かれていた（図146）。明らかに底部穿孔壺が方台部を囲繞していたと考えなければ，他の土器が1ヵ所から出土するのに反して，底部穿孔壺のみが広範囲から出土する理由を説明できないだろう。なお，報文によれば，これら周溝中の土器は層位的検討から方台部に置かれていたものが転落したと評価されている。

他の例を見てもおよそ広範囲から出土しているが，堤東2号墳，松山古墳（図147），稲荷塚6号墳（図148），安久東周溝墓などの前方後方形墳墓の事例を見ると，くびれ部周辺から多くの個体が出土する傾向がみてとれる。こ

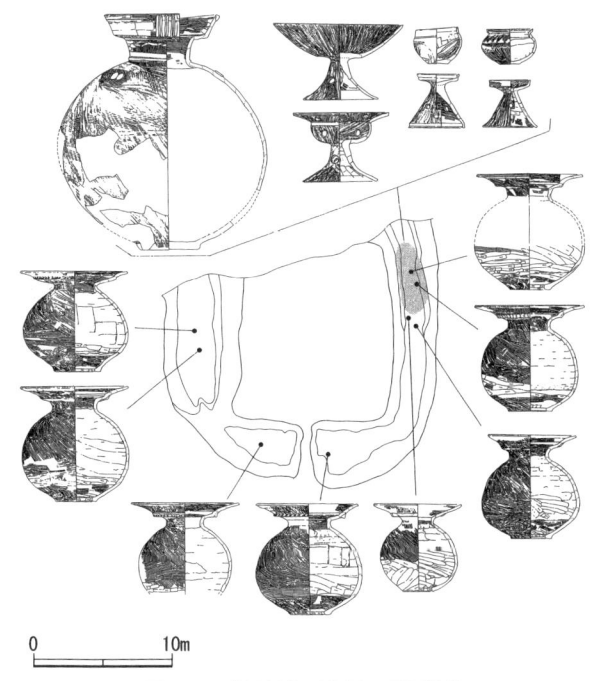

図146　群馬県荒砥北原1号周溝墓

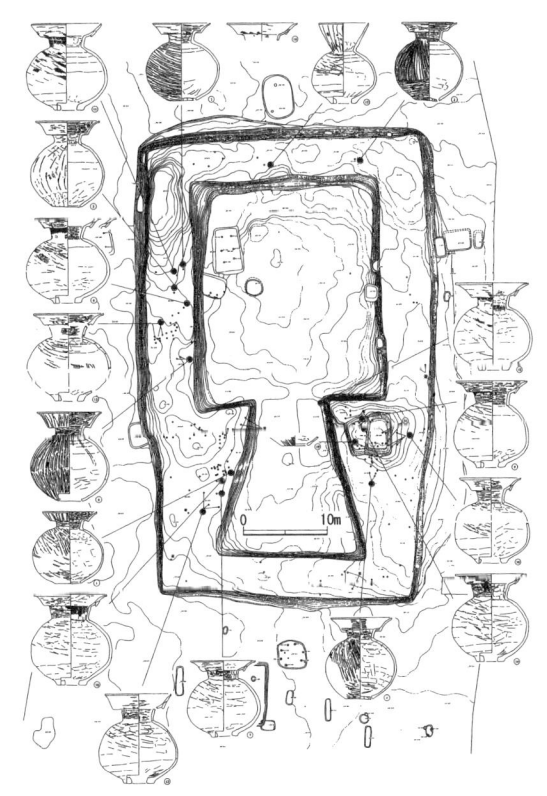

図147　栃木県松山古墳

のことは後方部と前方部の両方から転落するということもあり、また同時に墳丘の崩落土も両方から流入するので、比較的早くに周溝覆土が形成されやすく、転落した土器が早期に土中に埋没して遺存しやすい条件があると思われる。また、堀ノ内CK-2（図149）は底部穿孔壺によって後方部は囲繞されるのに対して、前方部はコーナー部に置かれるにとどまっている。

また、立面的なことでは、たいていは方台部側から転落した状況を示しており、男壇1号周溝墓（図150）のように底部穿孔壺の破片が方台部側の壁に張り付いた状態で出土する例からしても、方台部縁辺に配置されたというのが実情のようだ。しかし、堀ノ内CK-2のように調査者によって周溝埋土中に置かれたと判断された例もあり、すべての例を無批判に方台部配置とすることは危険である。

囲繞配列に使用された祭器については、圧倒的に畿内系二重口縁壺が多いが、中にはそれらを単口縁化したものを二重口縁壺と組み合わせて使用している場合もある（堀ノ内CK-2、男壇1号）。ただ、そのような場合においても、体部形態や製作技術は二重口縁壺と同じなので、規格的なつくりの中でのバリエーションと言える。また、いずれの場合も焼成前の底部穿孔を行なっている点が大きな特徴であろう。

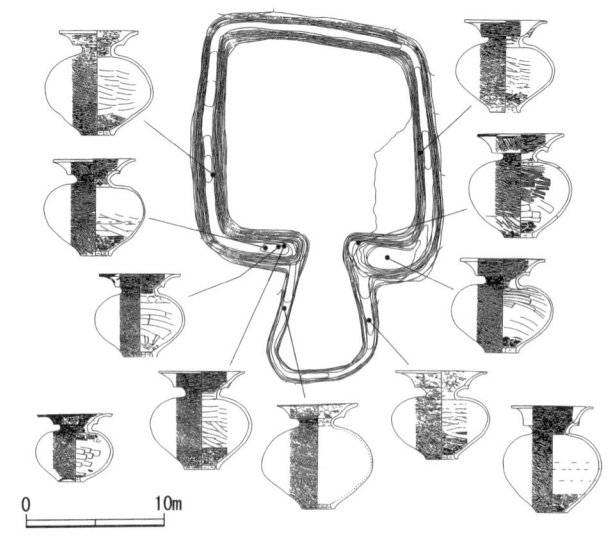

図148　福島県稲荷塚6号周溝墓

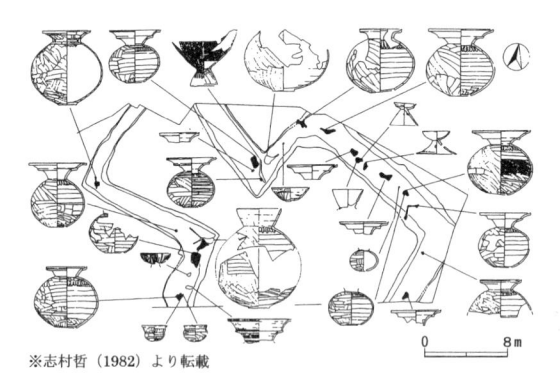

※志村哲（1982）より転載
図149　群馬県堀ノ内CK-2号墓

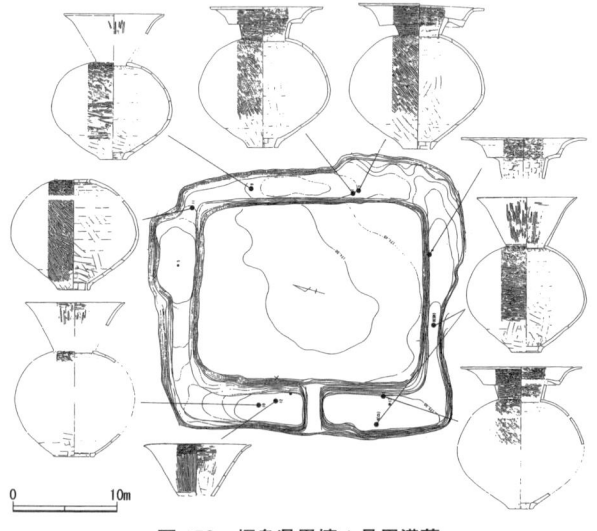

図150　福島県男壇1号周溝墓

こうした，関東から東北地方にみられる，小型墳墓における底部穿孔壺の囲繞配列は群馬県域と福島県会津盆地のものが比較的古相をしめす。また，山形県南陽市の蒲生田山3・4号墳（いずれも29mの前方後方墳）も，報告書は未刊だが周溝の広範囲から底部穿孔壺の破片が出土しており（註26），囲繞配列と考えられ，なおかつ壺の型式から前期古相にさかのぼる可能性があろう。

墳丘が遺存している例

上記した周溝が全面調査されている例から，囲繞配列がなされたと考えられる墳墓は，広範囲から底部穿孔壺が出土するという要件を導き出すことができたと考える。したがって，周溝が全面調査されることのまれな大型古墳についても，広範囲から底部穿孔壺を出土するものについては囲繞配列の可能性を考慮する必要があるだろう。とくに墳丘が遺存している場合は立面的に底部穿孔壺の配置位置を推定できる可能性がある。以下に，そのような墳墓の好例として前橋天神山古墳，森北1号墳，辺田1号墳，元島名将軍塚古墳，滦長古墳，青塚茶臼山古墳などの諸古墳について述べる。

前橋天神山古墳（群馬県前橋市）（図151）は全長129m，後円部径75m，高さ9mの大型前方後円墳である。墳丘は三段に築成され，葺石が施されている。後円部墳頂に巨大な墓壙が掘られ，木棺を納めた粘土槨が検出されている。副葬品は三角縁獣文帯四神四獣鏡2面，二禽二獣鏡1面，半円方形帯三段式神仙鏡1面，捩文鏡1面の計5面の銅鏡のほか，紡錘車形石製品4点，素環頭大刀1本を含む刀剣類，鞍3点と多量の鉄鏃・銅鏃，短冊形鉄斧を含む鉄製工具類，鉄製漁撈具類などがある。また，赤色顔料を入れていたと考えられる坩形土器1点も副葬品に含まれている。墳頂平坦面からは畿内系底部穿孔二重口縁壺が出土している。その出土状況は松島栄治の報文に拠れば，墳頂平坦面の「北西部分では，底部穿孔の赤色顔料によって塗彩された複合口縁の壺形土器片が，原位置あるいはそれに近い状態で一定の方向性をもって，少なくとも数個体分発見され，この部分がかなりの原状を保っていることがわかった。なお，この面における土器の出土状態は，底部を僅かながら石敷の面に埋めこまれた状態であり，その部分の破片は比較的大きく，他は細かく割れて飛散した状態であった」という（松島1981，51頁参照）。また，「原位置とみられる土器底部破片は，墳頂部周辺ばかりではなく，かなり中央に寄った場所からも認められ，こちらが周辺部の配列といかに関連するかが問題となる」とも述べている（松島1981，55頁参照）。この報文からは底部穿孔壺の胴部下半を

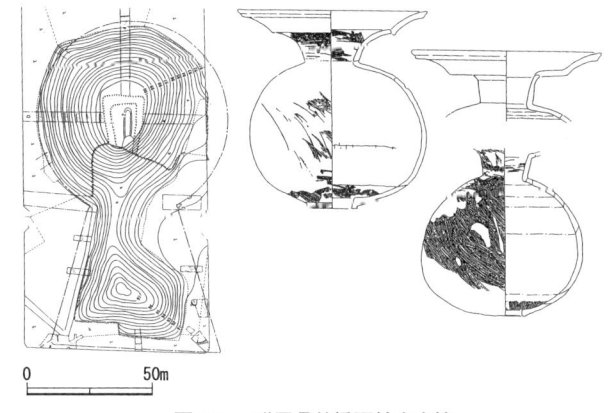

図151　群馬県前橋天神山古墳

埋め込んだ形で，墳頂平坦面周縁部と墳頂平坦部中央付近に二重の囲繞配列がなされていた可能性が指摘できよう。その平面形は墳頂周縁のものは平坦面の平面形と同じ円形と考えられるが，当古墳の墓壙は巨大であり，その平面規模は墳頂平坦面のほとんどを占めることから，墳頂周縁に並べられた壺は実は墓壙肩部に沿って並べられた可能性も否定できない。内側の配列については方形に並べられたかどうかは定かではないが，その性質はいわゆる主体部方形囲繞配列と同質のものであるといえよう。出土した底部穿孔二重口縁壺は，箸墓古墳や桜井茶臼山古墳出土土器に似た筒形の頸部をもつものと，二重に外反するものとの二者がみられるが，前者は頸部が細く比較的古式の型式を示している。なお，墳頂からは二重口縁壺のほか，小型丸底坩，高杯，器台などの破片も出土しているが，こちらはどのような配置状況であったのかは不明である。

　森北1号墳（福島県河沼郡会津坂下町）（図152）は全長41.4m，後方部長24.6m，後方部幅約36m，高さ4.7mの前方後方墳である。葺石は確認されていない。後方部墳頂には舟形木棺を直葬した墓壙が検出され，副葬品として放射状区画をもつ珠文鏡1面，管玉2点，鉄槍1本，鉇2点，鉄針1点，不明漆塗り製品が出土した。墳丘各所から焼成前底部穿孔二重口縁壺が出土している。筒形の頸部をもち，外方に大きく開く口縁部を呈する。また頸部突帯を有し，扁平な胴部をもつことから，比較的古い型式である。規格的なつくりの壺が数多く，広範囲から出土しているため囲繞配列と捉えられる。出土地点は墳丘斜面から周溝内にかけてで，破片の状態で出土するため，もともとは墳頂平坦面周縁に並べられていたものが転落したと解釈されている。

　辺田1号墳（千葉県市原市）は径33.1mの円墳である。墳頂平坦面中央から木棺をおさめた墓壙が検出され，副葬品として小型素文鏡1点，管玉1点，素環頭大刀1本，ほか大刀1本，鉄槍2本，短剣1本，鉇1点が出土した。墳頂平坦面周縁および墳丘斜面において，焼成前底部穿孔素口縁壺および同二重口縁壺が複数個体出土している。素口縁壺は口縁端部を上下に拡張しており，棒状浮文で飾るものもある。墳頂平坦面周縁で底部穿孔壺が複数個体出土した好例で，その位置で囲繞配列が行なわれたものと思われる。時期は前期中相に位置づけられるだろう。

　元島名将軍塚古墳（群馬県高崎市）（図153）は全長75m，後方部幅45m，高さ8.5

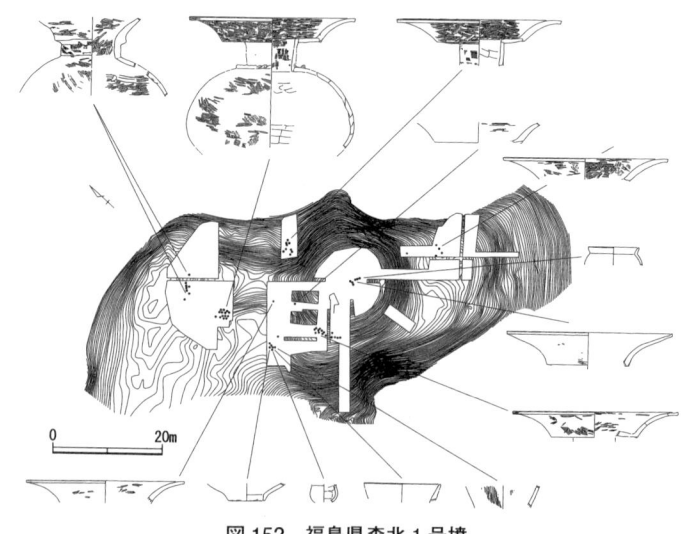

図152　福島県森北1号墳

第 6 章　囲繞配列

mの前方後方墳である。葺石が存在する。後方部墳頂の粘土槨から倣製四獣鏡1面，石釧1点のほか大刀，刀子，鉇が出土した。後方部東辺裾部において焼成後底部穿孔二重口縁壺11個体のほか東海西部系高杯・小型丸底土器・S字状口縁台付甕などがまとまって出土している。二重口縁壺はいわゆる「伊勢型二重口縁壺」の範疇に属するもので，二重に外反して開く口縁部を持ち，口縁端部は上下に拡張して面取りしている。頸部突帯がめぐり，肩部には櫛描波状文・直線文がめぐる。これらの二重口縁壺は規格品であり，数多く出土したのは後方部東辺のみであるが，他にも後方部後方で1個体，くびれ部にて2個体同種の二重口縁壺が出土している。古墳西側は調査が及んでい

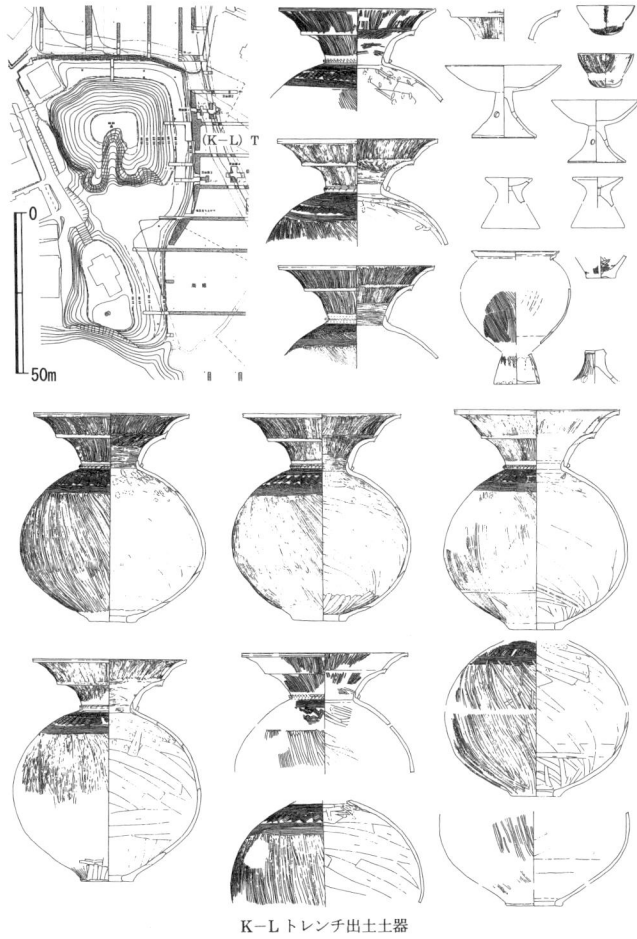

図153　群馬県元島名将軍塚古墳

ないため分布状況は不明であるが，その他の場所で上方から転落した状況で出土しているため，もともとは後方部墳頂平坦面周縁に囲繞配列されていたと解釈されている。

深長古墳（三重県松阪市）（図154）は直径約45mの円墳である。墳丘は一部が残存するのみで本来の高さは不明であるが，平面形については周溝が全面にわたって遺存していたことから把握することができた。なお，墳丘部分は未発掘であり埋葬施設に関する情報はない。周溝全域からおびただしい量の焼成後底部穿孔二重口縁壺が出土している。報告書には破片資料も含めて実に175点もの同種の壺の実測図が掲載されており，規格品であることがわかる。これらの壺は周溝中に転落した状況で出土したことから，もともと墳丘裾付近か墳頂平坦面周縁に囲繞配列されていたと思われる。出土量が多いことから，後者もしくは両方のケースの可能性が強いと思われる。

青塚古墳（愛知県犬山市）（図155）は全長123m，後円部径78m，高さ12mを測る大型前方後円墳である。墳丘は後円部3段，前方部2段に築成され，河原石による葺石が施されている。埋葬施設は未発掘である。前方部墳頂に9×7mの方形壇状遺構が検出され，鍬形石3点が出

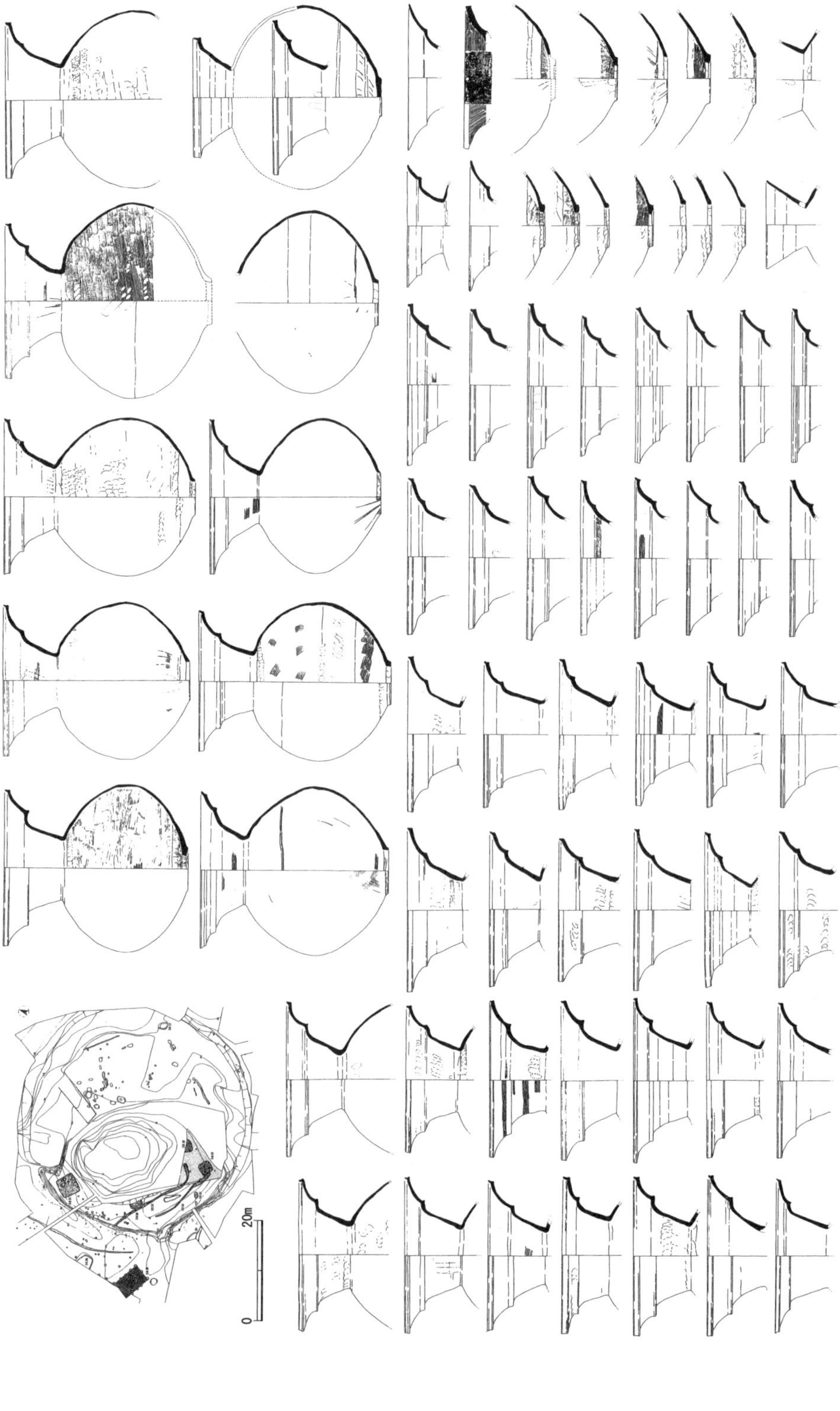

図154 三重県深長古墳

第6章 囲繞配列

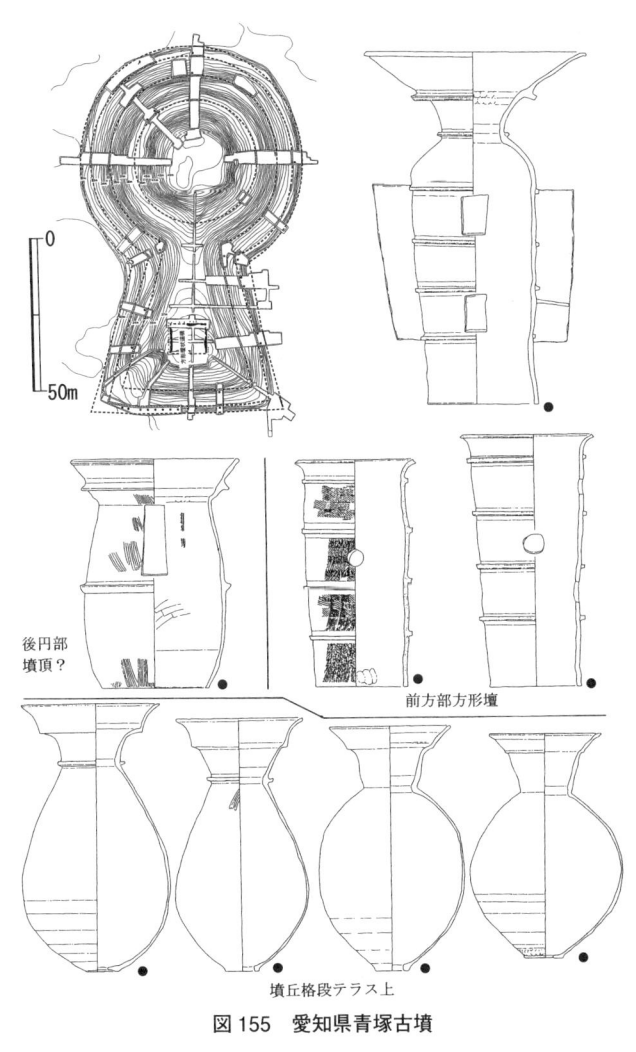

土している。当古墳では，円筒埴輪はこの方形壇状遺構付近でのみ出土し，墳丘格段のテラスにおいては底部穿孔二重口縁壺のみが囲繞配列されていた。壺は底部が若干埋め込まれた状態で据えられていたようで，約2m間隔で配置されていた。壺の原位置が特定された貴重な例である。壺は大型化・長胴化傾向にあり壺形埴輪とも呼ぶべきものであり，前期新相に比定できる。

東日本における底部穿孔壺の囲繞配列

以上，東日本における囲繞配列の好例を見てきたが，調査範囲が限定され底部穿孔壺の出土が限定的ではあるが，墳丘各所から破片の出土が見られ，囲繞配列が行なわれたとみられる古墳は数多く存在する。表5は関東・東北における底部穿孔壺による囲繞配列を行なう墳墓を集成したものだが，それらを見ると，まず，

図155　愛知県青塚古墳

囲繞配列の出現は上野，会津盆地にみられ，しだいに各地に広がっていく様相が見て取れる。注意すべき点は東海・北陸・中部高地などの地域では前期古相に比定できる資料は見つかっておらず，それに先がけて上野・会津において底部穿孔壺による囲繞配列が行なわれているということだ。また，古相を示す例を見ると小型の方形もしくは前方後方形の墳墓において底部穿孔壺の囲繞配列が行なわれているが，これらの墳墓はそれぞれの墳墓群のなかでは規模あるいは墳形において優位な位置を占めている場合が多いということが指摘できる（図156）。

このような現象をどのように捉えたらよいであろうか。筆者は上野における前橋天神山古墳の築造が大きな契機になったと考えている。この大型前方後円墳においては，畿内系の埋葬施設とも言うべき粘土槨を採用し，東日本の古相段階の墳墓では比肩しうるもののないほどの豊富な副葬品をもっている。また，先述したとおり墳頂平坦面には箸墓古墳や桜井茶臼山古墳出土例に近似した底部穿孔二重口縁壺による二重の囲繞配列が確認されており，被葬者は大和東南部の政権と密接なつながりをもった人物と考えられる。上野地域にこうした人物を頂点とし

201

表5 関東・東北の底部穿孔壺のみによる囲繞配列を行なう墳墓

時期	墳墓名	所在	壺・土師器の型式	墳形	規模
3期	蒲生田山3号	山形県南陽市		前方後方	21 m
	蒲生田山4号	山形県南陽市		前方後方	21 m
	稲荷塚6号	福島県会津坂下町	BⅠa・2a 漆町7〜8群	前方後方	25.3 m
	男壇1号	福島県会津坂下町	AⅠ2b	陸橋付方	22 m
	森北1号	福島県会津坂下町	AⅠ2	前方後方	41.4 m
	堤東2号	群馬県前橋市	AⅡ1a・Ⅱ1a	前方後方	25 m
	荒砥東原B2号	群馬県前橋市	AⅡ1a	前方後方	15.5 m
	荒砥北原1号	群馬県前橋市	AⅡ1a・Ⅱ2a 廻間Ⅲ式前葉	陸橋付方	12.5 m
	前橋天神山	群馬県前橋市	AⅠa Ba	前方後円	129 m
4期	○梵天山	茨城県常陸太田市	B？	前方後円	151 m
	松山1号	栃木県佐野市	AⅡ1a・Ⅰ′1a・Ⅱ1a・Ⅲ1a	前方後方	44.4 m
	元島名将軍塚	群馬県高崎市	B3a 廻間Ⅲ式中葉	前方後方	96 m
	下郷SZ01	群馬県玉村町	AⅠ2a・Ⅰ′2a	前方後方？	？
	下郷SZ42	群馬県玉村町	AⅠ2a・Ⅰ3a・Ⅰ2b・Ⅰ′2a	前方後方	42 m
	根田6号	千葉県市原市	単口縁1a・2a	円	31 m
5期	安久東	宮城県仙台市	AⅣ2a	前方後方	22 m
	堂ヶ作山	福島県会津若松市	AⅣ	前方後方	84 m
	岩瀬狐塚	茨城県桜川市	AⅢ3a	前方後方	44 m
	那須八幡塚	栃木県那珂川町	AⅣ	前方後方	48 m
	○藤本観音山	栃木県足利市	B	前方後方	117 m
	屋敷内B1	群馬県太田市	B1a	前方後方	28 m
	朝倉2号	群馬県前橋市	AⅠ′・Ⅲ	円	23 m
	箱石浅間	群馬県玉村町	B	方	33 m
	堀ノ内CK-2	群馬県藤岡市	AⅢ1a・Ⅲ2a・Ⅳ2a B2a	前方後方	30.6 m
	草刈138A	千葉県市原市	AⅢ1a	方	25.6 m
	○今富塚山	千葉県市原市	B？	前方後円	110 m
	赤羽台3号	東京都北区	AⅢ1b・Ⅳ1a	陸橋付方	14.5 m
6期	○青塚	宮城県大崎市		前方後円？	100？m
	大塚森	宮城県加美町		円	46.7 m
	熊野堂	宮城県加美町	AⅣa	前方後方	36 m
	雷神山	宮城県名取市	AⅣa	前方後円	168 m
	今熊野1号	宮城県名取市	AⅣ1a・Ⅳ2b	方	24 m
	天神森	山形県川西町	AⅣ2b	前方後方	75.5 m
	鎮守森	福島県会津坂下町	B2b	前方後方	55 m
	大安場1号	福島県郡山市	AⅣ2b	前方後方	82 m
	勅使塚	茨城県小美玉市	AⅣ2b	前方後方	64 m
	下侍塚	栃木県大田原市	AⅣ3a・Ⅳ3b	前方後方	84 m
	堀ノ内DK-4	群馬県藤岡市	AⅣ3b・3c	方or後方	？
	熊野神社	埼玉県桶川市	AⅣ	円	38 m
7期	三ツ塚12号	茨城県ひたちなか市	AⅣ2c	円	50.9 m
	文殊山	群馬県前橋市	Bc？	円	50 m
	北山茶臼山	群馬県富岡市	Bc？	円	40 m
	北山茶臼山西	群馬県富岡市	C2c	前方後円	30 m
	三変稲荷神社	埼玉県川越市	AⅣ4b	円	25 m
	河輪聖天塚	埼玉県美里町	C2c	円	38 m
	香取神社	茨城県八千代町	Bc？	前方後円	70 m
	上出島2号	茨城県坂東市	C3c	前方後円	56 m
	大厩浅間様	千葉県市原市	Cc？	円	45 m

※○は時期決定の根拠があいまいなもの。
※3〜7期の時期区分は，3期＝古相，4・5期＝中相，6・7期＝新相。
　壺の形式と時期区分の詳細は（古屋1998）を参照のこと。

第6章　囲繞配列

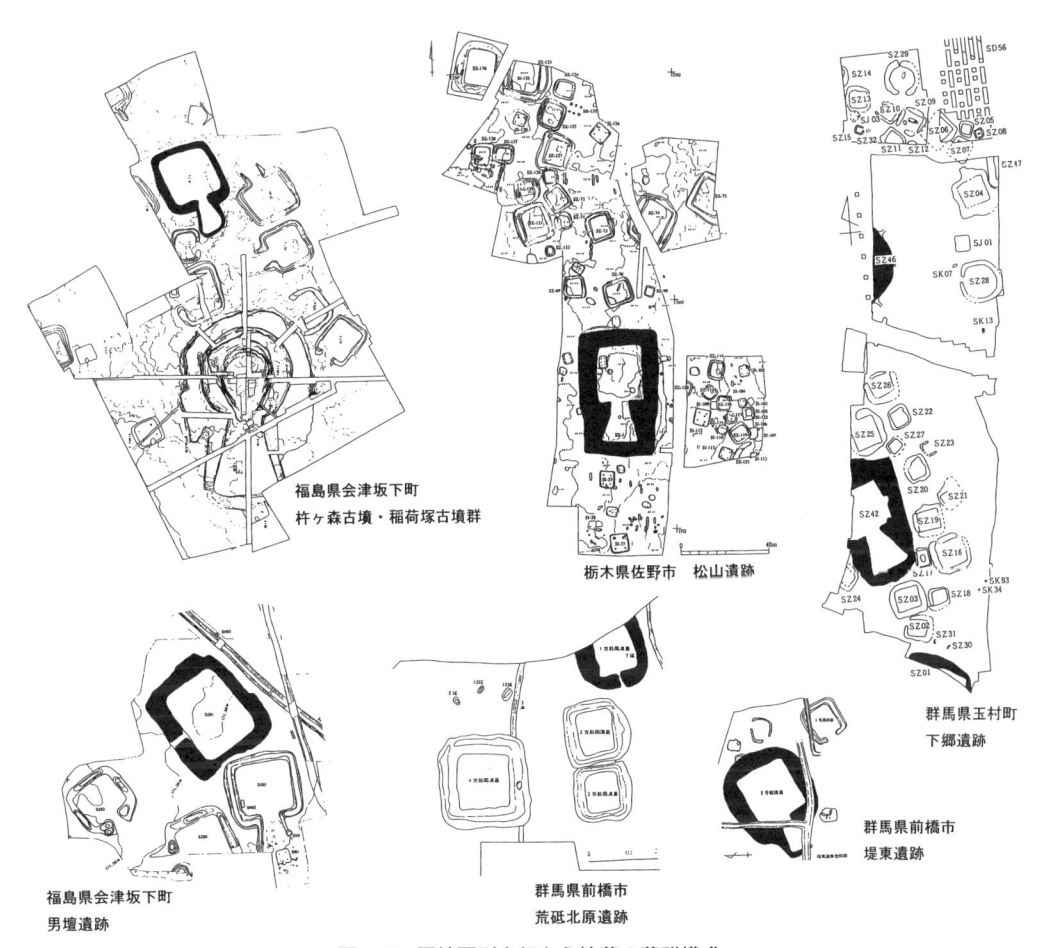

図156　囲繞配列を行なう墳墓の墓群構成

たヒエラルキーが存在し，その葬送祭祀において底部穿孔壺による囲繞配列が行なわれたと言えるのではないだろうか。関東・東北における小型前方後方墳の被葬者は上野地域におけるヒエラルキーの影響下に葬送祭祀儀礼を行なっていたと考えられる。このことは古墳時代前期古相段階における古墳文化の北上と密接な関わりがあるとも解釈できるだろう。そして，前期中相を過ぎたあたりから囲繞配列の類例が増え始め，新相段階では爆発的に増加する。この段階では地域が限定されることなく，底部穿孔壺による囲繞配列が一般的に普及すると見てよい。この時期には東日本においても円筒埴輪の使用が確認できるが，関東・東北地方では前方後円墳のみに使用され，東海・北陸・中部高地においても前方後方墳に円筒埴輪が使用されない傾向が強い。このことは被葬者の系列にあらたに円筒埴輪を使用できる系列とそうでない系列という区分が成立してきた可能性が高い。ただし，円筒埴輪と底部穿孔壺を併用している古墳も多いことから，東日本においては伝統的な祭器として底部穿孔壺が深く定着していたということも指摘できるだろう。前期新相から中期初頭にかけて，底部穿孔壺は長胴化し，頸部も大きく発達し，全体的に大型化する傾向がある。これはとりもなおさず形態的に円筒埴輪に近づく

ための変化であり，それでもなお壺という形態を選択するという点に伝統性を保持しようとする志向性が読み取れる。このことは古墳時代前期における東日本の著しい地域性として捉えられる。

第4節　円筒埴輪の囲繞配列

普通円筒埴輪の使用については前期古相段階ですでに西殿塚古墳（奈良県天理市）（図131）において見ることができ，宮山型特殊器台形土器や都月型特殊器台形埴輪と併用されている状況を確認できる。しかし，全国的に円筒埴輪が古墳の外表を飾る要素として定着するのは古墳時代前期新相段階であり，多くの地域では前節で述べたとおり底部穿孔壺による囲繞配列が行なわれていたのである。その要因として①各地域での伝統性の保持，②埴輪生産体制の未整備，③地方への情報の不伝達，④葬制における規制，などが考えられるが，おそらく実態はこれらの複数がからみあっていたと思われるし，各地域によってその要因は様々であっただろう。筆者はそのことについて考察するだけの余力がないので，後段で東日本の状況を述べるだけに留め，まずは円筒埴輪の囲繞配列の実態を明らかにしておきたい。

(1) 円筒埴輪による囲繞配列の基本構造

円筒埴輪の囲繞配列は特殊器台形埴輪や壺形土器・壺形埴輪と異なり，基部が原位置で遺存している例が多く，その正確な配置状況を知ることができる。墳丘の広い範囲を調査した例で，円筒埴輪の囲繞状況がわかる良好な例として寺戸大塚古墳の事例を挙げ，その基本的な構造を確認することからはじめたい。

寺戸大塚古墳（京都府向日市）（図95）の詳細についてはすでに第5章第1節で述べたとおりであるが，前期中相の古墳であり，すでに完成された埴輪配列状況を窺うことができる。円筒埴輪は後円部（3段築成）では①墳頂石室周囲（主体部方形囲繞配列），②墳頂平坦面周縁（3段目上縁），③2段目上縁，④1段目上縁，⑤墳丘裾，というように全部で5重の囲繞配列を構成している。それぞれの平面形は①が墓壙の形に影響されて方形に，②～⑤は後円部の平面形に沿うように円形をなしている。したがって，当たり前のことかもしれないが，①のみが主体部を囲繞することを目的としており，他は墳丘を意識したものであろう。寺戸大塚古墳では主体部方形囲繞配列が他に比べて円筒埴輪の間隔が密なことから，埋葬終了後には区画内に人が侵入することを禁じたことが伺える。方形囲繞配列の外側に儀礼に使用されたと考えられる土器が配置されていることからも，弥生時代以来の主体部上土器配置とは異なり，主体部の上方を禁足地として神聖視したことがわかる。このような埴輪配列と土器配置の関係が，畿内において発達した古墳の葬送祭祀の典型的な姿として捉えられるだろう。

上記の寺戸大塚古墳の例は，あくまでもよく把握されている好例である。すべての古墳の囲繞配列が寺戸大塚古墳に見られるような①～⑤のすべての配列を具備しているわけではなく，①の方形囲繞配列が省略されたり，格段テラス上の配列が省略されたりと，その様相は様々である。特に主体部方形囲繞配列については，稲村繁の分析（稲村1984）に拠ればごく限られた古墳についてのみ許された配列方法だったようで，その事例は極端に少ない。また，③～⑤に

については墳丘の立面構造に左右されることが多く，とくに段築がない古墳については③・④を配列することがないので，その有無については祭祀的な面から考察するのではなく，墳丘の構造上の問題として扱うべきであろう。筆者は円筒埴輪の配列状況について全国的な集成をしたわけではないが，基本的には②の墳頂平坦面周縁の配列が行なわれ，そして①や③～⑤については行なわれたり，行なわれなかったりというのが実情であろうと考えている。その要因として①は墳頂における祭場としての設計に関する意識の問題のほか，被葬者の階層による規制が働いた可能性もあるだろう。また③～⑤については先に述べた墳丘の構造上の問題や，外表装飾としての景観の問題，また埴輪生産量という経済的な問題など，が挙げられよう。ちなみに，前節で述べた底部穿孔壺の囲繞配列においては，原位置が明らかでないものがほとんどを占めるが，破片の出土状況から類推する限りでは②墳頂縁と⑤墳裾の事例が最も多そうである。

(2) 主体部方形囲繞配列と土器配置

主体部方形囲繞配列に関しては，稲村繁（1984）による集成と分析，さらにその性格についての考察がすでに行なわれているので，詳細はそちらを参照していただくとして，ここでは土器配置との関わりを論じてみたい。

稲村が挙げた方形区画を持つ古墳のうち前期に比定できるものは奈良県桜井市桜井茶臼山古墳（前方後円，207 m），桜井市メスリ山古墳（前方後円，約250 m）（図157），京都府向日市寺戸大塚古墳（前方後円，98 m），京都府中郡与謝野町蛭子山1号墳（前方後円，145 m），岡山市金蔵山古墳（前方後円，165 m），三重県伊賀市石山古墳（前方後円，120 m），奈良市佐紀陵山古墳（前方後円，203 m）の7基である。このうち桜井茶臼山古墳は第6章第3節で述べたとおり，底部穿孔壺で構成された方形区画であり，他の6基が埴輪で構成されている。いずれも大型あるいは巨大前方後円墳である点が注意を引く。さらにこの中で墳頂平坦面にお

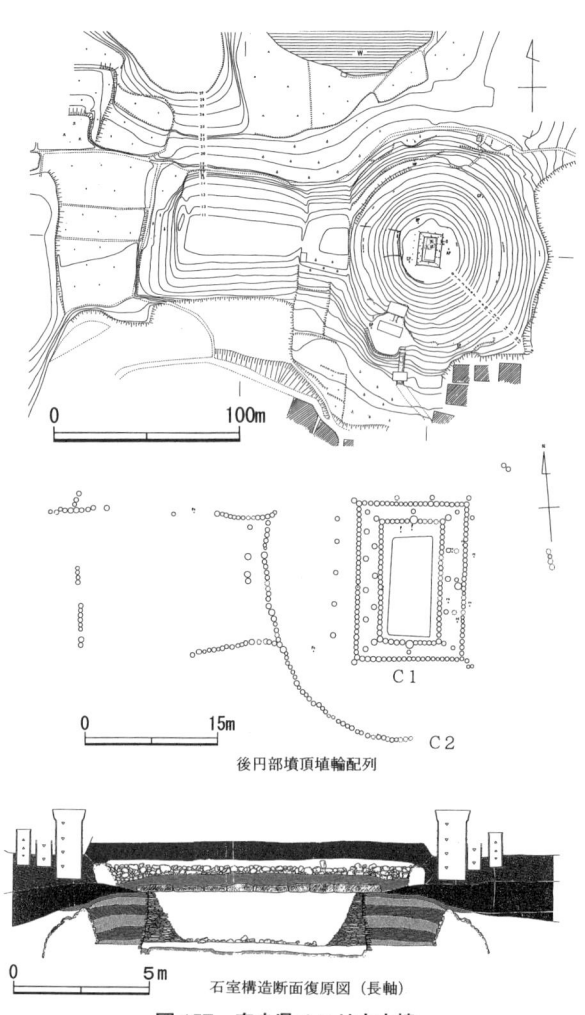

後円部墳頂埴輪配列

石室構造断面復原図（長軸）

図157　奈良県メスリ山古墳

いて土器が検出されている古墳は寺戸大塚古墳，蛭子山古墳，金蔵山古墳の3基である。この3基の土器配置の詳細については第5章第1節においてすでに述べてあるが，方形区画との位置関係を確認しておくと，**寺戸大塚古墳**（図95）と**金蔵山古墳**（図96）の土器配置は方形区画の外側で，**蛭子山1号墳**（図93）については外側から土製品などが出土してはいるが，中心主体部の舟形石棺上で山陰系

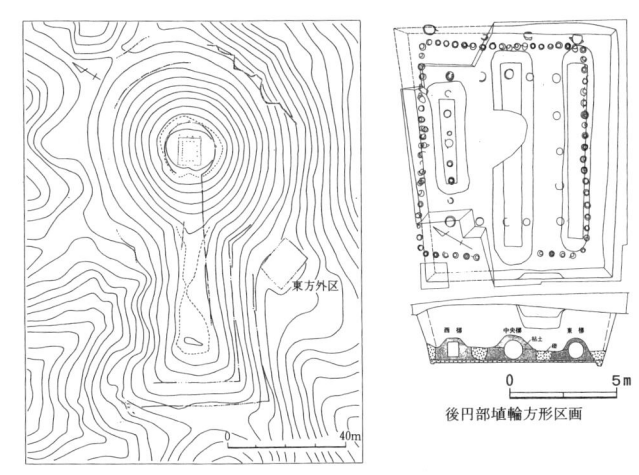

図158 三重県石山古墳

土器を中心とする土器群が出土している。つまり，方形区画内における土器配置が行なわれているということである。前二者と後者における土器の配置位置の違いは何を示すのだろうか。

前者は前述したとおり，方形区画内への人の侵入を拒絶したものであろうが，後者がそうではないとは言い切れないだろう。それは葬送儀礼の進行の中での土器を配置するタイミングの問題かもしれないのである。すなわち，埋葬行為中には当然のことながら人が墓壙内に入らないと作業ができない。その時に方形区画があるかどうかが問題であるが，寺戸大塚古墳や**石山古墳**（図158）の調査例を見る限りでは，方形区画に使用される円筒埴輪は墓壙埋土中に樹立されているので，埋葬儀礼が一通り終了した後に方形区画が設定されるのが通例であったと考えられる。そうした場合，土器を配置する行為が埋葬儀礼の最終段階に位置づけられていた場合は，方形区画設定前に主体部上に土器を遺棄したと考えられ，方形区画の意義自体は，主体部上土器配置を行なう蛭子山1号墳と方形区画外に土器を配置した寺戸大塚古墳とでは変わらないといえる。むしろ方形区画設定後にその外側に配置された寺戸大塚古墳の土器がミニチュア土器を含んでいるなど，儀礼が形式化した様子が見て取れる。おそらく土器の供献行為が埋葬儀礼と切り離され，葬送祭祀の最終段階か，もしくは一定期間を経た後に行なわれる追祭祀として執り行なわれるようになったと考えられよう。

主体部方形囲繞配列が存在しない場合でも，**平尾城山古墳**（京都府相楽郡山城町）（図91）のように主体部上ではなく墓壙肩部に土器を置く例がある。主体部上を神聖視し，直上を避けて脇に置く意識が存在したと言えるだろう。反対に囲繞配列を行ないながらも主体部上に土器を配置する例は弥生時代以来の伝統の下に埋葬儀礼の最終段階に土器を遺棄しているものと思われ，その使用土器に山陰系土器が多く見られることからも弥生時代の山陰型土器配置の影響がつよく残っているものと思われる。東日本においては主体部上土器配置を行なう前期古墳が数多く存在するが，中には長野市**和田東山3号墳**や茨城県石岡市**佐自塚古墳**のように円筒埴輪による囲繞配列を行ないながらも主体部上に土器を配置しているものもあり，埴輪による囲繞配

列という新しい要素を受け入れる一方で，主体部上土器配置という古い要素を存続させているといえよう。

このように墳墓における囲繞配列と土器配置の関係は，葬送祭祀を執り行なう集団の祭祀的な志向性を読み解くのに有効な視点と言えるだろう。今後，このような祭祀的研究に，埴輪や底部穿孔壺などの「祭器」の製作技術の系譜関係（高橋克壽1994，廣瀬2001・2003）を組み合わせると，より立体的な結論が得られると思われる。

(3) 壺形埴輪との関係と地域における円筒埴輪の受容の問題

都出比呂志の研究（都出1981）以来，底部穿孔壺のみの囲繞配列は特殊器台形埴輪と底部穿孔壺の組み合わせから，特殊器台を省略したものだと捉えられてきた。もともとは桜井茶臼山古墳の調査成果（中村・上田1961）が世に出たときは底部穿孔壺がむしろ円筒埴輪の起源に関わるものとして考えられたが，近藤義郎・春成秀爾により吉備系特殊器台と円筒埴輪の型式的連続性が明らかにされた（近藤・春成1967）後は，底部穿孔壺による囲繞配列は特殊壺との関連の中で捉えられるようになったのである。ところが，前章まで見てきたとおり，大和における囲繞配列はむしろホケノ山古墳における畿内系加飾壺によるものが最古と考えられるため，底部穿孔壺と円筒の囲繞配列は両者が別系統で誕生したと考えられるようになった（清水2000）。これらの両者が大和にあり，しかも箸墓古墳においては円筒と特殊壺が後円部に，無文の底部穿孔壺が前方部にと両者が置き分けられた状態で一つの古墳に同居していることは非常に重要な現象であると考える。どうも被葬者の性格に起因するものであろうが，その後，底部穿孔壺のみによる囲繞配列が九州や東日本に波及するのに対し，円筒埴輪による囲繞配列は近畿および瀬戸内地域にしばらく留まることは，古墳文化の波及に関与した人々と，中枢に留まった人々が属していた祭祀的系列が異なるということであろうか。結論をすぐに出すことはできないが，両者の違いが単に被葬者の個人的な志向性に基づいたものではないことは明らかだろう。

前期中相以降はこれまで囲繞配列が行なわれなかった地域（北陸・山陰）や底部穿孔壺のみの囲繞配列しか行なわれなかった地域（東日本，九州，吉備・播磨以外の瀬戸内地域）にも円筒埴輪による囲繞配列が波及した時期である。特に新相以降は爆発的に類例が増えるが，越前以外の北陸や関東における房総半島など前期を通して全く埴輪を受け入れない地域もあるし，九州や東日本では依然として旧来の壺による囲繞配列は残存していくことは前章で述べたとおりである。また，注目されるのは，九州や東日本において，底部穿孔壺と円筒埴輪が併用される古墳において，量的に多いのは底部穿孔壺の方であり，円筒埴輪が限定的に使用される例があるということである。愛知県犬山市青塚古墳や福岡市老司古墳，あるいは大分県の前方後円墳がそれにあたり，伝統性を保持する方に重心を置いたものと言えよう。

さらに東日本では前方後方墳が数多く築造されることはよく知られた事実であるが，前方後方墳において円筒埴輪がほとんど使用されないという状況が見て取れる。特に関東・東北地方では表6にまとめたとおり円筒埴輪を使用している古墳はほとんどが前方後円墳や円墳であり，

表6 関東・東北の円筒埴輪を出土する前期古墳

墳墓名	所在	埴輪の形式	墳形	規模
大塚天神	山形県山辺町	円筒・朝顔	円	51 m
亀ヶ森	福島県会津坂下町	円筒・朝顔・壺	前方後円	127 m
田中舟森山	福島県喜多方市	円筒・壺	前方後方	(90 m)
星神社	茨城県常陸太田市	円筒・壺	前方後円	92 m
常陸鏡塚	茨城県大洗町	円筒・壺	前方後円	106 m
佐自塚	茨城県石岡市	円筒・壺	前方後円	58 m
長辺寺山	茨城県桜川市	円筒・壺	前方後円	120 m
芦間山	茨城県筑西市	円筒・壺	前方後円	141 m
小曽根浅間山	栃木県足利市	円筒	前方後円	58 m
朝子塚	群馬県太田市	円筒・朝顔・形象・壺	前方後円	123.5 m
太田八幡山	群馬県太田市	円筒	前方後円	84 m
川井稲荷山	群馬県玉村町	円筒（特殊器台？）	前方後円	43 m
下郷天神塚	群馬県玉村町	円筒・朝顔・壺	前方後円	84 m
浅間山	群馬県高崎市	円筒・朝顔・形象	前方後円	171.5 m
雷電山	埼玉県東松山市	円筒・朝顔	帆立貝	84 m
鶴塚	千葉県印西市	器台・壺	円	44 m
杓子塚	千葉県多古町	朝顔・壺	前方後円	82 m
長柄桜山1号	神奈川県逗子市・葉山町	円筒・壺	前方後円	90 m
長柄桜山2号	神奈川県逗子市・葉山町	円筒・壺	前方後円	88 m
秋葉山2号	神奈川県海老名市	円筒形土製品	前方後円	50.5 m
小金塚	神奈川県伊勢原市	朝顔	円	47 m

唯一，福島県喜多方市**田中舟森山古墳**においてのみ前方後方墳の可能性が指摘されている。円筒埴輪と前方後方形という二つの要素は関東・東北においては水と油のように親縁性のない要素であり，この点は吉備や大和の状況と異なるといえる。東日本の前方後方墳からは三角縁神獣鏡が出土しないということも考え合わせれば，墳形の違いが被葬者の何らかの性格の違いを表わしている可能性は高いといえよう。

(4) 円筒埴輪による囲繞配列の意義の変遷

前期新相段階で爆発的に類例が増えた円筒埴輪の囲繞配列は，円筒埴輪生産の定着も手伝って，中期にはその全盛を迎えることとなる。ほとんどの大型古墳において円筒埴輪が使用されるようになることから，前期前半に見られた祭祀的な選択による採用ではなく，あくまでも古墳外表を飾る一装備として定着した感がある。一方で墳頂における主体部方形囲繞配列は前期新相以降，円筒埴輪だけではなく器財埴輪を多用するようになり，区画内に家形埴輪を配置するようになる。この段階になって方形囲繞配列およびその内部の家形埴輪が首長の館・ヤケを表現したものとする高橋克壽（1996）や車崎正彦（2000）の説は説得力があるだろう。それは首長の死後の居館を表現したものであり，それ自体が祭祀の対象となったようだ。中期に至ると墳頂の家形埴輪を中心とする埴輪配置が造り出しに再現され，兵庫県加古川市**行者塚古墳**においてその良好な状態が明らかにされている。祭祀の対象となった居館に対して追祭祀する施設

であろうか。三重県松阪市**宝塚1号墳**や，奈良県北葛城郡広陵町**巣山古墳**で調査され明らかになった陸橋で墳丘と繋がる方形島状施設は，奈良県御所市**極楽寺ヒビキ遺跡**で発見された政治的中枢施設の構造を簡略化し，古墳脇に再現したものと推測される。埴輪の祭祀性は囲繞配列そのものでは薄れ，家形埴輪を中心とする形象埴輪群へと集約されていったものと思われる。

第7章　考察―墳墓における土器配置の系譜と意義―

　第3章から第6章にかけて各地域・各時代の土器・埴輪配置の様相を述べてきたが，本章では土器配置の観点から古墳の出現の問題にどのような言及ができるのか，以下の三節において考察していきたい。

第1節　弥生時代から古墳時代前期にかけての土器配置の系譜

　これまで，各地域ごと，時期ごとに記述してきた土器配置について，ここではその系譜関係に注目しながらまとめてみよう（図162・163参照）。

(1) 弥生時代の系譜（図159）
　まず，弥生時代においては大きく三時期に分かれる。
　弥生時代前半期を中心とする時期には埋葬施設への土器の副葬行為が中心を占めており，全国的な検討はまだ及ぼしていないものの，北部九州や吉備・畿内においてそれがみとめられる（第3章第1・2・4節）。東日本においても弥生時代の前半期に盛んになった再葬墓の壺棺が納められた土坑に，小さな壺や浅鉢・高杯などの土器が埋納してあったり，あるいは長野県塩崎遺跡群21号木棺墓のように墓壙内に多くの土器を副葬する例もある。
　ところが，弥生時代中期から後期にかけては調理器や供膳具を伴う土器群が各地域の墳墓から出土しているので，飲食儀礼を伴った葬送祭祀が盛んになったものと思われる。第3章でみてきたとおり，北部九州の「二塚山型」（第3章第1節），畿内の「東奈良型」（第3章第2節），四国北東部の「桜ノ岡型」（第3章第3節），吉備の「四辻型」（第3章第4節），「山陰型」（第3章第5節），「北部近畿型」（第3章第6節）など，いずれも各地域外に対しては個性的であるが，地域内では一定の方法を共有しており，地域集団内の紐帯を図るような，きわめて共同体的な性格を帯びた儀礼であったと思われる。
　それら中期の共同体的な儀礼が，後期から終末期にかけて変質を遂げていく。それは，階級分化の促進にともない，首長層の台頭に葬送儀礼のあり方も少なからず影響されたと考えられるが，その度合いは地域によってまちまちであった。北部九州の「宮の前型」（第3章第1節）のように，供献儀礼に移行したと考えられる地域もあれば，近畿北部地方のように後期の首長層の大型墳墓においてさえ，従来の儀礼のあり方を質的にも量的にも逸脱しない地域もある。山陰地方の「山陰型土器配置」は，より階層の高い埋葬に，より多くの土器が配置されていて質的には変化はないものの，量的な部分と階層性とが相関関係にある。

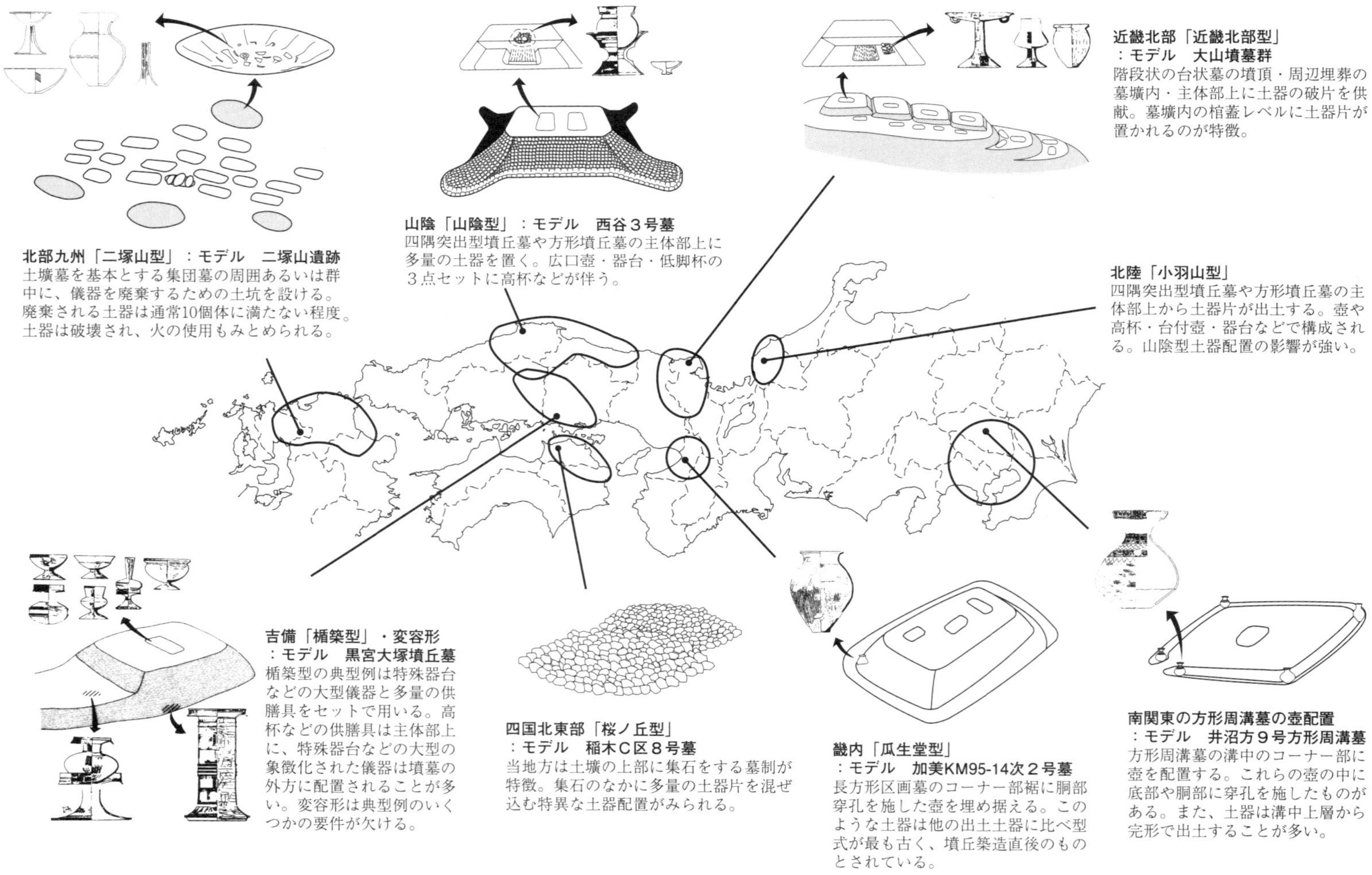

近畿北部「近畿北部型」大山墳墓群
：モデル 台状墓の墳頂・周辺埋葬の墓壙内・主体部上に土器の破片を供献、墓壙内の棺蓋レベルに土器片が置かれるのが特徴。
階段状の台状墓の墳頂・周辺埋葬の墓壙内・主体部上に土器の破片を供献、墓壙内の棺蓋レベルに土器配置の影響が強い。

北陸「小羽山型」
四隅突出型墳丘墓や方形墳丘墓の主体部上から土器片が出土する。壺や高杯・台付壺・台付器台などで構成される。台付壺・台付器台など山陰型土器配置の影響が強い。

南関東の方形周溝墓の壺配置
：モデル 井沼方9号方形周溝墓
方形周溝墓の溝や方形墳丘墓のコーナー部に壺を配置する。これらの壺の中には底部や胴部に穿孔を施したものがある。また、土器は溝中土層から完形で出土することが多い。山陰型土器配置の影響が強い。

讃岐「瓜生堂型」
：モデル 加美KM95-14次2号墓
長方形区画墓の溝縦に胴部穿孔を施した壺を据え置く。この長方形区画墓の溝縦に据え据えるようなと他の出土土器に比べ式が最も古く、墳丘築造直後のものとされている。

山陰「山陰型」：モデル 西谷3号墓
四隅突出型墳丘墓の主体部上に多量の土器を置く。広口壺・器台・低脚杯の3点セットに高杯などが伴う。

四国北東部 稲木C区8号墓
：モデル 桜ノ丘型
当地方法は土壙の上部石に集石と多量の土器配置をすることが特徴。集石のなかには多量の土器片を混ぜ込むなど特殊な土器配置がみられる。

北部九州「二塚山型」：モデル 二塚山遺跡
土壙墓を基本とする集団墓あるいは群中に、儀容を廃棄するための土坑を設ける。廃棄される土器は通常10個体に満たない程度のものである。使用されたのち、火の使用もみとめられる。

吉備「楯築型」：変容形　モデル 黒宮大塚墳丘墓
楯築型の典型事例は主体部上に特殊器台・特殊壺などの大型祭器、各種の膳類をセットで用いる。高坏など膳具などの供膳類を、特殊化された儀容は象徴化された祭祀配置される大型の祭器は墳丘墓外方に配置されることが多く、変容形はことが多い。変容形は典型例のいくつかの要件が欠ける。

図159　弥生時代の各地の土器配置

第 7 章　考察―墳墓における土器配置の系譜と意義―

　しかし，後期における最も大きな変化は，後期後葉の吉備において「楯築型」（第 3 章第 4 節）とした，特異な土器配置が突如出現したことであろう。「楯築型土器配置」を遺した葬送祭祀儀礼はかなり大掛かりなものであったらしく，大型の象徴化された儀器（特殊土器類など）や多量の供膳具を使用した大規模な儀礼が行なわれたと考えられる。もう一つ重要なことは，後期後葉に吉備・山陰において隆盛期に達した葬送祭祀が四国北東部・播磨・近畿北部・北陸など周辺地域の葬送祭祀に影響を及ぼしたようで，土器配置のほかにも埋葬施設の構造，あるいは墳丘の形態・規模などにもその影響がみてとれる。土器配置で言えば，播磨における有年原・田中 1 号円形区画墓出土の儀器は吉備の特殊土器類の影響を受けたと思われるし（第 3 章第 7 節），四国北東部における「萩原型」の主体部上土器配置は奥 10 号に吉備系土器の影響がみられる（第 3 章第 3 節）。また，近畿北部では庄内式併行期前半に築造されたと考えられる赤坂今井墳丘墓の主体部上からは在地の土器群に混じって口縁部に櫛描の組紐状文や波状文を施した土器が出土している（第 3 章第 6 節）。播磨や摂津を介して吉備の間接的な影響を受けたものと考えられるだろう。さらに北陸では小羽山墳墓群の 30 号墓および 26 号墓で，40 個体を越える多量の土器を配置している。山陰型土器配置の影響が考えられるだろう（第 3 章第 8 節）。

　このことに関連して，主体部上の標石や集石について集成・分析した大谷晃二の研究が参考になる（大谷 1995）。大谷によれば弥生時代後期から古墳時代前期にかけて，主体部上に朱の精製具と考えられる石杵などの何らかの標石を置いたり，同じく主体部上に集石が配されたりする墳墓が中国地方を中心に数多くみられるという。どうも吉備・山陰を中心とする地域の弥生時代後期の葬送祭祀儀礼の特徴とも言える現象のようだが，これが周辺地域の当該期の主要な首長墓においてもみることができるのである。例えば，越前の小羽山 30 号墓では石杵に転用されたと考えられる蛤刃石斧が出土し，同じく越前の片山鳥越 5 号墓では集石，讃岐の奥 10 号墓でも集石，庄内式併行期に降って播磨の西条 52 号墓では円礫堆があり，山城の芝ヶ原古墳においても主体部上に集石がみられた。

　このほか，墳丘については北陸において山陰の影響下に四隅突出型墳丘墓が築造されていることは著名な事実であるし，四国北東部の終末期の墳丘墓や近畿北部における後期後葉以降の墳丘墓の築造も，吉備の影響があったと考えられようか。また，越前の片山鳥越 5 号墓では箱形木棺の裏込めに塊石を使用して，あたかも石槨のごとき様相を呈している。北陸では山陰と同じく弥生時代には埋葬施設に石材を使用しないのが通有である。吉備の立坂墳丘墓の埋葬施設に類似例があるので，吉備地域の影響を受けたものと解釈してよいだろう。

　このように土器配置ともども山陰・山陽の様々な要素が後期後葉以降，周辺地域に大きな影響を与えていることがわかる。そして，その影響は伊勢の高松墳丘墓や美濃の端龍寺山山頂墳，信濃の根塚墳丘墓，北平 1 号墓などに，主体部上土器配置が見られることから間接的に東日本へと及んでいたものと思われる（第 3 章第 9 節）。

　ただし，これらの主体部上に供膳具を配置する系譜が弥生時代後期あるいは庄内式併行期において，畿内の墓制にどのように影響があったのかを示す資料は，今のところほとんどない。

213

その一方で，畿内においては中期以降，穿孔壺を区画墓の墳丘の各所に配置する土器配置が行なわれていることに注目しなければならない（第3章第2節）。墳丘の裾付近などに小土坑を設け，土器の胴下半部のみを埋めて据え置く様は，のちの囲繞配列における底部穿孔壺の据え方と共通している。このように据え置かれた壺は，儀礼に使用された後に廃棄される土器群とはおよそ性格が異なる。これと最も共通した土器配置は関東地方の方形周溝墓に見られる（第3章第10節）。関東地方では墳丘に埋め据え置いた例は知られていないが，コーナー部やブリッジ脇の周溝中に壺が配置されている。たいていは覆土上層から完形品に近い状態で出土するために，ある程度溝が埋まってから周溝中に配置されたと考えられているため，畿内の「瓜生堂型」（第3章第2節）と全く同じというわけではなさそうだが，何らかの関連性はあるのだろう。また，壺を主体部周辺に配置する例としては西条52号墓（第3章第7節）や萩原1号墓（第3章第4節）が挙げられる。囲繞配列出現以前に「壺の配置」が行なわれていたことは明らかであろう。これらの現象は先の供膳具の配置が，吉備や山陰などを中心に西あるいは日本海側に偏っているのに対して，壺の配置は畿内を中心として東あるいは太平洋側に偏っているという，おおまかな分布の違いは指摘できるかもしれない。

(2) 移行期の土器配置の動向（図160）

庄内式併行期は弥生時代の土器配置が様々に変化し，多様な系統が入り組んで複雑な様相を呈している（図162）。わかりやすく述べるために移行期の土器配置を4つの動きに整理して述べてみよう。

まず一つめの動きはそれまでの各地域の土器配置を継承する動きである。これは「山陰型土器配置」のように全く在地の弥生後期の土器配置を変容させることなく堅持するパターンはまれであり，たいていは北部九州における「宮の前型」や吉備における「楯築型」の変容形，北陸における「小羽山型」（第3章第8節）の変容形のように在地内で変容していくパターンか，四国北東部の「萩原型」（第3章第3節）や「近畿北部型」のように外来の影響を受けて在地の土器配置が変質するパターンが多いといえる。しかし，これらは基本的には在地の土器配置を継承する動きとしてまとめられる。

二つめは畿内系加飾壺の動きである（第4章第4節）。この儀器はある決まった土器配置に使用されるわけではないが，畿内系加飾壺は北部九州から関東地方まで分布し，特定の儀器がはじめて広域分布を示したという点で注目される。その分布を見ると，豊後の下原古墳，伊予の雉之尾1号墳，阿波の萩原1号墓，讃岐の萩原1号墓，河内の加美14号墓，大和のホケノ山古墳，南丹波の黒田古墳，越前の小菅波4号墳，尾張の西上免古墳，信濃の弘法山古墳，上総の神門古墳群など，各地域の成立期の前方後円形あるいは前方後方形の墳墓から出土していることがわかる。もちろん在地系の方形墓にも多いが，むしろ，前方部をもつ墳丘墓の広がりと密接な関わりを持ったことを重視するべきであろう。また，その反面，吉備および山陰に分布しないことが大きな特徴とも言える。庄内式併行期前半から中ごろまでは吉備・山陰と大和はお

第7章 考察―墳墓における土器配置の系譜と意義―

★ 畿内系加飾壺出土墳墓
▲ 弘法山型土器配置
△ 北ノ作型土器配置（前期古相）

畿内系加飾壺出土墳墓の東限

弘法山型土器配置

小羽山型変容形・国分尼塚型土器配置

宇陀型土器配置

山陰型埴輪の分布地域

吉備・大和型連続配列

伯耆系特殊土器類の分布地域

山陰型土器配置

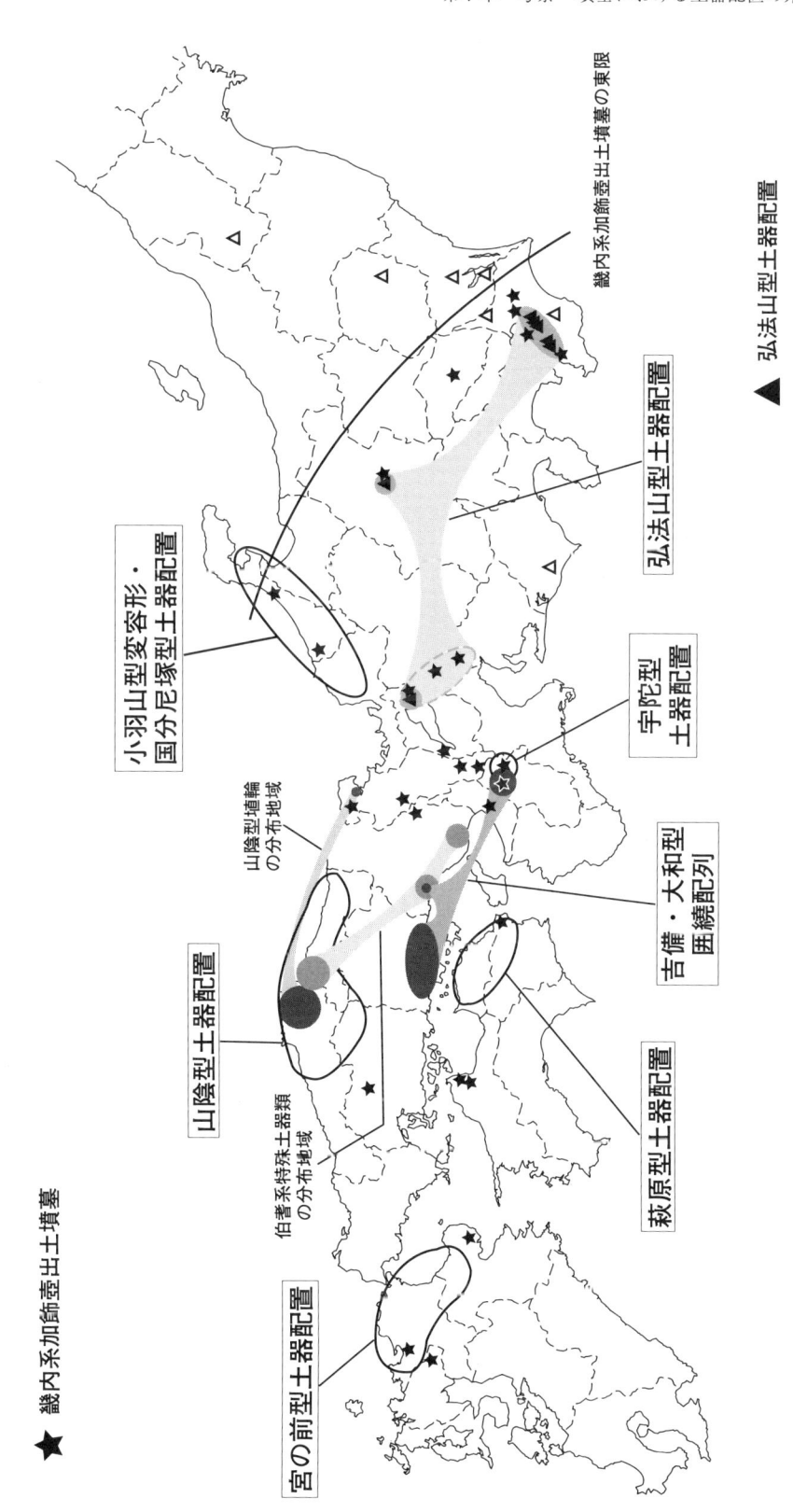

萩原型土器配置

宮の前型土器配置

図160　移行期～古墳時代前期古相の土器配置

互いの儀器を受け入れにくい状況にあったといえる。なお，ホケノ山古墳（第6章第1節）において加飾壺による囲繞配列が出現していることは古墳時代前期の壺による囲繞配列の祖形が畿内において誕生したことを示しているといえよう。その下地には弥生時代中期以来の「瓜生堂型土器配置」（第3章第2節）の影響があったと思われる。

　三つめは吉備系特殊器台・特殊壺の象徴化への動きである（第4章第1節，第6章第2節）。後期後葉の立坂型の特殊壺は焼成後底部穿孔であるが，庄内式併行期前半から中ごろに相当する向木見型の特殊壺は焼成前に穿孔され，すでに象徴化が達成されている。使用状況としては，矢谷墳丘墓（第3章第5節）にみる限りでは主体部上に配置される個体はごく少なく，ほとんどが周溝に配置されている。この「外方配置」（第3章第4節）の傾向は立坂型にもすでにみられており，宮山型の段階には供膳具や調理器，あるいは長頸壺と大型装飾器台，細頸壺と中型器台などの他の象徴化された土器類が姿を消し，特殊器台と特殊壺のみが特化して墳墓に置かれるようになる。また宮山型の時期にはこれら吉備系の特殊土器類が大和に持ち込まれ，都月型特殊器台形埴輪とともにそこで巨大な前方後円墳の囲繞配列に使用されるに至る。これは庄内式末期から布留式最古相の時期に急激に起った現象であり，このことと連携して大和に巨大な前方後円墳が築造されるようになると考えられる。この吉備系の特殊器台や特殊壺などを中心とする囲繞配列を「吉備・大和型囲繞配列」（第6章第2節）と呼んだが，この系列の囲繞配列が円筒埴輪を生み，その後，囲繞配列の主系列として古墳時代を通じて継続されていくことになるのである。

　四つめは「山陰型土器配置」や「楯築型土器配置」を中心とした他地域の影響下に，あらたな土器配置をつくりだす動きである。庄内式併行期における大和宇陀地域の「宇陀型土器配置」（第5章第1節）は墓壙内や主体部上，あるいは墳丘の特定箇所に土器を配置しているので，おそらく北部近畿地域の影響下に成立した土器配置であろう。また，東日本の「弘法山型」（第5章第2節）は，おそらく弥生時代後期段階に西日本の影響下に東海西部地域で醸成された供膳具の土器配置に，畿内系加飾壺が加わって主体部上に配置されるようになったものだと思われる。これが，畿内の影響か，東海西部の影響かは判断がつかないが，東日本に広く広まり，東日本の古墳の出現に大きな影響を与えたことは事実であろう。

　また，四つめの動きのなかで最も重要なものは山陰における全く新しい儀器を創出させた儀礼の誕生であろう。この儀礼については土器配置のデータとしては確かなものがないが，儀器の標識資料としてはいまのところ徳楽墳丘墓出土品が中心的なものとして挙げられる（第4章第2節）。そこでは山陰型土器配置に使用される広口壺・鼓形器台・高杯・低脚杯など装飾性に乏しい普通の供膳具も存在するが，一方で竹管文，綾杉文などで派手に装飾された円筒器台・特殊壺・広口複合口縁壺など「伯耆系特殊土器類」と呼称される，まったく新しい儀器が登場している。円筒器台には縦長長方形のスカシなどがあり，のちの山陰型埴輪の成立に少なからず影響を与えたものと思われる。筆者は，このような徳楽墳丘墓で行なわれた祭祀儀礼から二つの系列がのちに分かれたと考えている。

第7章　考察―墳墓における土器配置の系譜と意義―

　そのひとつは山陰型特殊器台・山陰型埴輪を使用する系列で，その古いものは神原神社古墳の土器配置に見られる（第4章第3節）。神原神社古墳では供膳具はすでに量的に縮小されており，大規模な飲食儀礼の痕跡は見当たらない。頸部に綾杉文を施す「山陰系特殊壺」と裾広がりの基部をもつ山陰型特殊器台形土器を打ち割って，竪穴式石室上に配置している。状況から囲繞配列に使用されたものではなく，儀礼時にのみ象徴的な儀器として立て置き，使用後に主体部上に埋置したものであろう。この系列がのちの大成古墳などの荒島墳墓群の大型古墳の土器配置へとつながっていくものと思われる。いまだ配置状況が明確になっているものが神原神社古墳例しかないために，本書では類型化しなかったが，将来「神原神社型土器配置」として認定できるかもしれない。

　徳楽墳丘墓の祭祀儀礼から分かれるもう一つは，播磨や摂津の前期古墳に通じる系列である（第4章第2節）。播磨では丁瓢塚古墳・伊和中山4号墳において竹管文で装飾され，先すぼまりの頸部をもつ特殊壺の破片が採集されている。また，摂津では西求女塚古墳・処女塚古墳において竹管文で装飾された二重口縁壺が出土している。土器配置としての実態は不明だが，儀器の系譜上の関係性から何らかの影響があったものと思われる。徳楽墳丘墓の儀礼は不明な点が多いが，山陰と東部瀬戸内地域の前期古墳の儀礼に大きな影響を与えている点で非常に重要である。また，箸墓古墳前方部上からも伯耆系特殊土器の長頸壺の類似品が採集されている（第6章第2節）ことを考えれば，なおさらのことであろう。今後，さらなる発見によって実態が明らかになることが期待される。

(3)　古墳時代前期前半の様相

　古墳時代前期古相段階においては，庄内式併行期の錯綜した状況を経て，各地域において主体部上の土器配置が安定的に残存する反面，新たに囲繞配列が行なわれるようになる。

　この時期の主体部上の土器配置は，在地の台状墓などの系列を引く中国地方や近畿地方・北陸南西部各地の小規模古墳で行なわれ続ける，いわば弥生系の主体部上土器配置と，あらたに大きな墳丘を備えた墓制として登場する大型古墳において行なわれる，いわば古墳系の主体部上土器配置とがある。後者の例としては，西日本では双水柴山2号墳，西求女塚古墳など類例が少なく類型化できないが（第5章第1節），東日本では太平洋側の「北ノ作型」や北陸南西部の「国分尼塚型」など，比較的安定的に各地の前期古墳に見ることができる（第5章第2節）。また，山陰では弥生時代以来変化することなく「山陰型土器配置」が続いており，上野1号墳に見られるとおり，前期新相段階まで続くことが知られている（第3章第5節）。前期中相段階の西日本の畿内型古墳の土器配置としては寺戸大塚古墳や平尾城山古墳にみられるように，主体部上を避け，主体部脇に土器を置くようになることが注意される（第5章第1節）。これは主体部上が神聖視されことと関係があると思われ，のちの金蔵山古墳の土器配置でも共通している。また，近畿北部地域では蛭子山1号墳や神明山古墳出土土器に見られるように前期中相ごろから山陰系土器の影響が強くなるようだ。

217

東日本の底部穿孔壺囲繞配列が卓越する地域

● 円筒埴輪を使用した囲繞配列
○ 底部穿孔壺のみによる囲繞配列

「丹後型埴輪」分布地域
(前期中相〜新相)

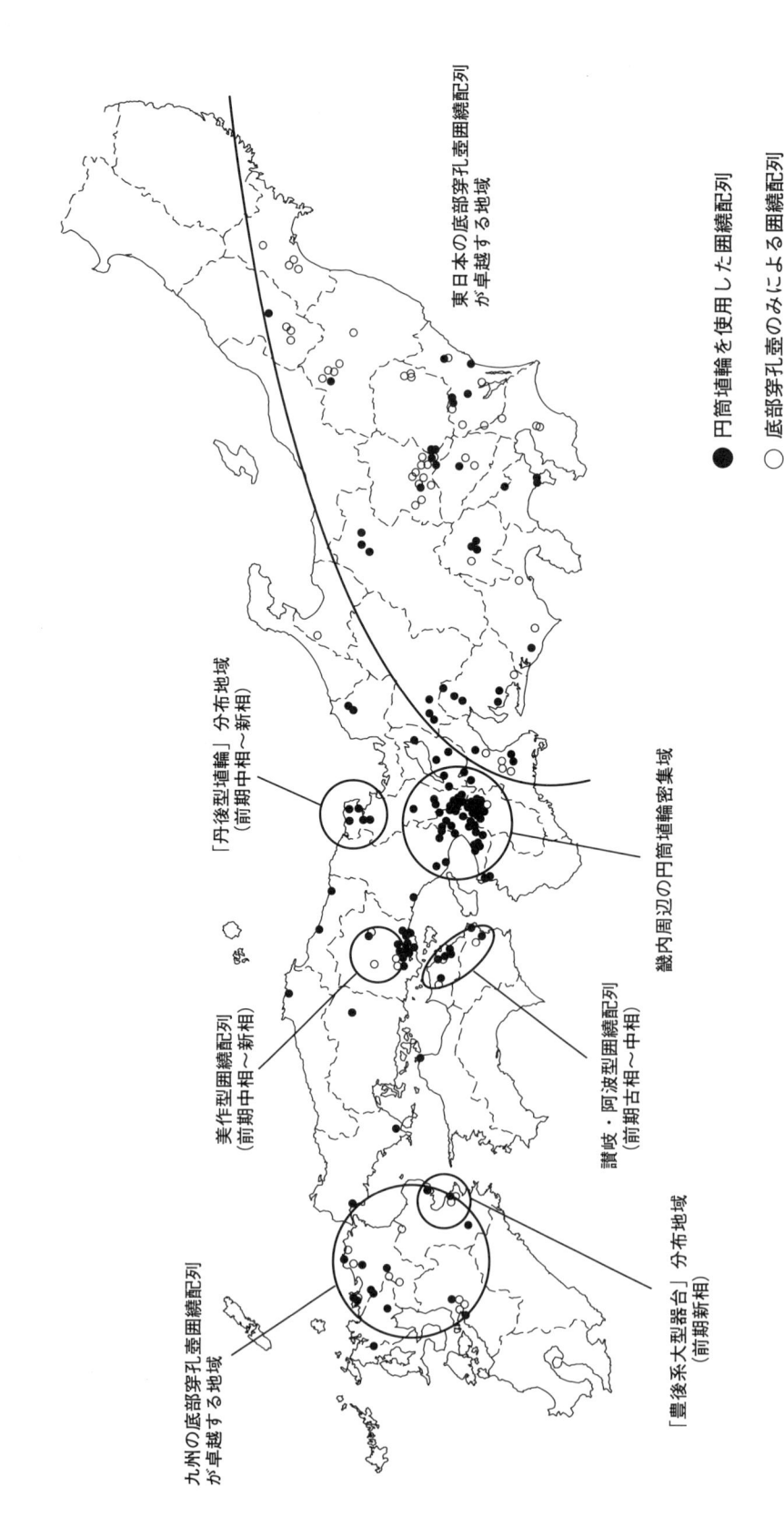

畿内周辺の円筒埴輪密集域

美作型囲繞配列
(前期中相〜新相)

讃岐・阿波型囲繞配列
(前期古相〜中相)

「豊後系大型器台」分布地域
(前期新相)

九州の底部穿孔壺囲繞配列が卓越する地域

図161　古墳時代前期の囲繞配列の地域性

第7章　考察―墳墓における土器配置の系譜と意義―

　前期古相の囲繞配列は地域的な様相が顕著である。地域によって独自なものを挙げれば，吉備や畿内周辺あるいは西播磨の地域でみられる「吉備・畿内型囲繞配列」（第6章第2節），四国北東部の「讃岐型囲繞配列」・「阿波型囲繞配列」（第6章第3節）などがある。前者は吉備系の円筒器台・特殊壺あるいは円筒埴輪を使用し，後二者は在地の系譜上にある独自の壺を使用している。また，山陰において山陰型埴輪が囲繞配列されているとすれば，この仲間に入れることができるだろう。この時期に唯一広範囲に広がった囲繞配列用の祭器といえば畿内系の底部穿孔二重口縁壺だけであろう（第6章第3節）。しかし，その分布域も各個的で，現在のところ北部九州，畿内，関東・東北などに限られている。このうち，畿内においてはその後，壺による囲繞配列があまり発達しないが，北部九州と東日本においては円筒埴輪よりも一般的に使用される状況が前期を通じて継続する。また，吉備では山間部を中心に前期中相以降，ようやく二重口縁壺による囲繞配列が行なわれはじめる。

(4) 古墳時代前期後半の様相

　円筒埴輪の囲繞配列は前期中相ごろに定型化し，しだいに普及してゆくようになる。ただし，九州や東日本では壺の囲繞配列が主体的であることは繰り返し述べたとおりであるし，越前以外の北陸や房総半島など，ついに前期中には埴輪を受け入れなかった地域も存在した。また，近畿北部の「丹後型埴輪」や豊後の「豊後型大型器台」の存在など，前期新相においても各地の埴輪の使用状況は地域性を内包している（図161）。

　一方で，本書では触れていないが，新相以降，いわゆる畿内型古墳では家形埴輪を中心とする形象埴輪群が発達し，埋葬施設上の方形区画とその内部の配置を構成するようになる。その結果，埴輪の祭祀性は家形埴輪を中心とする形象埴輪群へ集中し，円筒埴輪が本来そなえていた呪的効果は，前期新相以降は薄れていったと考えられる。古墳時代前期新相から中期にかけて，円筒埴輪の樹立間隔は密になって行き，それを補助するかのように鰭付埴輪が多用されることは，廣瀬覚によって指摘されている（廣瀬2002）が，このことからも円筒埴輪の囲繞配列が呪的性質を薄れさせ，物理的な性質を強めていったことがわかるだろう。

　墳頂における形象埴輪配列が発達するに及び，主体部方形区画も整備され，主体部上は禁足地として神聖視されるようになったようだ。これに従って，いわゆる畿内型古墳では主体部直上に土器を配置することはしなくなり，変わりに方形区画の外側に土器を置くようになる（第6章第4節）。また，中期以降，形象埴輪群が造り出しにおいても配置されるが，行者塚古墳にみられるように，その形象埴輪群に対して土器供献が行なわれていることは注目される必要がある。前期における墳頂の土器供献が埋葬施設に眠る被葬者のみならず，埋葬施設上の形象埴輪群に対しても意識されていたことがわかる。

　畿内型古墳の埋葬施設上周辺への土器配置は前期中相を境にして，それまでの弥生時代の系譜を引いたものから，古墳時代的なそれへと変化する。それは古相・中相段階のものが弥生時代の主体部上土器配置に使われた儀器の系譜を引き，それらを仮器化したものであったのに対

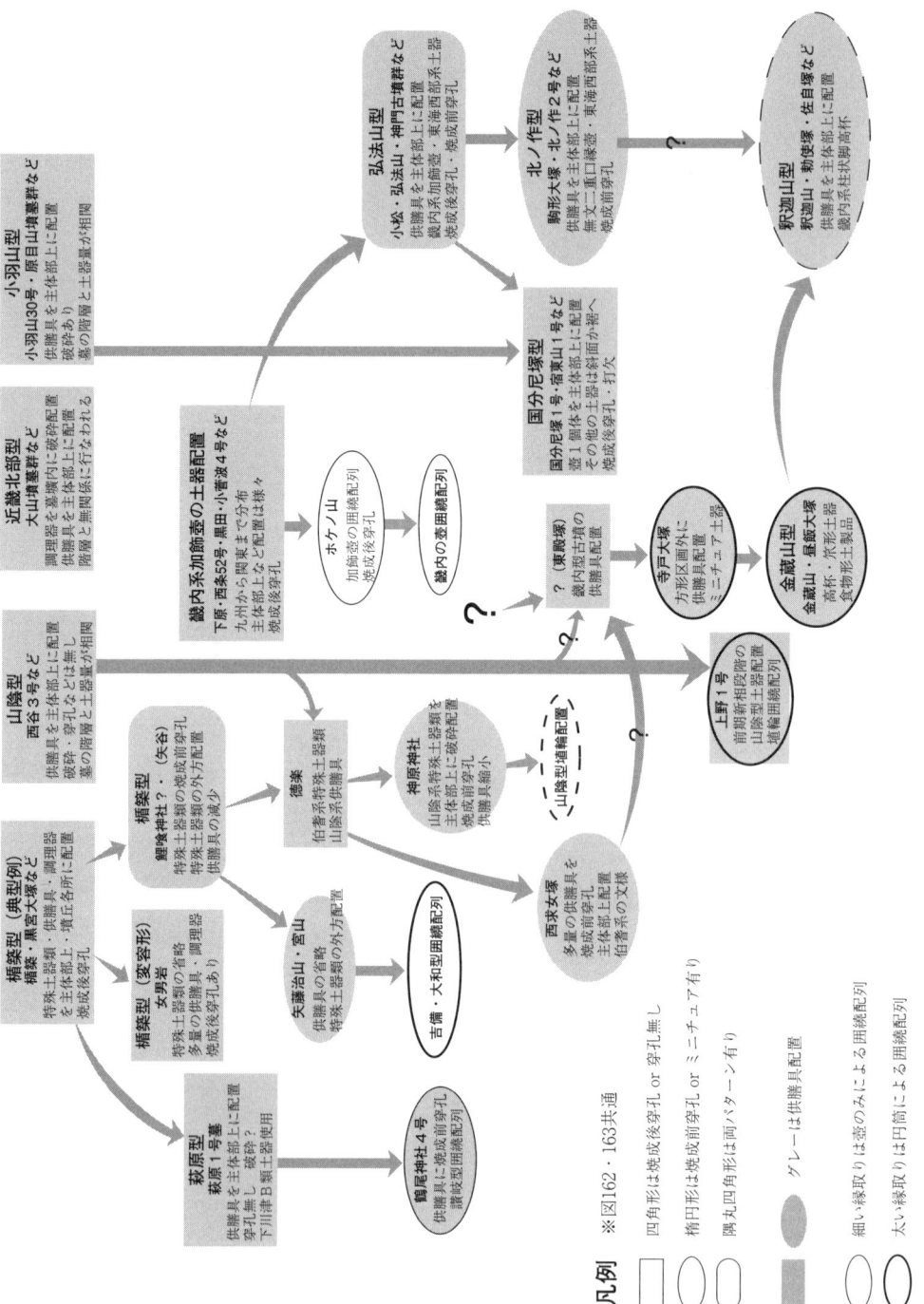

図 162 弥生時代後期〜古墳時代前期の土器配置の系譜

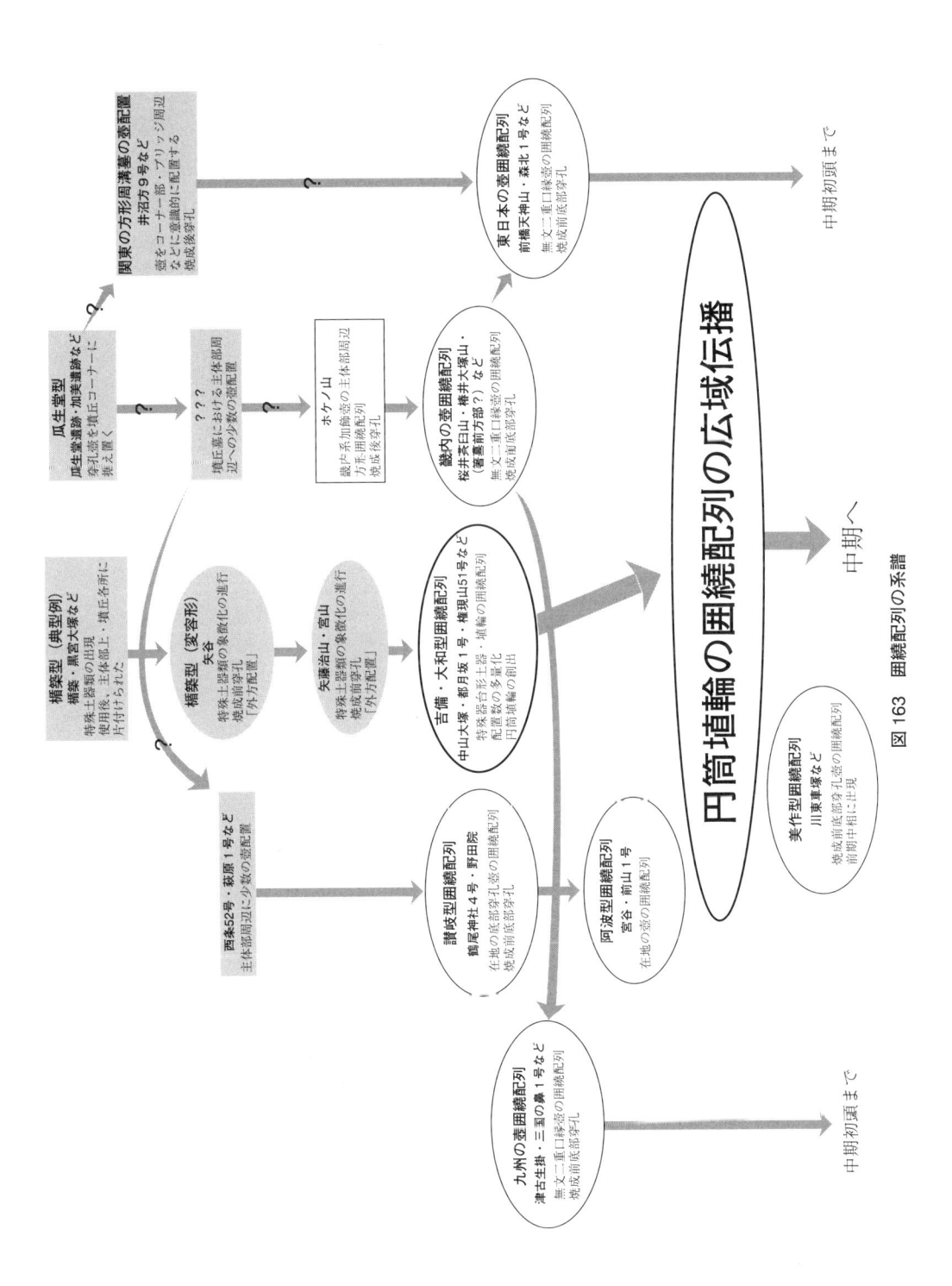

第7章　考察―墳墓における土器配置の系譜と意義―

円筒埴輪の囲繞配列の広域伝播

図163　囲繞配列の系譜

して，新相段階のものはミニチュア化した柱状脚高杯に笊形土器や食物形土製品を伴うという道具立てであり（「金蔵山型」，第5章第1節），食物供献儀礼が形式化したものへと移行していく。また，東日本では主体部上土器配置が行なわれ続けるが，その器種構成は柱状脚高杯が中心的役割を担うようになり（「釈迦山型」，第5章第2節），少なからず西日本の影響を受けたものと思われる。これらの土器配置は中期古墳へと引き継がれていくことになる。

(5) 結論―古墳出現に関わる土器配置の系譜―

以上が，弥生時代から古墳時代前期にいたる土器配置の系譜であるが，ここでさらにその系譜の中で古墳の出現に関わる部分だけを整理してみよう。

結論的に言えば弥生墳墓から古墳へと移り変わる過程で，主に三つの系統が大きな役割を演じていることがわかる。それは①「楯築型土器配置」，②「山陰型土器配置」，③「畿内系壺配置」，の三種である。これらがそのまま前期古墳の土器配置に移行するわけではなくさらに，複雑に影響を及ぼしあいながら前期古墳の土器配置をしだいに形作っていくといえよう。その様相を図式化したものが図164である。

①「楯築型土器配置」には後につながる二つの重要な要素が含まれている。A「象徴化された特殊土器類の外方配置」と，B「供膳具の穿孔行為」である。前者は④「吉備・大和型囲繞配列」が生じ，円筒埴輪の囲繞配列につながっていく。②「山陰型土器配置」は古墳時代前期までC「山陰系の供膳具」を保持したという点で重要である。⑤「定型化した古墳の土器配置」の内容は未だ確定的ではないが，西求女塚古墳や東殿塚古墳の土器配置の内容を見る限りにおいては，このC「山陰系の供膳具」とB「供膳具への穿孔行為」とが影響していると考えられる。そして，③「畿内系壺配置」については，その実態がいまひとつ明らかではないが，その初源は「瓜生堂土器配置」など方形区画墓の穿孔壺配置と関係があるのだろう。庄内式併行期には③からD「畿内系加飾壺」という重要な要素が生まれる。ここからは⑥「東日本の前期古墳の土器配置」につながる系譜と，ホケノ山古墳を媒介にして⑦底部穿孔壺による囲繞配列の系譜が生じることになる。⑥にはB「供膳具の穿孔行為」と「東海西部系の供膳具」という要素も不可欠である。

もちろん，地域的な前期古墳については，弥生時代からつづく各地域固有の在地的な土器配置の系譜が大きな意味をもっている。例えば四国北東部や近畿北部などもそうであるし，東日

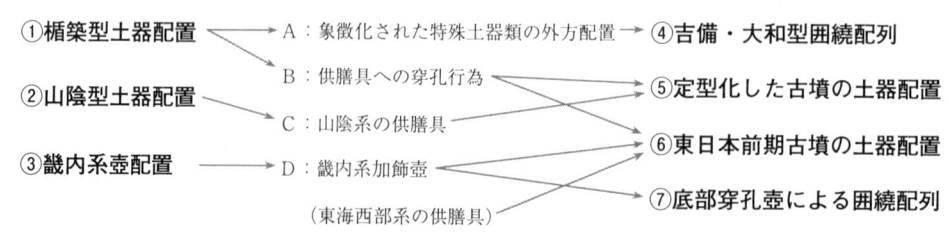

図164 古墳成立にかかわる土器配置の要素

第7章　考察―墳墓における土器配置の系譜と意義―

本の古墳の出現に関して言えば，上述したように「東海西部系の供膳具」の一項目を付け加えてもよいだろう。しかし，広域に影響を与えた要素としては，ここに挙げた①「楯築型土器配置」，②「山陰型土器配置」，③「畿内系壺配置」という三種以上に大きな役割を演じたものはないのである。

　土器配置の系譜から追う限りは，古墳の出現とは上記の三要素が重要であり，それはつまりその土器配置を遺した葬送祭祀の思想・儀礼が弥生時代末から古墳時代の初頭にかけて重要な意味を持っていたということになるだろう。

第2節　儀器・祭器の象徴化について―打欠・穿孔行為を中心に―

　ここで，墳墓出土土器にしばしばみられる打欠・穿孔などの部分破壊行為について採り挙げてみたい。

　まず弥生時代後期の段階で墳墓出土土器において打欠や穿孔行為が見られる地域は，北部九州においてわずかに例があるものの，ほぼ吉備・畿内・東日本などの諸地域に限られていて，儀礼に使用された供膳具となるとほぼ吉備に限定されると言っても差し支えない(註27)。したがって，まず吉備における儀器の穿孔の問題から採り挙げてみることにしよう。

(1) 吉備における儀器の穿孔について

　吉備における儀器の穿孔の問題については近藤義郎が考察している。近藤の弥生墳丘墓における葬送祭祀の一連の業績については第1章第2節において述べてあるので，全体を繰り返すことはしないが，そのなかでも土器の象徴化の問題は近藤理論の中核を為していると言えよう。そして，2001年の「特殊器台の成立と展開」(近藤義郎2001b)までの著作においては立坂型段階の焼成後穿孔を行なう儀器は儀礼使用後に「使用してはならない」あるいは「使用できない」ことを表わすために穿孔され，片付けられたと主張していたのに対して，2002年の「象徴化の話(続)」(近藤義郎2002a)以降の著作においては，それまでの自説を大きく転換させている。すなわち，「"使用してはならない" "使用できない"ことを土器について示すもっとも確実で容易な方法は，いうまでもなく壊すことである」とした上で，黒宮大塚墳丘墓などにおけるこれらの儀器の出土状態がほぼ完形で，破壊のあとがみられずにただそこに片付けただけという状態であることを指摘し，土器を壊さぬように焼成後穿孔することは大変難しく時間もかかることなのに「"再び使用してはならない" "使用できない"ようにするために，使用後そのような「面倒な」ことを果たしてするであろうか」という疑問を提示した。そして，立坂型の特殊土器類および，それらに伴う儀器は，儀礼の前に丁寧に穿孔され，はじめから象徴化された土器として儀礼に使用された，と考えた。『楯築弥生墳丘墓』(近藤義郎2002b)でもほぼ同様なことを述べており，さらに「象徴化の話(続々)」(近藤義郎2003)では，その理由として，「亡き首長はもはや，なにも食べることも飲むこともできない。(中略)とすれば，霊前で共飲共食の祭祀を行なおうとすれば，共飲共食を象徴する祭式を行なうほかはない」と説明している。

　近藤の一連の思考過程は非常に重要である。それは我々が「焼成後穿孔＝実用の儀器を使用後に穿孔した」，あるいは「焼成前穿孔＝儀礼が省略され，はじめから仮器として製作された」という暗黙の常識を覆したことであろう。重要な点は「焼成後・儀礼前穿孔」という概念を提出したことと，「仮器」による形式的儀礼の存在を指摘したことである。

　しかし，黒宮大塚墳丘墓の葬送祭祀では本当に飲食儀礼が行なわれなかったどうかについては，今一度考える必要があると思う。なぜなら筆者が黒宮大塚墳丘墓出土土器を実見した際に

観察し得た土器の穿孔方法から儀礼における穿孔の意味を考え直したときに,「土器を壊さぬように焼成後穿孔することは大変難しく時間もかかる」という近藤の見解に疑問を持ったからである。このような儀器の穿孔に関する問題は,弥生・古墳両時代間における墳墓の変遷過程を解き明かす上で非常に重要な意味をもつと考えられるので,以下に黒宮大塚墳丘墓出土土器の観察結果と,そこから復原される儀礼の過程について記しておく。なお,黒宮大塚墳丘墓の詳細については第3章第4節を参照のこと。

(2) 黒宮大塚墳丘墓出土土器の観察と儀礼の復原

　黒宮大塚墳丘墓出土土器は岡山県倉敷市倉敷考古館において所蔵されている。2003年3月に同館に申請して許可され,資料を熟覧する貴重な機会を得た(註28)。1977年の発掘調査において出土した多量の土器のうち,実測図が掲載されている多くの土器が展示室において公開されているが,筆者が実見したのはそれら展示されている土器に限られることをはじめにお断りしておきたい。

　この資料調査の成果のうち大きなものは二つある。ひとつは高杯・脚付直口坩などの石槨上から出土した供膳具の受け部下方に施された穿孔に二種類あり,器種によってその比率が異なること。もう一つは同じく石槨上から出土した細頸壺のうちの1個体の底部に焼成前穿孔があり,そのすぐ横に焼成後に打撃によって開けられた孔の存在を確認したことである（図165—7）。

　一つめの供膳具の穿孔については,楯築墳丘墓出土品にも存在することが近藤義郎によって指摘されている（楯築報文）。黒宮大塚墳丘墓においては打撃によって開けられたものと,おそらく錐状の工具によって開けられたものの二種が存在しており,報告書においても両者の違いが指摘されている(註29)。ただ,実測図上ではどちらともとれないものもあるが,実見すると両者の違いは明瞭で容易に見分けることができる。どちらも焼成後穿孔の範疇に入るものだが,ここでは前者を「**打撃穿孔**」,後者を「**錐揉み穿孔**」と呼び分けることにする。

　「打撃穿孔」（図165—1〜4）では孔の大きさが10〜15mmほどのものが多く,孔の形は不定形である。そして片方の面において周辺の器表が広く剥がれていることが特徴である。これは打撃によって,打撃点から放射状に力が抜けるため,打撃面の反対側が広く剥がれる現象によるものと思われる。したがってどちら側から打撃を加えたかが判断できる。観察した結果,高杯の全個体が内側（上側）から打撃を加えている（図165—1・2）のに対し,内面から打撃しにくい脚付直口坩では,ほとんどの個体において内側が広く剥がれており,外側から打撃を加えていることがわかる（図165—3）。ところが脚付直口坩のうち口縁部の開く23のみは内側から外側へと打撃していることを実見により確かめることができた（図165—4）。この観察から,打撃に使用された工具は,口の狭い土器にも入れられる,細長い道具と考えられる。礫などではこの土器を内側から穿孔することは不可能であろう。また,これらの観察から,なるべく土器の内側から穿孔することの方が望ましいと考えられていたことがわかるし,打撃穿孔はこつこ

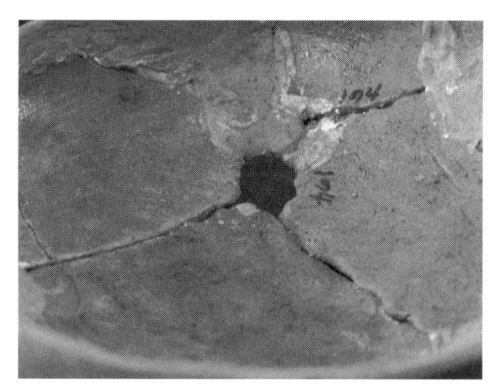

写真1　打撃穿孔　内→外（内弯高杯杯部内面）

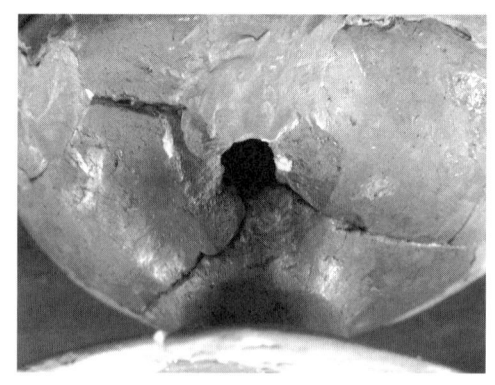

写真2　打撃穿孔　内→外（写真1資料外面）

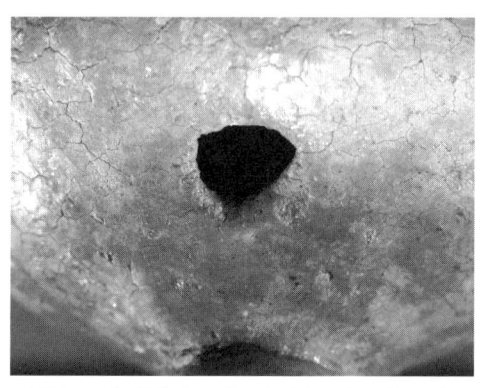

写真3　打撃穿孔　外→内（脚付直口埦外面）

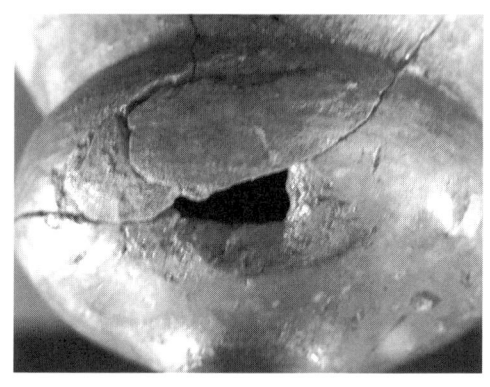

写真4　打撃穿孔　内→外（脚付直口埦外面）

写真5　錐揉み穿孔　内→外（内弯高杯杯部内面）

写真6　錐揉み穿孔　内→外（写真5資料外面）

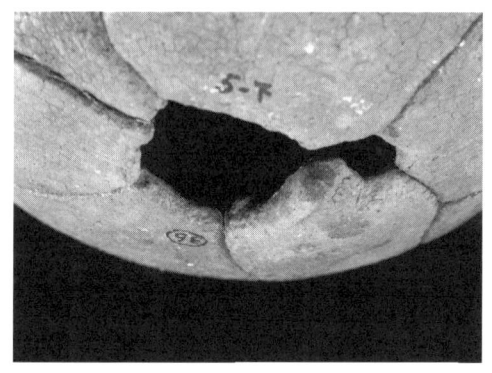

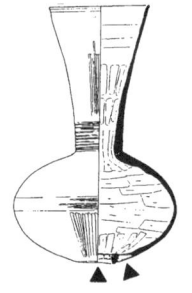

写真7
細頸壺底部に見られる
焼成前穿孔（左）と
焼成後穿孔（右）

※写真1～7はいずれも黒宮大塚出土資料（倉敷考古館蔵）

図165　黒宮大塚墳丘墓出土土器の穿孔

第7章　考察―墳墓における土器配置の系譜と意義―

つ開けていくのではなく，割れ口の状態の観察から，ほぼ一撃で開けたことが推察される。このことは儀礼の問題と絡めて非常に重要な要素であることを後段で述べる。

「錐揉み穿孔」（図165－5・6）は孔の大きさが3～4mmと一定しており，孔の形は整美な円形を呈している。断面は筒形で，若干，器表面が孔径よりも一回り大きく皿状に剥離している。しかし，打撃穿孔に比べればごく小さな剥離であり，両者の違いは一目瞭然である。こちらは穿孔方向を特定することは難しいが，強いて挙げれば先に工具をあてるほうが剥離範囲が小さい傾向がある。これは器形ごとの打撃穿孔の方向性と照らし合わせて観察して得られた結果である。

さて，問題となるのは，なぜ「打撃穿孔」と「錐揉み穿孔」の両者が存在するのかということであろう。この問題を考えるために図166に穿孔方法を特定できた供膳具を分けて示してみた。実測図上において穿孔が表現されていなくても実見によって確かめ得たものは図中に掲載してあるが，実測図上で判断できず実見もできなかった個体は除いてあるため，実際の数を表わしているわけではない。しかし，おおよその比率はわかるだろう。以下に見てみると，出土量の多い供膳具3種のうち脚付直口坩は打撃穿孔が10個体を数えるのに対して，錐揉み穿孔は1個体だけである。外反口縁高杯は打撃穿孔が14個体，錐揉み穿孔が5個体。内弯口縁高杯は打撃穿孔が4個体，錐揉み穿孔が6個体である。脚付直口坩→外反口縁高杯→内弯口縁高杯という順に打撃穿孔の割合が減り，錐揉み穿孔の割合が増えるという結果になった。なお，図示していないが，台付鉢に同様な二者の穿孔方法があり，細頸壺は3個体とも打撃しており，1個体の底部には前述したとおり焼成前の穿孔がみられる。甕は2個体のうち1個体（85）だけ観察できたが，打撃による穿孔のようだ。鉢は実見できなかった。

このように器種によってその穿孔方法の割合はまちまちであり，その違いが何に起因するのかが難しい。ただし，近藤義郎が指摘するような丁寧な作業による穿孔は錐揉み穿孔にのみ該当し，打撃穿孔は一撃でなされているので，けっして手間のかかる作業とは感じられない。むしろ打撃穿孔によって壊れたと考えられる土器もあるため，少なくとも打撃穿孔は近藤の主張するような仮の飲食儀礼に使用する予定の土器に対して，事前に行なわれるものではないことが指摘できるだろう。このことから，これらの土器は使用後に打撃されたのであり，これらを打撃する前に実際に使用して飲食儀礼が行なわれたことを全く否定することはできないと判断できる。

それでは，錐揉み穿孔によって丁寧に孔を開けられた土器はいつ穿孔され，何に使用したのだろうか。この点については二通りの考え方があるように思う。ひとつは飲食儀礼に使用する前に穿孔するケースがあげられる。この場合，飲食儀礼の際にその場にはあるけれども実際に使用しない土器であり，これは近藤の言う「象徴化」された儀器に相当するもので，死者が使用する儀器，つまり霊前に供えられた仮器という位置づけができるだろう。この案が魅力的なのは，調理器である甕が錐揉み穿孔されていないということと，酒器かと思われる脚付直口坩のうち錐揉み穿孔されたものが1個体しか存在しないという点である。食物を盛る高杯はいく

227

打撃穿孔　　　　　　　　　　　　　　　　　錐揉み穿孔

脚付直口坩

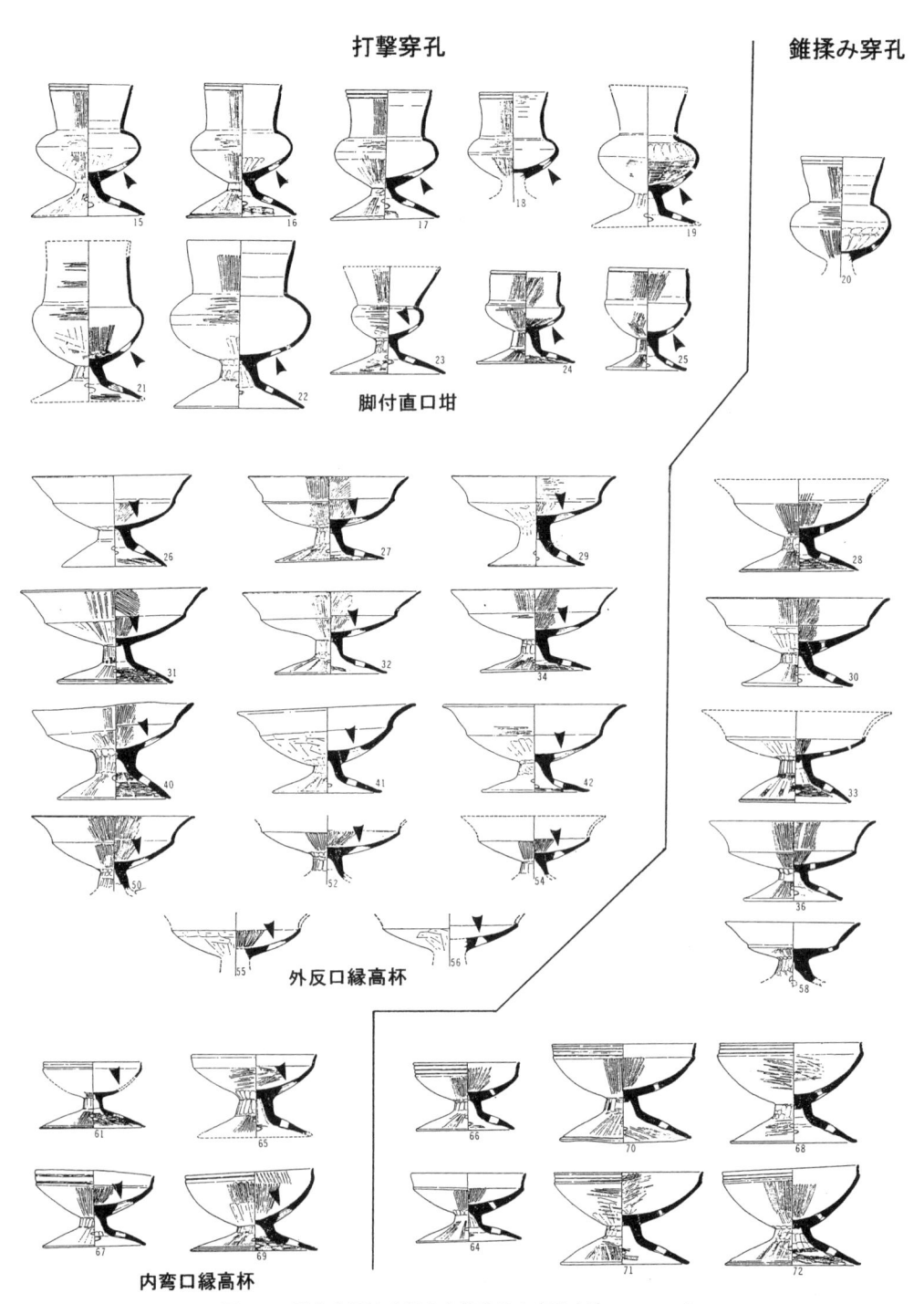

外反口縁高杯

内弯口縁高杯

図166　黒宮大塚墳丘墓出土供膳具の穿孔方法　※S＝1/6

第7章 考察―墳墓における土器配置の系譜と意義―

つか必要だが，酒器は一人に一つ属するものなので，死者用に仮器化されたものが一つあればよかったのだろう。

もう一つの考え方としては，基本的にすべての土器が飲食儀礼に使用され，儀礼終了後に墓に供献するために錐揉み穿孔されたというケースである。ただし，この場合はなぜ打撃穿孔される個体も存在するかを説明しなければならない。おそらく，打撃穿孔という行為自身が儀礼として一定の重要性があったために，打撃穿孔する予定の土器を除き，あとは打撃穿孔儀礼の前にあらかじめ丁寧に錐揉み穿孔しておくということではないだろうか。ここでは二つの意識が働いていると思う。ひとつは儀器の廃棄にあたり，それらが必ず穿孔されていなければならないということ。このことは近藤義郎が「使用してはならない」ことを表わすためだと指摘したとおりであるし（近藤義郎2000），古くは田代克己が「穢れ」除去の概念を提出している（田代1985）。もう一つは儀器の廃棄にあたり，打撃穿孔で壊れる土器は仕方ないとしても，その他の土器はなるべく土器の原形を保ったままで穿孔し，供献したいという意識の存在であろう。このことに関連して，立花実が神奈川県工子ノ台遺跡から出土する底部穿孔壺について，

「孔はあるものの周囲の底面は残されているため，土器の自立を妨げるものではない。底部の機能を損なわないように穿孔するには，それなりの技術と細心の注意が必要であったと考えられる。つまりここでいう「底部穿孔」には，穿孔後も土器を立てて使用する必要があったと推察する。そしてもうひとつ，器としては使えないが，外見上は完形土器に見えるという必要性があったのかもしれない。このように，この底部穿孔は穿孔後の使用を想定したものと考えられ，この点からも「底部穿孔」が土器の破壊や廃棄を目的とした行為であるとすることはできない」

立花　実　「第Ⅴ章第3節　方形周溝墓の分析」（立花2000b）より

と述べているが，まさに卓見であろう。今ここで問題にしている吉備の供膳具の事例と，関東における底部穿孔壺は直接的な関わりはないが，吉備の供膳具への穿孔もおそらく「廃棄」ではなく「供献」・「埋納」に近い意識のもとで行なわれたのではないだろうか。

どちらの案が真実に近いのかはわからないが，もし後者の場合であれば，廃棄までの下準備としての錐揉み穿孔と打撃穿孔儀礼との間にはタイムラグが存在しているように思える。その場合は飲食儀礼は墓地ではなく別の場所で行なわれ，儀器を供献するために使用後に墓地まで運んだことも考慮に入れる必要があろう。いずれにせよ，土器を廃棄するための打撃穿孔とそのあとの配置についても，それらの行為自体が儀礼化していた可能性が高い。

儀礼における穿孔行為のあり方についてもうひとつのヒントとなるのは，先述したように一つの細頸壺に焼成前穿孔と焼成後穿孔の両者が共存している事実である（図165-7）。あらかじめ孔の開いている土器に対して，何ゆえもう一度孔をあけるのか。しかも，すぐ横に開けているので，焼成前の孔に気づかずに開ける可能性はないだろう。このことから以下の三つの指摘ができると思う。

一つめは孔を開ける行為自体に意味があったということであろう。これは打撃穿孔儀礼なるものの存在を証明していると言えそうである。黒宮大塚墳丘墓の主体部上から出土した土器の器台を除くすべての器種に打撃穿孔された個体がみられることから，すべての器種に打撃穿孔することがすべての土器を「使用できなく」したということを表現したのかもしれない(註30)。あらかじめ焼成前に孔を開けて作られた細頸壺も，儀礼の進行上の必要性から参列者の前で「孔を開けてみせる」行為が必要だったのだろう。

二つめは立坂段階（後期後葉）における焼成前穿孔の儀器の存在である。このことは近藤の説くとおり，あらかじめ象徴化された土器が儀礼に使用されていたということである。筆者の場合は飲食儀礼の場において，参列者用の実用品とは別に穿孔され，象徴化された土器が死者用に用意されたと考える。これこそが「仮器」の本質的な姿なのだろう。

そして，三つめは黒宮大塚墳丘墓の葬儀のための儀器を製作した人たちは，あらかじめ仮器として製作する器種を知っていたということである。逆に言えば焼成前穿孔を施していない土器は実用の儀器（食器など）として製作したのであろう。このことから飲食儀礼の存在自体を否定することは難しいと思われる。しかし，焼成前穿孔されずに製作されたもののうちから数個体をあとで錐揉み穿孔し，死者が使う仮器とする可能性はありうると考える。

以上，黒宮大塚墳丘墓出土土器の観察結果から，穿孔行為と葬送儀礼の進行過程を復原してきた。結論としては，以下の4点を挙げられる。

①土器に見られる穿孔から飲食儀礼の存在自体を否定することは難しい。
②飲食儀礼が行なわれたと見る場合，そこに死者用に用意された仮器が存在した可能性が高い。
③土器を廃棄する前に行なわれる打撃穿孔行為はそれ自体が儀礼化していた可能性がある。
④廃棄する予定の土器はなるべく外形を保つことに腐心されていたと考えられ，使用の終わった儀器を「供献」する意識があったと思われる。

(3) 「位相の移行」と土器の打撃穿孔行為について

次に土器の打撃穿孔行為と，儀礼の過程の関係について考察してみよう。

葬送祭祀のばあい，被葬者の死から，埋葬を経て，喪があけるまで様々な段階とそれにまつわる儀礼が存在する。弥生時代の終わりごろの倭人世界の葬儀の様子は序章に述べたとおり，文献資料として「魏志倭人伝」にその記述がある。それによれば，

死 → 「喪十日余」(「不食肉」,「喪主哭泣」,「歌舞飲酒」) → 埋葬 → 「水中繰浴」

という4段階に整理できる。竹岡俊樹はこのような祭祀の諸段階を「位相」と呼んでいる（竹岡1996）。もっとも竹岡自身の「位相」の定義は，「位相―自己あるいは他者（物を含む）が所属する空間，時，そして社会的集団をさす」というものであり，竹岡の唱える文化の感性的・非

第 7 章　考察―墳墓における土器配置の系譜と意義―

言語的側面を研究する上での用語であるが，その中である祭祀の一場面をさす場合もこの「位相」という用語を用いているので，本書においてもそれに習うことにしよう。ここで重要なことは「墳墓における埋葬儀礼」という，葬送の中核をなす位相の前段階に「喪」という位相があり，あとには「水中繰浴」という位相があるということである。

「魏志倭人伝」における「喪」について，和田萃はのちの「殯」の萌芽形態という理解を示している（和田萃1973）。死のあと，すぐに葬らずに一定期間ある場所に遺骸を安置し，そのそばで何らかの儀式的行為を行なうことが，その位相の内容である。また，後に位置する「水中繰浴」の位相については，「穢れ」を祓う行為とみられ，のちの「禊」につながるものと解釈されている（佐原2003）。ここでは，それぞれの儀礼の内容について細かく考察することが目的ではなく，このように葬送祭祀には「位相」とよばれる各段階があることを理解すればよいだろう。

そして，竹岡はある位相から次の位相へ移行する際に，二つの位相の境界性を表わすような儀礼が行なわれることがあるという。例えば，民俗例であるが，婚姻の儀礼では，嫁が実家を出る際に戸口で盃や，あるいはそれまで実家で使用していた食器などを割る行為が行なわれる。これは娘と実家とのつながりを切ることを目的としていると説明されている。また，婚家に入る際に爆竹や鉄砲を鳴らす民俗例があり，音によって位相を区切る意味をもつことが指摘されている（竹岡1996）。葬儀における「音」については世界の民族調査例によく採り挙げられており，音楽の調子などを変えて位相の移行を表現する場合もあるようだ（P・メトカーフ，R・ハンティントン1996）。筆者は先に，黒宮大塚墳丘墓出土土器の穿孔を観察した結果，打撃によって土器を穿孔すること自体が儀礼として行なわれていたのではないかという推察を述べた。その理由は，実はその行為が墓地における「埋葬」という位相の終了をあらわす儀礼であり，次の位相への境界を，土器を穿孔する際の打撃音で表わしたのではないか，という発想があったからである（註31）。

このことはあくまでも仮説ではあるが，黒宮大塚墳丘墓出土の細頸壺に焼成前穿孔と打撃穿孔が共存する事実から，穿孔された孔よりも打撃行為自身に意味があったのではないかと考えられ，この仮説に一定の根拠を与えうると考える（註32）。

(4) 儀器の象徴化の進行と葬送祭祀の変化

さらに問題としなければならないのは墳墓から出土する土器に焼成前の穿孔が施され始めるということが，いったい葬送祭祀全体の過程中のいかなる変化によるものなのかということである。このことが弥生墳墓から古墳が出現する過程の葬送儀礼の変化を如実に物語る核心であるといえるだろう。

一般的には出土土器に焼成後の穿孔が見られるときは，飲食などの儀礼使用後に「穢れ」除去のために穿孔され廃棄されたものだとされ，反対に焼成前の穿孔が見られるときには，飲食儀礼が省略され，はじめから穿孔された土器を置くことのみを行なった，とされている。

まず問題にしたいのは，ここで「実用」とした土器が，「魏志倭人伝」に見える「喪」期間中

の「歌舞飲酒」の儀礼に使用された儀器なのか，墳墓における埋葬儀礼用に別に用意された儀器なのかということである。島根県西谷3号墓の調査では，中心主体の一つである第4主体の墓壙上でおびただしい量の土器が見つかり，また，墓壙埋め戻し後に，墓壙上に仮の建物が建造されたことを示す柱穴が検出されているので，渡辺貞幸は埋葬儀礼終了後に墓上で盛大な飲食儀礼が挙行され，終了後に使用の終わった儀器を墓壙上に片付けたとした（渡辺1993）。この説によれば，「喪」の有無はともかくとして，埋葬儀礼終了後に飲食儀礼が挙行されたことになり，墓壙上の儀器はその儀礼に使用されたことになる。

これがおそらく山陰型土器配置を遺した人々が行なった儀礼の姿であったと思うが，他のほとんどの地域の葬送祭祀が同じような進行過程を備えていたという証拠はない。筆者は，黒宮大塚墳丘墓出土土器にみられた丁寧な「錐揉み穿孔」から，丁寧な作業をするだけのタイムラグの存在を予想した。そして，このことから飲食儀礼は墳墓とは別の場所で行なわれた可能性も考慮すべきだと述べた。すべて，一様に考える必要はないだろう。

それでは焼成前穿孔の段階ではどうだろうか。庄内式併行期の矢谷墳丘墓の事例のように，特殊土器類にのみ焼成前穿孔が施されている場合は飲食儀礼の場において備えられた「仮器」としての性格が考えられ，飲食儀礼そのものを否定する材料とはなり得ないが，のちの前期古墳の主体部上に残された土器群は，例えば西求女塚古墳に代表されるように，供膳具にも焼成前穿孔が施されており，問題となる。これには二通りの考え方があるだろう。

ひとつは飲食儀礼で使用する土器とは別個に，墳墓埋納用に「仮器」を製作し，埋葬儀礼の最終段階でそれらを配置するという考え方。この場合は飲食儀礼が墓地において行なわれたとは考えにくい。おそらく飲食儀礼を伴った「喪」にあたるものを集落などで行ない，それとは分離された形で埋葬儀礼が行なわれたものと思われる。これをA案とする。

もうひとつの考え方は飲食儀礼そのものが象徴化され，仮器による象徴化された儀礼を行なったとする案である。これは近藤義郎の「象徴化の話（続）」（2002a）あるいは「象徴化の話（続々）」（2003）に主張されている儀礼の内容と同一のものである。亡き首長はすでに飲食ができない状態であるから，それにあわせて参列者たちも仮器を使用して「飲食の振り」をするというものである。これをB案とする。このような儀礼に合う状況証拠としては，西求女塚古墳（図88）や小松古墳（図103）などの墳頂から出土している，多量の供膳具に焼成前穿孔が施されている事例であろう。A案のように形式的に仮器を埋納するだけであるならば，このような多量な土器は必要ないと思われる。実際に儀礼に使用されるために人数分用意される必要があったのだろう。

このことを解決するには喪や殯の遺構も含めた検討が必要であり，ここではこれ以上深くふれることはできないが，少なくとも儀器の象徴化の原因を単純に「飲食儀礼の省略」ととらえることは，避けなければならならないだろう。それは古墳における墓域の聖域化という志向性から読む限りでは，「聖」と「俗」を厳しく分離した結果，儀礼参加者が使用した実用品とは別に埋納用の「仮器」を製作したというA案のようなパターンも充分考慮されるべきだと考える。

結論を述べれば，土器の象徴化から古墳の出現を考えた場合，「古墳」とは非日常的な区域としてこれまでにないほど完璧に隔離された墓域の登場という意義づけができる。また，このような志向性を示すものとして，前期新相段階における，「金蔵山土器配置」（第5章第1節）にみられる食物形土製品の供献行為が挙げられる。集落で「喪」にあたる祭祀が行なわれても，そこで使用したものは墳墓に持ち込まず，仮器を別途製作して供献したものと想像される。

第3節　古墳の成立と葬送祭祀

　最後に問題としなければならないのは，本書で述べてきた土器配置による分析視点およびその結果が，列島における古墳成立に関することで，どのような貢献をなしうるかということであろう。大きく分けて二つのことに言及しておきたい。

(1) 古墳にみる「共通性」と「独自性」

　ひとつは地域的な古墳の問題である。かつて古墳は畿内で発生し，一元的に各地に波及したと考えられてきたが，今日の研究成果からはより多元的な発生が推定されている。前方後方墳の起源を東海地方に求めた赤塚次郎や，地域発生的な前方後円墳の様式である讃岐型前方後円

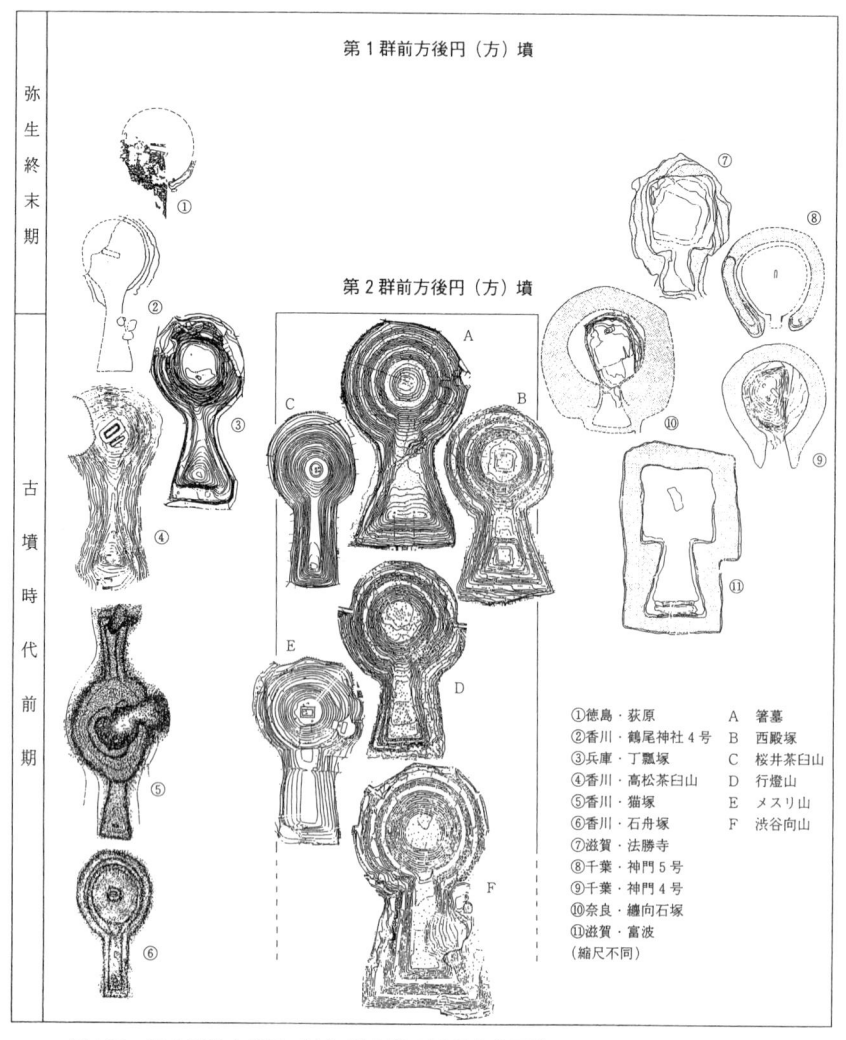

図167　第1群前方後円（方）墳と第2群前方後円墳　※北條（2000）より引用

墳を提唱した北條芳隆らの主張には耳を傾けるべきところが多い（赤塚1992，北條1999）。

　この問題にはそもそも「古墳」という墓制の定義が必要であるが，これだけ各地の最古式の古墳の発掘事例が増えた今日，畿内で成立したいわゆる「定型化」した古墳のみに限定して「古墳」の名称を使用する研究者はごく少数であろう。北條芳隆は「古墳」（とくに前方後円（方）墳）を，地域的な出自をもつ「第1群前方後円（方）墳」と，大和東南部に出現した「箸墓類型」とその後継様式である定式化した「第2群前方後円（方）墳」とに峻別したが，この作業は事実上，古墳が畿内において一元的に成立したことを否定し，地域的な古墳の出現を認めることを主張したものであった（北條2000）。いわゆる定型化した前方後円（方）墳が最初に定着した地域は，畿内から北九州にかけての，列島全体から見ればごく限られた地域と言える。

　土器配置論を研究している立場からすれば，古墳が多元的に発生したとする案は実は新鮮には感じられず，むしろあたりまえと言った印象があった。それは古墳を構成する他の要素と比較すると，土器配置の様相は地域ごとに変化に富んでおり，斉一的な様相を探すことの方が困難だからであろう。筆者はかつて囲繞配列の成立こそが，畿内に出自を持つ葬送祭祀が各地に波及した結果であると述べたことがある（古屋1998）が，その後の研究過程においては囲繞配列にも地域差が顕著に存在することが判明し，さらに四国北東部のように地域自生的に囲繞配列が発生したと考えられる地域も存在することから（古屋2002b），なおさら土器配置論全体としては，古墳時代前期という時期において古墳の斉一性を積極的に肯定する材料とはならないと結論づけられる。

　ただし，だからといって前期古墳に，それらが築造された地域において共通性が全く見られないと主張しているわけではない。あくまでも土器配置という一つの要素を採り上げたときに斉一性がみられないということであって，墳丘の平面形や副葬品の組み合わせについては広域で一致を見ることは多くの先学が説くとおりである。ここで主張したいことは，研究者が古墳のどのような要素を採り上げるかによって，全国的な「共通性」が強調されることもあれば，地域的な「独自性」が強く打ち出されることになる場合もある，ということである（註33）。肝要なのは，なぜ各要素によって「共通性」があったり，「独自性」があったりするのか，ということであろう。このことは「古墳」という墓制が当時の社会でどのような役割を担ったかということを解き明かすためのヒントとなるだろうし，さらにそれぞれの要素を採り上げた場合は，それぞれが古墳における葬送祭祀全体の中で占める位置を明らかにするために欠くことのできない視点である。

　そのような視点から本書で述べてきた土器配置の分析結果をみると，各地において「独自性」の強い土器配置が行なわれたことが明らかになったので，埋葬終了後に行なわれる土器を使用した儀礼というものは葬送祭祀を実際に執り行なった集団の意思が直接的に反映され，また選択されたものと結論づけられる。とくに山陰のように弥生時代からかわらぬ葬送祭祀儀礼を継続した地域は，墓の物理的な構造が変化しようと，精神・思想面においては前代からの伝統を保持していたと解釈できるだろう。

(2) 定型化した古墳の成立について

　二つ目は定型化した前方後円墳の成立事情についてである。ここで言う定型化した前方後円墳の要件は，①定式化された前方後円形の墳丘（平面形，立面形，正円の後円部，段築など），②長大な割竹形木棺を収める竪穴式石室・粘土槨，③銅鏡，玉類，腕輪形石製品をはじめとする石製品類，鉄製武器・武具，鉄製農工具類などからなる副葬品の組み合わせ，である。近藤義郎の定義（近藤義郎 1983・98）では③が鏡の多量副葬となっているが，少数の場合もあるため，ここではむしろ多くの品目がセットになることを重視した。また，近藤は4番目の基準として埴輪を挙げているが，近藤自身も述べている通り，欠落する場合も多いので，ここでは副次的な要素とし，要件には含めない。

　さて，これらの要件をあわせもつ古墳を定型化した前方後円墳とすると，そこに含まれる各要素がどのような出自をもつかということが，その成立事情を解くカギとなる。結論から述べれば，先学によってすでに指摘されている通り，これらの多くの要素が畿内自生のものではなく，西日本各地における弥生墓制の要素を選択的に集合させたものと，弥生時代にはない断絶的新出要素とも言うべきものとが，組み合わさったものと理解される。

　後者の断絶的進出要素ともいうべきものには，まず箸墓古墳に代表される巨大な墳丘が挙げられる。そこには後円部の正円を呈する平面形（北條 1992）や段築（都出 1989）など，弥生墳丘墓とは一線を画す高度な土木技術がみとめられる。また墳丘の設計面では相似墳の存在についても両時代を画す大きな要素といえるだろう（北條 1986）。埋葬施設に関しては長大な舟形木棺・割竹形木棺の採用が挙げられる（岡林 2002）。また，副葬品においては三角縁神獣鏡が，定型化した古墳の成立とともに突如副葬が開始されることは注目できる（森下 2005 b）。いまだにそれ以前の墳墓から三角縁神獣鏡は出土していない。これら弥生時代の墳墓に出自を追えない要素は中国王朝との交渉の結果もたらされたと考えられるものも当然含まれるだろう。

　一方，弥生墳墓の影響を何らかの形で受けていると考えられるものには次のようなものがある。前方後円を呈する平面形については，円丘に突出部を付したものがその祖形と考えられ，吉備や東部瀬戸内地域の墳丘墓がその候補地にあがる。葺石については近年中山大塚古墳やホケノ山古墳の調査成果から四国北東部の積石塚からの影響が注目されている（北條 2002）。長大型の竪穴式石室は弥生時代には類例が皆無だが，短小な竪穴式石槨については吉備や四国北東部に類例がある。古墳成立期において最も古相を示すと考えられる長大形の竪穴式石室は香川県高松市の鶴尾神社4号墳のものと考えられ，前期古墳竪穴式石室における結晶片岩の採用ともあいまって，四国北東部にその起源をもとめる説もあるが（宇垣 1987，北條 1999），あくまでも畿内において木棺の長大化にともなって発生したとする説もある（岡林 2002）。

　中国鏡の副葬については伝統的に北部九州に事例が多くあり，弥生時代の終末期には瀬戸内地域においても類例がある。特に北部九州における平原墳墓は時期が不確定ではあるが，およそ弥生時代終末期ごろに鏡の多量副葬を達成している点で，前期古墳との強い系譜性が指摘されている（今尾 1984）。腕輪形石製品は間接的であるが，北部九州における南海産の貝輪がその

祖形と考えられる（木下 1994 など）。武器類の副葬は全国的に見られるが，とくに北部九州や中国地方，あるいは近畿北部に顕著である。工具類の副葬は後期から終末期にかけて北部九州で鉄斧・鉇，近畿北部で鉇が多く出土する（野島 2000）。玉類も弥生墓制からの出土は顕著である。

埴輪については吉備における特殊器台形土器に限定してその起源を求めることができる（近藤・春成 1967）。

土器を使用した儀礼の系譜については本書で検討したとおり，定型化した前期古墳のそれは吉備と山陰の影響を色濃く受けていることはすでに述べた。これまでの研究ではこうした定型化した前期古墳の複合的要素について重視されてきたのは北九州や吉備，東部瀬戸内地域であったが，土器配置の研究の結果，山陰地域の影響をこれまでよりも大きく評価すべきことが明らかになったと思う。今後，畿内において古式古墳の土器配置の調査例が増加することを待たなければ本当の意味での結論にはならないが，少なくとも古墳の物理的構造面には表現されない影響も考慮に入れる視点を持つべきであろう。思想面の影響はこうした祭祀的要素が濃厚な遺構にはごく自然に含まれるものであるということを認識しなくてはならない。

(3) 定型化した古墳における土器配置の多様性

さて，上記した二つの問題からここでもう一つ問題を派生させてみたい。それは二つ目の問題で採り上げたいわゆる「定型化した古墳」について，ひとつめの問題で述べた「共通性」と「独自性」という視点で，その中身を検討した場合，新しい視点が見えてくるのではないかということである。すなわち，「定型化した古墳」に限定してみた場合，墳丘・埋葬施設構造・副葬品目という物理的構造面においては「共通性」を見せるのに対し，埴輪や土器を使用した儀礼においては「共通性」が見えてこないという事実である。

例えば「定型化した古墳」と言える岡山県備前車塚古墳，兵庫県西求女塚古墳，京都府椿井大塚山古墳，滋賀県雪野山古墳，奈良県桜井茶臼山古墳，黒塚古墳，下池山古墳，大和天神山古墳などの著名な前期古墳の数々が埴輪をもたない事実がある。むしろこれらの古墳の多くが鏡を多量副葬することが注意される。土器配置の観点からすれば，桜井茶臼山古墳のように底部穿孔壺による囲繞配列を行なっていたり，西求女塚古墳のように山陰系の仮器化された儀器を主体部上に配置していたり，雪野山古墳や黒塚古墳のように石室内に土器を置いていたりと，多様な土器配置の様相がみてとれる。

これらの土器配置の多様なあり方には様々な要因があると考えられるだろう。たとえば播磨や摂津では各地域間の交通の交錯する地域であるがため，墓制においても山陰・吉備・四国北東部・畿内などの隣接地域の影響が古墳ごとに様々に顕現することが指摘されている（岸本道昭 2000）。西求女塚古墳における山陰系土器を使用した土器配置の存在はそうした交通によって山陰地域の直接的な影響下に成立したものであろう。

吉備における備前車塚古墳のあり方はより複雑である。前期古相段階の吉備において，大型前方後円墳・浦間茶臼山古墳の階層的下位に位置する規模の古墳は，都月坂 1 号墳，七つ坑 1

号墳などとともに備前車塚古墳も前方後方墳であり竪穴式石室を有することは一致しているが，石室石材が古銅輝石安山岩でないことや埴輪類の非使用，三角縁神獣鏡の多量副葬，刀剣類を鞘に収めて副葬するなど，吉備の他の古墳に見られない要素が備前車塚古墳には多い（宇垣1999）。この時期に石室上に土器を置いていることもそのような要素のうちの一つとして挙げられる。何かしら特別な地位・役割を担っていた被葬者像が想定できるだろう。出自の問題も考慮に入れるべきかもしれない。

大和東南部における埴輪の使用状況も一様ではない。図168は広義の大和古墳群における前期古墳の埴輪の使用状況を示したものだが，箸墓・西殿塚・行燈山・渋谷向山の4基の巨大古墳とそれらに近接するように築造された東殿塚・燈籠山・中山大塚・櫛山・上の山・シウロウ塚などの諸古墳，そして最も北部に位置する萱生支群の数基では埴輪類がみとめられているのに対して，下池山・黒塚・柳本大塚・大和天神山などの諸古墳では埴輪の樹立がみとめられていない。将来の調査で発見される可能性は否定できないが，大和古墳群のなかでも比較的西側（盆地側）よりに位置する中規模の前方後円墳のなかに埴輪がないものが多く存在する傾向は指摘できるだろう。これらのうち最も南に位置する纒向古墳群については埴輪成立以前の所産と考えられるが，その他は時期的には埴輪が出現して以降の所産であるにもかかわらず，埴輪がないとすれば，被葬者の身分や職掌の違いなどの原因によって埴輪が樹立されなかった可能性があるだろう。

以上のように，定型化した古墳の中においても土器・埴輪配置の様相は様々である。

(4) 定型化した古墳の物理構造面と儀礼にみる精神・思想面

状況を整理してみよう。墳丘の設計や埋葬施設の構造についてはかなりの共通性が見られ，物理的構造面にはかなり細かい規定があったと考えられ，築造に当たって技術者集団が派遣される場合も考えられよう。したがって，前方後円墳をはじめとする定型化した古墳を築造した範囲においては，首長をこれらの画一的な構造を持つ墓に葬るという約束事があったということになり，都出比呂志が説いた前方後円墳体制（都出1991）に代表されるように，何らかの政治的な結合を想定できる。

副葬品については用田政晴が述べたように，①被葬者の佩用品・使用品，②奉献品・下賜品，③埋葬の儀礼用具・墳墓営造用具，など，ほんらいはその由来によって分類しなければならないが（用田1980），副葬用に製作され，葬具として墓に納められるための"下賜品"が存在することは，その全国的な共通性を鑑みれば可能性が高いことと思われる。副葬品を納める空間を考慮した長大な木棺とそれを収めるための竪穴式石室は，"下賜品"の埋納とセットで規定されたものと考えられよう。

これら物理的構造に引き比べ，土器を使用した儀礼について共通性が見られないということは，どのようなことであろうか。筆者は本書で述べてきた土器配置のうち埋葬施設周辺に土器を置く儀礼の痕跡は，その土器自体が飲食儀礼に使用されたものか，飲食儀礼ではなくはじめ

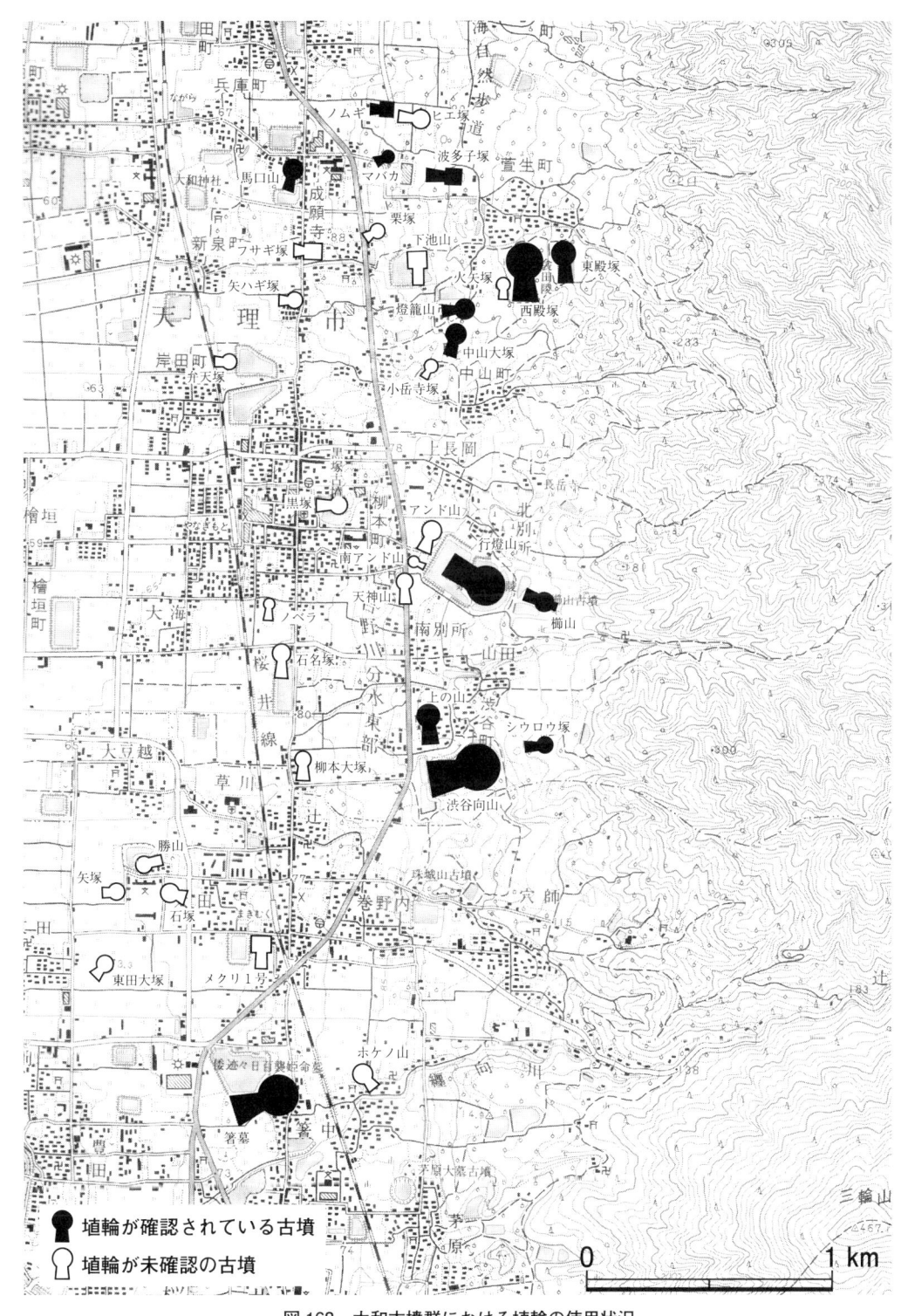

第7章　考察―墳墓における土器配置の系譜と意義―

図168　大和古墳群における埴輪の使用状況
※奈良県立橿原考古学研究所編2001『大和前方後円墳集成』のデータを元に作成，
地図は国土地理院発行1/25,000「桜井」を使用。

から供献儀礼のために作られたものかによらず，最終的に埋葬行為が終了した後にそれらを配置することから，本質的には死者との別離とその旅立ちを精神的に確認するための祭祀であり，それを行為として表現した儀礼であると考える (註34)。おそらく土器を埋置する際に何らかの身振りや言葉の詠唱があったのだろう。このように考えると，土器を使用したこれらの儀礼は葬送祭祀を執り行なった集団の死者に対する精神・思想面がもっとも如実に現われるところである。この部分に共通性がみられないということは，定型化した前期古墳においては精神・思想面の規定がなされなかったということだろうか。

　定型化した前期古墳の土器配置については不明な部分が多いが，山陰系土器を多量出土した西求女塚古墳のような事例をのぞいては，あまり多くの土器を置く事例はほとんどなく，また弥生墳丘墓や東日本の前期古墳に比べて，主体部上やその周辺からの土器の出土する古墳自体が少ないと言える。かわりに墳頂において顕著になるのが家形埴輪を中心とする形象埴輪の配置である。これらは土器を埋置することに比べはるかに可視的であり，埋葬儀礼が終了したのちにもその視覚効果を持続させようとする意識が働いているものと思われる。つまり精神・思想面的な側面よりも視覚表現・印象に比重が置かれ，死者との決別よりも死者がそこにいることをことさら強調しているように思える。このことは墳頂に置かれた家形埴輪群が被葬者の生前の館を再現していると言われていることとも符合する (高橋1996，車崎2000)。定型化した古墳の創出にあたり，精神・思想面での規定がされなかったというよりは，儀礼を執り行なう側と被葬者である首長との埋葬終了後の関係性が変化し，従来の死者との別離を目的とした儀礼が重視されなくなったと見るべきではないだろうか。

　このように見てくると定型化した古墳において重視されているのは，遺骸とともに埋納された下賜品・奉献品をめぐる中央と地方の贈与交換の体系によるつながりと，巨大な墳丘や埴輪による外的な視覚表現，の二点ということになり，古墳築造をめぐるきわめて政治的な構造があらためて浮かび上がる。そこには弥生時代以来の集団の紐帯をうながすような葬送祭祀儀礼は採り入れられることはなかった。「魏志倭人伝」に「歌舞飲酒」と記されたような，躍動的な葬送儀礼は，すくなくとも埋葬の場においては行なわれなくなったと言えるだろう。

註

1) なお，筆者のあとには君嶋俊行氏が関東地方と美作地域の底部穿孔壺による囲繞配列について，さらに検討を進めている（君嶋2002・04）。

2) なお，関連する用語として，祭祀全体において使用される器具に対して「祭器」という用語をもちい，「祭器」のなかでも特に「儀礼」に使用された器具については「儀器」と呼称することにしたい。

3) 「祭祀」と「儀礼」の用語法については，「神まつり」と「葬送儀礼」の関係性の中で本書と異なる使用方法をよく見かけることがある。それは「葬祭分化」・「葬祭未分化」などの用語法に代表されるように，「神まつり」についてのみ「祭祀」の語を使用し，それと対比する意味で「葬送儀礼」という語を使用する例であるが，合理的な定義ではないと判断し，本書ではこのような用語法は採らない。

   なお，古墳時代前期における古墳の祭祀について，神まつりと葬送祭祀が分化しているか未分化の段階かという論争（白石1985）があるが，本書の分析ではこの問題（つまり，葬送祭祀における「まつる」対象として死者だけでなく「神」が含まれるかどうか）は判断できないと考え，問題の答えを保留しておきたい。付け加えるならば，筆者の用語の定義では「神まつり」的な内容を含んでいるかいないかは「葬送祭祀」という用語を使用する際になんら問題とはならない。

4) 正確には魏志倭人伝では「歌舞飲酒」であるが（今鷹・小南訳1993），土器の組み合わせから飲酒とともに食事も行なわれたと想像されるため，本書では「飲食儀礼」の用語を使用する。

   なお，本書で多用する「供膳具」という用語をここで説明しておきたい。「供膳具」とは宴席や供物を供える際に使用される器具のことである。本書では飲食儀礼や供献儀礼に使用されたであろう，モノを盛るための中・小型の器種を意味するものとして使用する。具体的には小型器台と小型鉢などの組み合わせや高杯・脚付直口壺・坩などを指し，第3章第4節で述べる「楯築型土器配置」における「2類土器」などがこれに相当する。大型の象徴化された土器群はこれに含めない。

5) 大庭重信によると城山遺跡19号区画墓から出土した土器群は壺の占める割合が高いが，煤が付着したものが多く，煮沸に使用されていたと考えられている（大庭1992）。

6) 栗林誠治はこのような石の使用のあり方を「覆石」と呼称し，礫を塚状に盛り上げて水平方向から認識が容易な「集石」とは区別している（栗林2003）。

7) 萩原1号墓の主体部構造について，調査者の菅原康夫はホケノ山古墳の「石囲木槨」の発見をうけて調査資料を再検討した結果，萩原1号墓においても木槨構造がみとめられるとしている。なお，萩原1号墓のような庄内式併行期に出現する突出付円墳あるいは前方後円形の積石墳丘墓の成立については外来の影響が不可欠だが，基本的には在来の集石土壙墓における大型化の延長上に位置づけておく必要性があるだろう。先に見た稲木遺跡じ区8号墓は明らかに大型化傾向にある。また，足代東原遺跡においては後期からつづく集石墓群において庄内式併行期にいたり突出部が敷設された前方後円形の積石墓（1号墓：全長16.5m，高さ40cm）が築造されているという。集石土壙墓と積石墳丘墓が共存する例として注目されるが，正式報告書が未刊のため詳細は不明である。

8) 西江遺跡では正確には第70号土壙という小規模な土壙墓の上面から特殊器台・特殊壺が4組並べられた状態で出土している。しかし，報告者は出土状況を検討した結果，これらは第70号土壙

を意識して置いたものではなく，周辺の土壙墓の共通の祭祀として，たまたま第70号土壙の上に置かれたものとしている。

9) なお，近年では同様の長方形貼石墓が島根県出雲市青木遺跡において発見され（4号墓），四隅突出型墳丘墓の初源期の系譜が出雲において追えることが主張されている（桑原2005）。

10) 島根県安来市宮山4号墓は非常に発達した突出部をもつ，終末期の四隅突出型墳丘墓として著名であるが，墳頂に設けられた大型の墓壙を持つ主体部上には土器はなく，墳丘各所から漫然と多量の土器が出土した。このように首長墓でありながら主体部上に土器を置くという原則を守らない例は珍しいといえる。

11) これらのほとんどは厳密に言えば台状の高まりを作り出すものではなく，単に平坦面を墓域として意識しているに過ぎないが，地元の研究者は通有の名称として「台状墓」と表現しているので，本書でもそれに従う。

12) 小羽山30号墓出土土器については，古川登氏・藤川明宏氏のはからいにより，福井市立郷土歴史博物館にて実見させていただいた。

13) 拙稿でまとめたことがあるので，詳細はそちらを参照のこと（古屋2004a）。

14) 静岡県において弥生時代の周溝墓の主体部内から土器が出土した例がある。浜松市瓦屋西A3号墓（不整円形）主体部や，磐田市新豊院山C地点1号方形周溝墓第1主体部などである。前者は主体部上から胴下半部に焼成後の穿孔が施された中期後半の壺が出土している。後者も胴下半部に焼成後穿孔を施した壺であるが，「主体部内」のどこから出土したのかは不明である。

15) A・B類の胎土の違いについては鳥取博物館蔵資料を実見させていただき確認した。

16) 八雲立つ風土記の丘資料館にて資料を実見させていただいた。

17) 島根県埋蔵文化財調査センター・島根県立博物館にて資料を実見させていただいた。

18) 狭帯口縁と定義する口縁部形態のうち，後述するB形式とした口縁端部を上下に拡張するもののなかに，文様を描くための面をかなり幅広く作り出すものがある。これらのものは見かけ上「狭帯口縁」とは呼べないものだが，もともと幅狭のものが型式変化とともにより幅広く造られるものが出現したと考えられるため，同一系譜上にある土器ということで，ここでは狭帯口縁の範疇に含めておく。

19) 文様帯を作り出すための措置と言えるのは，この種の口縁部をもつ壺に無文のものはごく少数であることからもわかる。そして，土師器が全般的に無文化する布留式併行期にはこれら狭帯口縁壺は姿を消すことからも，このことは支持されるだろう。

20) なお，二重口縁壺の口縁に円形竹管文のみを施した退化形式のものが奈良県矢部遺跡溝304，岐阜県象鼻山1号墳，福島県堂ヶ作山古墳など，布留1式併行期以降にみられる。本書ではそのような例は本来の加飾壺とは区別し，以下の分析からは除外する。

21) 東海西部系高杯の形式分類については赤塚次郎（1990）に従う。すなわち，高杯Aは口縁部が杯底部から内弯しながら大きく開き，脚部は内弯してふんばる型式（廻間Ⅰ式＝欠山式）から次第に屈折してハの字に開く形態（廻間Ⅱ式）へ，さらにきれいな裾広がりを呈する形態（廻間Ⅲ式）へと変化する。高杯Bは杯底部と口縁部との境に稜をもたずに内弯して立ち上がる杯部を持ち，脚部は廻間Ⅰ式段階から裾広がりである。次第に杯部が小さくなり，脚端部径が口縁部径を凌ぐようになる。高杯Cは，高杯Bの脚部が広がった形式に類似するが，口縁部と杯底部の境に稜をもつ

ものである。B・C両者を含めて開脚高杯と呼称する場合もある。
22) 東海西部における古相を示す前方後方形墳墓として廻間 SZ 01 が著名である。廻間Ⅰ式に遡る土器群が出土しているが，それらは周溝外縁に設けられた土坑中や，周溝外側から投棄された土器群である。墳丘から周溝に投棄された土器群は廻間Ⅲ式に編年される土器群であり，こちらは柳ヶ坪型壺を除くと，東日本型土器配置の標準的な器種構成を示している。
23) 「儀器」と「祭器」の定義については，本書註2参照。
24) 田中裕介氏に書簡にてご教示いただいた。
25) この問題を考える際に見逃せない資料として三ノ耕地遺跡（石坂 2005）が挙げられる。当遺跡は2基の前方後方墳と数基の方形周溝墓もしくは方墳を含む弥生時代後期から古墳時代前期にかけての墓域で，墳丘は削平されているものの周溝などから土器が多数出土している。吉見町教育委員会のはからいで出土資料を実見させていただいたが，2基の前方後方墳からは底部穿孔壺が出土しており，特に2号墳では多く出土している。ただし，底部穿孔壺は畿内系二重口縁壺のほか吉ヶ谷式系の縄文を施した複合口縁壺もあり，興味深い。詳細については報告書の刊行を待ちたい。
26) 蒲生田山古墳群出土土器については南陽市教育委員会にて実見させていただいた。また，土器の詳細な出土状況については同教育委員会の吉野一郎氏・角田朋行氏に懇切丁寧にご教示いただいた。
27) 弥生時代後期の山陰における多くの弥生墳墓から出土した土器の実測図を点検しても，意図的な穿孔の表現をみかけることはほとんどない。ただし，渡辺貞幸は 1993 年に行なわれたシンポジウムでの発言で西谷3号墓主体部上の土器について「壺の中には明らかに後から孔を開けて使えなくしている」ものがあることに言及している（出雲市教育委員会 1995，136 頁参照）。ここでは，山陰では穿孔される場合もあるが一般的ではない，と理解しておく。
28) 黒宮大塚墳丘墓出土土器の資料調査の際，間壁忠彦先生のお手を煩わせ，また，資料の解釈について有益な助言をいただいた。
29) ただし，それぞれの穿孔方法に属する個体数について，報告書における判定結果と，実見による判定結果が異なった。筆者はすべての個体を実見したわけではないが，筆者のカウント数のほうが報告書よりも多くなるケースもあるので，ここでは実見による結果にしたがって記述を進める。
30) ただし，特殊壺は底部が遺存していないので，打撃穿孔の有無は不明である。
31) 穿孔の際の打撃音については，青山博樹論文の「死者の葬られた古墳の上でにぶい音とともに壺の底が打ち砕かれ，儀式はクライマックスを迎える」という一節にヒントを得た（青山 2004）。
32) なお，土器の打撃による穿孔については実験を行なっていない。今後，実験によって土器の打撃穿孔の方法と音の関係を追及できればと思っている。
33) 筆者は埋葬施設については前期前半のうちは地域性をより発現しやすい要素と考えている。
34) この時期の古墳における首長権継承儀礼説は，序章第2節で述べたとおり考古学的にも文献史学的にも追認不可能なので，この立場はとらない。

参考文献一覧

青木　保　1994「儀礼」『〔縮刷版〕社会学事典』弘文堂

青山博樹　2004「底部穿孔壺の思想」『日本考古学』第18号

赤澤秀則　1992「Ⅳ．小結　1．出土遺物・時期」『南講武草田遺跡』講武地区県営圃場整備事業発掘調査報告書5　鹿島町教育委員会

赤澤秀則　1999「出雲地方前期古墳の系譜と階層性」『田中義昭先生退官記念文集　地域にねざして』田中義昭先生退官記念事業会

赤塚次郎　1988「東海の前方後方墳」『古代』第86号

赤塚次郎　1989「前方後方墳覚書'89」『考古学ジャーナル』307

赤塚次郎　1990「考察　廻間式土器」『廻間遺跡』愛知県埋蔵文化財センター

赤塚次郎　1992「東海系のトレース―3・4世紀の伊勢湾地域―」『古代文化』第44巻第2号

赤塚次郎　1995「壺を加飾する」『考古学フォーラム』7

赤塚次郎　1996「前方後方墳の定着―東海系文化の波及と葛藤―」『考古学研究』第43巻第2号

赤塚次郎　2002「三世紀を中心とする東海地域」『古墳出現期の土師器と実年代』発表資料

甘粕　健・春日真実編　1994『東日本の古墳の出現』山川出版社

石川直章　1990・91「火を伴う葬送についてのノート1・2」『徳島県埋蔵文化財センター年報』1・2　（財）徳島県埋蔵文化財センター

石野博信・関川尚功　1976『纒向』橿原考古学研究所編　桜井市教育委員会

石橋新次　1982「佐賀県鳥栖市フケ遺跡出土の祭祀遺構」『古文化談叢』第10集

出雲市教育委員会　1995『出雲・西谷墳墓群シンポジウム　四隅突出型墳丘墓の謎に迫る』

伊藤敏行　1986「東京湾西岸流域における方形周溝墓の研究Ⅰ」『研究論集』Ⅳ　（財）東京都埋蔵文化財センター

伊藤敏行　1988「東京湾西岸流域における方形周溝墓の研究Ⅱ」『研究論集』Ⅵ　（財）東京都埋蔵文化財センター

稲村　繁　1984「墳頂部に配置された埴輪について―方形埴輪列を中心に―」『史学研究集録』9　國學院大學大学院

今尾文昭　1984「古墳祭祀の画一性と非画一性―前期古墳の副葬品配列から考える―」『橿原考古学研究所論集』第6

今鷹　真・小南一郎訳　1993『正史　三国志4』ちくま学芸文庫　筑摩書房

岩崎卓也　1973「古式土師器再考」『史学研究』91　東京教育大学文学部

岩崎卓也　1988a「古墳出現論」『論争・学説日本の考古学5　古墳時代』雄山閣

岩崎卓也　1988b「埋葬施設からみた古墳時代の東日本」『考古学叢考　中』吉川弘文館

宇垣匡雅　1987「竪穴式石室の研究―使用石材の分布を中心に―（上・下）」『考古学研究』第34巻第1・2号

宇垣匡雅　1992「特殊器台・特殊壺」『吉備の考古学的研究』山陽出版社

宇垣匡雅　1997「特殊器台形埴輪の文様と編年」『考古学研究』第43巻第4号

宇垣匡雅　1999「吉備における古墳の出現―特殊器台と特殊器台形埴輪」石野博信編『前方後円墳の

出現』季刊考古学別冊8　雄山閣

宇治谷孟　1988『日本書紀（上）　全現代語訳』講談社学術文庫

梅原末治　1921『佐味田及新山古墳研究』岩波書店

梅原末治　1933『讃岐高松石清尾山石塚の研究』京都帝国大学文学部研究報告第12冊

梅原末治　1943「上代古墳出土の古鏡に就いて」『鏡剣及玉の研究』考古学会編

大久保徹也　1990「下川津遺跡における弥生時代後期から古墳時代前半の土器について」『下川津遺跡』香川県教育委員会ほか

大久保徹也　2000「四国北東部地域における首長層の政治的結集―鶴尾神社4号墳の評価をめぐって」『前方後円墳を考える』古代学協会四国支部第14回大会研究発表要旨集

大久保徹也　2002「四国北東部地域における地域的首長埋葬儀礼様式の成立時期をめぐって」『論集徳島の考古学』徳島の考古学論集刊行会

大谷晃二　1995「弥生墳丘墓における主体部上の祭祀の一形態」『矢藤治山弥生墳丘墓』矢藤治山弥生墳丘墓発掘調査団

大塚初重　1949「上総能満寺古墳発掘調査報告」『考古学集刊』第1巻第3号

大塚初重　1956「前方後方墳の成立とその性格」『駿台史学』第6号

大塚初重　1962「前方後方墳序説」『明治大学人文科学研究所紀要』第1冊

大塚初重・井上裕弘　1969「方形周溝墓の研究」『駿台史学』第24号

大西智和　1996「墳丘に現れた価値―福岡市老司古墳を主な事例として―」『日本考古学』第3号

大場磐雄　1964「東京八王子発見の方形周溝特殊遺構」『日本考古学協会　39年度大会発表要旨』

大場磐雄　1965「方形周溝墓」『日本の考古学』Ⅲ　月報3　河出書房

大庭重信　1992「弥生時代の葬送儀礼と土器」『待兼山論叢』26

大庭重信　1996「雪野山古墳にみる土器副葬の意義」『雪野山古墳の研究　考察編』雪野山古墳発掘調査団編　八日市市教育委員会

大庭重信　2001「加美遺跡方形周溝墓の葬送過程の復元」『大阪市文化財協会研究紀要』第4号

大村直　1995「東国における古墳の出現」『考古学研究会40周年記念論集　展望考古学』考古学研究会

岡田精司　1999「古墳上の継承儀礼説について　祭祀研究の立場から」『装飾古墳の諸問題』国立歴史民俗博物館研究報告第80集

岡田荘司　1999「第5部まつり」序文『〔縮刷版〕神道事典』國學院大學日本文化研究所　弘文堂

岡林孝作　2002「近畿における前期古墳の諸要素の成立　木槨・竪穴式石室」『日本考古学協会2002年度橿原大会研究発表資料集』日本考古学協会2002年度橿原大会実行委員会編

岡村秀典　1990「卑弥呼の鏡」都出比呂志・山本三郎編『邪馬台国の時代』木耳社

岡村秀典　1992「浮彫式獣帯鏡と古墳出現期の社会」『出雲における古墳出現を探る―松本古墳群シンポジウムの記録―』出雲考古学会

置田雅昭　1974「大和における古式土師器の実体」『古代文化』第26巻第2号

小沢洋　2000「房総の出現期古墳―神門古墳群と高部古墳群―」『大塚初重先生頌寿記念考古学論集』頌寿記念会

押方みはる　2002「祭祀について」『秋葉山古墳群第1・2・3号墳発掘調査報告書』海老名市教育委員

会
小田富士雄　1982「弥生時代北部九州の墳墓祭祀―近年の調査例を中心にして―」『古文化談叢』第10集
及川良彦　1998「関東地方の低地の再検討―弥生時代から古墳時代前半の「周溝を有する建物跡」を中心に―」『青山考古』第15号　青山考古学会
及川良彦　2004「関東地方の低地遺跡の再検討（5）―墓と住居の誤謬―」『シンポジウム　宇津木向原遺跡発掘40周年記念　方形周溝墓研究の今　資料集Ⅱ』方形周溝墓シンポジウム実行委員会
折口信夫　1930「大嘗祭の本義」『古代研究』民俗学篇第2冊　大岡山書店（『折口信夫全集』第3巻，1955所収）
鏡山　猛　1952「甕棺累考（一）その群団と共有体」『史淵』第53輯
梶原景昭　1994「儀礼」『〔縮刷版〕文化人類学事典』弘文堂
門脇俊彦　1971「順庵原一号墳について」『島根県文化財調査報告』第7号　島根県教育委員会
蒲生君平　1808『山陵志』
川上洋一　1995「弥生時代の墓地における土器出土状況の分析―北部九州と吉備を中心にして―」『考古学研究』第42巻第2号
川西宏幸　1978「円筒埴輪総論」『考古学雑誌』第64巻第4号
岸本道昭　2000「前方後円墳の多様性―揖保川水系を素材として―」『前方後円墳を考える』古代学協会四国支部第14回大会研究発表要旨集
喜田貞吉　1903「古墳の年代を定むる事に就いて」『歴史地理』第5巻第3号
喜田貞吉　1913「上古の陵墓」『皇陵』日本歴史地理学会
喜田貞吉　1914・15「古墳墓年代の研究」『歴史地理』第24巻第3・5・6号，第26巻第3～6号
北島大輔　2000「古墳出現期の広域編年―尾張低地部編年の提示，近畿北陸地方との併行関係を中心に―」『S字甕を考える』第7回東海考古学フォーラム三重大会
北武蔵古代文化研究会・群馬県考古学談話会・千曲川水系古代文化研究所　1984『第5回三県シンポジウム　古墳出現期の地域性』資料集
木下尚子　1994「鍬形石の誕生―かたちの系譜」『日本と世界の考古学―現代考古学の展開―　岩崎卓也先生退官記念論文集』雄山閣
君嶋俊行　2002「関東地方における壺形埴輪の成立過程―「囲繞配列」の受容と歴史的意義―」『土曜考古』第26号
君嶋俊行　2004「川東車塚古墳における二重口縁壺形土器の囲繞配列」倉林眞砂斗・澤田秀実・君嶋俊行編『川東車塚古墳の研究』吉備人出版
久住猛雄　1999「北部九州における庄内式併行期の土器様相」『庄内式土器研究』ⅩⅨ
九州前方後円墳研究会　2000『九州の埴輪　その変遷と地域性―壺形埴輪・円筒埴輪・形象埴輪・石製表飾―』第3回九州前方後円墳研究会実行委員会
蔵本晋司　1999「弥生時代終末期の讃岐地域の土器様相について―下川津B類土器の動向を中心として―」『中間西井坪遺跡Ⅱ』（財）香川県埋蔵文化財調査センター
栗林誠治　2003「弥生時代・東四国における墓制の一様相」『新世紀の考古学　大塚初重先生喜寿記念論文集』

車崎正彦　2000「古墳祭祀と祖霊観念」『考古学研究』第47巻第2号
桑原隆博　2005「四隅突出型墳丘墓の新展開」『季刊考古学』第92号　雄山閣
芸備友の会　1996　『芸備第25集　特集・広島県の弥生時代墳墓』
小嶋芳孝　1982「装飾壺と初期古墳」『考古学と古代史』同志社考古学シリーズ
小嶋芳孝　1983「埴輪以前の古墳祭祀」『北陸の考古学』石川考古学研究会々誌26号
小島麗逸　1994「序　墳墓学の問題」小島麗逸編著『アジア墳墓考』勁草書房
小林三郎　1972「古墳出土の土師式土器Ⅰ」『土師式土器集成』本編2　東京堂出版
小林行雄　1941「竪穴式石室構造考」『紀元二千六百年記念史学論文集』
小林行雄　1949「黄泉戸喫」『考古学集刊』第2冊
小林行雄　1955「古墳の発生の歴史的意義」『史林』第38巻第1号
小林行雄　1956「前期古墳の副葬品にあらわれた文化の二相」『京都大学文学部五十周年記念論集』
小林行雄　1961『古墳時代の研究』青木書店
駒見佳容子　1985「葬送祭祀の一検討―関東地方を中心として」『土曜考古』第10号
小室　勉　1972「墳丘外表土師器群の一考察」茂木雅博編『常陸須和間遺跡』雄山閣
近藤　正　1971「山陰に於ける弥生時代墓制の展開」『日本考古学協会昭和46年度大会研究発表要旨』
近藤義郎　1966「古墳発生をめぐる諸問題」『日本の考古学Ⅴ　古墳時代（下）』河出書房
近藤義郎　1977a「古墳以前の墳丘墓」『岡山大学法文学部学術紀要』37
近藤義郎　1977b「前方後円墳の成立」『慶祝松崎寿和先生六十三歳論文集　考古論集』
近藤義郎　1983『前方後円墳の時代』岩波書店
近藤義郎　1992a『楯築弥生墳丘墓の研究』楯築刊行会
近藤義郎　1992b「弥生墳丘墓における埋葬儀礼」『東アジアの古代文化』73
近藤義郎　1998『前方後円墳の成立』岩波書店
近藤義郎　2000「象徴化の話―特殊器台・特殊壺の誕生から円筒形・朝顔形埴輪まで」『古代史の海』21号
近藤義郎　2001a『前方後円墳に学ぶ』山川出版社
近藤義郎　2001b「特殊器台の成立と展開」『前方後円墳と吉備・大和』吉備人出版
近藤義郎　2002a「象徴化の話（続）」『古代史の海』28号
近藤義郎　2002b『楯築弥生墳丘墓』吉備考古ライブラリィ8　吉備人出版
近藤義郎　2003「象徴化の話（続々）」『古代史の海』32号
近藤義郎・春成秀爾　1967「埴輪の起源」『考古学研究』第13巻第3号
近藤　玲　2002「徳島県の弥生時代における墓制について」『論集　徳島の考古学』徳島の考古学論集刊行会
西郷信綱　1960『詩の発生』未来社
斎藤　忠　1974『日本考古学史』吉川弘文館
坂本和俊　1990「古墳の出現と地方伝播の諸問題」山岸良二編『原始・古代日本の墓制』同成社
佐原　真　2003『魏志倭人伝の考古学』岩波書店
塩谷　修　1983「古墳出土の土師器に関する一試論―関東地方の古式土師器を中心として」『古墳文化の新視角』古墳文化研究会編

塩谷　修　1990「関東地方における古墳出現の背景」『土浦市立博物館紀要』第3号
清水久男　2000「東国の初期埴輪」『大塚初重先生頌寿記念考古学論集』大塚初重先生頌寿記念会
白石太一郎　1975「ことどわたし考―横穴式石室墳の埋葬儀礼をめぐって」『橿原考古学研究所論集　創立三十五周年記念』吉川弘文館
白石太一郎　1985「神まつりと古墳の祭祀―古墳出土の石製模造品を中心として―」『国立歴史民俗博物館研究報告』第7集　共同研究「古代祭祀と信仰」本篇
真野俊和　1994「儀礼と行事」『〔縮刷版〕日本宗教事典』弘文堂
菅原康夫　2000「萩原墳丘墓をめぐる諸問題」『前方後円墳を考える』古代学協会四国支部第14回大会研究発表要旨集
田上雅則　1993「前期古墳にみられる土師器の「副葬」」『関西大学考古学研究室開設四拾周年記念考古学論叢』
高倉洋彰　1973「弥生時代祭祀の一形態―甕棺墓地における土器祭祀を中心として―」『古代文化』第25巻第1号
高塩　博　1999「神祇令」『縮刷版　神道事典』國學院大學日本文化研究所編　弘文堂
高橋克壽　1994「埴輪生産の展開」『考古学研究』第41巻第2号
高橋克壽　1996『歴史発掘9　埴輪の世紀』講談社
高橋克壽　1999「埴輪と古墳のまつり」『古代史の論点』5　小学館
高橋健自　1914「喜田博士の『上古の陵墓』を読む」『考古学雑誌』第4巻第7号
高橋　護　1986「上東式土器の編年細分基準」『岡山県立博物館研究報告』7
高橋　護　1988「弥生時代終末期の土器編年」『岡山県立博物館研究報告』9
竹岡俊樹　1996『日本民族の感性世界―考古学から文化分析学へ―』同成社
田嶋明人　1986「漆町出土土器の編年的考察」『漆町遺跡Ⅰ』石川県立埋蔵文化財センター
田代克己　1985「いわゆる方形周溝墓の供献土器について」『村構造と他界観』鳥越憲三郎博士古希記念論文集　雄山閣
立花　実　1996「「方形周溝墓」出土の土器　南関東①神奈川県」山岸良二編『関東の方形周溝墓』同成社
立花　実　2000a「方形周溝墓の常識」『西相模考古』第9号
立花　実　2000b「第Ⅴ章第3節　方形周溝墓の分析」『王子ノ台遺跡　弥生・古墳時代編』東海大学校地内遺跡調査団
田中清美　1988「弥生時代前・中期における穿孔・打ち欠きのみられる土器について」『考古学論集』2　考古学を学ぶ会
田中新史　1984「出現期古墳の理解と展望―東国神門五号墳の調査と関連して―」『古代』77号
田中　琢　1965「布留式以前」『考古学研究』第20巻第4号
田中　琢　1991『日本の歴史②　倭人争乱』集英社
田中裕介　1996「九州における壺形埴輪の展開と二・三の問題」『古墳発生前後の社会像―北部九州及びその周辺地域の地域相と諸問題―』古文化研究会第100回例会記念シンポジウム　九州古文化研究会
田中義昭・渡辺貞幸編　1992『山陰地方における弥生墳丘墓の研究』島根大学法文学部考古学研究室

中條英樹　2003「土製品からみた墳頂における儀礼について」『史跡　昼飯大塚古墳』大垣市埋蔵文化財調査報告書第12集

次田真幸　1977『古事記（上）　全訳注』講談社学術文庫

辻本宗久　1987「弥生時代の墳墓祭祀について―大阪湾沿岸地域の資料を中心として―」『花園史学』第8号

都出比呂志　1979「前方後円墳出現期の社会」『考古学研究』第26巻第3号

都出比呂志　1981「埴輪編年と前期古墳の新古」小野山節編『王陵の比較研究』京都大学

都出比呂志　1982「前期古墳の新古と年代論」『考古学雑誌』第67巻第4号

都出比呂志　1989「前方後円墳の誕生」白石太一郎編『古代を考える　古墳』吉川弘文館

都出比呂志　1991「日本古代の国家形成論序説―前方後円墳体制の提唱―」『日本史研究』第343号

都出比呂志　1995「祖霊祭式の政治性―前方後円墳分布圏の解釈」『日本古代の葬制と社会関係の基礎的研究』大阪大学文学部

坪井正五郎　1887「足利古墳発掘報告」『理学協会雑誌』40～44号

常松幹雄　1993「庄内式土器の時代（玄界灘沿岸）」『考古学ジャーナル』363号

勅使河原彰　1995『日本考古学の歩み』名著出版

寺沢　薫　1986「畿内古式土師器の編年と二・三の問題」『矢部遺跡』奈良県史跡名勝天然記念物調査報告49

寺沢　薫　1988a「大和―大和における状況と纒向型前方後円墳の出現と拡散の意義（要旨）」『第24回埋蔵文化財研究集会　定型化する古墳以前の墓制　第Ⅲ分冊―発表要旨―』

寺沢　薫　1988b「纒向型前方後円墳の築造」『考古学と技術』同志社大学考古学シリーズ刊行会

東海考古学フォーラム　1995『第3回東海考古学フォーラム　前方後方墳を考える』

富岡謙蔵　1920『古鏡の研究』

鳥居龍蔵　1925「序文」『人類学上より見たる我が上代の文化』叢文閣

内藤　晃　1959「古墳文化の成立―いわゆる伝世鏡の理論を中心として」『歴史学研究』第236号

内藤　晃　1960「古墳文化の発展―同笵鏡問題の再検討」『日本史研究』第48号

中川　寧　1996「山陰の後期弥生土器における編年と地域間関係」『島根考古学会誌』第13集

中村大介　2006「弥生時代開始期における副葬習俗の受容」『日本考古学』第21号

中村春寿・上田宏範　1961『桜井茶臼山古墳　附櫛山古墳』奈良県史跡名勝天然記念物調査報告第19冊

奈良県立橿原考古学研究所編　2001『大和前方後円墳集成』学生社

西嶋定生　1961「古墳と大和政権」『岡山史学』第10号

日本考古学協会編　1987『シンポジウム　関東における古墳出現期の諸問題』学生社

野島　永　2000「鉄器からみた諸変革―初期国家形成期における鉄器流通の様相―」『国家形成過程の諸変革』考古学研究会例会委員会編

野島　永・野々口陽子　1999・2000「近畿地方北部における古墳成立期の墳墓」(1)・(2)『京都府埋蔵文化財情報』74・76

橋本博文　1988「埴輪の性格と起源論」『論争・学説日本の考古学　第5巻古墳時代』雄山閣

橋本博文　1992「埴輪の配列」『古墳時代の研究9　古墳Ⅲ　埴輪』雄山閣

花谷めぐむ　1987「山陰古式土師器の型式学的研究―島根県内の資料を中心として」『島根県考古学会誌』第 4 集
土生田純之　1997「古墳における儀礼研究の課題と意義」『宗教と考古学』勉誠出版（『黄泉国の成立』学生社，1998 所収）
土生田純之　1998『黄泉国の成立』学生社
土生田純之　2002「弥生王墓から古墳へ―墳頂部出土飲食器の検討―」『専修人文論集』70
土生田純之　2003「古墳の定義についての研究略史」『関西大学考古学研究室開設五拾周年記念　考古学論叢』上巻　関西大学考古学研究室開設五拾周年記念考古学論叢刊行会
浜田耕作ほか　1915『宮崎県児湯郡西都原古墳調査報告書』
浜田耕作　1915「西都原古墳ノ時代ニ就テ」『宮崎県児湯郡西都原古墳調査報告書』
春成秀爾　1976「古墳祭式の系譜」『歴史手帳』第 4 巻第 7 号
春成秀爾　1977「埴輪」『考古資料の見方《遺物編》』地方史マニュアル 6　柏書房
坂　靖　1988「埴輪文化の特質とその意義」『橿原考古学研究所論集』第八　吉川弘文館
坂　靖　2000「埴輪祭祀の変容」『古代学研究』第 105 号
P・メトカーフ，R・ハンティントン　1996『死の儀礼―葬送習俗の人類学的研究』池上良正・池上冨美子訳　未來社
東森市良・花谷めぐむ　1992「徳楽方墳―出土土器を中心として―」『山陰地方における弥生墳丘墓の研究』島根大学法文学部考古学研究室
東森市良・大谷晃二　1999「山陰の円筒形土器について」『島根考古学会誌』第 16 集　島根考古学会
肥後弘幸　1994a・b「墓壙内破砕土器供献（上・下）―近畿北部弥生墳墓土器供献の一様相―」『みずほ』第 12・13 号　大和弥生文化の会
肥後弘幸　2000「弥生王墓の誕生―北近畿における首長墓の変遷―」広瀬和雄編『丹後の弥生王墓と巨大古墳』季刊考古学別冊 10　雄山閣
平野泰司・岸本道昭　2000「鯉喰神社弥生墳丘墓の弧帯石と特殊器台・壺」『古代吉備』第 22 集
広瀬和雄　1994「記念講演　前方後円墳研究の指針」『前方後円墳の出現をめぐって　両丹考古学研究会・但馬考古学研究会交流十周年記念大会の記録』両丹考古学研究会
廣瀬　覚　2001「茶臼山型二重口縁壺と前期古墳の朝顔形埴輪」『立命館大学考古学論集』Ⅱ
廣瀬　覚　2002「前・中期古墳の埴輪配列―畿内を中心に―」『季刊考古学（特集・埴輪が語る古墳の世界）』第 79 号　雄山閣
廣瀬　覚　2003「埴輪の伝播と工人論」『埴輪』第 52 回埋蔵文化財研究集会
廣瀬　覚　2005「壺形埴輪の大型化とその背景―将軍山古墳出土壺形埴輪の検討から―」『将軍山古墳群Ⅰ』新修茨木市史　史料集 8　茨木市
深澤芳樹　1996a・b「墓に土器を供えるという行為について（上・下）」『京都府埋蔵文化財情報』第 61・62 号　（財）京都府埋蔵文化財調査研究センター
福田　聖　1996「方形周溝墓の死者儀礼」山岸良二編『関東の方形周溝墓』同成社
福田　聖　2000『方形周溝墓の再発見』同成社
福田　聖　2004「方形周溝墓と土器Ⅱ―概観　その 1―」『研究紀要』第 19 号　（財）埼玉県埋蔵文化財調査事業団

藤田憲司　1979「山陰「鍵尾式」の再検討とその併行関係」『考古学雑誌』第 64 巻第 4 号
藤波啓容・中村真里　1996「方形周溝墓と底部穿孔土器～葬送儀礼の在り方を中心として～」『東京考古』14 号
古川　登　1995「発掘調査と問題意識―小羽山墳墓群の調査から―」『長野県考古学会誌』75 号
古川　登　1997「北陸南西部における弥生時代首長墓の認識―北加賀・越前北部地域の事例から―」『考古学研究』第 43 巻第 4 号
古川　登　2003「北陸地方における古墳の出現」『風巻神山古墳群』清水町文化財発掘調査報告Ⅶ
古屋紀之　1998「墳墓における土器配置の系譜と意義―東日本の古墳時代の開始―」『駿台史学』第 104 号
古屋紀之　2002 a「墳墓における土器配置から古墳時代の開始に迫る」『弥生の『ムラ』から古墳の『クニ』へ』大学合同考古学シンポジウム実行委員会編
古屋紀之　2002 b「古墳出現前後の葬送祭祀―土器・埴輪配置から把握される葬送祭祀の系譜整理―」『日本考古学』第 14 号
古屋紀之　2004 a「北陸における古墳出現前後の墳墓の変遷―東西墳墓の土器配置系譜整理の一環として―」『駿台史学』第 120 号
古屋紀之　2004 b「底部穿孔壺による囲繞配列の展開と特質―関東・東北の古墳時代前期の墳墓を中心に―」『土曜考古』第 28 号　土曜考古学研究会
古屋紀之　2004 c「片山鳥越 5 号墓　埋葬施設上における祭式土器の出土状況・埋葬施設上出土土器の問題」『片山鳥越墳墓群・方山真光寺跡塔址』清水町教育委員会
古屋紀之　2005 a「土器・埴輪配置から見た東日本の古墳の出現」『東日本における古墳の出現』東北・関東前方後円墳研究会編　六一書房
古屋紀之　2005 b「弥生墳墓の土器配置にみる祭祀」『季刊考古学（特集・弥生墓制の地域における新展開）』第 92 号　雄山閣
北條芳隆　1986「墳丘に表示された前方後円墳の定式とその評価―成立当初の畿内と吉備の対比から―」『考古学研究』第 32 巻第 4 号
北條芳隆　1992「弥生末期の墳墓と前方後円墳」『吉備の考古学的研究』（上）　山陽新聞社
北條芳隆　1999「讃岐型前方後円墳の提唱」『国家形成期の考古学―大阪大学考古学研究室 10 周年記念論集―』大阪大学文学部考古学研究室
北條芳隆　2000「前方後円墳の論理」・「前方後円墳と倭王権」『古墳時代像を見なおす―成立過程と社会変革―』青木書店
北條芳隆　2002「前方後円墳の成立」『日本考古学協会 2002 年度橿原大会研究発表資料集』日本考古学協会 2002 年度橿原大会実行委員会編
堀　大介　2002「古墳成立期の土師器編年―北陸南西部を中心に―」『朝日山』朝日町文化財調査報告書第 3 集
堀　大介　2003「月影式の成立と終焉」『古墳出現期の土師器と実年代』シンポジウム資料集　（財）大阪府文化財センター
埋蔵文化財研究会　1988『第 24 回埋蔵文化財研究集会　定型化する古墳以前の墓制　第Ⅰ～Ⅳ分冊』
埋蔵文化財研究会　1989『第 25 回埋蔵文化財研究集会　古墳時代前半期の古墳出土土器の検討　第Ⅰ

～Ⅳ分冊』
埋蔵文化財研究会　1995『第38回埋蔵文化財研究集会　前期前方後円墳の再検討』
間壁忠彦・間壁葭子　1977「「大塚」は古墳か否か―黒宮調査整理メモより―」『倉敷考古館研究集報』第13号
三木文雄　1958『はにわ』講談社
水野正好　1971「埴輪芸能論」『古代の日本2　風土と生活』角川書店
三宅米吉　1886『日本史学提要』第1編
森　浩一　1986「巨大古墳出現への力」『日本の古代5　前方後円墳の世紀』中央公論社
森下章司　2005a「古墳の出現に関する議論」『古墳のはじまりを考える』学生社
森下章司　2005b「三角縁神獣鏡と前方後円墳成立論」『季刊考古学（特集・前方後円墳とは何か）』第90号　雄山閣
森本六爾　1934「墳墓研究の方法並びに沿革」『歴史公論』第3巻第11号
諸橋轍次著，鎌田　正・米山寅太郎編　1990-2000『大漢和辞典　修訂第2版』大修館書店
八木奘三郎　1896・97「日本の古墳時代」『史学雑誌』第7編第11号，第8編第1・4号
山岸良二　1989「穿孔土器素描」『史館』第21号
山本　靖　1993「埼玉県域の出現期古墳における土器祭式の様相」『研究紀要』第10号　（財）埼玉県埋蔵文化財調査事業団
柳瀬昭彦ほか　1977『川入・上東』岡山県埋蔵文化財発掘調査報告16　岡山県教育委員会
用田政晴　1980「前期古墳の副葬品配置」『考古学研究』第27巻第3号
和田　萃　1973「殯の基礎的研究」『論集終末期古墳』塙書房
和田晴吾　1987「古墳時代の時期区分をめぐって」『考古学研究』第43巻第2号
和田晴吾　1989「葬制の変遷」『古代史復元第6巻　古墳時代の王と民衆』講談社
和田晴吾　1995「棺と古墳祭祀―『据えつける棺』と『持ちはこぶ棺』」『立命館文学』第542号
和田晴吾　1997「墓壙と墳丘の出入口―古墳祭祀の復元と発掘調査―」『立命館大学考古学論集』Ⅰ
渡辺貞幸　1993「弥生墳丘墓における墓上の祭儀」『島根県考古学会誌』第10集
渡辺貞幸　1995「西谷三号墓の調査について」『出雲・西谷墳墓群シンポジウム　四隅突出型墳丘墓の謎に迫る』出雲市教育委員会
渡辺貞幸　2000「古代出雲―動乱の時代から「王国」の時代へ」『神々の源流』大阪府立弥生文化博物館

墳墓引用文献一覧

熊本県

水の山遺跡：隈　昭志　1964「熊本県水の山遺跡における配石墓群の一例」『考古学雑誌』第50巻第1号

長崎県

筏遺跡：長崎県立国見高等学校社研部・国見町教育委員会編　1969『筏遺跡発掘調査報告』

原山遺跡：日本考古学協会西北九州総合調査特別委員会　1960「島原半島（原山・山ノ寺・礫石原）及び唐津市（女山）の考古学的調査」『九州考古学』10

佐賀県

五反田遺跡：松尾禎作　1955『佐賀県下の支石墓』佐賀県文化財調査報告4

二塚山遺跡：佐賀県教育委員会　1979『二塚山』佐賀県文化財調査報告書第46集

四本黒木遺跡：神埼町教育委員会　1980『四本黒木遺跡』神埼町文化財調査報告書第6集

フケ遺跡：石橋新次　1982「佐賀県鳥栖市フケ遺跡出土の祭祀遺構」『古文化談叢』第10集

利田柳遺跡：神埼町教育委員会　1980『利田柳遺跡Ⅲ区』

宝満遺跡：北茂安町教育委員会　1980『宝満谷遺跡』

吉野ヶ里遺跡丘陵地区Ⅴ区ST001墳丘墓：佐賀県教育委員会　1992『吉野ヶ里』佐賀県文化財調査報告書第113集

西一本杉遺跡ST008：佐賀県教育委員会　1983「西一本杉遺跡」『西原遺跡』佐賀県文化財調査報告書第66集

双水柴山2号墳：唐津市教育委員会　1987『双水柴山遺跡』

福岡県

新町遺跡：橋口達也編　1987『新町遺跡』志摩町文化財調査報告書第7集　志摩町教育委員会

伯玄社遺跡：山崎茂孝・桜井康治・高丘泰行・日野秀夫　1967『伯玄社遺跡調査研究報告』
　　松岡　史・亀井　勇　1968『福岡県伯玄社遺跡調査概報』福岡県文化財調査報告書36

寺尾遺跡：馬田弘稔編　1977『中・寺尾遺跡』大野城市文化財調査報告書第1集

安国寺遺跡：久留米市教育委員会　1980『東部土地区画整理事業関係埋蔵文化財調査概報』

牟田々遺跡：小郡市教育委員会　1977『牟田々遺跡』

宝台B地区遺跡：高倉洋彰ほか　1970『宝台遺跡』

馬場山遺跡：北九州市埋蔵文化財調査会　1975『馬場山遺跡』

三雲遺跡南小路地区：福岡県教育委員会　1985『三雲遺跡　南小路地区編』福岡県文化財調査報告書第69集

三雲遺跡寺口地区Ⅱ-17調査区石棺群：福岡県教育委員会　1984『三雲遺跡Ⅳ』福岡県文化財調査報告書第65集

宮の前C地点墳丘墓：下條信行・沢　皇臣編　1971『宮の前遺跡（A～D地点）』福岡市教育委員会

公門原遺跡：新原正典　1993『公門原遺跡・真崎遺跡』川崎町文化財調査報告書第3集
野方塚原遺跡：福岡市教育委員会　1996『野方塚原遺跡』
平原区画墓：原田大六　1991『平原弥生古墳』平原弥生古墳調査報告書編集委員会編　葦書房
博多遺跡群62次周溝墓：福岡市教育委員会　1995『博多48』福岡市埋蔵文化財調査報告書第397集
津古生掛古墳：宮田浩之　1988『津古生掛Ⅱ』小郡市教育委員会
能満寺2号墓：飛野博文　1994『能満寺古墳群』大平村文化財調査報告書第9集
三国の鼻1号墳：片岡宏二ほか　1986『三国の鼻遺跡Ⅰ　三国の鼻1号墳の調査』小郡市文化財調査報告書第25集
老司古墳：福岡市教育委員会　1989『老司古墳』福岡市埋蔵文化財調査報告書第209集

大分県

野口遺跡：小倉正五　1982「大分県駅館川東岸部における弥生時代中期の埋葬遺跡」『古文化談叢』第10集
下原古墳：玉永光洋・小林昭彦　1988『安岐城跡・下原古墳』大分県文化財調査報告第76集　大分県教育委員会
小熊山古墳：原田昭一　1992「杵築市小熊山古墳について」『おおいた考古』5　大分県考古学会
立野古墳：大分県教育委員会　1998『大分の前方後円墳』
野間1号墳：大分県教育委員会　1998『大分の前方後円墳』
小牧山6号墳：池邊千太郎　1995「小牧山古墳群」『大分市埋蔵文化財調査年報』6　大分市教育委員会

愛媛県

唐子台2丘：今治市教育委員会　1974『唐子台墳墓群』
雉之尾1号：八木武弘　1988「雉之尾1号墳」『今治郷土史』考古資料編

香川県

稲木遺跡C地区：香川県教育委員会ほか　1989『稲木遺跡』四国横断自動車道建設に伴う埋蔵文化財発掘調査報告第6冊
奥10号墓：ゴルフ場建設用地内埋蔵文化財調査団　1973『雨滝山遺跡群』
鶴尾神社4号墳：渡部明夫・藤井雄三　1983『鶴尾神社4号墳調査報告書』高松市歴史民俗協会
野田院古墳：笹川龍一　2000「野田院古墳の発掘調査成果」『前方後円墳を考える』古代学協会四国支部第14回大会研究発表要旨集
　　笹川龍一　2003『史跡有岡古墳群（野田院古墳）保存整備事業報告書』善通寺市教育委員会

徳島県

桜ノ岡遺跡：湯浅利彦　1993『四国縦貫自動車道建設に伴う埋蔵文化財発掘調査報告3　桜ノ岡遺跡』財団法人徳島県埋蔵文化財センター調査報告書第3集
足代東原遺跡：菅原康夫　1985「徳島県足代東原遺跡」『日本考古学年報』35

萩原 1 号墓：菅原康夫編　1983『萩原墳墓群』徳島県教育委員会

　　　菅原康夫　2000「萩原墳丘墓をめぐる諸問題」『前方後円墳を考える』古代学協会四国支部第 14 回大会研究発表要旨集

宮谷古墳：徳島市教育委員会　1990「宮谷古墳」『文化財だより』No.23・24

　　　三宅良明　1991・92「徳島県徳島市宮谷古墳」『日本考古学年報』42・43

前山 1 号墳：高島芳弘　2000「前山古墳群の発掘調査成果」『前方後円墳を考える』古代学協会四国支部第 14 回大会研究発表要旨集

広島県

陣山遺跡：三次市教育委員会　1996『陣山遺跡』

宗祐池西遺跡：尾本原勇人　1996「宗祐池西遺跡について」『芸備』第 25 集　芸備友の会

田尻山 1 号墓：広島県教育委員会　1978「田尻山古墳群」『中国縦貫自動車道建設に伴う埋蔵文化財調査報告』(1)

佐田谷 1 号墓：妹尾周三　1987『佐田谷墳墓群』広島県埋蔵文化財調査センター調査報告書第 63 集

順庵原 1 号墓：門脇俊彦　1971「順庵原一号墳について」『島根県文化財調査報告』第 7 号　島根県教育委員会

矢谷 MD 1 号墓：広島県教育委員会ほか　1981『松ヶ迫遺跡群発掘調査報告』

中出勝負峠 8 号墓：佐々木直彦編　1986『歳ノ神遺跡群・中出勝負峠墳墓群』(財) 広島県埋蔵文化財調査センター

島根県

波来浜遺跡：門脇俊彦　1973『波来浜遺跡発掘調査報告書』島根県江津市

九重 3 号土壙：内田　才・東森市良・近藤　正　1966「安来平野における土壙墓」『上代文化』36 輯

仲仙寺墳墓群：近藤　正　1972『仲仙寺古墳群』島根県教育委員会

西谷 3 号墓：渡辺貞幸編　1992「西谷墳墓群の調査」『山陰地方における弥生墳丘墓の研究』島根大学法文学部考古学研究室

　　　渡辺貞幸　1993「弥生墳丘墓における墓上の祭儀」『島根県考古学会誌』第 10 集

　　　渡辺貞幸　1995「西谷三号墓の調査について」『出雲・西谷墳墓群シンポジウム　四隅突出型墳丘墓の謎に迫る』出雲市教育委員会

西谷墳墓群：出雲市教育委員会　2000『西谷墳墓群―平成 10 年度発掘調査報告書』

的場土壙墓：近藤　正・前島己基　1972「島根県松江市的場土壙墓」『考古学雑誌』第 57 巻第 4 号

来美墳丘墓：山本　清　1989『出雲の古代文化』人類史叢書 8　六興出版

鍵尾 A 地区土壙墓群：山本　清　1965『島根県安来市鍵尾遺跡調査報告』

安養寺 1 号墓：出雲考古学研究会　1985『古代の出雲を考える 4　荒島墳墓群』

大木権現山 1 号墓：東出雲町教育委員会　1979『大木権現山古墳群』

宮山 4 号墓：島根県埋蔵文化財調査センター　2003『宮山古墳群の研究』島根県古代文化センター調査研究報告書 16

塩津山 1 号墓：勝瀬利栄・朽津信明　1997『塩津山古墳群』島根県教育庁文化課埋蔵文化財調査セ

墳墓引用文献一覧

公門原遺跡：新原正典　1993『公門原遺跡・真崎遺跡』川崎町文化財調査報告書第3集
野方塚原遺跡：福岡市教育委員会　1996『野方塚原遺跡』
平原区画墓：原田大六　1991『平原弥生古墳』平原弥生古墳調査報告書編集委員会編　葦書房
博多遺跡群62次周溝墓：福岡市教育委員会　1995『博多48』福岡市埋蔵文化財調査報告書第397集
津古生掛古墳：宮田浩之　1988『津古生掛Ⅱ』小郡市教育委員会
能満寺2号墳：飛野博文　1994『能満寺古墳群』大平村文化財調査報告書第9集
三国の鼻1号墳：片岡宏二ほか　1986『三国の鼻遺跡Ⅰ　三国の鼻1号墳の調査』小郡市文化財調査報告書第25集
老司古墳：福岡市教育委員会　1989『老司古墳』福岡市埋蔵文化財調査報告書第209集

大分県

野口遺跡：小倉正五　1982「大分県駅館川東岸部における弥生時代中期の埋葬遺跡」『古文化談叢』第10集
下原古墳：玉永光洋・小林昭彦　1988『安岐城跡・下原古墳』大分県文化財調査報告第76集　大分県教育委員会
小熊山古墳：原田昭一　1992「杵築市小熊山古墳について」『おおいた考古』5　大分県考古学会
立野古墳：大分県教育委員会　1998『大分の前方後円墳』
野間1号墳：大分県教育委員会　1998『大分の前方後円墳』
小牧山6号墳：池邊千太郎　1995「小牧山古墳群」『大分市埋蔵文化財調査年報』6　大分市教育委員会

愛媛県

唐子台2丘：今治市教育委員会　1974『唐子台墳墓群』
雉之尾1号：八木武弘　1988「雉之尾1号墳」『今治郷土史』考古資料編

香川県

稲木遺跡C地区：香川県教育委員会ほか　1989『稲木遺跡』四国横断自動車道建設に伴う埋蔵文化財発掘調査報告第6冊
奥10号墓：ゴルフ場建設用地内埋蔵文化財調査団　1973『雨滝山遺跡群』
鶴尾神社4号墳：渡部明夫・藤井雄三　1983『鶴尾神社4号墳調査報告書』高松市歴史民俗協会
野田院古墳：笹川龍一　2000「野田院古墳の発掘調査成果」『前方後円墳を考える』古代学協会四国支部第14回大会研究発表要旨集
　　　　　　笹川龍一　2003『史跡有岡古墳群（野田院古墳）保存整備事業報告書』善通寺市教育委員会

徳島県

桜ノ岡遺跡：湯浅利彦　1993『四国縦貫自動車道建設に伴う埋蔵文化財発掘調査報告3　桜ノ岡遺跡』財団法人徳島県埋蔵文化財センター調査報告書第3集
足代東原遺跡：菅原康夫　1985「徳島県足代東原遺跡」『日本考古学年報』35

萩原1号墓：菅原康夫編　1983『萩原墳墓群』徳島県教育委員会

菅原康夫　2000「萩原墳丘墓をめぐる諸問題」『前方後円墳を考える』古代学協会四国支部第14回大会研究発表要旨集

宮谷古墳：徳島市教育委員会　1990「宮谷古墳」『文化財だより』No.23・24

三宅良明　1991・92「徳島県徳島市宮谷古墳」『日本考古学年報』42・43

前山1号墳：高島芳弘　2000「前山古墳群の発掘調査成果」『前方後円墳を考える』古代学協会四国支部第14回大会研究発表要旨集

広島県

陣山遺跡：三次市教育委員会　1996『陣山遺跡』

宗祐池西遺跡：尾本原勇人　1996「宗祐池西遺跡について」『芸備』第25集　芸備友の会

田尻山1号墓：広島県教育委員会　1978「田尻山古墳群」『中国縦貫自動車道建設に伴う埋蔵文化財調査報告』(1)

佐田谷1号墓：妹尾周三　1987『佐田谷墳墓群』広島県埋蔵文化財調査センター調査報告書第63集

順庵原1号墓：門脇俊彦　1971「順庵原一号墳について」『島根県文化財調査報告』第7号　島根県教育委員会

矢谷MD1号墓：広島県教育委員会ほか　1981『松ヶ迫遺跡群発掘調査報告』

中出勝負峠8号墓：佐々木直彦編　1986『歳ノ神遺跡群・中出勝負峠墳墓群』（財）広島県埋蔵文化財調査センター

島根県

波来浜遺跡：門脇俊彦　1973『波来浜遺跡発掘調査報告書』島根県江津市

九重3号土壙：内田　才・東森市良・近藤　正　1966「安来平野における土壙墓」『上代文化』36輯

仲仙寺墳墓群：近藤　正　1972『仲仙寺古墳群』島根県教育委員会

西谷3号墓：渡辺貞幸編　1992「西谷墳墓群の調査」『山陰地方における弥生墳丘墓の研究』島根大学法文学部考古学研究室

渡辺貞幸　1993「弥生墳丘墓における墓上の祭儀」『島根県考古学会誌』第10集

渡辺貞幸　1995「西谷三号墓の調査について」『出雲・西谷墳墓群シンポジウム　四隅突出型墳丘墓の謎に迫る』出雲市教育委員会

西谷墳墓群：出雲市教育委員会　2000『西谷墳墓群―平成10年度発掘調査報告書』

的場土壙墓：近藤　正・前島己基　1972「島根県松江市的場土壙墓」『考古学雑誌』第57巻第4号

来美墳丘墓：山本　清　1989『出雲の古代文化』人類史叢書8　六興出版

鍵尾A地区土壙墓群：山本　清　1965『島根県安来市鍵尾遺跡調査報告』

安養寺1号墓：出雲考古学研究会　1985『古代の出雲を考える4　荒島墳墓群』

大木権現山1号墓：東出雲町教育委員会　1979『大木権現山古墳群』

宮山4号墓：島根県埋蔵文化財調査センター　2003『宮山古墳群の研究』島根県古代文化センター調査研究報告書16

塩津山1号墓：勝瀬利栄・朽津信明　1997『塩津山古墳群』島根県教育庁文化課埋蔵文化財調査セ

ンター

小谷土壙墓：内田　才・東森市良・近藤　正　1966「安来平野における土壙墓」『上代文化』36 輯

神原神社古墳：前島己基・松本岩雄　1976「島根県神原神社古墳の土器」『考古学雑誌』第 62 巻第 3 号

　　加茂町教育委員会　2002『神原神社古墳』

大成古墳：島根大学考古学研究室・安来市教育委員会　1999「大成古墳第 4・5 次発掘調査報告書」『荒島古墳群発掘調査報告書』安来市埋蔵文化財調査報告書第 27 集

造山 1 号墳：出雲考古学研究会　1985『古代の出雲を考える 4　荒島墳墓群』

造山 3 号墳：山本　清　1967『造山 3 号墳発掘調査報告』

松本 1 号墳：島根県教育委員会　1963『松本古墳調査報告』

上野 1 号墳：林　健亮・原田敏照　2001『上野遺跡・竹ノ崎遺跡』島根県教育委員会

鳥取県

新井三嶋谷 1 号墳丘墓：中野知照・松本美佐子ほか　2001『新井三嶋谷墳丘墓発掘調査報告書』岩美町文化財調査報告書第 22 集　岩美町教育委員会

泰久寺土壙墓群：日野琢郎ほか　1984『泰久寺遺跡発掘調査報告書―中峯地区―』関金町文化財調査報告書第 1 集

布施鶴指奥 1 号墓：中村　徹・西浦日出夫・小谷修一　1992『東桂見遺跡・布施鶴指奥墳墓群』鳥取県教育文化財団調査報告書 29

門上谷 1・2 号墓：鳥取市遺跡調査団　1989『津ノ井遺跡群』鳥取市教育委員会

日原 6 号墓：米子市教育委員会　1978『日原 6 号墳発掘調査報告』

桂見 1・2 号墓：船井武彦・杉谷美恵子・平川　誠　1984『桂見墳墓群』鳥取市文化財報告書 18

徳楽墳丘墓：倉光清六　1932「古墳発見の伯耆弥生式土器（上）・（下）」『考古学』第 3 巻第 4・7 号

　　東森市良・花谷めぐむ　1992「徳楽方墳―出土土器を中心として―」『山陰地方における弥生墳丘墓の研究』島根大学法文学部考古学研究室

岡山県

百間川沢田遺跡：神谷正義・草原孝典編　1992『百間川沢田（市道）遺跡発掘調査報告』岡山市教育委員会

南方遺跡：柳瀬昭彦・岡本寛久編　1981『南方遺跡』岡山県埋蔵文化財発掘調査報告書 40　岡山県教育委員会

四辻土壙墓群：神原英朗編　1973『四辻土壙墓遺跡・四辻古墳群　他　方形台状墓発掘調査概報 3 編』山陽団地埋蔵文化財発掘調査団

みそのお遺跡：椿　真治編　1993『みそのお遺跡』岡山県埋蔵文化財発掘調査報告 87　岡山県教育委員会

宮山方形台状墓：神原英朗編　1973『四辻土壙墓遺跡・四辻古墳群　他　方形台状墓発掘調査概報 3 編』山陽団地埋蔵文化財発掘調査団

芋岡山遺跡：間壁忠彦・間壁葭子　1967「岡山県矢掛町芋岡山遺跡調査報告―弥生時代後期の墳墓群

—」『倉敷考古館研究集報』第 3 号　倉敷考古館
黒宮大塚墳丘墓：間壁忠彦・間壁葭子・藤田憲司　1977「岡山県真備町黒宮大塚古墳」『倉敷考古館研究集報』第 13 号　倉敷考古館
楯築墳丘墓：近藤義郎編　1992『楯築弥生墳丘墓の研究』楯築刊行会
立坂墳丘墓：近藤義郎　1996『新本立坂』総社市文化振興財団
雲山鳥打墳墓群：近藤義郎　1985「雲山鳥打弥生墳丘墓群の調査成果」『弥生墳丘墓の研究』
伊予部山墳墓群：近藤義郎　1996『伊予部山墳墓群』総社市文化振興財団
鯉喰神社墳丘墓：近藤義郎　1980「矢喰・鯉喰・楯築」『鬼ノ城』鬼ノ城学術調査委員会
　　　平野泰司・岸本道昭　2000「鯉喰神社弥生墳丘墓の弧帯石と特殊器台・壺」『古代吉備』第 22 集
女男岩遺跡：間壁忠彦・間壁葭子　1974「女男岩遺跡」『倉敷考古館研究集報』第 10 号　倉敷考古館
便木山方形台状墓：神原英朗編　1973『四辻土壙墓遺跡・四辻古墳群　他　方形台状墓発掘調査概報 3 編』山陽団地埋蔵文化財発掘調査団
中山遺跡 A 調査区：山磨康平編　1978『中山遺跡』岡山県落合町教育委員会
西江遺跡：田中満雄・正岡睦夫・二宮治夫　1977「西江遺跡」『中国縦貫自動車道建設に伴う発掘調査』10　岡山県埋蔵文化財発掘調査報告 20　岡山県教育委員会
宮山墳丘墓：高橋　護・鎌木義昌・近藤義郎　1987「宮山墳墓群」『総社市史　考古資料編』
　　　近藤義郎　1988『前方後円墳の成立』岩波書店　84〜86 頁参照
矢藤治山墳丘墓：近藤義郎編　1995『矢藤治山弥生墳丘墓』矢藤治山弥生墳丘墓発掘調査団
都月坂 1 号墳：近藤義郎　1986「都月坂 1 号墳」『岡山県史』
七つ坑 1 号墳：近藤義郎・高井健司編　1987『七つ坑古墳群』七つ坑古墳群発掘調査団
備前車塚古墳：鎌木義昌　1962「備前車塚古墳」『岡山市史　古代篇』岡山市
　　　鎌木義昌　1969「備前車塚」『考古学研究』第 14 巻第 4 号
浦間茶臼山古墳：近藤義郎・新納　泉編　1991『岡山市浦間茶臼山古墳』真陽社
宍甘山王山古墳：宇垣匡雅　1988「吉備の前期古墳— II　宍甘山王山古墳の測量調査—」『古代吉備』第 10 集
網浜茶臼山古墳：宇垣匡雅　1990「網浜茶臼山古墳・操山 109 号墳の測量調査」『古代吉備』第 12 集
操山 109 号墳：宇垣匡雅　1990「網浜茶臼山古墳・操山 109 号墳の測量調査」『古代吉備』第 12 集
中山茶臼山古墳：近藤義郎　1986「中山茶臼山古墳」『岡山県史　考古資料』岡山県
川東車塚古墳：倉林眞砂斗・澤田秀実・君嶋俊行編　2004『川東車塚古墳の研究』吉備人出版
田邑丸山 2 号墳：小郷利幸編　2000『田邑丸山古墳群　田邑丸山遺跡』津山市埋蔵文化財発掘調査報告書 67　津山市教育委員会
殿山 8 号墳：平井　勝編　1982『殿山遺跡　殿山古墳群』岡山県埋蔵文化財発掘調査報告 47　岡山県教育委員会
西山 1 号墳：正岡睦夫・山磨康平・平井　勝　1979『西山遺跡』真備町教育委員会
金蔵山古墳：西谷真治・鎌木義昌　1989『金蔵山古墳』倉敷考古館研究報告第 1 冊

兵庫県 1（播磨・西摂津）
川島遺跡：太子町教育委員会　1971『川島・立岡遺跡』川島・立岡遺跡調査報告書刊行会

半田山1号墓：岡田章一ほか　1989『半田山―山陽自動車道関係埋蔵文化財調査報告書Ⅸ』兵庫県文化財調査報告65

有年原・田中1号墓：兵庫県教育委員会　1991『有年原・田中遺跡発掘調査報告』兵庫県文化財調査報告書第87冊

西条52号墓：西条古墳群調査団　1964『西条古墳群調査略報』
　　加古川市　1996『加古川市史』四
　　近藤義郎　2001『前方後円墳に学ぶ』山川出版社　96頁図21

丁瓢塚古墳：岸本直文　1988「丁瓢塚古墳測量調査報告」『史林』71巻6号　史学研究会

伊和中山4号墳：岸本直文　1988「丁瓢塚古墳測量調査報告」『史林』71巻6号　史学研究会

西求女塚古墳：安田　滋ほか　2004『西求女塚古墳発掘調査報告書』神戸市教育委員会文化財課

処女塚古墳：神戸市教育委員会　1985「史跡　処女塚古墳」『昭和57年度神戸市埋蔵文化財年報』

権現山51号墳：近藤義郎・新納　泉ほか　1991『権現山51号墳』権現山51号墳刊行会

行者塚古墳：加古川市教育委員会　1997『行者塚古墳発掘調査概報』加古川市文化財調査報告15

大阪府

宮之前遺跡：宮之前遺跡調査会　1970『宮之前遺跡発掘調査概報』

東奈良遺跡F-4-N地区：田代克己・奥井哲秀編　1979『東奈良Ⅰ』東奈良遺跡調査会

瓜生堂遺跡：堀江門也・中西靖人　1980『瓜生堂』（財）大阪文化財センター
　　瓜生堂遺跡調査会　1981『瓜生堂遺跡Ⅲ』

城山遺跡：杉本二郎ほか　1986『城山（その1）―近畿自動車道天理～吹田線建設に伴う埋蔵文化財発掘調査概要報告書―』（財）大阪文化財センター

久宝寺南遺跡：赤木克視ほか　1987『久宝寺南（その1）―近畿自動車道天理～吹田線建設に伴う埋蔵文化財発掘調査報告書―』（財）大阪文化財センター

亀井遺跡ST1701：（財）大阪文化財センター　1986『亀井（その2）―近畿自動車道天理～吹田線建設に伴う埋蔵文化財発掘調査概要報告書―』

加美KM95-14次調査地1・2号墓：大庭重信　2001「加美遺跡方形周溝墓の葬送過程の復元」『大阪市文化財協会研究紀要』第4号

長原遺跡：趙　哲済ほか　1995『長原・瓜破遺跡発掘調査報告』Ⅷ　大阪市文化財協会編

山賀遺跡第1号「方形周溝墓」：（財）大阪文化財センター　1983『山賀（その2）』

鬼虎川遺跡12次調査：上野利明ほか　1987『鬼虎川遺跡12次発掘調査報告』（財）東大阪市文化財協会・東大阪市教育委員会

恩智遺跡木棺墓：田代克己・今村道雄ほか　1980『恩智遺跡Ⅰ』瓜生堂遺跡調査会

加美Y1号「方形周溝墓」：田中清美　1986「大阪府大阪市加美遺跡の調査―弥生時代中期後半の大型墳丘墓を中心に―」『日本考古学年報37（1984年度版）』日本考古学協会
　　田中清美　1986「加美遺跡発掘調査の成果」『加美遺跡の検討』古代を考える43　古代を考える会

加美14号墓：大阪市教育委員会・（財）大阪市文化財協会　1984『加美遺跡現地説明会資料』

安威1号墳：奥井哲秀　1982「茨木市安威0号墳，1号墳の調査」『大阪文化誌』第15号　（財）大阪

文化財センター
　廣瀬　覚　2005「安威1号墳出土の壺形埴輪」『将軍山古墳群Ⅰ』新修茨木市史　史料集8　茨木市
茨木将軍山古墳：茨木市　2005『将軍山古墳群Ⅰ』新修茨木市史　史料集8
美園古墳：渡邊昌宏編　1985『美園』大阪府教育委員会・(財)大阪府文化財センター
御旅山古墳：大阪府教育委員会　1968『羽曳野市壺井御旅山前方後円墳発掘調査概報』
　大阪府教育委員会　1971「羽曳野市壺井御旅山古墳の調査」『南河内石川流域における古墳の調査』大阪府文化財調査報告第22輯

京都府1（山城）
砂原山墳丘墓：加茂町教育委員会　1983「砂原山古墳試掘調査速報」『京都考古』28
芝ヶ原古墳：城陽市教育委員会　1987『芝ヶ原古墳』城陽市埋蔵文化財調査報告書第16集
元稲荷古墳：京都大学文学部考古学研究室向日丘陵古墳群調査団　1971「京都向日丘陵の前期古墳群の調査」『史林』第54巻第6号
椿井大塚山古墳：近藤義郎ほか　1986『椿井大塚山古墳』山城町埋蔵文化財調査報告書3
　京都大学文学部考古学研究室　1989『椿井大塚山古墳と三角縁神獣鏡』京都大学文学部博物館
　樋口隆康　1998『昭和28年椿井大塚山古墳発掘調査報告』山城町埋蔵文化財調査報告書20
　中島　正ほか　1999『椿井大塚山古墳』山城町埋蔵文化財調査報告書21
寺戸大塚古墳：京都大学文学部考古学研究室向日丘陵古墳群発掘調査団　1971「京都向日丘陵の前期古墳」『史林』第54巻第6号
　國下多見樹・中塚　良　2000『寺戸大塚古墳―後円部墳丘の調査―』向日市埋蔵文化財調査報告書50
　梅本康広・森下章司　2001『寺戸大塚古墳の研究Ⅰ』(財)向日市埋蔵文化財センター
　近藤喬一・都出比呂志　2004「寺戸大塚古墳」『向日丘陵の前期古墳』向日市文化資料館
平尾城山古墳：近藤喬一ほか　1990『京都府平尾城山古墳』山口大学人文学部考古学研究室研究報告第6集

奈良県1（大和盆地）
纒向石塚古墳：萩原儀征・寺沢　薫ほか　1989『纒向石塚古墳範囲確認調査（第4次）概報』桜井市教育委員会
　萩原儀征　1995「範囲確認調査（第5次～第7次）概報」『纒向石塚古墳第1期整備事業』(財)大和文化財保存会・桜井市教育委員会
　橋本輝彦　1996『纒向石塚古墳第8次調査の概要』桜井市教育委員会
ホケノ山古墳：奈良県立橿原考古学研究所編　2001『ホケノ山古墳調査概報』学生社
箸墓古墳：笠野　毅　1976「大市墓の出土品」『書陵部紀要』第27号
　白石太一郎・春成秀爾・杉山晋作・奥田　尚　1984「箸墓古墳の再検討」『国立歴史民俗博物館研究報告』第3集
　徳田誠志・清喜裕二　1999「倭迹迹日百襲姫命大市墓被害木処理事業（復旧）箇所の調査」『書陵

部紀要』第51号
　　寺沢　薫・堀　大介ほか　2002『箸墓古墳周辺の調査』奈良県文化財調査報告書第89集　橿原考古学研究所
中山大塚古墳：橿原考古学研究所編　1996『中山大塚古墳　附篇　葛本弁天塚古墳・上の山古墳』奈良県教育委員会
葛本弁天塚古墳：橿原考古学研究所編　1996『中山大塚古墳　附篇　葛本弁天塚古墳・上の山古墳』奈良県教育委員会
西殿塚古墳：天理市教育委員会　2000『西殿塚古墳・東殿塚古墳』天理市埋蔵文化財調査報告第7集
東殿塚古墳：天理市教育委員会　2000『西殿塚古墳・東殿塚古墳』天理市埋蔵文化財調査報告第7集
黒塚古墳：橿原考古学研究所編　1999『黒塚古墳調査概報』学生社
桜井茶臼山古墳：中村春寿・上田宏範　1961『桜井茶臼山古墳　附櫛山古墳』奈良県史跡名勝天然記念物調査報告第19冊
メスリ山古墳：伊達宗泰ほか　1977『メスリ山古墳』奈良県史跡名勝天然記念物調査報告第35冊　奈良県教育委員会
櫛山古墳：上田宏範・中村春寿　1961『桜井茶臼山古墳　付櫛山古墳』奈良県史跡名勝天然記念物調査報告第19冊　奈良県教育委員会
上殿古墳：伊達宗泰　1966「和爾上殿古墳」『奈良県史跡名勝天然記念物調査報告』第23冊　奈良県教育委員会
佐紀陵山古墳：鐘方正樹　2001「佐紀陵山古墳」『大和前方後円墳集成』橿原考古学研究所編　学生社
巣山古墳：広陵町教育委員会　2005『巣山古墳調査概報』学生社
乙女山古墳：木下　亘　1988『史跡　乙女山古墳　付　高山2号墳―範囲確認調査報告―』河合町文化財調査報告書第2集
極楽寺ヒビキ遺跡：橿原考古学研究所　2005『御所市極楽寺ヒビキ遺跡の調査』現地説明会資料

奈良県2（宇陀地方）
大王山9号地点墳丘墓：榛原町教育委員会・奈良県立橿原考古学研究所　1977『大王山遺跡』
キトラ墳墓群：前園実知雄・伊藤勇輔　1974「奈良県榛原町の古墳時代初頭の墳墓」『古代学研究』第71号
見田・大沢古墳群：橿原考古学研究所　1982『見田・大沢古墳群』
野山墳墓群丸尾支群：橿原考古学研究所　1989『野山遺跡群Ⅱ』奈良県史跡名勝天然記念物調査報告第59冊
胎谷墳墓群：亀田　博　1982「古市場胎谷古墳」『見田・大沢古墳群』橿原考古学研究所

兵庫県2（但馬・兵庫丹波）
上鉢山・東山墳墓群：瀬戸谷晧編　1992『上鉢山・東山墳墓群』豊岡市文化財調査報告書　第26集
内場山下層墳丘墓：兵庫県教育委員会　1993『内場山城跡』兵庫県文化財調査報告書第126冊

京都府2（丹後・丹波）

三坂神社墳墓群：大宮町教育委員会　1998『三坂神社墳墓群・三坂神社裏古墳群・有明古墳群・有明横穴群』大宮町文化財調査報告書第14集

大山墳墓群：丹後町教育委員会　1983『丹後大山墳墓群』丹後町文化財調査報告第1輯

大風呂南1号墓：岩滝町教育委員会　2000『大風呂南墳墓群』岩滝町文化財調査報告15

金谷1号墓：石崎善久　1995「金谷古墳群（1号墓）」『京都府遺跡調査概報』第66冊　（財）京都府埋蔵文化財調査研究センター

浅後谷南墳墓：竹原一彦　1998「浅後谷南城跡・浅後谷南墳墓」『京都府遺跡調査概報』第84冊　（財）京都府埋蔵文化財調査研究センター

赤坂今井墳丘墓：岡林峰夫・石崎善久ほか　2001『赤坂今井墳丘墓第3次発掘調査概要報告』

温江丸山古墳・谷垣遺跡：佐藤晃一　1992『加悦町の古墳』加悦町文化財調査報告第16集

寺ノ段墳墓群：福知山市教育委員会　1987『駅南地区発掘調査概要―寺ノ段古墳群，広峯古墳群―』

黒田古墳：園部町教育委員会　1991「園部黒田古墳」『船阪・黒田工業団地予定地内遺跡群発掘調査概報』園部町文化財調査報告書第8集

広峯古墳群：福知山市教育委員会　1987『駅南地区発掘調査概要―寺ノ段古墳群，広峯古墳群―』

蛭子山1号墳：佐藤晃一　1985『蛭子山古墳』加悦町教育委員会

　　佐藤晃一　1992『加悦町の古墳』加悦町教育委員会

　　佐藤晃一　1997「蛭子山古墳について」『日本海三大古墳がなぜ丹後につくられたのか』第3回加悦町文化財シンポジウム　加悦町教育委員会

神明山古墳：小沢和義　1969「神明山古墳実測調査報告」『同志社考古』第7号

　　丹後町教育委員会　1983『大山墳墓群』

　　丹後町教育委員会　1991『丹後町の古代遺跡』京都府丹後町文化財調査報告第7集

福井県

王山墳墓群：斎藤　優・椙山林継・武藤正典編　1966『王山・長泉寺山古墳群』福井県教育委員会

小羽山墳墓群：古川　登　1995「発掘調査と問題意識―小羽山墳墓群の調査から―」『長野県考古学会誌』75

　　古川　登　1997「北陸南西部における弥生時代首長墓の認識―北加賀・越前北部地域の事例から―」『考古学研究』第43巻第4号

片山鳥越5号墓：古川　登ほか　2004『片山鳥越墳墓群・方山真光寺跡塔址』清水町教育委員会

原目山墳墓群：大塚初重　1986「原目山墳墓群」『福井県史』資料編13考古　福井県

　　大塚初重　1990「原目山墳墓群」『福井市史』資料編1考古　福井市

袖高林墳墓群：赤澤徳明・御嶽貞義　1999『袖高林古墳群』福井県埋蔵文化財調査報告46

石川県

七ツ塚墳墓群：石川県教育委員会　1976「金沢市七ツ塚墳墓群」『北陸自動車道関係埋蔵文化財調査報告書』Ⅰ

小菅波4号墳：小菅波遺跡発掘調査団　1978『小菅波遺跡発掘調査ニュース』

宇気塚越1号墳：石川県教育委員会　1973『河北郡宇ノ気町塚越遺跡』

国分尼塚1号墳：富山大学人文学部考古学研究室　1983『国分尼塚古墳群発掘調査報告』第43回富山大学考古学談話会発表資料
宿東山1号墳：北野博司ほか　1987『宿東山遺跡』石川県埋蔵文化財センター
国分岩屋山4号墳：土肥富士夫　1985『国分岩屋山古墳群』七尾市文化財調査報告1

富山県

富崎2・3号墓：大野英子　2002『千望山遺跡群試掘調査報告書』婦中町教育委員会
鏡坂1号：大野英子　2002『千望山遺跡群試掘調査報告書』婦中町教育委員会
六治古塚：大野英子　2002『千望山遺跡群試掘調査報告書』婦中町教育委員会
杉谷4号墓：藤田富士夫　1974『富山市杉谷地内埋蔵文化財予備調査報告書』富山市教育委員会
谷内16号墳：宇野隆夫ほか　1988「谷内16号墳」『小矢部市埋蔵文化財調査報告書』23

新潟県

屋舗塚遺跡方形台状墓：八重樫由美子　2004『屋舗塚遺跡発掘調査報告書』寺泊町教育委員会
山谷古墳：新潟大学考古学研究室・三条市教育委員会　1993『越後山谷古墳』
三王山11号墳：甘粕　健・川村浩司・荒木勇次　1989『保内三王山古墳群測量・発掘調査報告書』新潟大学考古学研究室編　三条市教育委員会

滋賀県

皇子山2号墳：林　紀昭・山崎秀二　1974『皇子山古墳群』大津市教育委員会
小松古墳：高月町教育委員会　2001『小保利古墳群第1次確認調査報告』
壺笠山古墳：丸山竜平　1987「巨大古墳の発生―近江壺笠山遺跡と埴輪の起源」『東アジアの古代文化』大和書房
雪野山古墳：雪野山古墳調査団編　1996『雪野山古墳の研究』八日市市教育委員会

三重県

高松墳丘墓：谷本鋭次　1970『高松弥生墳丘墓発掘調査報告』津市埋蔵文化財調査報告
深長古墳：三重県教育委員会　1989「松阪市深長町　深長古墳」『昭和61年度農業基盤整備事業地域埋蔵文化財発掘調査報告Ⅰ』三重県埋蔵文化財調査報告79
石山古墳：京都大学文学部考古学研究室編　1993『紫金山古墳と石山古墳』京都大学文学部博物館
宝塚1号墳：松阪市教育委員会　2001『松阪宝塚1号墳調査概報』学生社

岐阜県

加佐美山墳丘墓：渡辺博人　1990『加佐美山1号墳発掘調査報告書』各務原市文化財調査報告書7
端龍寺山山頂墳：荻野繁春　1985『端龍寺山山頂遺跡』岐阜市埋蔵文化財発掘調査報告書
　　赤塚次郎　1992「端龍寺山山頂墳と山中様式」『弥生文化博物館研究報告』1
東町田SZ10：鈴木　元　1996「東町田遺跡第6次調査」『大垣市埋蔵文化財調査概要』平成6年度
象鼻山1号墳：宇野隆夫ほか　1997～99『象鼻山1号古墳―第1～3次発掘調査の成果』養老町教育委

員会・富山大学人文学部考古学研究室
昼飯大塚古墳：阪口英毅・林　正憲・東方仁史　2003『史跡　昼飯大塚古墳』大垣市埋蔵文化財調査報告書第12集

愛知県
廻間遺跡SZ01：赤塚次郎　1990『廻間遺跡』（財）愛知県埋蔵文化財センター調査報告書第10集
西上免古墳：赤塚次郎　1997『西上免遺跡』愛知県埋蔵文化財センター調査報告書73
青塚古墳：赤塚次郎　2001『史跡青塚古墳発掘調査報告書』犬山市教育委員会

静岡県
新豊院山遺跡：磐田市教育委員会　1980『新豊院山遺跡（A—2・3地点）』
瓦屋西A3号墓：鈴木敏則　1988「瓦屋西A2・A3・B14・B15号墓」『第9回三県シンポジウム　東日本の弥生墓制—再葬墓と方形周溝墓—』群馬県考古学研究所・千曲川水系古代文化研究所・北武蔵古代文化研究会

長野県
塩崎遺跡群：長野市教育委員会　1986『塩崎遺跡群Ⅳ』
根塚遺跡墳丘墓：吉原佳市　2002『根塚遺跡』木島平村埋蔵文化財調査報告書No.12
弘法山古墳：斎藤　忠ほか　1978『弘法山古墳』松本市教育委員会
　　　　直井雅尚ほか　1993『弘法山古墳出土遺物の再整理』松本市教育委員会
中山36号墳：原　嘉藤・小松　虔　1972「長野県松本市中山第36号古墳（仁能田山古墳）調査報告—上方作銘三角縁獣帯鏡の発見」『信濃』第24巻第4号
北平1号墓：長野県教育委員会ほか　1996『上信越自動車道埋蔵文化財発掘調査報告書7　大星山古墳群・北平1号墳』（財）長野県埋蔵文化センター発掘調査報告書20
瀧の峯2号墳：林　幸彦・三石宗一　1987『長野県佐久市瀧の峯古墳群発掘調査報告書』佐久市教育委員会
和田東山3号墳：明治大学和田東山古墳群調査団　1995『和田東山古墳群—和田東山古墳群第3号墳発掘調査概報』
森将軍塚古墳：森将軍塚古墳調査団編　1992『史跡森将軍塚古墳—保存整備事業発掘調査報告書—』更埴市教育委員会
土口将軍塚古墳：長野市教育委員会・更埴市教育委員会　1987『土口将軍塚古墳』

山梨県
甲斐銚子塚古墳：山梨県教育委員会　1988『銚子塚古墳　附丸山塚古墳—保存整備事業報告—』

神奈川県
王子ノ台5号方形周溝墓：東海大学校地内遺跡調査団編　2000『王子ノ台遺跡　弥生・古墳時代編』
秋葉山3号墳：押方みはる・山口正憲ほか　2002『秋葉山古墳群第1・2・3号墳発掘調査報告書』海

老名市教育委員会
長柄・桜山 1・2 号墳：神奈川県教育委員会・(財) かながわ考古学財団　2001『長柄・桜山第 1・2 号墳　測量調査・範囲確認調査報告書』

東京都
神谷原遺跡：吉廻　純・大村　直　1981『神谷原Ⅰ』八王子市椚田遺跡調査会
赤羽台 3 号方形周溝墓：東北新幹線赤羽地区遺跡調査会編　1992『赤羽台遺跡―弥生時代～古墳時代前期―』
野毛大塚古墳：野毛大塚古墳調査会　1999『野毛大塚古墳』世田谷区教育委員会

千葉県
川島 8 号墳：(財) 君津郡市文化財センター　1991『川島遺跡発掘調査報告書』
山王辺田 2 号墳：酒巻忠志ほか　1999「山王辺田遺跡群」『袖ヶ浦市史・資料編 1』
神門 5 号墳：田中新史　1984「出現期古墳の理解と展望―神門 5 号墳の調査と関連して―」『古代』第 77 号
神門 4 号墳：田中新史　1976「神門 4 号墳の調査」『上総国分寺台調査報告』上総国分寺台遺跡調査団
　　　　　田中新史　1977「市原市神門 4 号墳の出現とその系譜」『古代』第 63 号
神門 3 号墳：(財) 市原市文化財センター　1988「神門 3 号墳」『市原市文化財センター年報　昭和 62 年度』
星久喜 2 号墳：千葉市教育委員会　1984『千葉市文化財調査報告書』第 8 集
臼井南第Ⅰ周溝墓：伊札正雄・熊野正也編　1975『臼井南』佐倉市教育委員会・佐倉市遺跡調査会
高部 30・32 号墳：西原崇浩　2002『高部古墳群Ⅰ―前期古墳の調査―』千束台遺跡発掘調査報告書Ⅳ　木更津市教育委員会
北ノ作 1 号墳：金子浩昌・中村恵次・市毛　勲　1959「千葉県東葛飾郡沼南村片山古墳群の調査」『古代』第 33 号
　　　　　糸川道行　1993『沼南町北ノ作 1・2 号墳発掘調査報告書』千葉県教育委員会
能満寺古墳：大塚初重　1949「上総能満寺古墳発掘調査報告」『考古学集刊』第 1 巻第 3 号　東京考古学会
　　　　　秋原恭一　1998「能満寺古墳」『総南文化財センター年報』No.10
辺田 1 号墳：米田耕之助　1986「根田遺跡」『市原市文化財センター年報』昭和 60 年度　(財) 市原市文化財センター
釈迦山古墳：小久貫隆史　1996『市原市釈迦山古墳発掘調査報告書』千葉県教育委員会

埼玉県
中耕遺跡：埼玉県埋蔵文化財調査事業団　1993『中耕遺跡』埼玉県埋蔵文化財調査事業団調査報告第 125 集
広面遺跡：村田健二　1990『広面遺跡』埼玉県埋蔵文化財調査事業団調査報告第 89 集
南町Ⅰ遺跡：福田　聖　1987『南町遺跡Ⅰ』戸田市遺跡調査会報告書第 1 集　戸田市遺跡調査会

井沼方9号方形周溝墓：浦和市遺跡調査会　1994『井沼方遺跡発掘調査報告書（第12次）』浦和市遺跡調査会報告書第185集

三ノ耕地遺跡：石坂俊郎　2005「埼玉県の古墳の出現―そして三ノ耕地遺跡―」『東日本における古墳の出現』東北・関東前方後円墳研究会編

下道添13号墓：(財)埼玉県埋蔵文化財調査事業団　1987『下道添』埼玉県埋蔵文化財調査事業団第67集

諏訪山29号墳：増田逸郎・坂本和俊・江口尚史　1986「諏訪山29号墳」『埼玉県古式古墳調査報告書』埼玉県県史編さん室

群馬県

前橋天神山古墳：松島栄治　1981「前橋天神山古墳」『群馬県史　資料編3』群馬県史編さん委員会

荒砥北原1号墳：石坂　茂ほか　1986『荒砥北原遺跡・今井神社古墳群・荒砥青柳遺跡』群馬県教育委員会

堤東2号周溝墓：松田　猛ほか　1985『堤東遺跡』群馬県教育委員会

堀ノ内CK-2号墳：志村　哲　1982『堀ノ内遺跡群』藤岡市教育委員会

元島名将軍塚古墳：高崎市教育委員会　1981『元島名将軍塚古墳』高崎市文化財調査報告書第22集

下郷遺跡：巾　隆之　1980『下郷』群馬県教育委員会

舞台1号墳：西田健彦　1991『舞台・西大室丸山』群馬県教育委員会

栃木県

駒形大塚古墳：三木文雄　1986『那須駒形大塚』吉川弘文館

松山古墳：仲山英樹ほか　2001『松山遺跡』栃木県教育委員会・(財)とちぎ生涯学習文化財団

茂原愛宕塚古墳：久保哲三ほか　1990『茂原古墳群』宇都宮市教育委員会

那須八幡塚古墳：小川町教育委員会　1997『那須八幡塚古墳』小川町埋蔵文化財調査報告　第10冊

下侍塚古墳：湯津上村教育委員会　1976『下侍塚古墳周濠発掘調査概報』

茨城県

原1号墳：茂木雅博　1976『常陸浮島古墳群』浮島研究会

岩瀬狐塚：西宮一男　1969『常陸狐塚』岩瀬町教育委員会

勅使塚古墳：大塚初重・小林三郎　1964「茨城県勅使塚古墳の研究」『考古学集刊』第2巻3号　東京考古学会

佐自塚古墳：佐自塚古墳調査団　1963『佐自塚古墳調査概要』

　　大塚初重　1972「古墳出土の土師器Ⅰ　佐自塚古墳出土の土器」『土師式土器集成』本編2

常陸鏡塚古墳：大場磐雄・佐野大和　1955『常陸鏡塚古墳』國學院大学考古学研究報告1

福島県

稲荷塚6号周溝墓：吉田博行　1995『杵ヶ森古墳・稲荷塚遺跡発掘調査報告書』会津坂下町文化財調査報告書第33集

男壇1号方形周溝墓：和田　聡ほか　1990『阿賀川地区遺跡発掘調査報告書　男壇遺跡・宮東遺跡・中西遺跡』会津坂下町教育委員会

森北1号墳：吉田博行ほか　1999『森北古墳群』会津坂下町教育委員会・創価大学

堂ヶ作山古墳：甘粕　健ほか　1991・92・96『堂ヶ作山古墳Ⅰ・Ⅱ・Ⅲ』堂ヶ作山古墳調査団

本屋敷1号墳：伊藤玄三ほか　1985『本屋敷古墳群の研究』法政大学文学部考古学研究報告第1冊

大安場古墳：柳沼賢治ほか　1997・98・99『大安場古墳群—第1・2・3次発掘調査報告』郡山市教育委員会

田中舟森山古墳：和田　聡　1996「田中・舟森山古墳」第38回福島県考古学会大会発表資料

鎮守森古墳：吉田博行　1998『鎮守森古墳』会津坂下町文化財調査報告書第50集

亀ヶ森古墳：吉田博行ほか　1993『亀ヶ森古墳』会津坂下町文化財調査報告書第37集

宮城県

安久東遺跡方形周溝墓：土岐山武　1980「安久東遺跡」『東北新幹線関係遺跡調査報告書』Ⅳ　宮城県文化財調査報告書第72集　宮城県教育委員会

今熊野1号方形周溝墓：丹羽　茂　1985「今熊野遺跡Ⅰ」『今熊野遺跡・一本杉遺跡・馬越石塚』宮城県文化財調査報告書第104集　宮城県教育委員会

大塚森古墳：辻　秀人　1999「大塚森（夷森）古墳の発掘調査成果」『東北学院大学論集』歴史学・地理学32

雷神山古墳：恵美昌之　1977・78『史跡雷神山古墳—昭和51・52年度発掘調査概報』名取市教育委員会

山形県

蒲生田山古墳群：吉野一郎・角田朋行　1993「蒲生田山古墳群について」『1993年度東北史学大会』発表資料　山形史学会・山形史学研究会ほか

下小松J-1号墳：齊藤敏明　1991『下小松古墳群陣が峰支群発掘調査概報』川西町教育委員会

天神森古墳：加藤　稔・藤田宥宣ほか　1984『山形県川西町天神森古墳発掘調査報告書』川西町教育委員会

あとがき

　本書を終えるにあたって，本研究の動機と感想を述べておきたいと思う。

　そもそも筆者がこのような研究を志すきっかけとなったのは，やはり古墳の発掘調査に参加したときの経験からだった。それは私が考古学を学んだ明治大学考古学研究室が行なった二つの調査現場でのことであった。

　ひとつは1993年の長野県長野市所在の和田東山3号墳の調査である。前期の未盗掘前方後円墳の発掘ということで，夏休みの調査全体の日程からみればごくわずかな2週間ほどの参加であったが，後円部墳頂で検出された墓壙の発掘に従事することができた。残念ながら土層観察の途中で他の遺跡の発掘へと赴くことになったが，のちになって墓壙中央の土層観察用に残しておいたベルトを除去する際に，墓壙中央上層の黒色土中から土師器が出土したことを聞いた。浅学な学生だった私にはなぜそのような場所から土器が出土するのかが不思議に思えて仕方がなかった。

　ふたつめは翌1994年の山形県川西町所在の下小松古墳群の発掘調査でのことである。下小松古墳群は前期から後期にいたる大群集墳であるが，その年に発掘したのは後期に属する小さな前方後円墳（K-68号墳）であった。後円部墳頂に2基の墓壙があり，そのうち東側の墓壙の埋土上層から土師器杯が出土した。ちょうど墓壙中央を横断する土層観察用のベルトにひっかかっており，赤褐色の土に色とりどりの軟礫が含まれた極彩色の土層壁面に土器片がはまっていたのを印象的に覚えている。そして，前年の和田東山3号墳においてもそのような事例があったことを急に思い出し，なにか重要なことに遭遇したような感覚になったが，合宿による発掘調査だったこともあり，その時にはそれ以上考えなかった。

　そののち，合宿から帰ってからよくよく考えてみるに，遠く離れた2ヵ所の，しかも年代的にかけ離れた古墳において同様な事例があるということは決して偶然ではなく，古墳時代の葬送儀礼において土器を主体部上に置く行為が慣例としてあったのではないかと思うようになった。それからはそのような事例集めに夢中になった。そうした中で埋蔵文化財研究集会の資料集『古墳時代前半期の古墳出土土器の検討』(1989)に収録されたデータは衝撃的だった。その全国的な集成において，前期古墳における土器の出土位置が明記されており，主体部上から土器が出土する事例が多々あることに気づいたのだ。それからは，古墳における土器の出土のしかたに関して自分なりに勉強する日々が続いた。その過程で，前期古墳出土土器には同じような形をした壺が多く出土する場合と，多くの器種がセットで出土する場合の二相があることに気づき，さらにそのような分析がすでに師の小林三郎先生や岩崎卓也氏・塩谷修氏によって論及され，古墳出現に関わる重要な研究テーマとして指摘されていることも知った。その後，小林先生に卒業論文のテーマとして採り挙げたいという旨をご相談すると一も二もなく賛成してくださった。先生の若かりし日に調査した茨城県勅使塚古墳や佐自塚古墳の事例，さらに東日本では記念碑的発掘調査ともなった茨城県常陸丸山古墳や千葉県能満寺古墳においても主体部

上から土器が出土した事例から，重要な課題であることは認識していたが，その後，学界ではあまり主要なテーマとして採り挙げられていないことが残念だったという。そうして，東日本全体の様相についてなんとか卒業論文にまとめ，小林先生の勧めもあって初めて学会誌に発表した論考が「墳墓における土器配置の系譜と意義」（駿台史学　104号，1998）である。いま読み返すとなんとも無謀な論及だが，ともあれその後も同様な視点で範囲を広げ，弥生から古墳へという時代変化に論点の重心を移して研究を進めた。そして，それらをまとめあげたものが本書である。

　本書の成果を一言で表わせば，それは古墳出現期における葬送祭祀の多様性を描き出したという事であろう。古墳とは，はじめから定まった思想をもって出現したわけではなく，多分に弥生時代の各地域の伝統を濃厚に残しつつ，新しい祭祀を生み出す試行錯誤を経て，しだいに斉一化されていったというのが実情だったと考えられる。
　作業をおわって振り返ってみれば，全体としては弥生墳墓から古墳が出現してくる過程を，その系譜関係において予想以上に細かく追えたものと思う。このような成果が得られたことは，筆者としては満足すべきことだが，反省点も多い。
　土器配置の研究資料は土器の出土状況が命であるため，おのずとその資料数は限られる。盗掘や削平など後世の二次的な破壊を被った墳墓はほとんどの場合，当時の土器配置を遺さない。このため，土器配置の分析に耐えうる資料は実資料数の全体から見れば氷山の一角であろうし，本書で復原し得なかった未知の系統の土器配置がまだまだ存在したと思われるのである。特に，分析する過程で，その存在が予想できても実際の資料でその内容を充分に証明できない土器配置が多く，特に畿内における出現期古墳の土器配置が不明瞭なことが残念であった。このことはちょうどピースが欠けていて埋まらないパズルに似て，大変歯がゆいものであった。
　また，自分の力量をはるかに超えた範囲を扱ったために，多くの方々にこれまで指摘されたとおり非常に大雑把なものとなった。自分の力量をかえりみずにあえて広範囲を扱ったのは，研究の細別化・個別化が進むなかで，それぞれの研究が歴史学全体のなかでの位置づけが見えにくくなっている原状を危惧したからである。細別化と体系化は車の両輪であるべきであろう。私の研究は「土器配置」という個別的な視点ではあるが，時間・空間的なことでは「体系的」であろうと極力つとめた結果である。ただし，自分の力不足には全く不明を恥じるばかりである。多くの方々のご批判やご意見をお待ちしたい。
　今回，特に手が届かなかった範囲としては，東日本の在地の弥生墓制における土器配置についてであろう。また，中期古墳への動向も今後の大きなテーマである。大型古墳における埴輪配置と土器配置の関係もさることながら，地域における小規模墳においてどのような祭祀の系譜が追えるのかも，群集墳の成立過程を知る上で重要な作業と思われる。さらに，墳墓の葬送祭祀と他の場面における〝神まつり〟との関係も興味深い問題である。今後もでき得る範囲で，研鑽をかさねていきたいと思っている。

あとがき

謝　辞

　本書は2005年12月に明治大学に提出した学位請求論文『葬送祭祀儀礼の系譜から見た古墳の成立』に加筆・修正を加えたものである。論文の審査には小林三郎先生のほか，明治大学の石川日出志先生，佐々木憲一先生，専修大学の土生田純之先生に携わっていただいた。

　本書を執筆するに至るまで，指導教官の小林三郎先生や古墳研究の良き先輩である新井悟氏には長年にわたり懇切丁寧なご指導をいただいた。また，大塚初重先生・熊野正也先生をはじめとする明治大学考古学研究室・明治大学考古学博物館においてご指導・ご協力いただいた教員・院生・学生のみなさん，各大学・各地域の研究者・関係機関など実に多くの方々のお世話になった。とくに近藤義郎先生には，吉備の弥生墳丘墓を筆者一人のために先生自ら現地を案内していただき，こと細かな説明をしてくださったことは忘れられない。職場の東京都北区教育委員会・飛鳥山博物館においても，鈴木直人氏をはじめとしてスタッフの皆様にさまざまな形でご助力をいただいた。さらに雄山閣の宮島了誠氏には本書の出版を快く承諾してくださり，編集に当たってさまざまな助言をいただいた。これらの方々に深く感謝して本書を閉じたいと思う。

　最後に私事ではあるが，筆者の研究活動に対して常に励まし，協力してくれた父母にも感謝したい。

追悼記

　本書改筆中の2006年11月5日，恩師である小林三郎先生が他界した。享年69歳，明治大学をご退職する目前のことだった。一昨年からの闘病の間をぬって筆者の学位習得のために尽力してくださり，病が重くなってからも名誉館長として北区飛鳥山博物館に出勤され，本書の進捗状況をたびたび気にかけてくださった。そして，入退院の谷間に，ご自宅にて最後にお会いしたのが10月10日のことだった。このころはすでに病状が思わしくなく，先生もかなりつらい日々を送られていたそうである。人づてに早く会いに来なさいと伝えられて，とにもかくにもお伺いした。このときに病床にて本書の出版が決定したことをお伝えすることができ，大変喜んでくださったものの，ついに実際に本書を手にとっていただくことはかなわなかった。

　小林先生には考古学のみならず，実にさまざまなことを教わった。もともと刀鍛冶や大工の世界にあこがれていたそうで，発掘現場では道具の使い方や手入れについて常に意識するように厳しく指導された。とにかく先人の知恵や技術に大変な敬意を払っておられ，遺跡に対するときの姿勢を学ばせていただいた。また，先生とは数え切れないぐらい多く酒の席を共にさせていただいた。怒るときもものすごかったが，タバコをくゆらせながら学生達の失敗談や自慢話などを聞いては，あたたかく顔をゆるませてうれしそうに酒を飲む姿も印象的だった。

　思い出はつきることがないが，今はいただいた御恩を形にしてお返しすることができなかったことが，ひたすら残念でならない。

　せめて本書を霊前にささげ，先生のご冥福をお祈り申し上げたいと思う。

著者紹介

古屋紀之（ふるや　のりゆき）
1974年，東京都生まれ
2006年，明治大学大学院博士後期課程修了　博士（史学）
現在，多摩美術大学非常勤講師
　　　東京都北区飛鳥山博物館　博物館調査員

主要論文・著書
「墳墓における土器配置の系譜と意義」『駿台史学』第104号　1998
「古墳出現前後の葬送祭祀」『日本考古学』第14号　2002
『赤羽台の横穴墓―古代人と葬送習俗』北区飛鳥山博物館　2004
「土器・埴輪配置から見た東日本の古墳の出現」『東日本における古墳の出現』六一書房　2005
「考古学講座　古代人の精神世界」『北区飛鳥山博物館研究報告』第8号　2006

古墳の成立と葬送祭祀

2007年5月31日　発行

著　者　古　屋　紀　之
発行者　宮　田　哲　男
発行所　株式会社　雄山閣
　　　　〒102-0071　東京都千代田区富士見2-6-9
　　　　電話 03(3262)3231　FAX 03(3262)6938
　　　　振替 00130-5-1685
印　刷　新日本印刷株式会社
製　本　協栄製本株式会社

Ⓒ Noriyuki Furuya 2007　　　　　ISBN 978-4-639-01986-2　C3021